自然情動論

die Naturemotion

「悪」の自由と宗教・倫理・美的表現労働の探究

中村 勝

無蝶文庫 H－1

ハーベスト社

「家にあれば笥《け》にもる飯を草枕
旅にしあれば椎の葉に盛る」（万葉集・巻二）　［反骨の］有馬皇子《ありまのみこ》（第三章三、参照）

すべて内なるものは外なるものにおいて知られるべきである。自然のこの秩序において、
自分自身の責任において光の中であろうと闇の中であろうと歩むものは幸運である。
［「錬金術」の］テオフラストス・パラケルスス

自然学へ来たれ。［そうして］真なるものを認識せよ。
すべての哲学をすることは、我々が自然と一致している状態の想起である。
［ロマン主義自然哲学の］フリードリヒ・シェリング

＊　＊　＊　＊　＊　＊

最愛の弥有と茉央に

まえがき

反「時代」的性格のこの非実用書は、理性的動物として自己「表現」的な生き方を自覚しながらも、他方で利潤目的の結果や成果を出す他律的な資本主義的賃労働の、日々精魂をすり減らす中でのもののとらえ方（貧相なる自己実現）に多少とも疑問をいだかれる読者を予想している。賃労働に規定された思考性に疑問があるというのも、この動物は、そのかぎりで個性という創造的「自由」の余地にかかわる価値を侵害もしくは否定されることを覚えたとき、あらためて「大きな有」のまえでは「不完全」にならざるをえない自己、目にみえない自己に内なる何ものかを見るからである。この覚悟は自己の不完全さを、つまり心と身体の連関のパトス(pathos, 哀しみ・不安・死・受容）を覚えることであり、そこにそのような主体としての「有《ビーイング》」(being, 生成的領域）の存在は相対化され、有を介しての一種の「虚―無」の状況が浮上する。このように「反転」しうる有こそ、本書では原形象、可能態、したがって総合体としての「母性」ととらえ、無を含意した世界表現とみなしうる。

内なる「心―身連関」の状況についてわれわれは今日、資本制社会下の情報機器管理主義の身体・精神医学へとあまりにも自己を丸投げしている。本来、この世に唯一無二の自己の心身問題は、く、ら、し、と、い、う、労働形態にみる世界内在のパッションン(passion, 受難・よろこび・情動）についての表現の問題なのである。なぜなら自己の心身は、無機的有機的自然の力動の一環におかれており、そのような自然力の発現であり、この自己運動の世界表現を「原態」の労働に収結させているからである。T・リップスの記述心理学、池見酉次郎の東西心身医学の成果は自然力の世界内在性を明確にしたが、心身連関が身近にもくらしぶりという「表現—労働」のあり方に深く根差していることにまでは探究の斧をいれていない。心身連関——ふつう心身相関の「健康」問題といわれ、東洋哲学では身心論——という内在的自然情動の実践は人類学、経済学、神経生理学、表現学、とりわけ女性学などの非資本主義的に時代をこえた、人類の自然史的過程に軸足をふまえることから提起される。

問題の端緒は、自己の不完全さとは何をいみし、それは人間関係においていかに位置づけられるか、労働のいかなる現相において心身連関は調和を保つことができるかということにある。ここには「主体」の積極的なる自己同一性は果たして有の何かをもってあかし《エビデンス》され、その何かをもって調和《コンビニエンス》され、それ故にそれはいかに他者と「類比《アナロギア》」しうるような存在でありうるのか、と問う自分がいる。それは主観—客観関係についての単なる認識論的存在にとどまらず、いわゆる「価値」とか「神」とかの、個人の「有—無」にかかわる内在的作用について自然情動の生成論的形而上学を提起することにほかならない。くらしの中の虚無は、「有」とは離脱しえないでいる、有の相対的な不在においてなお自己を受容的に表現しなければならない「相対的虚無」(nihilum relativum) である。

今日のくらしは、経験的実在もなく、それ故の観念としての注意力や想像力を素質として活かす教育の機会がないまま、機械的情報という有・無の際《きわ》やさかいを持たない、非理性の没個性的な全体主義に向かい、無経験のたんなる観念の独走をゆるし、そのようにして無自覚な人工的「人間」が情報集団主義にはしる、個性なる「気」象の無力という矛盾を呈する社会である。疑いもなくこの観点は、この時代社会とそれを支える資本主義的賃労働のあり方に端を発している。今日、安倍晋三内閣の国家・自治体挙げての「一億総国民包摂」の生産主義「共同体」社会と位置づけられ、それによる心性の緊張と拘束を個人に強いる内国植民主義がはじまった。人よんでこれをアベノミクスの社会経済政策という。歴史家は、この状況が第一次世界大戦後、一九三〇年代の、ナチズムとスターリニズムの内国植民主義とこれに対置されるべきいわゆる「表現主義運動《イクスプレッショニズムムーブメント》」の抵抗の史実とに、驚くほど酷似していることを見逃さない。一介の歴史学徒による本書は、これまでの台湾高地先住民史研究のうちの『自然力の世界』（後掲の中村Ⅳ）と『ヘッドハンターズ』（中村Ⅴ）に連続する、かれらの自然情動にかんする研究の総括である。

「黥面・首狩り・首祀り」で知られる山の民——本書では採取経済に基礎づけられた「低—狩猟」民——にとって、とりわけ「首狩り」の習俗の世界内在が「悪」の自由に根差していることはかれら自身、自覚するところであった。ここにいう自由は「首狩り」に赴く自由と、その手前で逡巡し、あるいは拒否する自由とを意味した。きわめて興味深いことにこれらの悪の自由の表現行為は、個人の情動にたいする自己立法、自己審廷、それ故の自己批判という自律の倫理をともない、かれらのいう「マラカム」の用語（中村Ⅳ、扉うら）にも人格的判断力の陶冶の機会をみることができる。そればかりではない。「黥面」は仮象（化象—化粧）として性の昂進的転換というパッションの自由の余地を表しており、「黥」という「黒」色表現行為はそれ自体、倫理的の善・悪の分岐点に自己の立ち位置があることを主張していた。「首祀り」になると、「猟奇的」（小泉鐵）と評されるまでの両の「性」の解放の宗教的機会でさえあった。もちろん本書が総括として企図するところは、単に内観主義としてこれらの習俗にうかがわれるべき内在的特質を明示することだけにあるのではない。これら特異とみえる習俗は相互になんの連関もなくとらえられるべきではなかった。みられるようにそれらは既に宗教・

倫理・美的に全一化された表現行為であり、人類学にいう「黒の思考」法にうらづけられていた。しかもこのようなくらしぶりは採取・狩猟段階に固有な呪術の世界表現であって、J・マクガバン女史が強調した母性衆議型コミューンの骨格をなす宗教・倫理・美的表現労働によって、構成されていた（中村V）。

「山の民」の世界内在は、端的に「追いつめられた」受難の民の受容的《パトス》活動それ自体を目的とする、心身連関の矛盾にみちた自己表現的な、生成論的労働・思考の原初性説として再検証される（第一部）。このような労働・思考法は、今日の商品生産的賃労働観と異なり、宗教・倫理・美的に全一化された「原態の表現労働」とよばれ、人類の自然史的過程観にもとづいている。原態労働は、資本主義的賃労働の目的が、資本の意図に誘導されて実在する或る達成されるべきもの——原理論的には剰余価値《サープラスヴァリュー》にみられるごとく結果として実在的剰余として増加されるべきもの——であるのに対置されて、そのようなものではなく、そこにみる目的観は事物の腐敗—醗酵の働きにみるような、「死—生」にかかわる「保存」のあやうい「継続的創造」のみを本質としており、そのうえでそれは本来、両性が情動によって共に関与せらるべき（communicated）「事的—表現」なのである。それは他律的な外向的目的ではなく、「母性」にみるような、活動者として質の価値に自律的に基礎づけられる表現者自身を個性《パーソナリティ》として免疫力（自然治癒力）涵養による「健康」状態の保存に向かわせるような、内向的目的の行為である。一九世紀初頭の自然哲学・博物学は生体にとって、動物にとって神経表現である情動にこそ、他の呼吸および血液の代謝活動にもまして第一義の地位を与えてきたのである（J・ラマルク『動物哲学』）。

二〇世紀前半までの「タイヤル」は、われわれが見失ってきたこうした世界内在の矛盾の表現—労働・思考法をいかに保存し、いかに個人の勁《つよ》い個性をつちかい、それによってミクロストリア（微視的歴史）としての民属的コミューンの自生的性格をどのように保存してきたのであろうかという問題意識から、かれらをとくに「古タイヤル」と位置づけよう。古タイヤルのこの総括が上からの共同体説をどこまで論駁できるかは、なお自然哲学による世界内在の「事」的表現についての方法論にもとめられる。自生的過程の世界内在の表現の論証は、パラケルススにはじまるとみられる自然哲学の中の「労働・思考」解釈史と、この労働の宗教・倫理・美的の全一化――一言でいえば「祈りの労働」――の、すなわち理性をいれた特殊形而上学的考察において試みられる（第二部）。

とくに第二部の考察は、「母性」主導の呪術的思考による「魔術・神秘」的世界観の論証にむかう。ここでは、医化学における「錬金術」(Alchimie) のパラケルスス以後、自然哲学の伏流水の一つとして「黒の思考」形態をつかみとることによって、特殊「有―無」の生成論が「表現―労働」論としてあきらかにされるであろう。ここに錬金術とはパトスをパッションへとたかめる、労働過程に基礎づけられた黒の思考による「世界―表現」学そのものである。このことは、「黥面」の「黒」色的表現行為説をふまえて、「黒」は、形容動詞として「黒く―思考」する (think black) 類のものであり、（なお今日では意味が変ったが）paint black の類である。そこにはわれわれの世界内在性がいかなる自然的歴史的規定を表したものかという「価値」の思考様式が、歴史原論的に考察されるべきである。受難《パッション》の民の「黒」の思考法は「有―無」に基礎づけられたところの、価値的に無記《インディファレント》の相対的虚無説として用意される。民の歴史は、追いつめられることによって顕現する世界内在の情動表現―労働・思考史そのものにほかならない。

なお本文中、著者の一連の台湾高地先住民史研究はつぎの略記号をもって示した。

中村Ⅰ　『台湾高地先住民の歴史人類学——清朝・日帝初期統治政策の研究』緑蔭書房。

中村Ⅱ　『「愛国」と「他者」——台湾高地先住民の歴史人類学Ⅱ』ヨベル。

中村Ⅲ　『捕囚——植民国家台湾における主体的自然と社会的権力に関する歴史人類学』ハーベスト社。

中村Ⅳ　『自然力の世界』れんが書房新社。

中村Ⅴ　J・マクガバン著、R・マレット「序」、中村勝訳『ヘッドハンターズ——フォモゥサ首狩り民のはざまにて』。(付) 中村勝論攷「豊かな自給自足—母権と呪術の自然民属・論」ハーベスト社。

本書に引用文中の［］は、原著の文脈にそった筆者による補注である。ただし中央公論社版『シェリング』に収録の三原書の邦訳には、原書の（）を［］にかえて示している箇所があることを注意しておきたい。巻末に中村Ⅳに欠けていた「事項索引」を、遅ればせながら追録した。この点読者の諒解をお願いしたい。

［謝辞］　扉図版には松雅各《ヤコブ》君の絵画「上山打獵」を再度、使用させていただいた（中村Ⅳ、三六七ページ）。

［訂正］　前著中村ⅤにマクガバンのJanettとしたのをJanetと訂正します。

目次

まえがき …… 3

第一部　純粋情動による表現としての労働形態——古タイヤルの世界表現 …… 13

序章　われら自然の子 …… 14

第一章　山の民と相対的虚無 …… 49

一　受容と表現　49／二　不完全なもののコミュテーション　64／三　個人的差異の世界表現　79／四　幻想と人格　96

第二章　パトスの民と母性——バルブー「歴史と情動的風土」説にふれて …… 113

一　感能体得による人格的表現　113／二　情動表現と歴史性　126／三　パトス的母性の民属　173

第三章　人間的自然の特殊形而上学——労働の原初形態についての生成論 …… 173

一　受容と内包の特殊形而上学　173／二　人間的自然と呪術的表現労働　187／三　「黒」の原態労働　207／四　自然情動の特殊形而上学　224

第二部　「神」とパッションの表現労働観――自然哲学にみる自生的コミューンの原理

……247

第四章　人間と業《わざ》の魔術――パラケルススの世界表現説……249

一　受容と自己自由の労働　249／二　労働の魔術的コスモス　266／三　霊魂の原態表現　281

第五章　内なる対話と自己工作――ホッブズ「人間の自然状態」説をめぐって……293

一　人間の自然状態　293／二　母性と「内なる対話」　307／三　自然宗教と自己工作　317

第六章　自由と「黒の思考」――シェリング神秘主義にみる「神」との自然的実在的関係……335

一　受難の民の「実在―観念」　335／二　「事」的行為の原則的「自由」　357／三　受難における悪と高潔　376／四　情動の価値表現と黒の思考法　400

第七章　相対的虚無のコミューン原理――ステッツォン「女性と経済学」説をめぐって……425

一　くらしと虚無　425／二　サービスと母性(一)――ギルマン「歴史的倫理の三段階」説について　438

三　サービスと母性(二)――ステッツォン「女性と経済学」説について　445

結語にかえて――実証主義と特殊形而上学……477

前著『自然力の世界』事項索引（追録）・『自然情動論』索引（人名・事項）

自然情動論——「悪」の自由と宗教・倫理・美的表現労働の探究

第一部　純粋情動による表現としての労働形態——古タイヤルの世界表現

序章　われら自然の子

「山に上がる」ことはどれほど下りることよりも、よろこびの多いことか、
このよろこびには、辛苦のうちなる「神」の受容という「純粋―情動」の裏づけがあり、
この内的態度には、自分を知ることの限界を意識する、
無記、無我という「黒」の世界生成の論理がある。
「山にこもる」ものには非常在の日常性といえる、都市の論理を裏返した反骨の生き方があり、
自分自身をそこに宿してやまない、万物の逆旅《げきりょ》という、内在の不確実な世界があり、
このような流氓《るぼう》の身ゆえに体験しうる、高潔、豊かさ、純潔、善と悪、自制と快楽などの、
それ自体の人間的自由の二律背反《アンチノミー》の本質を顕わにせしめ、
くらしの山岳ベースならではの、万物が共有しうる、情動という基礎的価値の端緒をにない、
内なるすべての存在者を、未来にむけて被投（geworfen）するだけの実存《エグジステンツ》の余地がある。
この余地は、全体としてはみえてはならない「自然の暗黒《シュヴァルツデアナトゥール》」の表現のうちに、
かえって生き生きとした精神的感激を先立たせている。
このような世界生成の趨《はし》るところ、素朴な「実在の観念」が無視されないかぎり、時充ちて
「神の光」が差し込む「空き」地があたえられ、

この森の中の空き地（glade, campa）が輝ける場所（bright place）として意識されるとき、この輝きに浴した感激（brightness）のよろこび（glad, joy）とともに、人はこのような空き地をいかに人文的に「部族」社会の端緒とつかもうとも、なお自分は交換可能な人間であることを峻拒してやまない、矛盾の実存が俟っている。矛盾の中で孤高を決意したものは、この「自然の光」（Licht der Natur）に頌《たた》えられて、黒の情動による直覚力だけは、外からの一切の権力圧に抗い、集団的権力がどれほどの勝ちどきに酔いしれようとも、魂の城砦に立て籠もる、われら自然の子の、素朴実在の「世界表現」を見失わせることはないだろう。いまや「山を下りる」にのぞんで、被投しつくしたものならではの質料にみたされた自重が、一層くわわり、その重みで膨らんだぶんを自己に投企（sich-werfen）し、日常的な痛みのぶんだけの世界内在を、客観と主観の間に生きる実存として了解する。「山の民に生きる」われわれの原態そのことに、いまでは忘れられた、くらしの過程自体を自己目的とする、基礎的価値を「表現」する情動の黒い生の根源があり、執拗な「生産」主義とは異質な、世界「生成」の現存在に根ざした、暗闇というもののとらえ方が再現され、有るか無きかの現実的《アクチュアル》で相対的な虚無的世界へのみちが、「神」とともになせる業《わざ》の「表現労働」として、ひらかれている。

I

この研究総括は山の民にうかがわれたような自然情動の生成活動を、主体的な「自己工作」における「表現」の労働と思考の原態としてさぐる作業である。ここに自然情動とは、心理学にいう生物学的および精神分析の次元にもとづく純粋情動の自然的歴史的側面を強調した概念であり、「表現—労働」とは人間の不完全性の克服としてのはたらきである。この規定は、「文化・文明」に対して自ら一線を画してきた山の民から獲得されたものであるかぎり、ひときわ人間の不完全性とは何に由因するのかという問いに答えるものでなければならない。そのためには方法論的に純粋情動の基礎論から出発しなければならない。そしてこの情動論は世界内在の「労働」概念と連関することが簡明にされなければならない。経済学の通説では労働は「近代」以降の、それも「生産」活動であると規定され、あまつさえそれをもってくらしの不完全さは克服できるとしてきた。しかしそれでは、紀元前六—五世紀の古代ギリシアにおけるヘーシオドスの「労働と日々」説は何であったのか、また今日、宗教、教育、研究、芸術その他の「サービス—労働」はいかなる意味の「生産」行為といえるのかという問題意識にたいしては、この通説は必ずしも十分な答えをあたえるものではない。

サービス労働は資本制下の幾重にも付加的《アッディド》な剰余価値生産に組するものとして理解されようとしているが、その場合、宗教その他のサービスの「業《わざ》」的行為はそこに「自由」の「価値」の形而上学的考察をもってとらえられるべき余地のあることは無視されており、当の人間学的に多様な「財—価値」説にすら的確な照準はすえられていないのである。通説の「近代―生産主義労働」説は、労働の作用の方向づけが誤っており、自然力の原理にいう「外延」化のみに偏している。自然力の世界に注目するものは、「主体」について不完全性の生成論的な内在的法則をもっており、カテゴリー的様相の「受容可能性」の内包化、すなわち生成するものはすべて主体的可能態を不可欠としているから、この主体は、その本態的な起源において不完全であることを前提にして「生成―労働」説を主張するのである。いいかえるとわれわれ「生きられる」ものは、未完成の可能態において生のリズム的な現実態に依存し、それだけに絶対的なものではないところに内在する自己工作＝労働の余地をもつのである。このようにみれば、今日の「国家独占資本主義」下の賃労働とは異なる「原態―労働」が、われわれの近くに歴史的現実のものとして持続してきたことをみとめざるを得ないのである。

他律的な賃労働を核とした商品生産のくらしには、一方で人間を無限に「完全」なものとして因果連関的にとらえて世界過程は労働力の価値の実現と解され、その背後に見えざる神を人格的に、つまり自然および世界を「市場」の目的観のもとにおく、必然の擬人説とみたてる完全な決定論がある。しかし他方、それに対しては、べつの価値目的的な「自由」の観点の問題意識が浮上する。「見えざる神」の世界擬人説のまえでは、個人として人間は一切の「責任」から免責されることになるが、恐るべきこの「資本主義的経済」原論のもとの目的観は倫理観の撤廃をさえ意味するであろう（今日の「宗教・教育・医療崩壊」の現実をみよ）。本来の「見えざる神」とは、自覚せざる非動物的な神、自分自身とは無縁で他律的な神ということであろうか。人類史とともに不可避の、諸個人のくらしの活動は本態的な「表現―労働」カテゴリーのうちに、つまり生成的カテゴリーという現実性と可能性の様相論（範疇論）としてとらえられるべきである。

考えてみると「人間」の活動には、その目的の予見と予定のむしろ不確実なること、つまりその限界という偶然の余地のまえには、とりわけ個人の情動、態度の中に同時に自然力の実体論的と価値論的の二種の規定を受けざるをえないものがある。簡単にいえば自然衝動と価値意識、目的の多元と価値の多元との間の葛藤、さらには諸価値相互の葛藤があり、内と外にわたる生の「有」をめぐる矛盾の様態がある。本書でとりあげる「山の民」自然人には、このようなくらしぶりが「理」性的にも自己立法・自己批判の自己統制的に問われてきた。帝国主義植民主義は、この自然の矛盾の様態に著しい規制を——多くは逆行的にも——かけることにおいて、すなわちその反自然的な他律的立場において、当然、疑問視されうる。

本来くらしの様態は、他律的な資本のための因果連関に従属的な「目的的活動」論としてではなく、逆に、自分のための「生きられる—活動的目的」論のうちに、つまり「生過程」における自生的の目的観を問うことにおいて深められねばならない。人間活動の因果連関説に対してはいうまでもなく多くの反論がある。しかし、人間の有の可知性を多少ともみとめるかぎり、この因果連関に蓋を蔽うわけにはいかない。問題は、他の存在に影響をおよぼすような根源（原因）のあり方を、他者への外面への動態とのみみるのか、真の原因と結果を生成するものとしてそのような根源をかえって内面への動態の基礎づけとしてみるのかによって、他律と自律の二つの途にわかれる。「自然力」のもとの内発的自律の表現は人類史における構成化された個性の或る適応型労働として定着してきたが、この表現労働にこそ本態的な倫理がつちかわれてきた。この仮説によれば、国家的紐つき教育は「自然—人格」に対する原収奪において反倫理的な犯罪である。心理学・精神分析のアリス・ミラー女史はこの現象を『魂の殺人』（原題「初めに教育ありき」）とよんだ（山下公子訳、新曜社、一九八三）。本書において教育は、「母性」観念につながれる世界内在の主題である。

「山の民」の実証から得られた「自生」的活動という耳慣れないことばには、この二つの途の生成論的なはたらきが含意されている。すなわち、人間活動の因果としての能動因に注目するなら、その結果が他者において生じるような転移としてのはたらきのまえに、それに先行して能動の作用が「主体」にとどまり、かつ主体のヨリ完成状態をもたらすような「内在的作用」のみられることが、山の民からの教訓なのである。そのことをかれらは、一方では「首狩り」にのぞむときの、事前待機である「マラカム」精神の自己立法、自己審廷のはたらきに注目すべきであることと、他方、「母性」の権能下の呪術師が介在する民主主義的「コミューン」のあり方の問題枠とを遺してくれたのである。

人間は、本態的に「母性」に由来する矛盾から、身についた諸価値を自然力において矛盾として発揮し、そのようにして自然―類的にも自己を生成せしめるのであって、その意味で、あきらかに不完全で不確定な生きものである。したがって人間は、瑕疵、欠損、疾病、障害、異常、「問題」「悪」を抱えて、不確実にしか活動しえず、そうした不完全、不確実であるがための「より大きなものの内なる自然」の活性化の状態においてこそ、価値的によろこびへの「転換」という――それが直ちに「善」に向かうか否かはともかくとして――過程的なもののとらえ方になじむものである。この動態は、生きられる唯一の過程自体に原態の表現を見いだそうとする「自然状態」の思考法に基礎づけられている。いまここに諸「悪」の形相的不完全においてなお主体としての積極的活動を強調したことは、個人の世界内在の主題を構成化することにほかならない。

ここでは大局的に、不完全な人間にとって「活動―表現」過程のうちに見いだされるよろこびには、次のような途があることだけを指摘しておく。基本的にわれわれの活動は、「実在」のなかの或る一面を経験としてとらえることによって成り立つとみられるのであるが、この実在の本性を探究するなら、いわゆる「経験主義」にのみよってたつものということはできない。この実在はわれわれの「観念」を基礎づけるものであり、したがって「実在―観念」においてくらしが、たんに存在論的にではなく一つの生成過程的な「表現―活動」へと結実するとみなければならない。すなわち、不完全な人間が、真理の絶対的基準というものは不在とみなすことによる、危うい自己の生の二律背反のうちに感能体得する「実存」に、すくなくとも「神」にちかづくことができる「魂」によって自・他の「有」に、「類」的な生成の可能的なあり方があるのだ、といわなければならない。

　こうして、自己に内在する不安とよろこびを、ひょっとしたら自然的他者ももちあわせていはしまいかという、「交感・共感」の可能性を見いだそうとするかぎり、そこには、それだけの自然に内在する「自由」の余地がみとめられうるという観点が浮上する。この手の「不安・よろこび―共感―自由」は、自己の世界内在のかぎりであるようにみえようとも、すなわち現代史が反質的に証明するように、外的な人工「組織」へと変質されて説明されるものではないにしても、かかる自分自身はその内なる「自由」において、本来人間の有にたいしては無頓着であるところの全自然との間の「さかい」(境域)に置かれつづけることに、規定されるとみるのである。いいかえると人間は、「自然」と「神」の間に置かれつづけるかぎり、そこに見いだされるべき自然力による「自由」の自己限界を弁証法的に合理として意識化する方途のために、さまざまな工夫を積み重ねてきた。このような意識化の表象を本書では「太古的労働・思考」とみなし(中村Ⅳ)、人類学にいう「黒の思考」法（thinking black）ととらえることにしよう。レヴィ＝ブリュルはエスキモー流の「不条理なるがゆえにわれ信ず」という「前論理的」な神秘的思考法は、オーストラリア人やパプアニューギニア人にも共通してみられ、ここにかれらの表象は「情緒的要素」すなわち「超自然的なものの情的範疇」としてとらえることができることを主張した（『原始神話学』古野清人訳、弘文堂、一九七〇、「序論」。原著は一九三五年）。

しかしこれより前、既にE・ハートランドは、その自然宗教説の中で「「黒く考える」ことをまなぶ」という論説をキングズリィ女史から継承して一九一四年に発表している（『原始民族の宗教と呪術』中井龍瑞訳、岡書院、一九二七、所収）。レヴィ＝ブリュルがこの「黒の思考」法そのものにいかに注意をよせたかは推察に難くはないが、管見のかぎり「哲学者」としてのかれがここで「黒」とはどのようなもののとらえ方であるのかを探究した形跡は、みられない。これに対して、及川真学は、ハートランドの論説をふまえてその「宗教心理の原初形態の探究」の目的のためには「未開人」の「黒く考へる」という形式は避けられない論点であることを主張していた（『高砂族の咒法及び其他』山田仁史編、常円寺（西新宿）、二〇一四）。及川原著（手稿）は、山田によれば一九三四年から三五年の頃の執筆という。ただしその「黒の思考」について記した第一章「実地調査上の準備」を山田は、及川が一九三三年に渡台する前に書かれたものであるかもしれないと言及しているのは（一八二ページ）、失当であろう。何故なら及川は「併しかく、黒く考へるといふことは余程の修練と忍耐と熱情の必要なることは幾度か［「蕃地」］調査中に煩転し調査事業放棄を思ったことに由ても解る」（二二ページ）と反省していたからである。

マクガバン女史自らの一九一六―一八年当時の験証によれば、「黒の思考」法とは（女史はこの述語を用いていないが）「黥面・首狩り・首祀り」の特異な習俗をもってきこえたタイヤル人の場合、「霊的存在が或る女性の身体をとおして再現する」ようなものであり（中村V、八四ページ）、この思考法は「頭を狩ることができないものは妻を得られず」という現実にむすびついていた（一〇八ページ）。女史はなおこの「首狩り」について、デニカーのダヤク人についての「花嫁へこのトロフィーを持参するために人間の首を切り取るという慣習を、そんなに厳格にみなす必要はない」という所見を引いている（同）。ハートランドらは、「太古」の思考法になぜ「黒」なる表現のあることに興味を抱き、このための探究に「余程の修練と忍耐と熱情の必要」（及川）をみとめたのであろうか。及川はそれを、真摯に「宗教心理の原初形態」の主題にもとめた。いわゆる黒の思考法の事例は注意してみるなら、民俗学、人類学の類書に枚挙にいとまがない。及川は、この思考の心理を自らの内在の「修練、忍耐、熱情」の所産ととらえたのであるが、ここにかれの宗教的情動説への卓抜なる洞察があったといえよう。

内在の「自由」は、神が許容することで人間が「受け容れうる」、あくまで「受容」可能性としてのものである。アリストテレス以来、人間の「受容力」は不確定で変化可能のもとに存続するものととらえられ、それ故に受容的可能態として実際に主体にかかわるものであった。ここに、神の許容は人間の受容であるという、畏るべき「有―転換」の内的動態の原理を得るが、この規定はもちろん単なる譬喩にすぎないものではない。

人類史における「人間性と人格の形成」のための生物史的段階から社会史的段階にいたる「自然史的過程の前提」という教訓は（芝田進午『人間性と人格の理論』青木書店、一九六四、参照）、二つの段階の「境界期」に固有の人間的思考の有り様を示唆している。それはまた「受難」の民の歴史の刻印にほかならず、われわれはこの歴史的現実から、いかにして「人間的自然」の黒の思考のうちに現代のアクチュアルな生き方を模索しなければならないかという問題枠をとり上げようとしているのである。「自然史」としてのこの問題枠は、マルクス未完の「太古的労働」概念の追究という問題意識が下敷きになり、この「労働」観は、さきのレヴィ＝ブリュルの指摘にそっていえば「自然情動」の表現学となる。

哲学の上山春平は、労働の原初形態を直接に論じたものではないが、「ホルドとかバンドとかよばれる部族社会以前の社会」から「部族社会」への「移行」が、採取・狩猟の「自然社会」から農耕の「農業社会」への転化に対応して、人間の存在に重要な意味をもってくると主張していた（『歴史と価値』岩波書店、一九七二年、一五五ページ以下）。それ故にこのような人類史と自然史の区別を考えるときには、「労働」の原初形態がいかに情動カテゴリーのもとで「黒の思考」に基礎づけられているかという仮設が、用意されなければならない。かつて山の民タイヤルが「母性」に主導されて、上山のいう自然社会をゆるい「コミューン」的システムのもとに、実証しうるかぎり紀元三―五世紀から二〇世紀前半までの間、「民属」としての「オットフ」神――客観的な山、石、雨、その他の自然的実在に知性上の根拠をもつ、本質関係的な内的類比における「思考上の有」(ens rationis) ――によって、宗教・倫理・美的に全一化された「黒」色的に特異な「表現労働」を生みだしてきたことが注目されるのである。われわれはこの思考上の有を、「有」一般の「実在有《レアル》」としての「現実有《アクチュアル》」と区別し、それ故にそれは物の本質とはかかわりなく、事の生成的な非実在有であるとしなければならず、そこに自然史の思考という独自のカテゴリーをみとめるのである。

もちろん「太古的労働」概念の追究は、それがどれほど精神医学的に「小児的」で「古態型」「蒼古型」「夢躁的分裂型」などの思考法のものとみなされようとも（中村Ⅳ）、卑見によれば、脱構造主義のいわゆる「ポスト・モダン」論が人間の内的発展の歴史の可能性を十分に、つまり必ずしも認識論的、存在論的、生成論的にも咀嚼したうえで提起されたとはおもわれないことに、反立的に影響している。おなじような反撥理由として、逆に、西欧型近代主義・自由主義（リベラリズム）における不抜の資本主義擁護につながるその意味の「歴史の終焉」説にも、わたくしは組することはできない。「太古的労働―黒の思考」論の現代史における意義は、何処にあるのだろうか。それはくり返しになるが、今日の資本―賃労働形態の現実の只中から生まれでる。というのも、労働の本質すなわち過程・説は、「自己限界」の不完全意識の中で「生きられる」可能態の「必然」視をともない、そこに生命の基礎的価値にかかわるいくつもの情動の、正―反の辯証法的動態に、世界表現のよろこびを見いだすであろうからである。「神の見えざる手」による平均化された資本主義的労働の交換理論には、見えざる神の世界内在的な「情動―交感」（commutation）の在り方が、自然宗教、自然哲学の諸観点からも見失われている。

シモーヌ・ヴェイユ（Simone Weil, 一九〇九―一九四三）が、分刻みの苛酷な合理化された工場労働の渦中から身をもって験証したことは、見えざる神の――じつは人間の自然情動に「表現」された――「生」の正―反の辯証法的動態が分析的機械的な「合理化」を彼岸に追いやり、明日の「生きられる」可能態へと彼女じしんを導いたこと、そこには、且且《かつがつ》ではあるがつまり受難のうちの「生きられる」意志が、より根源的には受難に規定された「魂の情動」が、現場のいくらかの同僚とともに交感しうる余地において呈示されており、それ故に「神」との交感によるこうした正―反の苛酷な辯証法的動態を、彼女自身の魂の内在において世界生成の思考の手掛かりにすることができたことであるといえよう。ヴェイユのこの実存的な生き方の宗教・倫理・美的の三つの側面は、「太古的労働―黒の思考」説のなかで全一的にとらえられるべきであることを、暗に示している。というのも、それによって本質が実際に現れる様態をわれわれが実存《エグジステンツ》というとき、ヴェイユのとらえた労働観には「神」への内的可能性からはじまる外的可能性への動態によって本質の現実化への途がひらかれ、この過程は、生に特有の本質的に「それ自ら一体」(unum per se) となる「有」を志向することを表しているからである。

この全一的な労働・思考の原初性には、論理的にも人間は自然史的過程における境界期に依然としておかれつづけているのであり、どれほど生殖細胞の遺伝子操作による「人間化合物」が可能となろうとも、「心情」だけは生物学的生成の形而上学的な「黒」の原則がふまえられていることを表している。人間の形而上学的本質はそれだけ、「神」とのさかいに本性すなわち自然力における思考上の有として情動表現的なのである。ここに情動の生物学的生成論は、個人の過程的な生の「世界―表現」学としてとらえられ、しかもこれをつうじて社会史的段階の端緒としての自生的コミューンまでが展望される。この端緒において自生的コミューンは、依然として現代社会の基底に位置づけられる。

II

人間の不完全さ、くらしの不確実さは、資本制社会の結果ではない。世界史が教えるように、われわれは資本制以前に舞い戻ることで将来的にも牧歌的なくらしを謳歌しようなどと、考えてはならない。古来、民の歴史は受難の連続であった。それだけに今日「資本主義とは、搾取だけではないのだ」とうそぶく声をよく耳にするが、それは、いくらかでもバラ色をちりばめようとする悪質な政治的宣伝の類である。資本主義が止揚されることで、不完全な人間がそのまま手にする「自由」は、たえず瑕疵や悪と両立する、より高次の、高潔とか克己といわれる自生的な自律の情動的価値をそなえていなければならない。今日の資本主義は経済的「搾取」どころか、洗いざらいの人間的「収奪」、それも、心情、情動による自然と人間、人間どおしをも「原―収奪」する内攻性をもっている。この内攻性とは、自然と人間、人間と人間の間の境域に侵蝕し、これらの関係とともに瑕疵や悪をも受け容れうる可能態としての生成の有を、破壊することである。したがって、資本制社会における労働は、「疎外」されるが故の非創造的活動であるとされるとき、この原収奪の現実態の内容が問われねばならない。すなわち、われわれの「生過程」にみる全体的な、つまり実存的主体の可能態とそれに先行する現実態との連関性の帰趨に眼が向けられねばならない。人間の「生きられる」可能態は、現実態を受け容れうるところの生成体である。

それ故、資本による生成体への原収奪の内攻性に対しては、根源的に実践的な、「善・悪」にかかわるような道徳的価値の世界内在とその表現の視角から、反立しうる問題となる。民の歴史は、資本主義以前の「人間的自然」の生成過程をとおして多少の自然と人間関係とに結びついていた。ここでの「労働」は、人間の「自然力」の観点によれば(中村Ⅳ)「無機的有機的自然―身体―心―精神」の、層構成的な思考の「自己―工作」を核とし、すなわち外的自然の必然性のうちに、かえって「受容可能性」にはじまる心―身連関のミクロコスモスを自己目的的に創造的に表現しなければならない。

人間自身が「自然」でもあるという視角においてはじめて、外来の「人間的自然」との、現実性と可能性の内的構造の観念が生みだされねばならず、このような自然と人間の間の境域においてこそ対抗的統一の力動の「磁場」(シェリング)が形成されるとみなされる。この磁場的力動を全自然的な「理」性のはたらきとみるとき、そこにかえって受容という純粋情動のはたらきを見いださねばならない。この見解は心理学のR・プルチックと一連の自然哲学による創見をわたしなりに自然情動論として「自然力」理論から敷衍させてもらったものにすぎないが、人類の境界期における「労働」観が、このような「人間的自然」の受容において、この受容の可能態として打ちたてられうるという仮設は商品生産的労働観に慣れ親しんだものにとってはおそらくコペルニクス的転換とさえいえるかもしれない。

この受容―労働説が成り立つためにはプルチックのいう情動の「純粋」性と「労働」との間に、「主体」の問題が入ってこざるを得ない。というのも、純粋な生成の情動は、いまここでとりあげる受容《アクセプタンス》にしてもそこには「合一」(incorporation)という基本的行動次元が対応するからであり、合一という実在する生成のもとに、はじめて受容は主体に属する運動となる。この運動が「労働」となるためには、ここで、単なる観念論を克服しなければならない。われわれの原態―労働においては、論理的に生成論的真理の問題が控えており、人間の卑小さと不完全さのゆえにその知性によっては民の小さなくらしは矛盾を避け得ず、したがって、民属のどのような「神」であってもその知性によってのみ真理に至ることが、自然的実在の問題としてとらえられてきたのである。

それ故、この実在のくらしの思考的有そのものが「神秘」であるというべきである。この生成論的真理への途の中に諸「価値」の矛盾を克服しうる、可能態としての「受容—労働」の意義が発見せられるのである。本書の労働観が実在—観念論として、受容—労働の「神秘主義」を排除せず、むしろ存在と価値との過度の分離こそが批判されねばならず、そこには不完全なる主体の、現実態への移行をめざすべき、常に生成的に実在する可能態がある。民は、受難の歴史の中から生と死の、基礎的な生命の価値にかかわる主観のにない手の「人」たるものの自然的実体論的基礎に、鋭敏な自己の実存を感得してきたのであった。ここには主観の本性としての内的動因と、主体の自我としての作用動因の区別がともに実体としてとらえられている。

資本主義社会における原収奪の「個人崩壊」に日々、直面するとき、いささか逆説的にきこえるであろうが、われわれはあらためて実存的に内的な不完全さ、不確実さ、危うさの日常的な「内—歴史」の「深淵」（M・ウナムノ。中村Ⅲ）にたちのぞんでいる。人類の「労働」史は、情動的活動の直接的な現物の諸形態から対象化の間接的な抽象的形態へと進展してきたが、そこには、依然として結果の生産主義的でない、自己自身の活動的目的の労働形態が基底として生きている。この労働観は「生成的目的」論であり、したがって「価値」論であり倫理学である。「労働」は、この目的的価値への手段であり、端的に「生成—善」の価値を志向するのみである。ここには宗教・倫理・美的の全一的な「生全体」観が寄与しなければならず、音楽的な生理的リズム（律動）にそくした、生体としての周期性のあるアニマ的原態による世界内在観が不可欠となる。

太古的な、つまり宗教・倫理・美的に調和された情動の「はたらき—労働」を軸足にしたとき、この労働は、自然力にとって間接的、客観的にではなく、すくなくとも「身体とこころ」に直接する、その意味の実在的で

「生全体」的なはたらきの「自己―外化表出」とその「自由」の質料的性格を、「生きられる」実存において意味するものでなければならない。それは、経済原論的にとらえれば、近代の自然哲学さえもが陥りやすい「自己産出」という一面的な「生産主義」を排除し、一見内発的なミクロコスモスととらえられる自然力の世界がじつは、くらしぶりの主観に引き寄せられた、高次の「神」への「受容」――神からみれば「許容」――に基礎づけられており、外界の「人間化された自然」(人間的自然)とみなされるものへの受動―能動の「生成主義」の考察となるということである。

労働の類的本質といわれる場合の、根源において共に関与せらるべき情動の交換は、個別者の絶対的な自己自身の意識とその同一性の客観的普遍化による、「自己否定」(疎外)を契機とした生産主義の交換以前のものであることは、いうまでもない。太古的労働における情動交換の世界内在性においては一見、その自己保存のかぎり低次のものであるが、むしろ内在の生成観においては、「生きられる」主体の非合理的な実存性(不完全性)を「神」にあずけることによって、類的にヨリ高次の善・悪の世界を共有しているのである。ここには、「生」の「実存」的表現とは何かという自然哲学の問いかけが俟っている。このような生体論的の生成主義は、古期ストア哲学の「水・土」の受動態と「火・空気」の能動態という二分法のうちに、一種の神の「気」象的本性を「霊」(pneuma)による生成=造成・役立ち=造化にもとめた、価値論にかかわる「太古的思考法」につながっている。

労働史は自然的「分業」の社会化の、「生産力」の歴史であるという通説のもとでは、労働による世界生成の内在的価値論が生じる余地はない。しかし、有機体的生の全体観に立つなら、人間の生存条件としての労働は、「分業」自体に目的因を見いだすのではなく、むしろそこに全自然的の作用因がつかみとられねばならない。通説によればそこには「発展」＝非退行がないこととされる。ところで優秀な外科医とは、果たして今日通説となっているように患部を、病巣が転移しないようにと切除することだけにもとめられるのであろうか。完璧な患部器官の切除のあまり、生体そのものの全体の「表現―形態」が喪失されるということは問題にならないのであろうか。生の表現―労働のにない手である人間は、それ自身が、ある可能態であることよりのあかしであるという観点は、本態的に備給された器官の、切除後も不思議なことに何かに向けて表現活動しているかのようである事態をみのがさないであろう。科学の最先端をはしると目される医学においてこそその目的論には不確定さ、不完全さがついてまわるこの事実を、われわれは真摯に解すべきではなかろうか。この事実は、科学がたんに相対的価値しかもちえないのに較べて、生の実存には、言語的に表現不可能であるがゆえの「無意味の意味」が、生全体の価値論において問われるべき余地をもっている。

「まえがき」でわたしは、「大きな有」の内なる自然の不完全さゆえになされうるところの、自己の情動の趨勢は「有」を媒介にし、それにあずけ、おたがいの間にどこかにそういう余地を暗黙知としてのこしている交換の過程的なあり方という思考法に、「反転」という動的用語を当ててみた。マルクス主義経済学・哲学にそっていえば、この「過程」的弁証法的の、内なるものが外に、まがりなりにもついには可視的な態度へと転換せしめられることが、「生成」論的に労働の本質にせまる視角となるのであろう。しかし、労働の本質は、この外化の投射ということだけに尽きるものだろうか。「内なるもの」の外化がまったき内発性によるという、むしろ「自生性」(spontaneity) というもののとらえ方は、人間の意図や設計の結果や成果という系列化された「労働」の組織的な社会類型・文化説に対置されるべき、きわめて興味ある問題である。というのもこの問題は、自生的世界とみえるものにも生体をめぐる「神」の「気」象的な態度がかかっていることだけをみても一応、首肯されるからである。とはいえここには、論理的に矛盾があることはあきらかである。自生性というまったき内発性の概念は、人間の存在自体が不完全さ、不確実さであることのべつの表現である「大きな有」の内なる存在という、誰もが否定しえない事実に対して、内容的に背反するからである。

「あなたさまはたとえば専門工は、いったん工場から出ると、もはや一連の因果関係の系列に閉じこめられてはいないと言っておられますが、……けれども、そこからどういう結論を出されるのでございますか。もし、人間はみな、どんなに抑圧されていようとも、なお毎日、人間としてのあかしを立てる機会を失っていないし、したがって、人間としての品格を完全になくしてはいないのだと結論なさるのでしたら、大へん結構なことでございます。しかし、ルノー工場、またはシトロエン工場の専門工の生活は、人間的尊厳を保って行きたいとねがう人の受け入れるに足る生活であると結論されるのでしたら、ご意見に従うことはできません」(S・ヴェイユ「Xへの手紙の断片」(訳注「一九三三―一九三四年のものか」)『労働と人生についての省察』黒木義典・田辺保訳、勁草書房、新装版一九八六)。

今日「現象」学が普及しているが、「現―象」(Er-scheinung)を、たんにそこに内より現れた(er)姿相(Schein)の本質ととらえることができるとすれば、この一見、魅力的な概念のせいでわれわれは、かえって真に自生的な、世界内在のあり方を問う境域にはいたらないというべきである。これに対しては、そこに与えられた現象の、「現―相」(Phänomen)による世界内在のカテゴリーが、B・ボルツァーノの、表象自体にひそむ「自体存在性」と「意識志向性」の二重の生成論的対象化というとらえ方によって深化されうることをみとめなければならない（中村Ⅳ、二九ページ）。フェノメンとは、「外的自然の先在性」（マルクス＝エンゲルス『ドイツ・イデオロギー』）を内にいれてはじめてなれる、生物学的原則にそった「表現―学」なのであり、表現学（Ausdruckslehre）の大成者であるL・クラーゲス（一八七二―一九五六）また、人間の意《こころ》をあらわす運動は、それ自体の内に意を蔵しているとともに同時に外界との連関において、人間に固有の「随意」（Will-kür）の了解可能性の世界像をもっている、といっている（『表現学の基礎理論』千谷七郎訳、勁草書房、一九六四）。外科手術によって失われた器官は、もう片方ののこりの器官や随意の経験的蓄積によって、何かに指向している。この何かとは、表現活動者じしんを形相的に完成させるべきものである。現相の表現学には、分析的なそれ自体明瞭な原理といわれるべきものはない。無記は、現相は現象に基礎づけられることによってつねに動態であることを、基礎づける。

本書の実証にそっていえば、生理学（physiology）の観点からは中山みき（一七九八―一八八七）その他の「成巫型の女性教祖」にみられるような、追いつめられた「限界状況に立たされた中年の主婦」による「ロゴスの受肉化」（小野泰博「シャーマニズム」『日本宗教事典』弘文堂、一九八五年、七一〇ページ）という、受難にもとづく「興奮性の周期」説もまた、内発的な推進運動というよりは、神によって「貰い受けられる」とする随意運動の了解可能性の世界説において、労働という現物形態の表現の現相学として考察される余地がある。「受容《アクセプタンス》」とは、主体―客体間の相互にキカレル「情動―交換」の指向性から、客体をできるだけ主体のがわに引き寄せる力動性、善・悪に捉えられる空間性、異人歓待という未知の事態に対処する時間性、自分自身をそれらの全体活動の容器とみたて、かくて「生きられる」ものの可能態においてよく現実存在を自己のうちに持ちえるという、世界内在性をあらわす多義的な述語類型（カテゴリー）なのである。ただ問題は、目的が、受容という能動因をはたらきへと引きつける、原因性でもあることにある。

人間には、はたらきかけられる、刺激の受容過程によって端緒をえられるときの被制約的の生の現実化を、内在的に反立させる原則的「自由」のもとの基礎的価値として「受容―表現」につとめるという本性がある。この意味の受容は、原始的素材をくらしにおいて受容する、その可能的な表現形態としての、「人間」的財の「使用―価値」(value in use) の概念を不可欠としている。この考え方には、今日の資本によって偽りの統一とみなされる自然力の不調和に対置して、「大きな有」にそった原則的「自由」がみとめられねばならない。この全体的統一の観点からすれば、人間の自然力は、対象の価値ないし成功の如何にはかかわらないことがあきらかである。自然力に含意された「内なる自然」というとらえ方には、活動の対象物の如何によっては影響されないあかしとして、受容―表現の「工作＝労働」という情動の志向的価値のはたらきがあたえられている。それ故、内在の生成、反転を過程的にはたらく自然力は、くらしのリズムにそって自分自身を受容の「使用」に値する、基礎的な情動的価値志向の世界を持っている。この世界は、物質的にも心情的にも両義の、つまり主観―客観関係の両極におよぶ融即的かつ未分離の、くらしぶりとして普遍のものである。

その場合、それは「生体」であるが故の無限の「マトリックス」(matrix, 母系列、母源) に基礎づけられていることに注意しなければならない。マトリックスによって自然力を統御するものについての考察は「自然哲学」といわれる。その力動過程は魔術ないし呪術とよばれてきたことは周知のこととして、この神秘的過程について自然哲学は「善と悪」などの価値的主題を用意してきた。自然力をもってわれわれは状況についての完全な

「知」をもたない。この視角は、「山の民」タイヤルとその「オットフ」神についての長い実証を総括することによって、はじめて論証にかなうものとなったのであり、けっして、はじめに形而上学的にあたえられたものではない。

　宗教書ではなく、民の歴史学としての本書が企図するのは、だれもが一見して、くらしという表現的な労働過程そのもののうちに自分自身のささやかな汗と苦悩に裏打ちされたよろこびを、見出すことができるみちを模索することにある。そのための鍵は、一つはコミュテーション（commutation）型の情動交換にもとづく、ゆるい、自生的コミューンの構築にある。「コミューン」には「共同、賤《いや》し、責任、厚意」の四つの語義があり、たんに空間的な「共同体」をいうのではない（中村Ⅳ、四六ページ）。もう一つはくり返しになるが、内なる自然の、これまた自生的《スポンティニアス》な「魔術」的表現活動として、心情《ゼーレ》による「受容」的態度の成否にある。これらは、わたくしの創見ではない。人類の「自然史的過程」にまなぶものには古来、ミクロコスモスの内在的「受容」の現相学が志向されてきたことは自明である。本書ではこの自然史的過程を生体機能の内在的本質の観点に立って、つまり自分自身の生きられる労働の表現の過程性を、主体に付着する基礎的価値の方法論にそって考察するのである。

　ここに自然史的過程とは別の方法論がある。すなわち、「神」に従い、神を受容するものにも「自然の労働」観は自明のことである。このことはしかし、宗教書でないかぎり、神学的労働観の世界にのみ押し込めてすまされるような主題にはならない。というのも民属のなかの「神」的な観念は、「生物学的労働」観によれば「自然」すなわち「生きられる」ものの純粋情動という内在の生成過程にこそ普遍的な基礎を持つとみるからである。この方法論が自然哲学であるが、非信仰者にとっての「神」の観念は、われわれ人間が「自然」的実在であることをみとめるかぎりの自然と神の間（「さかい」）におかれたものの「実在―観念」的な成り行きである。

　マクロコスモスの自然と「神」の、実在的観念（実在→観念）は、ひろく無機的有機的自然観そのものにかかわっている。このとき、無機的自然をも「生きられる」実在とみなし、そこに「有機体の生命力《アルケウス》」の源である「神」をみることには、異論の向きもあろう。だが古来、おおくの無機的とみられる「神的自然」観があった。これまでの実証によれば、身近にもフォモゥサの山の民ほど、くらしぶりとしての「雨・雷の神」「火の神」「山の神」「鳥の神」「蛇の神」などを自己の実在―観念のうちに生きられるものとしてとらえ、さらには「黥面・首狩り・首祀り」にみるような、人間として原態の「生体的自然」観のうちに「神」とともにはたらかせる心身連関の世界内在の所在をいまに遺してくれたものはない。

　それは、ちょうどJ・ミレー（フランスのバルビゾン派にぞくする画家。一八一四―七五）の描いた「晩鐘」の主題がだれにでも容易にわかるように、人間の労苦とよろこびへの感謝という一日の、あるいは季節のリズム的心情に注目するなら、「神」は、暗闇（夕暮れ）をまえにした宇宙《コスモス》的なくらしという自生的な「気」象の表現過程以外のものではありえないことを意味している。原理論的には季節の採取、捕獲の収穫は、一日の生成に対しては「自然の消費在庫」(Konsumtionsvorrat der Natur) である。民はそれだけますますくらしの手段を「人間化された自然」（人間的自然）のうちにおく。vorrat（貯え、用意、予定）とは、自然の予期せぬ出来事をまえにしたとき、それだけ危険な表現活動であるとみることができ、かえってその不完全さにともなう危うさによろこびを、たんに実存の根拠であるかぎりの存在者のうちに見いだす。

この表現活動の自生的であることと、自律的であることとが矛盾のあまりいかに異なるかということは、自然哲学において既に一つの主題である。先にみた「大きな有」という人類＝有機体の自然史的過程に不可避の「根源」という「神」のとらえ方においては、人間の表現における自生的と自律的の形態に一つの共通したものをもっている。「アルケウス」という思想化の嚆矢は、ギリシア語のアルケー（始め・根源）をふまえて一四世紀の錬金術師以来、とくにパラケルススの風土的実践医学とでもいってよい一連の「大地―増殖―霊魂」根源説にみられる。錬金術とは、先行するものの中に帰結すべきものを見いだす「業」であるから、自然の諸形態のうちにたんに実存の根拠であるかぎりの存在者を発見することでもある。

「神」は一見無機的な自然をも、人間の主体的心情のうちにひきつけ、アルケウスとしてとりこみ、そのような業において、人間という「自然」に実在する。神とは、宇宙を模写、反映した、一人ひとりの素朴実在の生成過程における気象的な力動状態（「魂」）そのものである。このように素朴実在の「神的自然」観は、「人間的生体」の或る表現活動を媒介にし、軸足にしている。ここにおいて、いまさらくらしぶりという神的表現活動の労働などを主張することは、一種の時代錯誤《アナクロニズム》ではないかという反論が予想される。これについては或る「事」柄の根源の本質を顕わにするという錬金術は、例えば「くらし」とはどのようなはたらきをもつものであろうかという内在的環境の見地を生体の必然においてとらえようとする方法論にそっているといえよう。すなわち、それは、われわれにとって不可視の内発的な生成過程が、医科学の細部に分化してきわめられるごとき分析的方法論などにではなく、「人間」というアルケウス的な生全体観のもとに形態学的にどのように「表現」せしめられるかという問題論を用意することにほかならない。「神は、人間を自然から取り、自然のなかに置き、自然のなかに残し、自然の子と定められた」という一六世紀パラケルスス（一四九三—一五四一）の命題は、果たして今日のわれわれとは無縁の生き方を教えているのだろうか。

こうした神的自然観には、宇宙的自然のもとのあらゆる「生成体」の世界観が込められている。人間は、そのような生成体のうちの一つにすぎないという意味において、定置された「自然の子」である。自然の子は、その生きられる過程と状態のかぎり「神」をあたえられながら、しかも「神」を生命力《アルケウス》として内にしている。そのような「神—人間—自然」の生成説は、「理」性の「労働」観においてこそ特殊的に形而上学的である。というのもパラケルススの場合、「医学」にもとづいてその主張をなしえたのであるが、かれが生涯の全ヨーロッパ「遍歴」の所産において、風土的実在論的医学という立場を堅持しえた観点からいえば、医学そのものが、神と自然の間にとらえられた「自然宗教」に適った「労働」とみなされるのであり、それを「業《わざ》」、それも「手—業」であると主張することができたからである。J・ヤコビ女史にいわせると、神と自然の中間にあってそれらの媒介者である人間にこそ、不完全であるがゆえの生成的自然の「内的統一性」が、「神」のミクロコスモスとして感得される余地があるのであり、いまや「くり返し神を失った世界が、再びその神と神の多様なる世界秩序への帰路を見出したとき」にこそ、パラケルススの「生きている遺産の最後の深い意味を新に把握できる」のである（ヤコビ編『パラケルスス　自然の光』大橋博司訳、人文書院、一九八四、ヤコビ「序言」）。

人間のアルケウス的な内なる統一性説は、本書ではシェリング「自然哲学」の「差別と統一態との方式」による「自由」説のうちに結実する。ここには今日の資本主義的にかたよった「賃労働—国家—行政」のもとの不自然なくらしが、真に神的な必然の自由においてその「表現労働」説としてよみがえるのをみることになるが、そのような思想（その一つに「表現主義」がある）の発現については、二〇世紀初期のステッツォン女史（ギルマン）の苦闘のなかに「女性と経済学」として集約された問題提起を、受けとめてみなければならない。

内におかれた民属の「神」観によれば、神は普遍的に啓示的性格を持つととらえるよりは、「追いつめられた」民の、それでもなおくらしていかなければならないという実在的な態度＝表現活動、すなわち内的に必然である生命力的「労働」をとおして特殊的、可視的に形態表現（形相の本質顕現）されるものととらえられるのである。ここにこそ、不完全と不確実であるが故の真の生き方をになう「自然の子」（パラケルスス）の小さなつとめの姿がある。O・シュペングラーのいう民のこうした「小さな歴史」こそ、普遍神学をよそにして自然哲学、自然宗教、歴史哲学の核心をになうものであろう。人間に本態的に備給された内的統一性をもってなる自然力の世界は、いかにしてくらしぶりに表現された原態の「業《わざ》・工作・労働」としてとらえられ、その「手業」かぎりの心的な生過程をどのように享受しうるかという問題論へと、一歩が踏みだされねばならない。唯物論が歴史的人間学としては片手落ちであったように、実在する内的自然の運動の世界生成の過程を探究しようとする態度は、たんに唯神論もしくは汎神論などと括られる範疇のものではない。かくて今日、われわれから原態の労働がうばわれる程度においてますます意（こころ）は見失われる。

III

今日、「人間」に表現される態度としてのくらしぶりは、すべて底知れぬ人工の、それも一人ひとりの素手には及びえない巨大な化合物と化してしまった。例えば世界の「原子力発電所崩壊」とそれによる「ヒバク」(HIBAKU, 被曝)の状況は、卑見によれば「不安定就労者・外国人・女性」に対する民族主義的愚弄の三大差別を生みだしている。「原発」の存在そのものがとりわけ「女性」をいかに差別してきたかという問題意識は(「結語にかえて」を参照)、見方をかえると、人間のくらしの過程と状態自体を労働の目的とする「生体の表現」観のもとに現相学的に追究されねばならない問題である。この「追いつめられた」時代背景のなかで、社会科学の中西洋は、前世紀のすえに、何を生きる術の規準におくべきかという点についてそれは「人」の「あり方」、その「本性」の再認識にこそもとめられるべきであるとし、T・ホッブズ(一五八八―一六七九)以後の論脈のなかで「人間各人の内にある力」である「理性」の「力」の、再検証の必要を提起した(「人と社会の科学の可能性」『個人と共同体の社会科学』ミネルヴァ書房、一九九六、所収)。

中西がそこで言い切っている概念や理念的なもののとらえ方には、今日ではヨリ丁寧な内的の「表現労働」の観点から検証を必要とする。というのも人間の全「生体」機能は既に、おそらく中西が考察していた以上に「ヒバク」にみられるように、身体・精神医学そのものの資本主義的局所・局在化の傾向とともにズタズタに切り刻まれるという、おそるべき現実のほうが先行しているからである。もう一つの意味で既にといったのは、この現実は、二〇世紀前半の両度の大戦における「ホロコースト」(とくにC・ランツマン「ショア」。本書第三章を参照)によって決定的となったとみられるからである。例えば、当時の「表現主義」運動ということにかぎってみても、ナチズム、スターリニズムと不可避の、人間の生全体のあり方という根底の観点から、二〇世紀初頭の心理学のリップスによる身体的有機体的実在の全体説が提起され、これを発展的に継承した神経生理学の

K・ゴルトシュタイン、自然表現学のクラーゲス、思想ではG・ルカーチに対して論陣を張った感のあるE・ブロッホ、それぞれに主張される論点として遺されている。かれらに共通するのは「生体機能」の内在説に根拠をおくことにあるとみてよい。

　中西のいう人のあり方、その本性、「個人の内にある力」についてわれわれは、人類学、経済学、精神医学の三分野を一つにしてこれを人間が本態的に備給する「自然力《ナトゥールマハト》」とみなすべきことを考察した（中村Ⅳ、Ⅴ）。そこには当然、中西が主張するような「理性の力」についても、そのさいの「理」にかかわる虚体としての表現と、「性《さが》」のレベルにおいてなお神経学的生体の表現活動とにおける、自然的歴史的条件にそった自然情動＝心理力動説による検証がなされねばならない。周知のようにこの力動説も、心理・神経の物理化学的見地に立つ単純なる力学的の物質還元主義からその反対説まで、多様である。生きる術としての「理―性」において、「性」的力動は歴史的関係のもとの「欲動」の経済力動的調和説をふまえなければならず、それは花崎皐平のいうようにたしかにひとつのquietism（「静寂主義」）につうじるとみることもできるであろう（中村Ⅴ）。

　しかし「クィエティズム」といわれるような性的力動説も自然力説によれば、いわゆるカトリシズムや東洋思想の表面的理解におさめてすまされるものではない。くらしのなかの「理性」概念ひとつをとってみても、それは、複雑な生過程の全体観から出発し、生理学的には不断の「興奮状態」が或る閾値《いきち》（threshold）のもとに「平均的中庸値」（ゴルトシュタイン）に収れんするときの、情動リズムの平衡という「表現労働」の観点から考えてみなければならない主題となる。この主題は、自然史的過程におけるアルケウス的内面性の把握をはなれては成り立たない。本書の企図するところは、この情動リズムが、「生きられる」ものとして必然の

「受容―表現」活動をくらしの中にいかに持続すべきかの原理を探究することにある。「情動」は、生理学、心身医学、宗教学、倫理学、とりわけ経済学におよぶ、例えば「価値」論におけるような「人間」にあらわれる「神」の特殊的属性とみなされる。情動に似た情念《パトス》は、ヨリ観念的な受動に根差し、人間の活動としての原初的「労働」観にはふさわしくない。このためかえって情動は「心情」にちかいといえる。

人間の生過程は、一方で目的的活動としてなすべきことの実用的な「労働」があり、他方で、必ずしも実用的とはいえない（今日、商品経済化という事情と苦闘せざるをえない宗教・教育・芸術活動のような）、生きられるものの生成過程それ自体を目的としている「表現―労働」がある。前者の常識的な人間的活動論もいま述べた「原発―被曝」という不可避の今日的現実からみるとき、じつは労働論としては必ずしも説得的であるとは言い難いのである。それどころか、実用的労働説はほとんど近代に成立したものであって、自然史的過程における生物史的段階から人間の社会化段階への「境界期」説をわれわれが見失わないかぎり、情動の表現的労働説は依然としてくらしの基底として生きつづけているとみなければならない。この事態は経済原論の概念によれば、近代の生産主義の基底には「生成主義」のくらしが、生全体観の生物学的原則として生きつづけていることを意味する。生成主義のうちにこそ人間の生理的な興奮状態説が意味をもつのであり、ここに倫理学の、情動の価値志向説もまた根拠をもつことがあきらかとなる。

いまや、労働の本質（マルクス）が生体としての表現活動の「原態」理論において問われている。原態とは、追いつめられた民が「心―身」連関のレベルにおいて情動的に受容せざるをえない、自然的歴史的対象についての内在の経済力動的な生過程にもとづく態度表現である（生命力的なこの「原態」については中村Ⅳ「緒論」をも参照)。ここには第一に「受容」活動はそれ自体、生きられるものの過程において第一義的な——「神の・内なる自然」において——個人の自生的生命力の態度であり、そのかぎりで内・外の環境という世界生成の魔術的「転換」表現の端緒であること、第二にそれは、ヨリ高位の「精神—文化」レベルにおいてではなく、むしろその基底におかれた原生的自然の「霊魂」、ないし直感としての「賜物」の根源の布置としてあるのであり、外在的な「神の内なる・自然」ではない。第三に、このような原態表現は、歴史的に普遍の「追いつめられた—民」に固有のくらしぶりであるという特質から生成—表現論を深化せしめたものである。

「原態表現」については、既にO・クルマンの「身体的伝承」における創造的統覚の原理の再認識がある。それは、「人工の業《わざ》」を拒否してその身を処刑の山にのぼらせた、神の子である、人間イエスの「賜物—受容」の表現世界にみる生命—創造的性格の態度を浮彫りにしている(中村Ⅳ、二八四ページ)。ここにおいて原態論からする「受容」の「表現」活動説は「労働」の本質論に置き換えることができるだけでなく、人間の自然史的過程のもとで、理性による創造的な生全体観として提起される。創造といい表現というも、生理学的には感覚の受容のはたらきが神経素《シナプス》の非可逆的な伝達の作用によって或る置換されうる状態——この蓄積が反転という興奮状態である——の形態化にいたる動的過程をいうが、ここに自然的歴史的事情がくわわるとき類的個人の個性と適応の領域論が提起される。本書で個性というとき、脳神経の生来の機能の特殊な持ち味と、この持ち味を内在の内と外の環境生成の世界表現として、生体論的にとらえている。山の民の「健康」観はここにみられ、かれらの呪術的世界はこの個性の保存を目的とする。受容—置換(反転)—表現の世界内在そのものを「自然」観のうちに考察するのは、自然哲学においてなのである。現代医学がこの特殊な持ち味をかえって発達障害とみなしたがるのとは、方向を異にする。この過程を「魔術」的とも「神」的とも形容するのは、この内在のあり方がまったき合理性によるものでないことに由因しており、いくらかの哲学者はこれを「謎」とさえいっている。

山の民の実証によれば、人間の情動は、「興奮」の中庸状態を「健康」上いかに維持すべきものとして認識せられるか、そのために「母性」の権能《ファカルティ》によって「魔術的思考」が「自制」へと工夫されて、いかに非権力的に持続されてきたのであろうかという問題意識のうちにとらえられる。「追いつめられた」ものの興奮の平衡状態説は、生全体観のもとに、精神医学や歴史心理学にとどまらずおそらく歴史的人間学のすべてに基礎的にかかわっている。なぜなら情動リズムの原態論にこそ、人間存在の基礎づけである内発的情動の魔術的転換という、周期的労働の本質にせまりうる視座がひろがっているからである。人間活動における「創造」とは一種の伝承と模倣の基礎のうえにこそ成り立つという、民俗学のK・クローンの主張は（中村Ⅳ）、この表現―労働の周期性《リズムス》という、あるべき完全性の欠如の概念と無縁ではない。この概念は、そこから人間のリズム的な原則的「自由」の所在を避けえないことによる情動の「予見・予知・予兆」の価値の世界内在までを、われわれにもたらしてくれる点で注意を要する。

労働の本質のひとつとして、このような情動リズムの予見の価値が問われるべきである。しかし情動的予見には、不確実という限界があり、この限界は「生きられる」可能性という制約の網によっており、くらしという自己保存（マルクス）の業は、いっそうこの予見に制約的にはたらく。ここには、ミレーにみたように「自然」の暗闇の中の「神」の微光という思想がうまれる端緒がある。人間には、神の目的論的世界という決定説をになうには耐え難いほどの、不完全さがある。この不完全さのゆえになお有の人間であるということは、かれの自己運動（マルクス）という自由の余地、すなわち自然力の非目的的な活動とその過程にだけは耐えられる、その意味の予見の価値の所在を意味している。追いつめられながらも民は、非目的的であるが故の予見の不確実に一定の価値を見いだしている。労働の目的―非目的論の困難さについては、画一的な労働には人間を堕落させることのない位置におのずと限界があるとしつつ、その問題の先にある、人生の諸現象にどれだけ積極的な「創造の態度」をとりうるかという、さきのヴェイユの主張がある（前掲「断片」）。

通説の倫理学的労働価値説においては、予見の価値は目的的活動のうちにこそ見いだされうる。というのもそこには「賃労働」による剰余価値の学説がつよく働くからである。しかし、本来の自然力による労働には、かのアルケウス説の、人間は「神の内なる自然」の存在であるという、生命力的自然の形成・技巧・工作において自己の自然の個体化的本質を顕わにする傾動をもちうる。この本態的の「予見」は、外の刺激によるミクロコスモス形態としての世界内在の投射であり、その表現活動であって、この活動的目的の原則的自由において価値の所在がみとめられるからである。もちろんそれは、実在的には「予定」の価値としてみとめられる。とはいえ予定のもつ限界は、実在的に自己の責任のかぎりとみるのが通説である。

しかし、くらしの労働が現実にはこの、人の予見よりも一層、せまい予定のうちにあるということは、非実在的な活動的目的説においてこそ深く考察されるべき主題である。なぜなら予定は、目的的活動説においては実行すべき目的の他律性にその身を任せるからである。これに対して活動的目的の労働のうちの予定は、せまく、しかも関与せらるべき目的の自律においてでなければならないが、しかしそこにも、不確実という危険はともなう。あるべき完全性の欠如にもとづく「自己工作」（ホッブズ）には、この危険ゆえの「反価値」（悪）にむかう自由がある。すくなくとも正価値と反価値にまたがり、「善と悪」の基礎的価値の一系列のうえに立つ、魔術的過程とよばれる余地にみる原則的自由がある。それは善にむかう悪であり、悪をも容れた善において、無記の相対的虚無の表現である。

自己工作に徹する人は、それだけ交換不可能な存在である。かれの情動交換が成り立つためには、情動による「悪」の表現活動の小世界《ミクロコスモス》があることを前提にせざるをえないからである。悪をも容れた有の非完結性にこそ、くり返すように人間の不完全さ、果ては不確実さの根源がある。そして、この悪を統御しうる工夫こそは「魔術師・呪術師」の役割なのである。通説の魔術論・呪術論は抽象的にすぎ、不完全な認知にむすぶ具体の労働論とは結びつかなかった。のみならずそれらは、生体における内的自然の世界生成過程をふまえていなかった。呪術とは、この意味で人類の自然史的過程に最初の原初的交換と表現労働のにない手であった。

本書にいう魔術・呪術は、自然力の統御の原理において二重のくらしぶりの意味をになっている。一つは内在の受容にはじまる情動の平衡状態の維持にかかわって、「死—生」観までをつかさどり、一つは、過去・現在・未来にわたる労働の内在的環境を整序づけるという役割であるが、重要なことはこの二つのはたらきは、一人ひとりの人格的個性の涵養において、ともに内在的に、矛盾の世界生成に寄与するという点である。それ故、この魔術的くらしぶりとしての形態表現は、唯物論的にではなく、情動による自生的な生成過程についての実在—観念の「現象」論の対象となる。生の全体観は、われわれが本能、反射、衝動、情動などとよんできた内発的な自己運動がはじめから——つまり正しく反応的に、ということは生の合理性にそってということであるが——「生きられる」という可能的な、生成過程の合目的性にそっていかに複雑な「形」の態度、すなわち交感とそのための表現活動をこなしてきたかという「現象」(Erscheinung)についての原生的世界にまで、下りてみることを要求する。生は、認識論的には合理的であるが、論理的には「無」において非合理的である。この生の非合理性は素朴実在的に「体―験」されうる。

従来「魔術」的といわれてきたこの問題は、生命力にみる「内なる自然」の表現労働が、他者のなかの外なる自然との間においていかに交渉しあうか、つまり前者から後者への転換、転移という——本来交換不可能なものの——魔術的過程において、内在の「受容」からその外への投射である「造成・役立ち」までをふくんでいる。この内包と外延の「環境」形成には、その間に或る分節(Einteilung)のはたらきが仮設され、このはたらきは、K・ビュッヒャーやE・マッハなどのいうエネルギーを最小の消費にとどめようとする経済的力動の原理をもっている。このとき内包と外延の現象列の下におかれる「分節」は、ビュッヒャーのいう「リズム」のはたらきのなかにとらえうる。それ故に人間のミクロコスモス——パラケルススはこれをマクロコスモス(大宇宙)の凝縮された模写ととらえていた——という内在的環境は、内包力と外延力がせめぎあうときの「無」的現象としての分節化の、リズム運動の表現的実体とみなされる。分節というリズム表現は「自然」の周期性を模写、反映した「理」的なくぎりの「境界」設定にほかならず、この生命現象こそ、くらしぶりとしての表現労働とよばれるにふさわしい。このような環境内在説は、「事物《ディング》」の唯物的世界のものではない。ここに経済史学としてのビュッヒャーの再評価がなされる所以がある。

なおErscheinungとは、その本質にまで下りてみるなら、内に刻印された或る光るもの(Schein)が主体的心情について「形相《フォルマ》」として現出(er)せられた、「神」の自体的転換の内在過程の意味である。パラケルススの

「自然の光」説は、なるほど神の賜物であるすべての存在物に不可視の霊魂説であるともみなされるが、それは、さまざまな転換による「創造」の了解世界において生成的に「光りうるもの」にほかならず、機械論的な概念ではない。「自然の子」に見いだされるべき「光」はそれゆえに「無」にもとづく「創発」性であり、このかぎり「子ども―母性」のうちの潜勢力にそった、自発運動による「人間の倫理」説としても通用せられる。というのもそれは、その根底に「生の賜物」というとらえ方が活きているからである。

自発運動ともよばれる人間の純粋情動は、心理学のプルチックの創見であり、精神医学のK・シュナイデルは情動を人格にかかわらせて「感情」と「欲動」の構成化とみている。こうした情動の原態表現についての探究の試みは、本書では、個性の社会へのパーソナリティー適応説のような立場からとられるものではない。心理学にいう心情発現については「社会」の外的与件にふかく根差す一方で、かえって生成論的対象化の作用のうちの内発の受容性《レセプティビティ》の問題として論じられてきたのである。さらにプルチックによる純粋情動としての「受容」そのものも、本来、その合目的化という外化への転換の過程のうちには「生体の態度分析」(ゴルトシュタイン)によってえられる、自生的にして環境適応型の刺激による直覚の「成熟」という、生物学的生成の観点に根拠をおいているのである。

これについてプレス工、切断工、錐もみ工として「もはや考えることをしない」、魂をも収奪されかねない分刻みの苛酷な労働体験から、ヴェイユの、人間としてあるべき「注意力」による宗教・倫理・美的の「表現労働」説はつぎのように示される。「学校の訓練は注意力の養成以外には重大な目的をもたない。注意は、神への接近を可能ならしめる唯一の魂の能力である。学校的訓練は下位の論弁的注意、論証する注意である。しかし、適当な方法体系によって導かれるならば、それは魂の中に他の注意、より高度な注意、つまり直覚的注意が生まれるのを準備する。その純粋な形での直覚的注意は完全に美しい芸術、本当に輝かしくそして新しい科学的発見、真に英知に向かって進む哲学、真に救い得る隣人愛の唯一の根源にある。そして直接に神に向かった時に真の祈祷を構成するのは、この直覚的注意である」（前掲『省察』二六一ページ）。

　心理生理学は、くり返すように「受容」の内在的構成化のあり方は絶えざる刺激による「窮迫状態」（マルクス）を「興奮」状態にあるものとみなすことによって、それが、自然的歴史的な制約のもとの「民」の観点からこそあきらかにされねばならないことを証している。民の生命の領域を対象とする歴史心理学・歴史哲学というような主題が成り立つためには、それが特殊的に、人間の自然情動とその交感への表現労働の世界を維持してきた自己保存の考察にふさわしいものでなければならない。そのためには、基礎的な「個人的内界」の問題枠が用意される。マルクス主義においてそれは「人間的自然」と「自然的人間」の両極性による、円環的全体性の論理のうちにとらえられる。マルクス主義における境界期の自然情動説という問題意識は、抽象的に集団概念化された「社会構造」論には馴染まない。個人心理学を単に集団心理・集団感受性とおきかえるだけで「社会心性史—社会心理学」をうたってきたところでは、自然力における受容と転換の生成的構成化への視角がみのがされ、この視角をいたずらに生物学主義とか神的魔術的と批判して、動物学の成果をも彼岸に追いやり、かえって自然の貫徹された人間主義の観点を棚上げにしてきた傾向がある。とはいえこの主題——生物学的および社会学的な方法と展望——についての社会心理学の公平な配慮は、ガース／ミルズ共著『性格と社会構造——社会制度の心理学——』古城利明・杉森創吉訳、青木書店、一九七〇、の中に見出される。

第一章　山の民と相対的虚無

一　受容と表現

われらの「山の民」は二〇世紀前半まで、特定の権力者をもたない自生的コミューンのもとにあった（中村V）。その「コミューン的システム」（マクガバン）は自然史的過程における「境界期」（この用語は人間の儀礼上の、とくに青年期の「通過期」といわれる場合もある）にあった。約三六〇万年前のタンザニア・ラエトリ遺跡のアファール猿人がのこしたとされる人類最古の「足跡」はおなじ方向につづく大小の三人の足跡であり、それは小家族単位による平等社会への第一歩とみなされている（国立科学博物館）。それだけに個人による直接的で自生的性格の情動相貌は、ときには生物学的に「退行《リグレシオン》」の現相さえ保存した。山の民の魔術・呪術や黥面・首狩り・首祀りは、個性の人間化された自然（マルクス）の表現活動とみられるべきであって、これをいきなり単に集団心理の一種の「狂気」誌あつかいにしたのではこの長きに生存する自然人に生の余地はなくなる。

非農耕段階とみてよい人類の長い境界期は、人間の備給する「自然力」生成への長い蓄積過程としてとらえられ、その採取経済段階のくらしは自然宗教（「自然教」キリスト者井上。中村Ⅱ。なおR・マレットの「基質的宗教」説、中村Vをも参照）と目される「神」のもとでの多様な「原態—表現」の全一化過程をあらわしている。そこでの情動相貌は大方の見方に反して、自然人によるするどい直覚的注意力（ヴェイユ）、すなわち積極的な心身連関の受容力によるものであり、自然力のうちの内包力の表現活動としてとらえられねばならず、それは生物に固有の特質として、単に外延力のみの問題ではなかった。生物学に例えれば、同じカラスでも、人里に棲む地ガラスにくらべると遠距離を移動する旅ガラスは、その受容力の世界は大宇宙の方位に直接依存しており、そのような受容力において気流にのって空高く飛翔しながら対立物の統一という弁証法的生物学的原則を身につけていた。この原則が、「わたり」のさいの太陽・恒星を指標とする方位にそった、繁殖のためのリズム的受容にあることはよく知られている。このことは人類の境界期にも、「神」のコスモスという思考上の有をさまざまな工夫によって身近においてきたことで知られる。

人間の自然力カテゴリーのもとの原態の表現—労働を論じるまえに、われわれは、いわゆる「自然経済」の内包力説に一顧をあたえておかねばならない。周知のマルク・ブロックの論文「自然経済か、貨幣経済か。二者択一的図式の陥穽」（一九三二）の中で、ブロックは、金属貨幣の国家＝公権力的形式に対置された、西欧中世—近代へと継承された「布・胡椒・チーズ・薪・毛皮・塩・金銀細工（銀器など）」その他の現物貨幣による支払い法にみるような、部分的で閉鎖的な社会的伝統や礼儀作法にそくした「心性」の有に注意をうながしていた。それは、不正と技巧を重ねる金属貨幣の権力的形式よりも、民にとっては直接的な原態の仕方でくらしを享受したいという欲求の「感動」なり「感情」の表現であり、それ故、その中に「人間—労働」形態もまたふくまれていたという主張である（『西欧中世の自然経済と貨幣経済』森本芳樹訳、創文社、一九八二、所収）。交換と決済の成立条件である支払の手段には価値の保存と価値の尺度が裏づけられていなければならないという「経済」理論をブロックが重視するとき、その「価値」には、人間中心の諸財―貨の現物の形態（マルクス）が、信用経済の基底に息づいているとする視角をよみとることはけっして不当ではない。このことは、くらしのうえで例えば家族・友人・愛人などの財―価値と、その周辺の正―反の宗教・倫理・美的諸価値をめぐる情動的な徴表論につながるわけであるが、同時に、この情動がすぐれて或る閾値内の生理―経済的な特質をもち、この「気」象の生成論的把持法として、なお通時的に探求されうることを意味する。

　山の民にみる首狩りのような情動表現は、アニマティズム（有生観、animatism）のもとの受容力において「驚畏主義」（teratism）の表現ととらえられた。かれらの驚畏（awe）というリズム的受容による情動相貌は、マクガバンによれば「女性の身体」を介した、非合理的な体験の神秘的な力能《ポテンツ》の表れであり、マレットはこのような情動反応のなかにアニマティズム（すなわちプレアニミズム）にもとづく宗教の原初性がとらえられるとしたのである（中村V「論攷」）。このことをうけて本書では、なお神的自然に対する驚畏の表現活動説にそって、「サービスの情動」相貌がもたらされることこそ重視されねばならない。追いつめられたものにとって「闘争」を裏返したところの、自然宗教とともに発達したこの「サービス―宗教」の原初性のうちに、自然状態の労働がとらえられねばならない。

　その労働が宗教的情動に全一化されるかぎり、「首狩り・首祀り」の習俗さえも形而上学的価値観のもとに醸成されていく。内なる「神」は山の民にとって自然の驚畏のまえでは自己をあるべき完全性の欠如ととらえることによる、思考上の有の「相対的虚無」の表現なのである。自然哲学の観点からは、「自然の子」のこの不完全性は「首狩り・首祀り」をして悪のもつ常態の性格たらしめないことが、あきらかである。「悪はしばしば、善にあってはごくまれにしか見られないような、個々の諸力〔自然力〕の卓抜な優秀さと結びついて現れることがある。悪の根拠は……むしろ自然がふくむ最高度に積極的なもの〔受容力〕のうちにあるのでなければならない」（シェリング『人間的自由の本質』）。それ故、悪の活動の「価値」的の問題はマルクス未完の「太古的労働・思考」説の核心にせまる方法論となる。

人間の自然史的発展の社会史を先史以来の「地層」とみなすマルクス主義哲学においては、「人格」は長期にわたる生物史的蓄積の「態度」にみる「形」（Figur）の生成過程とみなされ、それはまた個性的個人にとっても民として「努力」（マルクス）すべき自己運動とその表現的成果にほかならない。マルクスが唯物論者として評価したホッブズは、この生成過程を周知のように「各人の各人に対する戦争の状態」（condition which is called Warre, as is of every man, against every man.）としたが（『リヴァイアサン』（一六五一）第一三章、引用英文は原著）、この規定を本書の主題にそって開示するなら、人間は社会化への段階で、第一に闘争の生物史を、第二に社会は諸個人が相互に相貌《ゲシュタルト》的モザイク状に交通、交渉しあうことをともにふまえており、第三に各人は、自分自身の心身連関のもとで矛盾状態にある自分自身と、つまりもう一人の自分とたたかわねばならず、したがって第四に、各人は既に「自分」という「自然の人間主義」と闘争せざるをえない、積極的な情動交換《コミュテーシオン》をはたしていることを意味した。

それ故、自然人において受容は、全き能動性の表れである、しかも自然との交渉に定置された「表現―労働」である。このことは、いま述べた四つの「戦争状態」を裏返してみるなら、自己との闘いのうちにあきらかなことである。ホッブズはこのことを、人間の「社会状態」の基底となる「自然状態」説において強調し、内的対話のもとの、表現の「自己工作」(「表現労働」)説で主張している。

受容による「交渉《コミュニケーション》」という表現活動にみる様相論は、従来の心性史・歴史心理学にとって missing link であった。マルクスの提起した「自然史」の概念は、「人間化された自然」(「人間的自然」「自然の貫徹された人間主義」)を先行状態とした、欠陥のおおい、自己矛盾の、それだけに欠如に規定された受容可能性の世界表現として理解することができる。それ故、人間化された自然・観は、民の自然的歴史的な受動的実践の「受苦・受忍・受難」の情動的くらしを裏づけている(中村Ⅲ)。この歴史観がみとめられるとき社会化の自然史は、「自然の作用・自然の業《わざ》」そのもの(パラケルスス)である生全体観を背景とし、そのうちに原始的形而上学の原態を前景に押し出し、宗教的情動(ホッブズ)さえもが純粋情動としての受容性という、境界期特有の発達現象としてその姿を見せてくれることであろう。

ホッブズのいう「自己工作」説を一般論におきかえた「工作人」(homo faber)説をめぐって今日、永井務のようなポスト・モダン論争のなかの外向きの近視眼的否定の主張があらわれている(「ポスト・モダンにおける時間―空間論――物象化と分裂症・憂鬱症」『物象化と近代主体』創風社、一九九一、所収)。永井は、H・マルクーゼの「芸術・美術の「社会的な生産力」としての要因」説やJ・ハバーマスの「労働社会」のもとのユートピアからの移動説を引き合いにすることで「工作人」のブルジョアリベラリズムとしての近代「生産」主義の崩壊を指摘しようとしているが、これは人間の内在的「経済」という本態的な行為を知らぬものによる指摘にすぎない。「工作」の自然的歴史的の特質と由来を不問にするような書斎人からは、例えばあのヴェイユのように、骨身をけずる労働のなかの「魂」の自己限界にまでとどきうる根源的な「生成」という経済概念の、受難の民における世界内在の動態はつかみとられようがない。

「自己」を「工作」することの人間的労働は、まさにプレ・モダンの、長い人間的自然の蓄積過程において受難に遭遇することによってふかく内在的生成のものと化してきた。経済の「生成」概念の根底にはしばしば指摘してきたように、人間の生全体観にもとづく生過程の不完全・不確実さという、現代史も共有しうる民の実態がある。ここに、「神的自然」の有に対する人間の不完全さにもとづく共通の原初の相対的虚無説が浮上する。自然力の内包力は、受容の動態において神的自然ただ一つの要素しかもたない。わたくしの最近の例でいえば、すぐれた絵画を見る過程においてはそのとき、人間のもっている見えないものに許容される、そのようにして魅了される自分自身をみているおもいがする。福島靖祐画伯は、これも画家である妻女Kの画才を「シャマン」系のものだと評したが（二〇一六年五月、那須塩原市にて夫妻と面談）、それは、この神的自然の許容は、相対的虚無の不完全感によって自己の受容的可能態となる芸術的美の表現活動をついたことばであり、ここに「母なる神の許容—虚無的不完全—受容可能性」という自然情動の過程的定式をみる。

今日の精神諸科学において、情動的原態の過程的な、したがって不安定な世界表現はそれ自体、内包力による退行現象とみなされるがゆえに、この現象のおおくは結果が覚束ないという理由だけで意識欠損の精神症病あつかいされてきた。しかしここにこそ反立的に、純粋情動としての、矛盾受容の「大母」的世界表現の余地があるとみなければならない。この母神的展望によって、「精神病質」的とか「狂気」「古論理」「未開」「小児」的その他の偏った領域あつかいされてきた民の小さな表現世界が、より普遍化され、むしろ今日的の思考形態こそ科学的一方に偏したものでありはしないかという反省的態度がもとめられ、原論理的な人間の表現活動とはいかなるものであるかをあきらかにすることによっていまやふたたび注目されているコミューン(communitas)の原理的接近に、寄与するところがあるのである。

情動的サービス労働のコミューン論は、単なる物質的出来合いの社会「共同体」論でもなければ単なる「こころ—精神・共同体」論でもない。その歴史的生成は、反主知主義のあり方において、とりわけ山の民にみるように特殊自然的であり、それゆえ人工的科学・行政の意図・設計がおよびえない自生的性格をもつことから個性の直接的に矛盾の情動本位の実存性を喪失してはおらず、むしろその根底に、不完全な矛盾可能態の観念的「ユートピア」論につながるものをもっている。人工的な意図や設計は、それが強化されて目的—成果の機械的確実性をませばますほど自然力の心—身の連関世界を破壊する。山の民の、いわゆる窮迫状態の実在のうちに観念される、「死—生」観を擁したユートピア的コミューンの実態は貴重な遺産といわねばならない。

実証研究によれば、自己自身を「生きられるもの」という生への矛盾可能態の世界表現であるとして、「採取・捕獲・加工」にみる食用や薬用の具体的形象は「自然としての女性・女性としての自然」を媒介にした人間の自然力観のうちに考察すべきことが、示唆されてきた(中村V「論攷」)。このくらしぶりの可能態のうちには、既に追いつめられた狭小な生過程を欠如態として、つまり有—無の矛盾の自己運動において、「死—生」観としての「自然宗教」の原生的形象として受け容れるというかれらの世界内在観が呈示されていた。ここに抗しがたい外からの強圧が加えられたとき、生過程に対する、「首」を介した欠如的「有無」の事態の抛棄は、客観的にも、かれらの反日帝「一九三〇年闘争」(通説の「霧社事件」)の「自死」的総括の仕方にうかがわれた(中村I、II、III)。「首狩り・首祀り」の術《すべ》を取りあげられて、欠如的不完全さの自己限界、自己矛盾の「世界表現の労働」機会を収奪された山の民には、もはや「死」の自己否定の途しか執りえなかったのである。
オクスフォード社会人類学のマクガバンの験証報告によれば、元来、山の民のそうした生の不完全性・非完結性への欠如的虚無はかえって「母性」衆議型の官能共産主義的な「コミューン的システム」を生みだしてきた（中村V）。このような指摘は森丑之助、小泉鐵、井上伊之助、小野千代らもひとしく感得、実証していた。コミューンの主観的側面のひとつクィエティズムは（中村V、二二四ページ）、この意味で生体における欲望の調和・適合・統御説としては抽象的にすぎる。情動の「平衡」的態度表現こそは、高地に追いつめられたものの虚無感にとって、両性が肯定する母性主導の「呪術」的思考上の有を必要とし、呪術を介しての欲望のクィエティズムは黥面・首狩り・首祀りを表現し、それは、生の現実化への代償表現ともいえた。情動的サービス労働型コミューンは、内的にも、或る威圧力によって「追いつめられ」た環境世界（Ökumene）の窮迫状態のなかで、民の情動の代償表現を生みだしてきた。

この事態は、苛酷な「山面」(oroface) のくらしにみる情動の現象である「肉体」と、肉体の意《こころ》である「情動」とによる、心―身の根本連関にもとづく生体としての表現活動を蓄積してきた。黥面・首狩り・首祀りの習俗から教えられることは、人間にとって虚無的矛盾の自己保存のためには、自然力が、それも矛盾可能態の自己運動としての情動表現力が必要であり、この情動平衡化の自己運動としての、呪術的過程を最初に受容しえたものが「母性《マトリックス》」であった。自然力は、対象としての内と外に二重の自然を、われわれ自身の肉体と情動の連関の受容において「造成」し「役立」てなければならない。自然力は、「自然」を矛盾として自らのうちに受容的に表現するところの過程的な、それだけに不確実な、他方の役立《サービス》ち労働の力能である。

かくてコミューン形成の力能原理となる「サービス」とは、元来、「奴隷」とならぶ「維持・注意・配慮」の行為であったが、目的的活動のなかで次第に一方の「奴隷」的性格が強められ、資本主義的賃労働の搾取の基礎をなすに至った。とはいえくらしの活動じたいの目的のなかに、サービスという、内なる「神に真向かう」「直覚的注意」の労働（ヴェイユ）は依然として生きている。例えば、古来くらしのなかで「神の名のために悩む」という、サービスの原態といわれるべき労働の正価値説がふかいところでとらえられてきた。このサービス説によれば、労働力は、直覚的注意力による自己表現に連関しており、自然力の「神」に真向かえることによって不可避の、不確実な人間的活動のあかしを表現し、おのずと感謝の念をひきだしうるものである。このあかしの感謝自体に、「悩み」がある種の反価値の矛盾として内含されることが表されている。いまや追いつめられたものの、「注意」という受容にともなう正―反価値への虚無の「悩み」こそが、積極的に評価されねばならない。するどい直覚的注意の「悩み」が、本態の「家事―労働」の表現活動を意義あるものとしていることに注意しなければならず、そこに、受容的な矛盾の「表現労働」は、当の受容において既に「悩み」の矛盾の表現活動を成している。

心の貧なる非信仰者はここでくらしという正―反価値の「悩み」を見いだすが、この虚無的悩みのあかしのうちにこそ不幸に耐えうる「力」の神的境域が備給されていくことを、自覚しなければならない。なぜならこの境域には、表現労働がもたらすべき危機的動揺からの解放という「死」や「不毛」への「造成・役立ち」の力能までもが内的自然の現相として用意されており、そのような能動性が後景にひかえているからである。自然的歴史的な「受難」情動型のサービス労働は死や不毛への能動を含意しながら、この矛盾可能態において、能動を超越して下位の「自然」と上位の「神」の間の「さかい」におかれる。自生的コミューンには「自然」に際取《きわ》られたこの基礎的原理がある。

自然的制約のおおい山面労働は、人口包容力の限界のうちにある。それ故に、「死」という追いつめられたものの表現機会の喪失にたえず直面しながら、「母性」による「祈りの労働」の世界に自然の貫徹された人間主義をつちかってきた。このときすぐれて母性のみが、有を「否定」されながらも、しかもなお有をつうじてのみ自己の非存在を了解せざるをえない。山の民にとっては、母性は有とは異なった非存在の、思考上の代償的な有となりうる。追いつめられたものが最後に思考上の「母」の有に縋《すが》るというのも、古来の「大母」説の相対的虚無説を裏づけている。そこでは、極度の窮迫状態が悩みの力を備給させ、自分の活動では対抗することのできないヨリ超越的な重荷に対して、これを欠如として虚無的に肯定することのできる表現活動の力があたえられてきた。通説の虚無は、有の絶対的否定であり、ここからは何ら創発的な契機はあたえられない。かれら山の民には見えないものを思考的有において前在させ、自らには欠如的有として肯定しうる力能をつちかう、自然情動による受容という磁場がある。これが、受難の有限者が人間的自然とともにくらしていけるという、生命的原態の表現労働説である。

経済学における「受容」は、自然の人間化という境界期に固有の「生成」過程を意味する。人間は、長期の非農耕段階において内と外に二重の対象としての「自然」を、直接的採取・捕獲の「身体」のかぎりで受けとめ、それを「生きた精神」カテゴリーの「労働—形態」として保存せざるをえなかった。これに対して後発の人間の自然化という「再生産」行為はながらく媒介的で二次的でしかなく、境界期にあってそれは絶えざる縮小再生産の脅威に直面されさえした。こうして原態表現の一つである宗教的情動までもがいかに採取・加工段階における自然の人間主義に根差していることかが判然となる。そこには、欠如の虚無的矛盾の受容＝生成という表現労働にそった、謙虚と対自的の自制の態度がどれほど「神」の名において、宗教の情動的根源性を表していたことであろうか。こうして境界期の人類にとって不完全さの認識の根拠は、超越的な原生的形象の世界がやがては「呪術」的過程としての心身連関のもとで自然宗教としてあたえられることから、免れえない。とはいえ、呪術的思考が端緒を形成するのではない。そのまえに、人間的自然の受容がいかなる意味の「宗教」の情動的根源性をつちかってきたかが問われるべきであろう。

　生全体の表現活動——追いつめられた山の民においては身体毀工《ミューティレーション》の類である黥面・首狩り・首祀りの情動表現として突出する——は、客観を主観から距離をおいてみることができない、威圧的なまでの驚畏の感得(Schauung)にもとづいている。かれらの身体毀工・身体損傷は、生体におよぼす外と内からの刺激にたいする「死」か「生」かの評価の意味を、代償的に測定したものといえる。それ故にこそ世界の存在は、表現活動にとって内在の生きた「形象」であるとみなされてきた。おそらく諸個人にとって身体的内在の形象は、無機的有機的な自然的諸物の属性を自分自身との「感じ取る」連続性のもとにおくことによって、自己保存にとっては、例えば「人間」(先住民のあいだで「タイヤル」「ブヌン」などと自称される)という超越的名辞の記号表現によって「主体」的心情を直覚的注意にそって浮彫りにしているのである。それだけに身体毀工の形象は神経生体学的に、人間関係において「個性」という情動の平衡的標準となりえてきたのである。

　自然力の原生的形象は基礎的に自然の素材を受容的に調合された内的力動の工作体、すなわち最初の表現労働過程としてとらえられた。自然力の表現が自然の人間化の過程に基礎づけられるかぎり、この工作体は、情動的標準となり、そこに工作そのものの自生性にかかわる代理のつとめ人が、自然に「母性」のなかに見いだされてきた。原生的形象的工作を統御しうるこの母性という代理人は、情動による人間主義のさいしょの記号化となり、かえって諸個人にたいして情動の恒常性を要求するところの、われわれが自己立法的（シラー）ないし自己審廷とよんできた道徳的価値の対自性をもとに、情動本位に「生きられる」自己可能態を露わにし、死―生に直面しえる虚無の動機《モティベーション》づけを規定する。自然力の表現活動はこの意味で、欠如に対峙した情動の「自己工作」（ホッブズ。ただしホッブズの時代はデカルトもそうであるが「情念」の工作説であった）による世界表現を構成している。認識の根拠となる原生的形象の労働の本質は、その正（生）―反（死）にみる、無なる欠如の価値的一系列にこそあり、その両極に引き合う、いわば生成力の分岐点にみる虚無的な磁場を構成するものであり、結果の「生産」とは無縁なのだ。

受容表現の虚無的生成について、マクガバンの験証によればそれは「自然人」のコミューン的くらしぶりとなる。このくらしぶりは「母性」という、原生的形象を工作する生の境域である。自己立法的な情動工作の術は、心的内在に重点をおくのであり、人間的自然との際《きわ》につちかう「理性」をもそのうちに取りこむ。内在の「階層」理論においては、ヨリ下層の自然にちかい心身連関の世界はそれだけ母性の原生的な、本質力の或る超越性の表現活動とみなすことができる（前掲「論攷」）。もちろん、内在的階層の世界表現の仮説にしても、最上位の「精神」の統合的性質を主張する立場と（W・ディルタイ、ゴルトシュタイン）、下位の無機的有機的自然にちかい「心―身」の力動性に重きをおく立場（クラーゲス）、「自然」から「精神」におよぶ層構成の生成論的立場（N・ハルトマン）、「自然」と「神」の「全自然」のマクロコスモス的生成論（シェリング）など多様である。しかし、欠如態として、統合と生成を骨格とする、一つにつながりあった全自然の世界表現が——心情・情動と精神の転換しあうカテゴリー的理解もふくめて——自然的実在の観念に基礎づけられることを見失わないことが重要である。

山の民からまなぶ「山地コミューン」の探究は、われわれにとって彼岸のものであるのだろうか。自生的コミューン運動の原理的探究によれば、今日「労働」力とはひとり資本にたちむかう「労働者」のみのものではない。生きられるものはすべて、内面的自己運動の主・客にわたる未分離、融即的な、欠如的矛盾の生の全自然過程のリズム活動から免責されるわけではない。その最初の検証は、西暦前七世紀のヘーシオドスの「女性パンドラ」に起源をもつ「労働」観に見いだせる。ヘーシオドスの「労働」観は神話に基礎づけられているだけに、「神」と「霊魂」が一体となった、くらしの主・客に融合した原態を、「女性」を介した夜と昼、暗黒と明光の主題の典型とおくことができる（後述）。逆に主・客を相互に隔絶された、今日的時空感覚は、このような原生的形象としての表現労働からは除外されている。自然的「受容」労働は、社会状態としての力からみれば「非合理」に充ちているが、「受容—造成・役立ち」の過程の表現において合目的でないわけではない。人間の活動の過程自体を目的とする表現労働は、欠如態の相対的虚無において「自然に話しかけられる」無記の時空間を本態的に備給している。

この観点は、自然をなんらかの形態で対象的に取得するための「労働」は、それだけ人間存在の自然条件において「すべての社会的形態から独立した一条件である」（マルクス『経済学批判』一八五九、全集一三、一九ページ）

という規定にそっている。このマルクスの「労働形態」規定は、「家族」や「現物」や「原生的共有」の諸形態説として、いわば原生的形象的な本質論においてとらえ返される。本質としての「労働」はのちに「母性」説にあきらかなように、人間的自然の生全体観に合目的的であるかぎり、かれの「死・生」の全形象がくらしに「有―用」的な「労働―使用―価値」を彼自身の心身をもって表現するものである。そのかぎり原態の労働は、すべての社会的形態の基底におかれた諸価値の発現形態にほかならない。なぜなら人間的自然の「使用」のさいの有無の諸価値説のうちには、「財―価値」も考察され、「財」――「家族」などの原生的共有の事物――の情動的精神的諸価値の生成過程が問われねばならないからである。

たんに「使用価値」的な表現活動とよぶ場合の「労働」は、くらしぶりにみる「財」(Gut)の物的と「事」柄的の両義の価値とはなれては、成り立たない。しかし、さらに山の民の原論理的思考においては「生命」価値と内的に結びつくことが指摘されねばならない。生命が主体に全的についてまわるのに対して、財は、主観に対置はされるが、むしろ客体・環境に全的についてまわるのであるから、ここにおいて財価値の原初性説、すなわち「神」的自然との因果的かかわりが生成過程説として注目されねばならない。それは、端的に窮迫状態の受難のもとのかえって道徳的くらしの「豊かさ」を意味する。われわれはこの意味で、自然人のさまざまな観念は、この受難における利害や葛藤から生ずる現実の正・反の価値的関与によって素朴実在的に生みだされるのであって、このくらしの豊かさを表現労働の現相とよぶのである。

喰代驥は、人間のくらしの中の素朴実在的「態度―表現」は情動・情意の実践的性格と切り離しては成り立たないことを強調し、そこには、意識とこれを超越した実在との合致にみる「模写映発」と、「太古的《アルカイック》」かつゲシュタルト的「相貌的」(physiognomic) の基本的性格がみられることを問題提起していた(「素朴実在論の問題点」日本哲学会『哲学』一一、一九六一年)。それらは、山の民でいえば「母性」の「財」価値において、個人のくらしの間に或る固定した力能の発揮という志向世界を実現するが、重要なことはこの志向性がそれ自身の完成のためにもとめられるということにある。自然人は、母性と同様に幸福などの財価値は道徳的意味においてそれが結果として達成されるか否かには、自己の不完全性ゆえの虚無として無頓着であった。

自然人は受難の情動のもとにおいても、これを、積極的にか消極的にか道徳的に個人的形態の自己価値のものとみなす傾動にある。自然人にとっては「人間」もまた、お互いに財価値でありながら、むしろその道徳的価値を予想する。財価値はこの意味で道徳的価値に対して二次的であり、かれらにとって財価値から道徳的価値を生みだすのではない。ここに「沈黙交易」成立の内在的根拠がある(P・グリァスン『沈黙交易』中村訳、ハーベスト社)。相対的虚無においては、道徳的価値は他人にとっての有用性とは無関係である。いいかえると道徳的に反価値とされるものに対しては、個人として自己審廷・自己批判・自律のもとの責任をもたねばならない。反価値そのものには道徳的な責任はないのであり、積極的な善のような正価値そのものにも責任はないとみなされる。ここにおいて強調されるべきは、自己の人間的に全体的な表現において示した価値・反価値はその人の個人的世界表現の形態の責任のかぎりで「自由」な人のなせる業とみなされ、すなわち、善・悪の能力のあることにおいて個人は虚無的に自由の存在である。

これらのすべてではないにしても、自然人の価値観がくらしの中で取り扱われる仕方は「文明人」のそれとほとんど正反対であるということが、マクガバンが山の民の観察において最後までなやまされた理由である（中村V、第一四章）。マクガバンにすれば文明人は、くらしのなかで必ずしも事柄の「真実」をいかにしてか、かたることはもとめられない。そのさい彼女じしん「真実―虚偽」意識の非生成論的な世界から発言しているのであるが、しかし、山の民には「真実―良心」は、個人の内心の声として、各人の情動に存するところの一次的な価値意識＝自己審廷の世界生成論そのものなのである。山の民にとってこのアプリオリな内的経験は、霊魂の「襲われる」宗教的情動の性質をもち、ここにおいてこそ価値の世界と実在の世界とをむすびあわせる真実の原態「工作―労働」の世界表現となる。「価値」は自然人にとって真実・良心が可能となる条件であった。それ故にこの価値は、「呪い」や「悪魔の到来」もしくはそれ以上の「神」の実在―観念において真実なのである（同上、一八七ページ）。この点で、認識する主観から出発するカントに反して、認識する主観は認識されうる客観を必然的にその前提として持っているという観点において、ここでは「全自然の生成」論の自然哲学の立場にたつシェリングに、注目せざるをえないであろう。内的認識の根拠としての主観性はA・ショーペンハウアーのよくするところであるが、別の機会にゆずろう。

二　不完全なもののコミュテーション

再度、マクガバンの験証によれば山の民の「コミューン的システム」は情動の実在的観念の属性としてとらえられた。ここではその原理と学史的な位置づけを論じておかなければならない。

表現労働とは、見えないものを見えるようにする、思考上の有にかかわる工夫である。先の喰代の言を引くなら、素朴実在観であり、くらしの中の相対的虚無感にもとづいている。宗教的情動はこのような内向的労働の原形象である。いいかえれば原初の労働には、宗教性に基礎づけられた「人間的自然」についての霊魂的情動の倫理的および美的（芸術的）の本質を顕現せしめるはたらきがある。民の素朴実在的なくらしは、有の不完全さを受け容れうる相対的虚無なくしては成立しない。この不完全さを受容しえない、有の完全性のみを容れるかぎりの「絶対的虚無」は、実在的なくらしではない。かくて有の不完全さを容認することは「サービス」労働の余地を生みだすことによってコミューンの原理的考察につながる。

「コミューン」認識運動が発達期資本主義の弁証法的対極において発掘された当時、情動・心情（Seele）は「霊魂」（マルクス）と目されていたことに、注意しておきたい。情動のこの「霊魂」観は、情動そのものの原生的な側面において世界表現の原形象を仮設する。この「心」の構成的な全体性を心理学は情動の純粋性から深化させて、心的力動のもとの受容説をなしえてきた。他方、労働論の系譜にある表現学は受容とともに、「造成」（Wirken）の表現活動を対置し、マルクスまた情動の純粋「役立ち《サービス》」説を主張しえた。一連の「霊魂」の純粋情動説を踏襲するとき、本書は、情動表現の自生的構成力として「受容―造成・役立ち」の生体論的労働のカテゴリー的態度説を用意する。情動の霊魂説は、単に先史・古代史における民の表現世界を固定観念としてひきずるものではない。表現―労働の原理論的探究は、なんらの意図・設計的でないという意味において、ゆるい、自生的コミューン運動として内的世界の歴史的必然性のもとにある。通説の労働＝意図説は、人類史をあまりにもせまく生産主義的にとらえた結果である。

この方法論の意義は、マルクスの理論的かつ実践的な生涯をかけた国際共産主義運動の一成果である「国際労働者協会」(Internationale Arbeiterassoziation, 一八六四、ロンドン。いわゆる「第一インター」)に直接かかわりがあるとみなしてよいコミューン発達史とその意義を視野に容れるとき、一層あきらかとなる。とくにマルクスの眼にも当時、「労働者」一般の「精神の萎縮」の現象が社会的に瀰漫していたことが指摘される。それは「精神」の社会的萎縮であって、それだけ心情による個人的形態の世界内在の観点が模索されていたことを表している。一方では「新社会」(マルクス)の労働者として、階級的労働者の精神が、労働者自身の意見なり歴史的使命の自覚なりにおいて、たとえ一種の「虚偽」意識としても鼓舞されねばならないという時代背景が第一インター創設の一契機であったことは否定されるべきではない。この事態こそは対比的に例えば、手職人や洗濯女たちのプロレタリア無産者としての民のコミューン的心情を基礎においてはじめて可能であったとみなされるものである。ついでにいえばマルクスの「労働者の精神」論が先鋭的になればなるほど、その娘婿のP・ラファルグの人間的労働の疎外をとらえた無産者的コミューン的心情論との間に、運動をつうじて深淵がうがたれ、それがラファルグ夫妻の自死(一九一一)をまねく遠因になったとみられ、この深淵説はこれまで注目されてこなかっただけに自生的かつ対自的コミューン論にとっては一つの要石となる(中村Ⅳを参照)。とまれコミューン運動は、資本対賃労働の論理をこえて、人間的自然の個性とそのコミニュケーションのあり方を問うものとして存在する。

マルクスの第一インター創設の前後、その直接の契機として三つの「コミューン」運動形態の所在が注目されていた。周知のように、フランス、イタリア、スペイン、ドイツその他の中世自治都市の「コムニタス」に淵源をもつ「都市コミューン」は、一八七一年普仏戦争のおりに、反帝政の、七二日間の「パリ・コミューン」として民が立ち上がる、情動の無産者的霊感運動という側面をもっていた。また、第一インターに直接する「農村コミューン」としては、一八六一年にロシア皇帝アレキサンドル二世によって農奴解放令が出され、市民権をえた農奴が遺憾なことに政府直属の農村コミューンを組織し、このコミューンを中心に一八六三年にはポーランド独立のための反乱がおこったが、それに対してロシア政府は苛酷な弾圧を行ったのである。直ちにとられた歴史学者E・ビーズリーらによる国際的な労働者のポーランド独立運動擁護の組織化が、第一インターに結実することになった。

これにたいして本書では、第三の「山地コミューン」とその自生的性格に注目する。折しもアメリカの南北戦争（一八六一―六五。「奴隷所有者」の寡頭制に対する「自由人」とくに「貧乏白人《プアホワイッ》」の独立運動）とそれにつづくヨーロッパおよびロシアの綿工業をはじめとするタバコ、砂糖におよぶ産業恐慌は、賃労働者だけでなく独立小生産者の多くを街頭に投げ出した。後者の、すくなくとも情動的に自由な労働に従事する小生産者は、アメリカではとくにアラバマから北東にハドソン河へと、合衆国の脊梁をなすアルゲニ山脈の大部分を占める自由な土地所有の住民で、この「山地帯［は］それにふさわしい自由な雰囲気と、すがすがしい気候と、石炭、塩、石灰石、鉄鉱石、金、要するに多方面的な産業発展に必要なあらゆる原料に富［み］、その自然的性質上、自由な零細農民によってのみ成功裏に耕作されうる。……いわゆる［北部と南部の］境界諸州の大部分における自由人口の中核は、この高地帯の住民によって形成されているのであり、彼らは、その自己保存のためだけでも、北部の味方なのである」（マルクス「合衆国の内戦」一八七一）。

情動・心情の、とくに山地の自生的コミューン的なくらしの表現活動については自然史的過程の境界期に特有の表現労働という視角が浮彫りにされる。これについてマルクスはこう言っている。「労働の生産性はつねに自然条件に結びつけられている。これらの自然条件は、すべて、人種などのような人間そのものの自然と、人間をとりまく自然とに還元されうるものである」（『資本論』第一巻、一八六七、全集二三、六六四ページ、強調は中村）。「自然」力は自然を受容しうる労働として、同時に「人間的自然」の表現形態において把捉される。この場合、社会的に基底とされる自然力概念は、人間的自然の受容労働がどのような社会的形態にとっても共有されうる、先行事態であることを意味する。マルクスはこのような労働こそを「原生的形態にある共同労働」であると規定し、それはローマ人、ゲルマン人、ケルト人、インド人らの間にみられるとしたうえで原生的な労働の共有形態を「直接に社会有機体の一肢体の機能として現れさせるものは、生産の前提とされている共同体（Gemeinde）である」と指摘していた（前掲『経済学批判』一九ページ）。

この「生産の前提」としての「共同体」説は、境界期における人間的自然という生命の境域を全自然的に、つまり生全体のもとの生成論的「原生」説としてとらえたものであることに特徴がある。自生的コミューンは、はじめに人間が生産意図的に計画したものではない。人間的自然の受容「労働」の表現形態は結局、自己保存のためには自己矛盾的な自己運動をどのように表現することができるのかという、自然史的過程における虚無的情動原態の構成化を問うものとなる。自然力の活動が全体構成化的とみなされる過程としてあきらかにされないうちは、自分自身がそのものとして自然な主体的心情のにない手であることを判明しえず、それ故、自分自身の不完全への自由をも自覚することができない。自然力は、対象としての自然を「志向された刺激」的に取りこまざるをえず、そうした自然との矛盾にみちた自己の交渉・交通の虚無的苦闘を受け容れてきたことによる、いわば「受苦・受忍」（中村Ⅲ。なおマルクス「経済学・哲学手稿」）の表現活動の蓄積された結果である。

自然の志向された受容は、客体の主体化において人間化されていく「自然」の観点にそっている。山の民に例えれば、ハープという楽器をとおしてかれらは心身の内在の歴史が神的自然を許容する「道具活動・道具表現」の中にこめられていることを知っている（中村Ⅴ）。ハープの音色によってわれわれは、人間の原態の表現活動はくらしぶりにこそ自生的にして個性的であって、そこから竪琴の原型は何であるか、その「原律動」はどのような情動本位のものであるかという思いにかきたてられる。くらしぶりをリズムととらえる感性説に一理があるとすれば、竪琴は、本来あやうい情動の原態楽器の一つであるといわねばならない。事実、タイヤルのハープの原型には嘴琴、口琴、弓琴があり、それらは原態の労働過程が恋情という情動リズムの素地づけを不可欠として自己の不完全さを身体的に表現されうることを物語っている。この事実は、おなじ山の民であるペルーの「アシャニンカ」の今日のくらしにも musical bow として定着していることが、S・ヴァリーズによって報告されている（Salt of the Mountain, Campa Ashaninka History and Resistance in the Peruvian Jungle, U.O.P., U.S.A. 2002, p.78）。

例えばタイヤルの嘴琴（「ルボー」）は口琴と弓琴の結合したもので、佐藤文一によれば「小さい竹片をうすく削り、その中央に細長い穴をあけ、その右端に緊着したる真鍮製の一本または二本の舌を嵌め、而して竹の一端に糸を付したものであって、これを用いるには左手で器の一端を持ち、穴のところを唇にあて、右の五指で糸を引きつつ呼吸をなす」のである。そのピンピンという琵琶に似た音色はまた「綿打ちの弓」より発する音にもよく似ている（『台湾現住種族の原始芸術研究』台湾総督府、一九四二年、二七一ページ）。既に Jew 、s harp（ユダヤ人が手作りして各地に売り歩いた金属製の口琴の一種）に酷似した口琴は、主に男子タイヤルの恋情をその不安と自己の有無とを繊細に表現する楽器であったことがマクガバンによって験証されている（中村Ⅴ、一四〇、一六一ページ）。

　かれらは狩猟用具の弓の弦と豊富に入手できる竹とをもちいて、嘴琴による哀愁のセレナードを、婚資と目される燃料となる薪の山とともに意中の乙女によせるが、その結果はそでにされることをも意味している。若者にとって薪つくりは、宗教的情動と倫理と美的芸術の全一化の表現労働であり、ここにかれらのコミューン形成への唯物論的観念の基礎がある。「聖歌《ヒム》」や呪文《インカネイシオン》、詠唱《チャント》、霊歌《スピリチュアル》のなかの原態ハープの役割として、主体的心情を不完全なくらしの労働のなかで調和（harmonia）させうる表現のはたらきがうかがわれるのであれば、本来の世界は「音楽」的にも、生全体観のもとに自生的労働過程によろこびを見いだしているのである（ハープについてはなお後述）。それは「祈りの労働」にみる古来の「黒の思考」形態であるかもしれない。

　自然力の構成的表現活動の一端としての認知活動は、よくみられるような他者との「言語」による伝達から出発する態のものではない。人間の認知は言語以前の、非言語的《ノンバーバル》なレベルの基底に支えられており、一義的に他者との伝達に規定されるものでもない。この意味でコミニュケーション概念は今日、もっぱら自己主張という誤解のうえに独走しているか、認知―伝達の力動の構成論を見失っているかのどちらかであって、じつはそのツケはいわゆる「認知障害」に対する資本主義的医療の矛盾として、人びとにくらしの犠牲を強いている。一言で認知―表現活動の力動構成を指摘するなら、他者と会話を重ねるときでさえじつは自己の音声表現を聴きながら話しをしていることにある。自分の発話を聴くこと――極端にいえば「読経」や「独唱」――によってはじめて自己の発話があやうい、不完全な、それでいて意味あるものとして実現される。人間は本態的に、不完全さによって自分自身の「心の声」（中村Ⅳ、一〇ページ）に傾聴しながらさまざまな表現活動にいそしんでいるとさえいえる。

この自然力の表現学は、学史的にはマルクスのいわば「自然の主体性」説の根源的にして実践的な応用の主題である。かつて柳田謙十郎は「我々の行為の世界にあってはどこまで行っても単なる意識的事実といふがごときものは存しない。我々が渇して水を求めるといふことは、渇が水を呼ぶといふことであると共に、水が渇を呼ぶといふことである。……我々の欲求とは単なる心とか物とかいふやうな単なる実体的概念によって理解され得るものではな」いことを主張したが（『行為的世界』弘文堂書房、一九四〇年、六ページ）、われわれにとってこの主観（「渇」）と客観（「水」）のさかいには、じつに主観的不完全による本態的な受容可能性という純粋情動の過程的辯証法的の表現・態度があることにまで、一歩を踏み込まねばならない。自己運動の様相論からいえば、主体性については、自己表現のごとく自己にたいする不完全さにもとづく、倫理的に自分自身への自由な存在たりえるところの「自由—黒」的に可能態としての、振舞い、態度、身構え、表現を言わねばならないであろう。というのも主体としての運動は、物性（物体の属性）上、或る権能を持つことを前提にしており、この種の力能は物性的に不完全さをともなう「可能性」といわれる性能を本有とし、この可能的性能の作用因に基礎づけられていわゆる人間主義の自由の表現活動を生みだすからである。

人間における主体的なこの力能を権能と規定したことには、十分な検証の裏づけがあるが、それは「母性」の原形象の視角から取りあげられるとして、ここではあらかじめ権能の faculty という用語について一言しておきたい。この用語の原義にはまさに「可能的性能」というべき力能《ポテンティア》において、論理的に一つには「生産」的性格が、他の一つには「受容」的性格がうかがわれるべきである。ここにおいてこの自己内在的な力能が、生産の前提として受容を純粋に情動レベルのもとで生成論的に優先せざるをえないことはあきらかである。マルクスの直接的「交換」理論では、人間の「共同的本質《ゲマインヴェーゼン》」の定在である必要とエゴイズムの矛盾の運動は、「半自立」といってもよい不完全で過渡的実存の疎外志向のもとにあることから、人間化された自然との交渉・交通の原点が自己媒介の受容にあることは必然でさえあった（「ジェームズ・ミル著『政治経済学要綱』（一八二三）からの抜粋」全集四〇、を参照）。

問題はこの先、二重にある。というのもまず、自然との交渉にさいしての、媒介的な自己自身の投企による受容は、可能態いがいのなにものではない。一体、可能態としてののぞむ受容とは、不完全な人間としての原形象の表現活動であると考えたい。直接的交換すなわち身体的交渉の伝達行為一般は、わたしにとってとりあえず必要な仮象として使用対象である自分自身を交換手段として媒介せざるをえず、このとき、自分自身を受け容れてのぞまざるをえない必然性は、自分自身の現実態を実存的に投企するかぎりの可能態へとみちびく。本質は、不完全さゆえの可能態からでて現実態をめざすことで、実存といわれるべきである。

これは、本態的に人間の活動のうちに序々に目的を定立していき、そのための実現手段を自分自身に見いだしてこれを使用する力能といわねばならないが、それは同時に現実の自分自身の生過程を目標のほうにみちびく力能でもある。こうして内在の情動表現は、前者の内包的な内的環境形成の自由のうちに、後者の、外的の自然に干渉しつつ自分自身を目的化する、外延的に二重の外的環境形成の自由をもっている。この過程性において人間の価値的志向は、既に現実のうちに予見の可能的要素を含んでいるといえる。では不完全さとこの価値的志向はいかに調和されるべきか。

ところが二つの自由の、内包力と外延力のかかわり合いの関係説のもとで、心―身連関論は必ずしも現実態と可能態をめぐる存在の様相論を展開してはこなかった。現に実在するものの自然的歴史的なくらしの態度決定の表現のうちに、自生的かつ必然的に一切の努力、願望、情操などの観念の可能態が随伴する。そこに、価値と目的の間の論理的な矛盾が存する。この論理規定は、主観とは元来無関係の価値が、理念として先行して現実の主観を看取ることと、そのようにして価値に看取られた現実的主観が他の実在なり他の人的主観にむかう、カテゴリー的な作用的志向の情動こそは、受容といわれるべきである。矛盾は、この作用的志向では、どれほどの部分においてであっても後のものが前のものを牽引し、規定することにみられる。ところでここにものといわれるべきは目的と手段の両義を持っている。問題はとりわけ手段において、究極の目的にもっとも適った手段がはじめに採用され、しだいに主観にもっとも適った手段におよぶという逆行の規定にある。しかもこのさい、目的と主観の間に時間的経過による跳躍する変化が避けられない。

ここから第二の、くらしのなかの非合理的な部分といわれうる問題が生まれる。人間の活動においては内と外の「自由」の反質としての、道徳的／不道徳的ないわゆる善／悪の可能的要素を同時に必然的にともなうからである。山の民の習俗（「黥面・首狩り・首祀り」）のうちに善の可能性は同時に、同じ度合いにおいて悪の可能性をまねくことをみておいたように、いいかえると善に対する外来の精神的強制を見いだすことはなかった。かれらにとって強制としての現実態は「追いつめられ」た窮迫状態である。心理学は、悪とは反対の、善の純粋情動を措定しえなかった。しかし窮迫の山の民においては、最高の情動力能は性の快楽のごとく、最高の「死―生」におけるあやうい自然情動において、虚無的実存であるといわねばならない。山の民の一例としては、まずは異人と真向かうことではじめて、のちに現実となり得るであろう直接的交換の過程がある（中村Ⅲ、「「斬殺される児童」の叫び」参照）。ここでは虚無をもいれなければならない可能態のあやうさが、情動力能の表現活動という現実態の基礎となっている。これによってひとは、不完全さゆえに真に可能的に「できること」（Können）において自由のものとなるのであって、すなわち、悪にもおちいる情動力能を、たえず受容する可能態として交換的現実のうちに残し持っていなければならない。

直接的交換が余地として危険と自由とを同時に残し持つことができるのは、人間の自然力の、内包と外延の環境形成にかんする調和の経済的情動力能によるからである。人間の内包力と外延力の関係は、対比的にではなく、自立と依存の相補的な調和の経済の論理に貫かれている。かれは、どれほど外延的には危険にさらされ、傷つけられたとしても、自然力の内包的には少しも損なわれないどころか、最少の内包力を強化しさえすることができる。結論的に、現実態として外見上の事柄に規定されるものに対し、予見的な可能の活動にいそしむものには内向的に勁《つよ》いことが、超越的にしてそれ故に情動の霊感的に本質的なのである。

人間の自然力の勁さは——ここが非合理性の謂われでもあるが——、現実態は、のちにきたるべきものの可能態として現実であることにあるのである。予見の力能は、自由の点で作用価値であるとともにその「人」についた価値でもある。予想された様相契機としての現実態は常にあり得ることの可能存在であるが、逆に、独立化した可能態というものもないのであって、可能態は一つにはたしかにのちにきたるべきものの現実態として可能であるのである。しかし可能態には、なお別様にもあり得ることとしての可能存在があり、そこに無記の可能態をも想定しうる余地を持っている。人間の不完全さはこの表現の様相論において価値志向的となる。

無記の動態はどのように様相にかかわりあうものであるのか。ここにおいて再度、純粋情動としての受容における「悪」が想起される。それは、反価値としての悪におちいる一歩手前の、相対的虚無のたかみにおいて無記の表現世界が獲得される態のものである。このような可能態の価値論的無記の純粋表現は、ここでは「受容可能性」(acceptance possibility) といっておくべきであろう。この検証は両性にまたがる「母性」論を中心として展開される。それは、ここに強調したような対自的なたかみの勁さが、一定の「節度」の表現活動を不可避とするからであり、なお彼/彼女は、他人の勁さに対しても敏感であるからであり、それ故に「死・生」をも、現に存在するものの現実態においてではなく、自・他、主・客にかかわり合うところの、反価値的水準の零点における無記の表現活動において、思考上の有をめぐる情動的可能態としてとらえることができるからである。

マルクス「太古的労働・思考」論の先ざきにはM・シェーラーの「労働のパトス」説が連想される。シェーラーの労働観については、労働を古来の死の不安の「パトス」とむすびつける方法のなかに二重、三重の論点が含まれている。シェーラーによればそれは、パトスのなかに『共産党宣言』にいわれるような「労働」の最も鮮鋭な表現が見いだされるからである。この傾動は「古代とキリスト教の精神的伝統」から現代人がますます遠ざかり、「自分自身」の有り様を深めるにつれて強まってきたものであり、それだけに人間そのものの本質的理解に影響をおよぼさざるをえないものでもあった。その上で、シェーラーは「プラグマティズム」の思想運動はこの傾動の最たるものとし、果たして人間は本来「工作人《ホモファーベル》」であるよりは「理智人」(homo rationalis) といえるのであるのだろうか、という根本的な問いが提起されねばならないと言っている(『シェーラー著作集』一二(新装復刊)、白水社、二〇〇二年、一三ページ)。ここで指摘された論点のうち「キリスト教」と「プラグマティズム」を除いたとしても、人類史における「労働—表現」説がパトスすなわち恐怖や不安の情動の「自己—工作」という、人間の本性＝自然力の自生性についての本質の問題論を構成するとみなされるシェーラーの意図をおおきく損なうことにはならないであろう。

知覚によって受動と結ばれた能産（感能《ジンネ》といってもよい）が内包＝同化系であるとすれば、実現と結ばれた所産（運動《ベヴェーグンク》といってもよい）は外延＝異化系である。両者の関係は例えば、聴く力が話す力を生みだすとみることができる認知の世界となる。すなわち、さまざまなレベルにおける二つの力の連関はそれぞれの「環境」を構成し、それは内的環境と外的環境といってもよい。二つの環境世界の連関構成に注目するとき、この動的構成を価値的に観念化してくらしの諸実在に役立たせるような虚無的態度をとくに「表現主義」(Expressionismus) といっておこう。境界期の山の民はこのパトスを身体の相貌《ゲシュタルト》のうちに表現—労働することで、つまり死・生の現実化を自然情動的に表現することで心身の病を平癒することにつとめたのである。心身連関に虚無的態度がいかに根源的にもとめられるべきかについては、従来の心身医学の試行錯誤の一端にもうかがえる（中村Ⅳ）。そのさいこの表現活動は、無記的な自己に出合い、現象可能の過程および現相にかかわることで無数の性情の生動性を呼起する予見としての活動から、ふつう「予兆《オウメン》」といわれている。

哲学および精神医学史上「心」と「精神」は漸次、科学主義の介在によって相互に抗争しはじめ、おそらくそれとともに内包力は、純粋情動としての受容可能性から減退を余儀なくさせられた。B・パスカルは、人間の認識において真に誤らない論証は唯一幾何学にもとめられるとして、あらたに精神に力を付与し、精神の真の論理構成を幾何学においたことはおそらくこの抗争の一画期となったものとみてよい（『幾何学的精神について』一六五八)。L・コラールがそのようなヨーロッパ的精神を科学的精神とみなして、これへの原形象を、古代フェニキアの美姫「オィローペ」にまで垂鉛させ、この「自己中心的」な精神は、まさに自己自身からも疎遠《エイリアネイシオン》となる要素をもつが故に「精神錯乱」の態を呈すといったのは、山の民の健康の観点からいっても至言の感がある(『ヨーロッパの略奪』一九五四)。一七世紀ホッブズの『リヴァイアサン』における「心の錯乱状態」説と二〇世紀コラールにおける「精神の錯乱状態」までを知るものには、内包力と外延力の抗争とともに、あらためて内包力のパトス的環境について再認識せざるをえないものがある。卑見によればとりわけ両の大戦の間に、ますます民族化する精神状況の地獄のうちに彷徨せざるをえなかった一人として、E・トレルチがいた。

本来の「精神《ガイスト》」が生命としての気息や活気の意味から、しだいに、時代や社会に共通の理知や思潮の意味に比重を移すようになったことの反質において、心情や気持ちや気質をあらわす「心《ゲミュート》」が関心のまとになってきた。両者は本来、区別されることもなかったし、区別されたものとして人間に固有のものでもなかった。そのあかしは今日でも詩人や画家の創作力のなかに、未だ両者の融即の状態が表現労働説のもとに、森羅万象の自然観に一体となってみられることにうかがわれる。この心と精神が本来の、一つの大きな「有機体」の、アルケウス的な「力」の精神的原理をもった「絶対者」のはたらきとして把握されるのは、依然として一九世紀前半までの自然哲学においてであったが、それだけそれが自然科学的見地からの「自然」観とは相容れないものとなったことは、かえってわれわれの自然史的過程における精神構造の探究にとっては重要な論拠となりうる。一方づけられた近代の精神主義は、自然の内包力を退化させ、外延力のみを進化せしめる。

こうしてわれわれから独立し、無頓着に存在する「世界」の実在命題という構想が展開するにつれて、今日、くらしの環境として「遠」と「近」のあいだに限りない疎隔と距離が生みだされた。そしてそれこそが、科学的な時空間性とその歴史意識ということになった。これに対して明示的にしろ（体験、物語、伝説、伝承、記念碑、文書）非明示的にしろ（伝統、風習、礼式、習慣、宗教、世界観）、過去から現在に入り込み、なお現在から未来に巻き込まれざるをえない受難の「歴史」意識は、できるだけ心と精神の両端からの遠と近の距離意識をもたせることはしない方向性にはたらくが、そこになおパトス的虚無の非合理性たる所以をみるのである。この意識は、歴史学の形而上学的領域の問題にかかわることから免れ得ないが、歴史学とははなれても、たえずわれわれの認識論的存在の課題のうちに登場する。注意深い観察者は、あえて歴史意識をとりあげることなく、管見のかぎり経済学、心理学、現象学、精神医学、人類学、哲学などの考察のなかにこうした科学以前的な、「遠―近」未分離の時空認識法を、必ず対比的に、だがそのほとんどはいまや退化したもの、よくいえば幼児化・分裂病の過程にあるものとして取りあげてきた。人間存在の危機的状況にあっては、かえってこの遠近の時空間的な未分離について、歴史的人間学の枠組を検証せざるをえないのである。

　この事態は、科学的歴史意識の基礎には科学以前的「歴史」意識とよんでよいものが伏在し、基底となっていることを証している。別言するなら、疎隔がないどころか「斬殺される児童の叫び」の直接交換にみたように、「近」は「遠」をうしろだてにしなければ情動交換《コミュテーション》の世界が成り立たないことを――それだけに科学以前的というのだが――示唆しているといってよい。科学的歴史意識は、逆に「遠」は「近」をうしろだてにし、それだけ際限なく時代ごとの解釈の歴史学を肯定し、それだけ現在から未来を展望するなどということはできない。後者の観点によれば、歴史学はあまりにも謙虚すぎた。歴史学の形而上学的領域そのものはべつに歴史哲学もしくは歴史心理学として用意される（寺尾誠『歴史哲学への誘い――哲学者花崎皋平との対話』岩井隆夫校訂・解題、暮しの手帖社、二〇一七年刊行予定）。くらしの素朴実在的存在が、情動の受容可能性という超越的作用にしっかりと根を下ろしていて、つまりこの作用は、ただわれわれの自然的に実在するもののみを過・現・未にわたって自生的にはたらくとみなければならない。情動交換とは他者向けのものではない。世界内在の受容と造成・役立ちの動態において、不完全なものとしての自己立法の表現なのである。

科学以前的の意味の歴史の検証とは、素朴実在にそった、労働のリズムとくらしの可能態につながる予兆の、二つの表現世界に限定された思考上の有の方法論であり、特殊的に山の民が長期につちかってきた「コミューン」における創発的世界（affordable world）の再認識といってよい。そのためのコミュテーション認識は、「表現主義」という心の傾動はけっして二〇世紀初頭のヨーロッパ美学に専科のものではなく、逆にすぐれた、つまり生きた情動表現の運動として民聚のくらしは豊かな人間的自然の態度そのものであることを、証している。

三　個人的差異の世界表現

山の民は、「低狩猟―小集団」としての存立条件において黥面・首狩り・首祀りなどに特化した、「情誼《アフェクティヴ》」（倫理）と「道具《インストルメンタル》」（経済）の自然宗教を、表現労働として二〇世紀前半まで保存してきた。かれらにとってこうした「合意」組成のための倫理的現実は、自然的歴史的に「高峰」に追いつめられた受難の結果であり、それ故にこの現実は、概括すれば外的環境への否定的攻撃的な開放系と、内的環境への、生過程の欠如・不完全さによる人格的価値的な世界内在系との、両義性をおびた相対的虚無のくらしであった（中村Ⅰ、一二ページ以下）。台湾高地先住民の場合、およそ紀元三―五世紀の頃から迫害の歴史をきざみ、台湾島の高地に苛酷な環境を背負うことで、少数ではあってもいわゆる近代の価値「常識」とは距離をおいた、一人ひとりが生の孤塁を死守する「高潔」といわれるべき道徳的根本価値の意味するところをつたえていた（中村Ⅱ）。

民の小さな歴史がその生成の様相を自ら声高らかに表現しようとするなら、そこには、端的に人間的な価値にそった原本的にして形而上学的なくらしぶりが肯定的に主張されていなければならない。それ故、例えば黥面・首狩り・首祀りのくらしぶりを、一種の「集団」異常心理学の対象として限定するような見地には、慎重でなければならない。いわゆる「異常人格」範疇の下位におかれる「精神病質人」（シュナイデル）のうちの諸類型説によれば、たしかに「山の民」の気質としては「発揚情性型」とみなされうる心情的個性の持ち主がおおいことは、わたし自身の経験からも否定しえない。しかしこの激情型気質は、集団的恒常性のものでもなければ地域土着の風土的疾病でもない。黥面にしても首狩りにしても、人間、その受難の原因についての形而上学的因果原理が妥当する。これらの行為には、理性的作用において指向され獲得されるべき一連の価値系列などの目的因がうかがわれ、その深層契機には群の諸個人とかえって外の異人とを惹きつける（ally）はたらきがある。重要なことは、ここには個人的差異の自己判断（自己立法的・自己審廷）の余地が容れられており、そのうえでみとめられるくらしぶりの表現活動にこそ意義があり、そうしてこそ首狩りは「悪習」（井上）といわれる側面も指摘されるのであって、それによってかえって道徳的な自律・自制の機会のひとつとしても個人の心身連関の安定的維持に機能するところがあったのである。発揚情性説には、形而上学的内在の純粋情動の視点からの批判的考察がもとめられる。

R・セイスはその先史人の物質文化論のなかで、型式論に傾きやすい諸物質の変化にたとえば新古の序列や、複合、混雑、改良、単純化、退化、簡便化などの要素をみとめざるをえないのは、その変化が種々の「表現」をとるからであり、それ故にその表現をとりあげることにおいて「堕落」と滅失とはその間にかならずしも一線を引くことはできないほどであって、そこには「生活力の喪失」ということも考慮にいれなければならない、と重要な指摘をしている（『未開民族の文化』坪井良平訳、ビジネス教育出版社、復刻版一九八九年、一六九ページ）。セイスのあげた諸例説のなかでも、右の意味の物質の変化におよぼす情動の表現活動の典型は、「よろこび」の情動相貌の例として弦楽器とくに先史におけるハープと、今日のグランド・ピアノとには連関があるという指摘があり、さらに表現世界における宗教的・呪術的情動のもつ奉献とか象徴の意義についての指摘もある。山の民が伝承する口琴型の撥鍵楽器は、簡便ながらもじつにハープとグランド・ピアノの中間型をしめすものとして、かれらにとっては恋情の表現世界のものであることは先にふれた。

セイスの、表現力にみる「生活力の喪失」要因説は、タイヤル北勢蕃の伝承によれば、貧弱な山面居住における人口密度の稠密化とかかわりがあり、土地生産力にくらべて人口が過剰になるたびに山をおりて平地民化の移住を余儀なくされ、人口の包容力の限界と「生活力の喪失」とは欠如態のうちにある程度の比例関係があることを示している（中村Ⅳ、一〇一ページ）。しかしここでセイスもいうように、「生活力」をとりわけ「心理学的な作用」の面から、個人の嗜好ないし「天性」、すなわちくらしぶりとしての「生きられる」自然力の発揮においてみなければならず、それは単純に「喪失」につながるといってよいものでないことはいうまでもない。

むしろそれは、細密に個人の自然力の内包力と外延力のかかわりのレベルにおいて論じられるべきである。そうでなければ山の民が長期に保存し、持続しえてきた情動の原態表現の世界に接近することは到底、不可能である。

そのさい、この持続的なくらしの表現活動が端的に「面・首」の身体毀工に結果されたことを、一群の保守的傾向としてとらえうることはセイスの指摘するとおりであろう。セイスは、その事例に、日常生活の器物にほどこされる装飾意匠、とりわけこの意匠に宗教的呪術的な意義がこめられている場合、そこにとくに或る個人の人格によせられる尊敬の情動が加わるとき、「独裁的首長」なり「元老者の集会」なり「祖先の霊魂」なりの決定的な勢力をとおしてその社会の保守的傾向が示現されるといっており、個人的には「子どもの保護者」として、そして「料理法」とそれにつうじる土器の製作法にみるように、男女、世代の間に選択がなされ、とくにこうした保護者とか料理法をつうじて、女性は「社会的権威に対する関係」が男性とは異なっているため女性のほうがより保守的でありうる、などとする指摘をしていた(前掲、二三五ページ以下)。

台湾の山の民の場合そのような原態は、「母性」本位に、占・トの呪術に振起された感得性能(consciousness, Schauen)のみによって強く規定される体得(actualization, Erlebnis)の過程を動因としていた。呪術による体得の表現主義には、形而上学的因果原理をはじめとして多角的な考察がもとめられる。しかし、そこでは集団意志の上からの判断による動因はありえず、おおくは、自然の自生的直接的な労働にもとめられるリズム運動か間接的な媒介の「面・首」その他の意匠的徴候が、能動因となる。自然はこれらの性情という原形象にむけて、人を主体化させるところがあることはわれわれのよく知るところである。

「グレゴールザムザ」は「ごきぶり」様に「変身」(Verwandlung) した (F・カフカ)。井上伊之助は「山に向かって祈ろう」とよびかけたが、ゴルゴタの丘と縁のない非キリスト者ではそうもいかないだけで、ただ「人間の至る所に青山あり」「青山に骨を埋《うず》むべきか (蘇軾)」という可能態を見越しての、一人ひとりの「生」の表出、すなわちくらしぶりに自己の主体を覚えるのみである。自然界は調和を保ち、黥面、怪物、奇形、変人なども自然における目的を否定はしない。ただ変人などは、目的そのものに達することから疎遠であり、かえって遠回りに目的を指向するだけで、かれらの表現―労働は、それ自身が他者を惹きつける点で、ある可能態であることのあかしとなる。目的は常に既に「善」であるとはかぎらない。哲学の福田定良は、道徳意識や良心にむけた「顔」面をもってかれが実際に良心をもっているかどうかを、にわかに決めるわけにはいかないだろうといっているが、この逆説の正しさは、この表現力によってかえって反価値の「悪」をなす力能を証しうるところにある。この「黒の思考」力は、福田によれば、人間としてのくらしぶりに意義を見いだすことのできる根源の表現である (『偽善の倫理』法政大学出版局、一九六七)。

非合理性 (ir-rationality) とはラテン語の母体以来、合理性における否定語の位置におかれつづけてきた。しかし、逆に合理性は、非合理性からみるときその反対語、否定語ではない。これは人格の世界表現にとって看過されるべき問題ではない。人間の「理性《ラチオ》」を、利得 (usura) のためにひたすら追究してきた結果がたんに「合理性」概念とその表現法を「常識」化してきただけなのである。今日経済史学では見過ごされているが、ウスラの精神こそ、資本主義の母体である。理性による合理化の傾動のみが文明という「常識」であるというのはいかにも特殊で偏頗な思考法であるという、この時代の営為に気づかなければならない。「理」の原義は、二つの事柄の間の「さかい」にみるべき「かかわり」の関係性をいうのでなければならない。だからこそ人格の理性論が成り立つのである。したがって非合理性とは、「山の民」の実証からすればかれら少数者の、外部の多数者との間にパトス的意識体験をかさねて身についた緊張関係のうちの、有無の不完全さの「死—生」観に基づいている表現に表れている。

このかぎり、われわれアジア人が「生—死」の世界観というとらえ方をしないのと一致する。ところがドイツ語・英語圏では逆に、すなわち"Leben und Tod"(life-and-death)がもちいられる。ここでは彼我の「文化」を論じることはしないが、一般にヨーロッパの合理主義世界観という究極のとらえ方がすくなくとも今日では、「生」の合理性にのみ、もっとつっこんでいえば生にたいする飽くなき欲求の態度に人格の合理性という規準をおいて、そのかぎり、たしかに「死」はこの生存主義の合理性を否定するものとして位置づけられ、したがって、この科学主義の生存観へと、一方通行的にひた走る世界観を自己中心的に生みだしてきたといえはしないであろうか。この仮設は、戦士、猟師らの「自然人」の世界観が、物理的作用の合理的な可支配的世界の彼岸に、このような作用の及び得ない、また認識の達し得ない領域がひろがっていることを主張しえた、一九世紀のディルタイの思想と軌を一にする。

二〇〇一・九・一一以後の、欧米帝国主義による「生—死」の軍事的大量殺戮に対する、アジア側のとりわけゾロアスター教に起源をもつ、身体かぎりの個体の「死」をかけた抵抗の構図は、はっきりと合理性によって排除されてきたものの「死—生」の世界観という問題論を浮上させている。大量殺戮の論理は、その根底に国家・民族の「種」的生存主義、すなわち自分たちとは異体・異態のものは一人たりとも生存を許さぬとする、あやまった生物学的「生存競争」の思想に基づいており、本質的な生存競争のための生物学的原理である「食物連鎖」の「死—生」の世界観にもとおくおよぶところがない。この点は既に、加藤弘之（東大総長）の天皇制国家主義説に対置して、山本宣治（京大講師）が訳したG・ニコライ著『戦争進化之生物学的批判』をとりあげることで論究しておいた（中村Ⅱ）。「生」のみが一方的に独走を許容される事態が「合理的」で科学的であるというのは、生物学の原理に反するもののとりあげ方である。

先に述べたように、物理化学以下を総動員したところの科学主義の合理性は、自然の一部である人間が、人間として自分自身をとりあげていくときのあるべき性情＝態度（Wesen,「実在」）の規準とは、けっしていえないであろう。しかし、いまや問題はこのような近代ヨーロッパ主義への断罪にのみ終始することにあるのではない。近代（近代人）から表向きにではあれ非合理的といわれてきた表現の「実在的観念」のもつ歴史的意味が、つまり近代ヨーロッパ的社会状態の基底におかれるべき自然状態に固有の論理構成が、歴史帰納的に考察されなければならない。このことは単にアジア的視角を称揚することではなく、近代ヨーロッパ社会の論理構成の基底にかかわる問題枠である。

自然状態の「世界観」説は、歴史心理学の構成的視角から、人間に内在の経済の原理論にそのためのみちをもとめようと試みるものであるが、そのさいに遭遇する難しさは、既成概念を多用してしまうそのこと自体にある。歴史専門家は、不思議なことにかれがそれぞれの時代のうちに用いる概念の世界、例えば「共同体」「労働」「権力」「コミュニケーション」などについては、必ずしもそれ自体の歴史内在的な、生全体観の過程性からの穿鑿にはつとめないですますことがおおい。自然状態にあるものの人間的「表現」といったような、平易な主題にもかかわらず、こうした一般的概念そのものが探究されねばならない場合の落とし穴に対しては、ここでは、例えば「群」と「個人」のあり方などもたんに「生産関係」といってすましておくわけにいかず、むしろ個人相互のくらしの理性的かかわり合い方（くらしの表現・くらしぶり）とみて、そこに、どのような相対的虚無の矛盾による変化の様相がみられるかという視角がもとめられる。この視角によるなら、例えば「群―個人」「定住―放浪」「協働―分業」「農耕―非農耕」「異常―正常」「疾病―健康」などの間にはっきりとした線引きなどはできないということになる。先にひいた「青山」の故事（蘇軾）がこのことを如実にものがたるが、この自然史的過程の探究にこそ軸足がおかれるべきである。

　社会学の岡田謙は「首狩の原理」説を、未開社会の「経済」生活の、それも決して単純なものではない「社会構成」論のうちに試みていた（『未開社会の研究』弘文堂書房、一九四四）。端的にその「経済」は生物学的に個体の間の差異の法則をふまえており、この方法論的に注目すべき書物は、①集団型からの「個人的偏差」、②この個人的偏差そのものの生物学的原則、③個人の生物学的差異の「表現」の仕方こそが、重要な研究課題であるとしていた。この視角は、当の社会の本質、その変化もしくは発展に「個人的差異」が重要な役割をあたえるとする、R・トゥールンヴァルト（一八六九―一九五四）の生物学的意味の「人格」説が踏襲されていた。人格とは、個人の生物学的素質が外界にはたらく様式、すなわち性格《キャラクター》の累積されたものである。とはいえ、岡田が強調するように「未開社会」は個人の「意識に共通性が多い」ことを特徴としており、まさにそうした特質の解明こそが重要となる（二〇二ページ）。生理学を引証するまでもなく、一人ひとりの個体には諸個人に共通の本性が保存、表現されており、すべての作用者は、それぞれ固有の欲求と目的を指向することにおいて類比的に（analogice）とらえられる。

そこで岡田は、台湾の山の民の北ツォウ族では、個人的差異は、①「将軍＝酋長」もしくは「司祭者」の場合、沈着さ、判断力、勇敢さ、深い経験などがその条件となり、「占い」の巧拙、決断さえもがそうした性格の如何がつよく影響していると強調したが、このことは、ヨリ高地のタイヤルにくらべるとその社会が「父権制」に特化していることを前提にしてはじめていえることであった。②「呪術師」は病気の平癒、夢占い、呪詛の排斥など、社会的な一機関として活動するというよりは、主に個人的問題にかかわる存在である。そのため呪術師は、その地位を一定の、錯乱をもいれた精神状態に到達せしめた自己の個人的特性によって維持しなければならない。③前社会的な存在の「幼児」は、原則として両性が群のうちのすべての幼児を尊重し、したがって敵方や異人種の孤児を養って一戸を創立する習慣のなかに生きている。

④しかし、父権制下の北ツォウ族で個人的差異の生物学的および精神的に顕著な存在は「女子」であることを、岡田が次のように指摘していたことは興味深い。岡田はその理由を、「集会所を中心とする全蕃社的生活から女子は除外され、［彼女は］家族生活を殆ど唯一の社会生活とするやうに訓練されている。……女子にあっては肉体的生活の占める範囲が大きく、精神生活の発達が遅れているのに負ふところも多いであろう」とし、あわせて北ツォウ族では「領台前、漢人と結婚した女子は相当の数に上」っていたことを指摘していた。異文化とはやくから接触していた北ツォウ族では、女子は、既に先行的に「相手方に［肉体的な接触ゆえに］危険を感ぜしめない」存在と化していたからというのであった（二一一ページ）。この指摘は、マクガバンがタイヤルの女子の、男子とまったく同等に社会的に活動し、むしろ母性主導のコミューン的社会組織の存在を称揚して

いたことと、おなじ人間の摂理として好一対をなしている。この問題は、境界期における群としての女子の「生きられる」目的観として、重要なカテゴリー的問題提起となる(後述)。

というのも自然的実在の「女子」は、その究極的能動因を「内なる神」においており、究極的目的としての神に対して自律のくらしをたて、宗教的態度のくらしに向かう。岡田の北ツォウ族の女子評は即物的に偏っているが、その肉体的・精神的なくらしぶりの中には、すでに宗教的要素がこめられていたとみなければならない。なぜなら物質的とみえる経済的くらしの態度そのものに宗教性が基礎づけられているからである。一例を引くと、個人の生物学的差異説は、岡田によれば、首狩りと狩猟のさいの成否の観念にかかわってくる。この観念は、北ツォウ族の場合、天にすむ男女ふたりの「神」の活動の結果にもとづいており、例えば「人の放つ矢を敵まで持っていって胸に突きさすのも、刀を手伝って敵を斬りたおすのもすべて」この神の仕業であるとされ(三八ページ)、すなわちここに、人間的労働の内なる神的な生成説がみられることに注意したい。

タイヤルの黥面・首狩りなどの世界表現は他者にとって極めて特異とみられるが、その意味内容は、逆にタイヤルにおける欠如態に由来する他者「恐怖」のパトス的表現であった。この世界観は、伝承に由来する激しい驚愕は、多年におよぶ「恐怖」として固定するが、また変質もする。かれらは山から下りても危険のないことを知っているからではなく、「死―生」にかかわる危険を伝承のうちに「感得」するがために、平地民の「欺罔」に二度とかからないために欠如態のままで下山しないでいようとする工夫をこころみてきた(中村Ⅳ、一〇一ページを参照)。下山しないかぎり「他者」との危険がないという観念は、身体の意としての欠如にかかわる表現活動をうむに至るが、そこには伝承を「予見」に転移させる心身連関がはたらく。いまや先後にわたりうる「予兆」を研ぎすますことが、「危険」回避の前提として備給されてきた。いいかえると――ここが今日の常識と異なるのであるが――先後の分別ができないところに、形而上学的な予兆という非合理的な情動本位のくらしぶりをみるのである。この非先後感の故に、「黥面」などの、他者を驚かせ、他者に不意打ちをくわせるような身体上の表現主義を生みだすとともに、他方で呪術的「予兆」の演出の情動技能を、黒の思考法として伝承的につちかってきたのである。

黥面・首狩り・首祀りの表現労働は、この人びとの或る類型的な「性格―表出」ととらえることができる宗教的の身ぶり、振る舞い、態度そのものである。本来、いわゆる印象（Eindruck）の第一段階から表現《アウスドルック》の最終段階までの内包力と外延力による「環境」の生成過程は、生の先後という分別（die Entfremdung）の「現象」を生みだすところの、或る造成――道具活動・身体表現――の過程である。しかし、呪術をもってする伝承と予兆の情動表現観には厳密な意味の生の先後感がないから、内包力にくらべて、本来有が最大となるべき外延力はここではいちぢるしく単純である。かれらの世界表現は、こうした自然的歴史的条件のために内包力の増強に対してかえって外延力は乏しいという、われわれの世界内在とは正反対である。追いつめられた山の民の外部との同一性《アイデンティタス》は、自己自身とのまったき一致《コンビニエンス》なのである。実在的分別は形而下学的ではなく、いちぢるしく形而上学的であり、しばしば思考上の主観的分別ですらある。しかし、問題はむしろ内包力に勝義の、不完全な知的世界の「人間的自然主義」的な生き方を探究し、そこにどのようなわれわれとは反対の生過程の意義があるのかを見極めることである。

本書では動態の「くらしぶり」といって、あえて「生活」という便利な用語は避けているが、それというのも人びとの歴史的に固有のもののとりあげ方を探究する包括的な人間学の立場に立つかぎり、かえって「生活」の一言は、一切の心の宗教的な攣縮《スパスム》と伸張を排除してしまうからである。いいかえれば人びとは、自然力の動態としての情動表現のうちに「意」(こころ)を内在化せしめ、それによって独自の「内的世界」をつちかってきたとみなしうる、さまざまな問題内容をかかえている。山の民であるタイヤルはその感能、情動を、本質的に表情的・相貌的・観相的(physiognomisch)な黥面―表現にみる自他の「予兆」の世界として受けとめてきた。この予兆は「集団」に対して上から網を被せるような、規制的な性質をもたず、つまり外延力を発達せしめず自然力の個人的差異のうちの内包力、すなわち純粋情動の「受容―合一の可能性」を呼起するはたらきに直結する。この経済学的徴表は、かれらの自閉的な非生産主義、すなわち生成主義にあることは既に述べた。タイヤルの事例からいえることは、予兆は、きわめて広汎に現実のくらしを規定する宗教的事象であって、単に未来にかかわるだけの行為ではない。そこには現実をささえる過去と未来のうしろだてという形而上学的観念が普及しており、個人的特定の施術＝呪術者の発達をみるのである。

しかし、タイヤルにおける「オゥメン」的世界は特定の呪術師に委任され、限定されたものではない。人びとはとくに女性、たとえば「性」にかかわるくらしぶりにおいて黥面という表現の自分自身の予兆世界を選択することができ、このような特徴は、とくに過・現・未におよぶ性の「受容―合一可能性」を表現している。この活動が女子に顕著とされるのも境界期の心性に特徴的なことである。黥面という身体を毀工すること自体、女子にとっては「苦痛」のパトスを刻印することで、例外的もしくは異常の内包的表現として神秘的な合一への感能の力をはらみ、ふるうことができると自覚され、それ故に他者からは「危険」な存在であるとみなされるのであるが、タイヤルにとってはそれによって「遠い」祖先と子どもたちとからなるうしろだてを獲得し、将来に「母性」としてくらしの主体となりうることを表現しうるのである。タイヤルでは男子にも黥面を施すが、それは女子の場合とくらべると宗教的ではない。男の呪術師が宗教的つとめを果たすことはいうまでもない。ここにおいてくらしぶりの宗教的表現主義は、タイヤルの場合、採取・狩猟・焼畑民における「母性」主導の女呪術師を中心とした「母性衆議型コミューン」の問題となる。くり返すようにここでは、予兆とみなされうる女性の内包力「表現」の対自的性格が、世界生成の核心の課題となり、それは、この内在的創発性の論証しだいではコミューン世界の普遍的な一指標として提示できるものである。

タイヤルが、権力的支配を志向するような一部の階級を輩出させない、くらしの「共産体《コンミュニズム》」とみなされうる点では井上らの験証はすべて一致する。わたくしもまたそれが、一社のすぐれた人格の老女にみられることを山中のどこでも体験した。マクガバンがタイヤルについていうような母親衆が主導するコミューンのすがたは、人間は環境から「話しかけられうる」、という内刻の受容可能性と表出の造成可能性にかかわる意味での自然の「主体性」の如何においてこそ、人格による世界表現の元型を示しているとおもわれる。あえて元型というのは、「人間化された自然」（マルクス）という人間主義と、その反立の「自然化された人間」の自然主義、すなわち内刻と表出、受容と造成との間には、かならずしも調和（一致）が保たれる保証はなく、いいかえるとこの間の不調和にこそ人間の自然史的のながい過程がよこたわっているとみられる。自然の内刻からいかにしてか内的環境を外的環境として合一的に表出するものこそ、創発的表現（affordable expression）としての予兆なのであり、人びとは生の自然（natura）の現象に規定された男女、長幼の選択的協働の表現労働のうちに、くらしの共産体を営んでいる。

他からの働きかけを受け容れる状態は、なによりも前反省的な「心」の表現として女性に固有の容れうる自然的態度であり、そのような了解的可能の時・空間において、原態の表現のうちに創発的、すなわち自生的なくらしのいとなみを主宰することができた。「なによりも」という強調は、人間の情感発生論において最初の「受け容れる──表現」説がみとめられねばならないからである。くらしのなかで緻密なパトスの情感性を圧倒的に発揮しうるのは、くりかえすように境界期においてきわめて長期にわたる採取・獲得・加工経済の主役をつとめてきた女性であり、とくに子どもの保護者と料理法（セイス）とに選択された「母性」であり、そのさいこの段階の女性は例外なく子をはらむ「労働者」として母親であった。労働者として母親は家族に直結するという選択をしたのに対して、男性は、移住（非定住）を余儀なくされるかぎり動物の捕獲と外敵への備えを選択した。もちろんこの両性べつの選択は、家族維持の協働のもとの選択であって労働の分割として確立したものではない。

たとえば土地の開墾・伐採、川漁、子どもの養育、水と燃料の確保などは随時、両性の協働を基本とし、そこには子どもや老人さえも参加する家族共同労働のすがたがみられた。すなわち、狩猟が独立しないこの段階の母性は両性のうちにつちかわれ、両性の情動は母性として育まれたことがその世界観のうえで重要な指標となった。いわば母性をとおしてこそ「生きられる」可能態がうかがわれ、生過程の「リズム」労働という現相が浮上する。母性主導の表現労働は、採取、捕獲および焼畑開墾以後、「首祀り」の猟奇的な「踊り」にみるよろこびのリズムにまで、全自然界の周期的リズムと軌を一にして一貫しており、タイヤルでこの踊りの祀りにまで両性の協働の表現がみられたことは、人類学的にも貴重な原初的事例であった。一般的に宗教的な踊りは狩猟から農耕の段階において男子の専科であり、祀りの主宰も男性本位であったが、これに対してタイヤルの両性からなる祀りは、いうまでもなく性的情動の原態表現の機会を提供する点において、みごとに原初の宗教的・倫理的・美的表現労働のスタイルを継承している。

今日、タイヤル研究としてはかれらの「コミューン共産体」の最大の特徴として、生産過程の協同的性質、生産手段の共同的所有形態、生産物の共産主義的分配形態、共同倉庫・共同かまど・共同土間・共同鍛治場、象徴的な「一つの火」、食料の母親衆による管理、そして母親衆による協議のための集会、あまり純粋とはいえない母親衆からなる呪術師などが、その有力な論拠を示していた。しかし、井上らの主張はそればかりではなかった。おそらく教条的マルクス主義にいわせれば、いまあげた生産関係の指標だけでむしろ充分に一個の発見だというであろう。しかし、それだけでは自生的コミューン論としての重大な見落としがある。コミューン論は、例えばいま挙げた「母族」を中心として、「一つの火」(「一つの炉」)の表現にみるように個人的な生の「意」(こころ)の世界表現と事物の複合的構成のあることを立証しなければならない。人間にとって「火」そのものが類的情動を呼起こし、したがって「炎」はわたしのはなし相手となり得る(シュペングラー『運命・歴史・政治』八田恭昌訳、理想社、三八ページ)。

井上らの主張するところを概括すれば、そこには第一に「群」的所有からの個人的分化の形態がかなりの程度ゆきわたっていたこと、第二に、「自然宗教」(「自然教」井上)、すなわち人間的自然による宗教的情動がくらしのすみずみに浸透し、それが個人的原態表現としてみなされることが把握された。この二点のうち、第一の

「所有」の個人的分化、すなわち個人的所有における「所有」とは、表現労働についての個人間に生じる「人間―自覚」の分別感を内含したものである。すなわち、諸形態にみる労働の選択をつうじての「自我―超自我」の世界の発達である。境界期における労働の個人的分化は、現実態のレベルでは両性の間に、複合的にいかなる「協働」の形相のもとに、そして母性のいかなる質料的行為のもとにやがて可能態レベルのくらしの世界を構成することになるかという問題論を提起する。

　表現労働の個人的分化は、「群」から「個人」への分化、発達の段階は、捕獲から本格的な狩猟の導入とともに開始された労働用具の個人的所有と労働そのものの個別化の段階への移行として表れる。例えば「弓矢」による狩猟行為は、一定の生産力の発展をもたらしただけではなく、人間の情動相貌にも新紀元を画したものとみることができるのであって、それはひらかれた個人的所有の労働形態においてであって、けっして共産体から私的所有制への後退を意味したのではなかった（この点の個人的所有論については中村Ⅳを参照）。セイスは、道具としての弓矢のひらかれた情動相貌への転移として、弾奏法に多様性をみとめながらも「弦管」楽器の原形象とでもいうべきstringed-wind instrumentalとしての「楽器弓」もしくは「ゴウラ」と称される一種の「吹奏弓」とか、それの子どもの玩具化などの実例をあげている（前掲、一六七、一九一ページ）。

　ここで重要なのは、情動相貌としての楽器がくらしのなかの道具活動のカテゴリーに組み込まれてその長い歴史を維持してきたことにある。狩猟道具としての弓は、じつに楽器として美的労働過程の推進役をはたしてきた事実がある。ビュッヒャー著『労働とリズム』（高山洋吉訳、刀江書院、一九七〇）の巻頭写真に、一九世紀末の「仏領スダンで音楽の伴奏でなされている鉄道工事」として、二人の、複数弦を張った弓でつくった竪琴《ハープ》の芸人をつけ、二人はおもしろ可笑しい即興詩をうたいながら、おそらく一種の賦役労働者たちを鼓舞、慰楽している光景がかかげられている。ビュッヒャーによれば、この楽奏や歌の事実から、賦役労働の先行形態はむらびとの相互扶助と相互歓待、つまり互酬性のもとのひらかれた「招請労働」にあるとみなされている（同書、第五章）。

ここに一つの問題がある。先の「人間―自覚・自我―個人的所有」説は、通説の「私的所有」説への反駁でありマクガバンらのタイヤルの実証にそっているが、それは、きわめて図式的にいえば「父権制」発達という社会経済的条件下の「私的所有」発達説に対置し、「母権制」の個人的所有説を浮上させ、後者が、タイヤルのコミューン発達説の基礎づけとなることを主張するものである。それはどこまで人間のひらかれた環境としての生過程の個人的所有の情態にせまりうるものであろうか。ビュッヒャーも、狩猟に出発するときと帰還するときの、歌や太鼓の行進のなかに女性が参加し、そのほか木材運搬、水汲み、建設労働などに女性が一定の役割を果たし、アフリカのブルンジでは、土地をたがやす隊列の男たちのまえを、「身体に彩色し、ごてごてと飾りつけた少女が一人立って、跳ねたり、踊ったり、また唄ったりし始め、その際丈の高い草を刈り倒す。彼女は歌を唄いつつ監督者から良い種子を請い、畑を荒らそうとする魔術師や魔女を呪逐し、男達に夏のために多くの御神酒を約束させる。男達は彼女の後から静々と進むが、その際彼等はリズムを成している拍子で地中に耙を打ち込むのである」という状況報告を伝えている（同書、三〇六ページ）。この「少女」がいわゆる「白魔術」の役をつとめていることはいうまでもないが、同時に性の論理的・美的表現をもって男子の労働を鼓舞していたことにも注目しなければならない。すなわち原態の表現労働における倫理は、そのまま価値―反価値の一系列を備給するが、この事態はなお探求に値する。

四　幻想と人格

ここにおいて狩猟以前の採取・獲得・加工段階には、最も素朴な道具の「掘棒」(Grabstock) そのものの発達が両性の「協働」を促進し、同時に女性労働力の選択的個人的分化を結果したことは、タイヤルの今日でもみられる焼畑耕作の事実からも注目しなければならない（中村I）。藪ないし森林の伐採、開墾、焼払いと、一―三年の短期の播種、除草、中耕、収穫と長期の休閑という、焼畑の輪作交替形態は、とくに「火入れ」にみられるように、厳重な管理労働をともなう家族協働の単位でおこなわれ、山面傾斜地における採取・獲得の略奪形態は、狩猟行為が導入されたあともなお不変であった。ただ比喩的にとらえれば、先行する採取経済は「掘棒」をもって徐々に女「性」の個人的所有と素朴な表現活動をうながし――掘棒とそのいくらかの変型は女性にとって反質の性的情動を表わした――、そこから派生した狩猟経済は、同時に「弓矢」によって男「性」の個人的所有をもたらしたことはじゅうぶん考えられる。しかしそのことは、くり返すように、採取・焼畑段階における両性の協働による食料獲得の長い基礎過程を解体することにはならなかった。結局、原始共産体論の核心をなす「群」と「個人」のどちらが先行したかという論点は、山の民の場合、事実上の「性」の個人的所有の発達からなる共産体説によって、止揚される。

個人的所有の分化、発達は生産関係にそう問題ではなかった。それは先史・古代の全一的な人格の生成そのものにかかわっており、じつは個人的所有の発達に規定されてはじめて人格（personalitas）としての世界表現がイデオロギー・観念の「幻想」次元として展開し始めたことが注目され、このことが性をもとりこんだ「自然宗教」の発生をまねいた。シュナイデルは個人の人格に照準をさだめるとき、とくにその人の情感および関心、欲求および意欲の全体は、身体感情、身体欲求および生気的な関心と、心情的な情感、関心および欲求とからなるとし、ここから人の心情的個性は、知能、人格、および身体的生気的な感情と欲動の三つの面の連関ととらえられると指摘する（『精神病質人格』懸田克躬・鰭崎轍訳、みすず書房、一九五四年、四ページ）。くらしにおける個人的所有の分化が、徐々に心情的個性の実現を予兆的「幻想」の観念世界のうちになしとげることができた。それは、まさに「個人の無力と不完全さ」をはじめて思い知らされた瞬間の人間がとらざるをえない、新たな感情と欲動の「身体図式」観念の発展段階を告げることになった。ここでも教条的マルクス主義は、性にまつわる呪術や禁忌などの民習はいっそう「野蛮人」の意識に、ただ否定的な魔術形式の「幻想」的反映をもたらしただけのものとみなしていたから、この幻想とそれに類する表現とによって、かえって最初の個性的の人格世界が実現されることになったことには気づかなかった。

先に注意しておいた「掘棒」についてこのことを考えてみたい。わたくしのタイヤルの親しいチュワス・ラワ（写真、中村I）は「織機と手鍬はタイヤルの女のいのち」だといつも言っていた。その手鍬は、小型の掘棒の先端が湾曲しただけの自然木をいくらか加工した粗末なものであるが、傾斜地の山面耕作（orofacialhusbandry）には最適の道具とみた。ところでE・ヴェルトは、E・ハーンのきわめて早期の「鍬農耕文化」説にふれて、「鍬農耕の文化体系と深い関係をもつ」事実として「男が畠の仕事を蔑視し」「「畠に行くこと」は、しばしば自由な男にとって侮辱を意味する」ことに注意している。そして、「自然民族」による「採集経済」では「女の地位」は「家庭と畠」に限定的に表現される、と主張した（『農業文化の起源』藪内芳彦・飯沼二郎訳、岩波書店、一九六八、第三章）。

家庭や畑の労働が、男にとって「侮辱」だとする観念の指摘は、初期の「鍬農耕」段階に既にみられるとし、男が主として交易、政治、戦争などの「公的な仕事に従事する」からだという。この理解は従来、農業経済史としては不足をおぼえなかった。しかしこの主張には、農耕と非農耕の両段階のはじめから両性による「分業」説が起点となっており、しかもこの分業論は、くらしの労働状態について「公―私」の分業説をふまえていた。このように両性と公私の二重の分業論に規定されて「侮辱」観念がみえたことを主張するのは、経済史学として短絡に過ぎ、無理がある。と同時に、はじめに「分業」ありきという仮設は、採取経済における両性の協働の事実のみならず、協働の実態のうちの女性、それも人格説にいう性の自我感を助長せしめる「母性」の役割の事実が重要であったことについては、説明がつかない。もっぱら「手鍬」に食料獲得の常設の手段をもとめざるをえず、狩猟・漁撈は補助的地位におかれるような低狩猟民としての「山の民」には、最後まで絶対的な意味における分業の成り立つ余地はなかった。それは、掘棒そのものに原初的な両性に共通の表現世界が結実していたことと無縁ではないし、性としての有のまったき不在による絶対的虚無の成立は根拠のないものであったことを証している。

タイヤルの実証からあきらかにすべきことは、人類に最初の「幻想」の世界表現を生みだす独自の人格の論理構造である。それは、長期の採取・捕獲段階の中からはじめて狩猟行為に着手するようになった人間によって、真の人格とか「性格」の多様性が生まれる契機のみえたことを意味するのである。この仮設は、長期にわたる両「性」の共同労働の基礎のうえに、徐々たる労働の個別化と個人的所有がみえたとき両「性」が相互を観念しあい、さまざまに表現しあう性の世界が生みだされたであろうという展望につながる。この仮設はまた、この時以後、諸個人の多様な性格に基礎づけられた真の意味の「生産関係」が自己矛盾のうちに発達したことを予想しえる。というのも、個人的所有による多様な性格の差異の発生こそは、現実に持続する生産関係、すなわち家族という「再生産」の基本単位の成立をあかしするからであり、母性の主導するくらしの質料的拡大がここにみられる。それは同時に多様な性的表現の世界のうちに、とくに自律と自制の性の問題が加わる。通説ではこの問題はS・フロイト以来、「父性」にまつわる問題と位置づけられてきた。それ故にこれに反駁して、タイヤルの事例のように母性主導型コミューン論のうちにいかにして性の自律説が成り立つかという問題——呪術的思考のもとの人格の形而上学的本質に関する——がとらえられるのでなければならない。

山の民の実証は、この問題が掘棒の採取・捕獲経済と、そこでつちかわれた理性的本性による自我的実体とが不可分であることを示している。山の民ではこうした実体にもとづいて自律の人格がうけとめられ、首狩りはこの人格説において自主的なコミューンの形而上学的本質を表すものであった。

母性主導の対自的世界の環境生成説は、古来「大地からの話しかけ」(die Erdkunde) という、ハープや掘棒のごとく一種の「かのような」演出的性格を、自然宗教下に増強された自然力の「超自然」状態において、性的にもその影を色濃くした。それ故、ここにくらしをいとなむ人間をして内包的に刻印された情動(感情と欲動。シュナイデル)の内的環境を幻想として外に押し出す、外延力に固有の、いわゆるリビドー的な原態的情動の相貌《ゲシュタルト》が表われる。このとき、人格としての世界表現は内包力と外延力、受容と造成・役立ちの、相互に連関の構成化をふまえており、それは、人類の境界期において前者（内包力、受容）を先行させ、この先行状態からの徐々たる後者（外延力、造成・役立ち）の発達をみることになった。

タイヤルの「母性衆議型」コミューンは、人格の形而上学的情動認知からの「表現」特質において解明されうる。その最大の根拠は、マクガバンが報告するようにかれらのコミューンは、自我の実体と不可分であり、政治権力的に「女性が男性に優越するような土地柄」として存続したものではないからである。母性の衆議の根拠は、一つには女性本位の表現労働にその特色がみとめられる。例えば、先にひいた「織機」は「部落の多くの女性が共同で用いるもの」であったため、死に行くものは、最後にこれを全員にお返しするという「死」から「生」への一方交通的な開かれた直接的「交換」の事実がある（中村V、第九章）。一種の共同相続という、死の実在—観念下の交換原理が浮上する。すなわち「死」は、その個人的所有において直接には情態として間接には労働用具（道具活動）と化すことによって、くらしの保存と継続的創造にむけての基本的な交換の情動相貌なのである。コミューンのなかに祖先崇拝の固い要因があるというだけにとどまらず、コミューンのもつ形而上学的情態としての「死」の創発的世界にも注目しなければならない。

もう一つは、女司祭・女呪術師による「性」の情動主導である。彼女らの「奉仕」型オゥメンの表現にこそ（同、一四五ページ）、権力の所在とはほど遠い、民聚的コミューンの元型がうかがわれる。タイヤルでは、この表現労働は採取・狩猟・漁撈・焼畑、建築と移住、および黥面・首狩りなどの機会に現れ、さらに首祀りをつかさどり、火おこしとその管理にあたり、傷病者の手当などにあたる。その奉仕は、諸個人の、一つにはオゥメン（予兆）にすがらざるをえないパトスという「人間の弱さ」（マルクス）の表現であるとみることができる。しかし、奉仕型のオゥメン表現は、そのような退行形態にとどまりはしない。マルクスの理論には、弱い民こそが権力の彼岸に生をつなげざるを得なかった、情動的退行表現（例えば「死」）の世界についての現相の展望がない。

女司祭・女呪術師のオゥメン表現は、このような「死—生」の交替の機にこそ、とくに練習した、つまり自己の性的情動の発現を支配し、抑制し、内心をかくす「演出」表現によって彼女をとりまく環境への、調和の経済機能がとれた、形而上学的心身表現の「健康」に連関している。マルクスの欠は、この意味の人格的コミューン論によって補われねばならない。調和的経済の形而上学的心身連関は、一方で首祀りのさいの猟奇的なまでの性的踊りが体力のかぎりにおいて青・壮年にむかうのと、他方、とくに秘儀的に山中深く、洞窟のまえで「性」を老人にむけて披露するのとの二面性において、「健康」にかかわっていたごとくである。慶應義塾大学で美学をおさめた小泉鐵はこの表現運動を、タイヤルの露骨な性の実在感をあらわにした「ミジュイ」といわれる猟奇的な踊りのうちにとらえ、幻想の心的表現のうちに験証することができた（中村Ⅳ）。

「死—生」観においてタイヤルの「自死」へのみちは「悪のオットフ神」のなせるわざとして、一人ひとりの対自的な相対的虚無の内的環境とかかわり合っていた。ここにみるべき主体性は、「死という悪の価値合理性」を前面に押し出し、要するに対自的「死」の側からみれば「生」の弱体化・欠如・不完全さへのみちを、超自然的代償的に用意している。こうした表現について精神分析家は「予兆」にもとづく幻影、錯覚、妄想の類であるというであろう。そして小泉の小編「蕃婦を描く」によれば、ここにこそ人間の交感能力にもとづく連帯と相互扶助の「くらしの共産体」（「ガガァなる協議体」）という原態表現が読み取られるべきであり、それは、アルケウス的生命力の形而上学的な「内なる神」としての「超自然―オットフ」の評価につながる問題であった（中村Ⅳ、三四三ページ）。

少数被支配の立場に追いつめられたものが、「幻想」のなかに複合的原態的な表現世界をえて、形而上学的に人格の全体性認識にせまりうる内・外「環境」のバランスをとるという、くらしの知恵と工夫は、一方の形質人類学にいう体型と気質の連関説と、他方の人文地理学にいうÖkumene（住環境）説ないしLandschaft（景観）説とが、人格の「表現学」（Ausdruckskunde）においてその両極に位置することを表している。このとき「性格」は、自然哲学によれば人間の個性のみならず、その周辺環境の風土や色彩や岩石の性格までを形而上学的に視野にいれていることに注目しなければならない。そして、それらが人格的自然として受容されるところに、人間の肉体と心情に固有の性情（Wesen, 気象―気性、気質、態度）の形成の意味があるといえよう。この性格に、生命の変移過程で「自我」が添加されることで「人格」がよみとられる。ブロッホが「表現主義論争」において、いわば人間の「類的な予兆」と「原経験の記憶」という、前後する超時間的な「幻想―世界」観の所在を見いだしていたのも、人格表現学によればおなじ意味を持っている。「世界表現」観の問題は、今日の資本主義的なくらしの論理構造からは排除されたものの、異態・異質の側の――その自発運動の表現においては異化の――論理構造の探究の途にそっている。

台湾高地先住民における「オゥメン」（omen, 予兆）の呪術的「黒の思考」は、人間の自然的「実在」においてふるわれる興奮状態の平衡化という「演出」的効果として、かれらの多角的な表現―世界・説を一身に集約している。「話しかけ」および「知識」(ともにKunde)はどのように表現するのが適切かというこの認知法は、同時に原態表現の受容可能性《アクセプタビリティ》によって担保されていなければならない。この事態はこれまで受動的実践、受苦、受忍などととらえられてきた。それ故になお、自然力の内包と外延の動態は転じて造成・役立ち可能性(serviceability)の世界までが経済力動的に展望されうることから、こうした運動の世界表現説は労働のパトス的本質論にまでつながる。しかもその一端は、主・客の融即的なリズム活動のうちにある。以上の見とおしをもつ自然力の内包と外延の双極性説は、当然生きた環境との連関においてのみ実在の意味を持つことになる。この視点は、労働の原初形態とその実在性をどのようにみるか、そしてこの実在性はくらしの認知活動にとってどのような原理的意味をおび、その再活性化にいかにあずかるかという、方法的な意義を持つであろう。

「山の民」の考察が際限もなく内向きにはたらくのはどうしたことであろうか(第一章冒頭)。そのとき、どういうことがわたしの心的傾動に起こっているのであろうか。くらしの営為として「山に上がる」という行為はまぎれもなく一つの活動的目的である。岳人でなくても、「山がそこにあるから」「山にむかって祈ろう(井上)」といわれるとき、労働の原初形態、すなわちその宗教・倫理・美的に一体の人格が問われているのである。ここから人間として避けられない自由、善・悪、価値の連関の意味が浮上する。「山に上がる」ことは、「悪」と表裏の危うさにおいてこそ「祈り」という心的外傷の浄化に連関しており、この「祈り―浄化―労働」によって価値無記の深い境域をわがものとしている。この問題意識が、純粋情動としてなによりも優先的な受容の意義を、「祈り」のパトス的幻想の表現労働説のうちに浮彫りにする。

第一に、よくいわれるように「山の彼方に人(「異人」)が住む」「ピレネーのむこうとこちらとでは価値観がことなる」。それ程に山脈や水系をへだてるだけで、人びとの「心的実在」の観念表現には相異なるものがある。相異なるどころか、山の頂や峠は、人の心を価値無記（「黒」）の状態にする。これが、古来沈黙交易《サイレントトレイド》といわれた、相手に相互の信をおいて成り立つ「原交換」説の根拠なのである（前掲『沈黙交易』）。そのさいの女性が主導する表現活動には価値的無記の動態がある。利得や利害の経済的「価値」理論は、おそらく女性の原態表現説によって超越されなければならない。にもかかわらずタイヤルの場合、われわれは男性本位の「首狩り」表現一つをもって、かれらの世界体系がどのような価値のものかを既に知っているかのごとくみなしてこなかったであろうか。何も知っていないどころかこの山の民の、かつて母性権能のもとのコミューンの存在をみのがしてはこなかったか。ブロッホ流にいえば、未だ実現されていない「コミューン」は、祈りや幻想の「予兆」表現に敏感な母性を表したものであるかもしれない。

第二に、なぜ人は「首狩り」をするのであろうか（その社会学的考察については、岡田、前掲を参照）。世界内在の観点から概括すれば、まずそれは、「彼岸の人（異人）」でありさえすれば「狩り」目的だけのために対象を特定するような外向目的のものではなかった。すなわち、首狩りに当たっては呪術的世界の人間的自然の複雑な約束（例えば、いわゆる「供犠《くぎ》」のほか鳥占い・夢占い・火おこし占いの類）に規制され、自己の自然力の表現活動（例えば、当日の体調や夢見や身辺の「数」合わせ）に規制され、それらの規制に従うかぎり「オットフ」神の意にかない、祖先の霊魂の慰謝につうじることであった。そのうえで、首狩りにのぞむ事前において、草むらに待機している間（「マラカム」）にも、自分自身に行為の意味規定を問うてみる自己立法・自己批判・自制（自己統制）の機会があたえられて（前掲、ガース／ミルズ『性格と社会構造』三〇ページ）、個人としての行為の是非を自己の情動的価値の是非に対比せしめる、真の「情操」をつちかうことにつうじる機会がゆるされ、その結果として首狩りを拒否することさえも可能であった。

人間の目的的とみられる活動には、定置された追求すべき「目的」は未だ真に決定されてはおらず、いわゆる外向きに「造成・役立ち」うる活動の方向性は、けっして与件そのものではない。それ故にこそ内在の自由が、価値的にも反価値的にも自己運動としての内向きの受容を優先させるのである。人間の自由は、労働の原初形態においてまず「悪」の受容可能性という危うさを基礎にしている。このことが古来、labor の「失敗、難儀、重荷」という意味規定をあらわすことに通じていた。

悪を容れうる力能は——後述するように母性に本態的な内包力による——無記的動態の深みを証している。その無記でありながらもなお「価値」領域が成り立つのは、「志向する受容」にではなく、かえって「志向された・価値的受容」においてでなければならず、そこに人の宗教・倫理・美的原態の質料的定義が見いだされうる。それだけ人格において価値は、与件として非合理的なものに包まれている。労働過程において必然ということは人間の了解する範囲内のことにすぎず、宗教・倫理・美的に統一されたその原初形態には必然とその了解に尽きない価値系列があり、われわれはこの了解の及び得ない間隙の「境域」のあることを知らなければならない。いいかえると原初的労働の了解的世界のうちには、予兆の志向された余地がある。

このことに関連して、第三に「歴史的に、砂漠の民と山の民とは、在地の権力と帝国の権力との強制の侵入《イントルード》によって征服される最後のものである」というG・アッシュワースの言をあげたい（Mountain People, ed. by M. Tobias, University of Oklahoma Press, 1986）。「在地」と「帝国」の二つのイントルーダーとの、絶えざる闘争、葛藤、矛盾の裡に置かれつづけてきたかれらは、前にみたように、いいかえればくらしの「事」的行為についてそれなりの形而上学的の論理構造をつちかってきたのである。砂漠の民や山の民は、われわれがふつうに「素朴な《ナイーヴ》」とか「自然の《ソバージュ》」という形容をもって位置づけうる、心の自生的「表現」を固持してきたことであろう。というのもアッシュワースの言は反語的にとらえられなければならず、たえざる外来のイントルーダーに最後まで抗いつづけえたものは他者への自己の優越価値による価値的選択をになってきたからであって、かれらのくらしぶりはそうした価値観にもとづく「人間的選択」法を受容してきたことによっている。かれらが、自然のうちにその自己「人間」観を捨てなかったのは、それによって人生の無力と無意味とを回避せず、死をも受容できることを知っていたからである。しかしそれだけに、かれらには、万人に普遍の価値はもとめない、一種非凡な活動的目的がみられることであった。

　内在する心のあり方については、第四に、次のような今日的な視角からも裏づけられ、定置しうる自然史的な理由がある。「われわれが生きているのは外向性、表面化、外観や光輝の重んぜられる時代であり、内面性の価値はしばしば捨てられてしまう時代である。外面的なものを気にする人たちは、言葉の仕事でもって欠如している、純粋なもの、内面的なもの、真実を、［相も変わらず当の言葉の仕事でもって］補おうとする危険にある。この人たちの行動は、内面的な真の体験とはまったく異なっている。彼等は外向的で、外的なものを目安にし、内向的な人たちを世間知らずで、ぎこちなく、ばかばかしく、古くさいやつとして忌避する。これが、われわれの時代におそらくもっとも培われやすい大きな性格的欠点であろう」と、ドイツ心理学のW・アーノルトは指摘していた（Person, Charakter, Persönlichkeit, 1969, 詫摩武俊訳著『性格学入門』東大出版会、一九七六年、一四〇ページ）。

言語による人間の表現は「情報革命」の記号化のあまりに極度に分化し、発達しすぎて、広義の非言語的なくらしぶりにみる、自然情動の表現・学との間におおきな深淵を生みだしている。

アーノルトのこの指摘からは逆に、分化していない人間に固有の表現とはどのような論理構造を持つものか、という問題枠が浮上する。すなわち、「群」的で、しかもあまり体制的でない一つの聚合は、原初的なまとまりにすぎず、あまり体制的でない「個体」もまた、それ自体一つの原初的なまとまりであることを表しているという事実である。両者における「まとまり」とは、異質しあうものの結合による反映であり、自己運動論的には異化と同化の、反撥と牽引しあう内在的合一の構成体であって、それは、生きた二重の世界表現において全体性としての「個体性」を意味する。群の原初的なまとまりは「個体」の意図的な努力の結果ではないし、「個体」の原初的なまとまりは、外の環境を見るのと、心の裡で考えてみるのと、外から話しかけられて反応してみるのとの、一見おなじような「みる」ことの、それぞれの相異のうえに構成されている。これは生物史から社会史への境界期に人間が受容しなければならない、純粋情動の特殊的な自然情動への生成過程を示している。表現の分化していない人間にとっては、逆に、山や木が自分と重ねて見られることは、山や木にとってはなにも生じていないことからみれば、非相互的な、さかいの思考上の関係が特殊的に成立しているといえる。

こうした問題意識が生じるのも、中世末期のC・マーローとW・シェークスピアの戯曲には、言語は、未だ注意力や想像力に裏づけられており、感覚的で具象的な力に充ちていたから、「見る」ことは「考える」こととまだ分ちがたく結びついており、パラケルススとベーコンの論述には、思想を形象にして表出しえるようなこれまた想像力に支えられて、すべての実在を力に分解し、そこに心霊を感じさせるような感覚のことばを語る余地があったと、ディルタイが「近代ヨーロッパ文芸の歩んで来た道」のなかで指摘していたことが思い出されるからである。この指摘は、本書ではとくに「見えざるものと無理にも交通しようとする、捉えようのない不思議な核」である想像力へと行き当たるが（『体験と創作』上、柴田治三郎訳、岩波文庫、一九六一年、一九ページ）、このような想像力は、ゲシュタルト理論にならって創造の「造成力」とか「造形力」(Gestaltenskraft) と言いかえてもよいであろう。

次章以下に企図するものは、このディルタイの指摘を敷衍して得られるような、母性情動による実在性の体験的「表現」（「表出・表情」）の世界を、原受動的に外から話しかけられて内界が知られうるような、そのようにして見えないものを見ることのできる受容運動の質料的「原態」の過程として探究することにある。いいかえるとこのような身体的過程によって個体はすぐれて「主観的表象」のにない手となるとしても、そしてこの「表現」がどんなに多角的になされたとしても、それだけで、その個体が現実の「客観的存在」となることはないのである。このことは、知覚の交互作用といってもよい、自・他の心的対象を生みだすところの送り手と受け手の情動的対応の交換関係を成り立たせる母性の自己運動を意味する。この関係は、情動交換（commutation）ということができるが、こうした「原受動性」説（中村Ⅳ）は、ディルタイの指摘するようにけっして古代・中世に特有であったと解される必要はない。というのもこのような情動交換の自然状態 (natural status quo) は、今日もなお「社会状態」にとってはいぜんとして両性に備給された母性にみる「交感《シンパシー》」的基体であるとみなすことができるからである。

情動の表現活動としての直接的交換は、方法論的には自然状態にあるものの価値倫理学へと、こう言ってよければ母性本位の「先史・古代倫理学」というべきものにまで歴史学的にひろげて考察しなければならない。例えばわたしの「原受動」性説は、いくつかの知覚によって内に刻印された心像（mental image）の体験はそのまま現物の知覚されたものではなく、あくまでそれに類似したものであるという仮設から成る。ここには三つの側面が考えられるのであって、すなわちこの心像は、或る構成的に意図されたものであるか、逆にそのように意図されずに知覚（とくに視覚、触覚）による残像や幻覚にそって受容されたものであるか、そしてなお、いずれにしても内に刻印されたものはそのままのかたちで外へ「表出」せられることはないという、三点である。一言でいえば心像は、パトスの幻想《ファンタジィ》をまったく排除しはせず、それどころかわれわれは先史・古代においては母性によって工夫された「仮象《シャイン》」の世界そのものを持っていたとさえいえた（中村Ⅳ）。くらしの振舞いという、「くらしぶり」の原義にそうことは「パンドラ」にみたように宗教的ないし神話的思考の類である。それは、有機組織的な生命において労働を、了解とそれをこえた表現そのものととらえるのであり、そこにこそ価値無記の倫理感が見いだされるべきであり、労働とは科学的な設計にうらづけられた理解と説明によって判定されるべきものではない。道徳的行為の形而上学としての一切の内在的表現は、論理的に自由の、いわゆる価値的には価値と反価値（例えば首を狩り取る「悪」）のさかいを自覚する、無記の態度の原形象としてすえられる。

先史・古代の倫理についていえば、先のアーノルトが一九世紀のＪ・バーンゼンの次の言に注意をうながしているのも参考になる。われわれには「意志」とは何の関係もない「注意」力の形式もあり、これは「受動的な形の注意」であって「原始的な内部感情の基底層より生じるもの」であった、と。このような形式の事態は、山中深くに追いつめられたり砂漠の荒れ野に彷徨する人びとに、特有の論理構造の探究のさいにはとくに必要である。というのも人間の窮迫状態はつねにパトス的「重荷」となって、人を「悪」の表現労働へとみちびくことができるし、しかし逆にできないかもしれない余地を持っているからである。人生の重荷がこうした両義の価値的無記の態度をとらせるとき、この民にして真の「罪」への原態の注意が生まれる。ここで想起される、第二次大戦の敗戦直後のローマの民情をえがいたヴィットリオ・デ・シーカ監督の映画『自転車泥棒』(一九四八)は、くらしの手段である自転車を盗まれた父親が、長男とともに必死に探し回るうちについ他人の自転車に手を掛けてしまうという筋書きである。この構成は、直接には犯人とおぼしき家族がじぶんと変らぬ窮迫状態にあることを受容したことの反転―表出とみてよいのであるが、しかし、このくらしのリアリズムにはなおべつの情動がはたらいていた。それはこの間、「父―子」の相克と絆はたえず「母親」と、街中で聖母様といわれる女呪術師とを背景にして成り立っており、敗戦はこの意味で、家族の悪をもいれうる相対的虚無のうちに母性型実在観念をあらためて浮彫りにせしめたのである。

意志と注意の間には、随意と非随意、もしくは意識と知覚、意図と自生が複合的に横たわり、そのことを承知したうえでバーンゼンの受動的注意説が意味を持たねばならない。この民は、はじめに或る意識して遂行される自己運動が反復して累積され、自発運動化されるようになるにつれて意識は後退し、もっぱら非随意的運動の展開をみる。日常性とは、このような随意的でない自発運動の連続が多くをしめるが、ところが、随意的運動はといえば逆にこの非随意性がないと円滑さを欠く(例えば、「打鍵」楽器であるピアノの演奏)。そこで、バーンゼンの受容型注意――わたしのいう原受動性――は、或る目的への随意的意図的運動に対置してその前提ないし先駆けをなす、先述の目的による手段の逆行的規定性において、この人びとの人格をよく生成することになることが考えられねばならない。

バーンゼンが喚起した、或る志向された「受け容れ」型注意の非随意性の問題世界は、先史・古代倫理学の視角において決定的に重要である。処女マリア受胎説は、或る「目標」を意欲するという「決意」じたい、随意的な意識の対象であること、この「決意」にこそ彼女の全人格の性情が表現されていて、じつに彼女ならではの固有の随意的運動が、或る超自然状態のもとで増強され極点にたっしたとき、つまり「聖母マリア」そのひとの自発運動を実在せしめるのである。しかし他方、処女マリアから聖母マリアへのいわゆる啓示のみちのりの発端に、受け容れ型注意の非随意性を真の志向的な規定者として前提にすることができるという方法論も想定される。この非意図的性格は、それ自体人間の人格の一方の有り様――「母性」――を示している。「母性」は、先の、できるとできないとの、道徳的に価値無記の境域に志向的受容型としておかれた「委ねる自由」の原初のにない手であるからである。このような自由の境域こそ自然哲学にとって「神」が最初の規定者として、意図された目的として存在しうることになる。

いいかえると処女マリア受胎が一種の偽装であると伝承的に想定された場合、そこには、非随意性の欠如の一点において意図的受胎がありえたとしても、そのことはじつに彼女の人格の中のものではないことになる。人間マリアは、志向的受容の一面において原罪としての「悪」の余地を残しており、この悪を自己に等しいもののともとめながらもこの不安と危険にさらされることで傷つきながら、なお無記の境域において、内的には少しも傷われることはない。何故なら、他面でマリアの神的な必然の自由の余地があるからである。この内在において偉大であることが、彼女をして継続的創造の霊感の力能へと連関せしめるのである。そしてまたこの道徳的な勁さこそが、すべからく弱い受難の民の両性を母なるマリアへと駆り立てるもととなる。「母なるマリア」は、目的論的には二次的な実現された目的であり、それゆえに特殊形而上学的に規定されたものである。しかしこの母性は、神的自由のもとの「最後の被規定者」である。母性にいたる、この二重の目的観の落し穴にきづかないところに、今日の女性学とその政治的措置の意図性が独走する。

善と悪という世俗の観念次元は先史・古代倫理にとって必ずしも本質的なものではない。むしろ志向された受容型注意力のレベルにおける無記の境域に見出されるべき「霊感《プノイマ》」の、「魂」の形態・論こそ本質的である。これについて魂とは、この注意力ないし想像力のもとの「死と生」にまつわる一つの「心象」であることを主張したシュペングラーによれば、この形態は、人間、自己の「内なる神意（numen）」として——例えば詩的旋律のごとく——体験されてきた、観相術的なまでの手段による一つの反対世界の像であった。そのうえでかれはその作動因である内的ヌーメンについての説示の一つに、パトスからパッションの継起的生成論を位置づけて、後者の中の「キリスト受難」の意義づけと、「放散されるべき深い興奮の表現として・精神的動力学一般」の意志的規定とが、一七世紀中葉にLebenskraff（情熱）というドイツ語化に結実したと言っている（『西洋の没落』村松正俊訳、五月書房、一九七九、第一巻（改訂新版）第五章「魂の像と生命感情と」参照）。

第二章　パトスの民と母性——バルブー「歴史と情動的風土」説にふれて

一　感能体得による人格的表現

山の民の実証にもとづいて、情動表現の「母性」的原理にせまっておこう。現代心理学・哲学では幻想とか仮象という用語はあまり用いられない。いいかえるとこれらは、単なるイメージという今日のことばではとらえきれない、非合理性の世界があることを示している。端的にいえば心像の本態的な仮象世界こそが「現象《シャイヌンク》」学を構成するにもかかわらず、一九世紀初頭からはこの「現象」が意味転回を果たして、単に出来事を意味する「現相《フェノメン》」が「現象《フェノメン》」とされてきたことは既に言及しておいた。本来の「現象」は内に刻印したものをいかにしてか用意をし、価値的無記の自由の余地を整えて、それから心の外に現し、あきらかに知らしめるような、質料的に内在的備給の「表現」過程をいうのであった。現象・学のおびる現代的転換は、数ある「現象学」が歴史的人間学の立場でいえばあまりにも資本主義的に汚れた、「死んだ精神」に埋め込まれた心性にとらわれた結果である。ここに検証する母性論は、図式的にいうなら内在の受容のパトスから外化の受難とみなされうるパッションにむかう、現象についての現相の、内在の自由の主体性の問題提起である。読者は、以下の母性論のなかにパトスとパッションが混在したかの感を抱くであろうが、それこそ母性の主体としての最少の受容から最高の役立ちへの、次元を異にする作用的な内在の世界志向にほかならないことを了解されるであろう。

こういう指摘は、先史・古代もしくは人間の原初性にかかわる、従来の、人格の論述を要する丁寧な諸著述のなかにいくつか発見することができる。ドイツロマン主義とそのうちのシェリング、さらにはシェーラーにおける「人格―自我―身体」の、わたくしのいう「内的環境」論的な「労働知」人間学と、それを継承したハルトマンの内と外にわたる「四層構成」的な内在の環境論を想起することは、このような現象学の今日的な逸脱にこだわるからである。そのさい「質料」(materius) と「母」(mater) とが実体的におなじ語義をもつことにまず注意しておかねばならない。

われわれは原受動性にそって、知覚的にあたえられた現実にたいする形而上学的工夫としての、仮想や、過去の知覚による記憶の転移による再生や、未来に知覚体験されうるであろうことの、時空間の「遠―近」にかかわる予兆のはたらきを自然人 (savage) としての母性の権能の一構成として探究した。当然、認知活動の「原態」という問題意識がここには伏在する。認知活動のレベルにおいて、あまり分化していないという意味のアルケウス的原態がひときわ意味を持ってくると考えるならば、ここから、一つは「オゥメン」にみる心像は古来、けっして未来体験にかぎって定置されるべきではないという仮設がたてられた。オゥメン心像は、いま挙げた現実についての可能態にそった仮想、および過去の記憶の転移再生などと未分化、未分離の一体のものであることが注意された。もう一つ、認知活動の生命統一体を表現する、過去、現在、未来にわたる単位規準として時・空間性は、心のなかに形づくられる内的なモデルとでもいうことができる、実在感にもとづく

「くらしの認知」(vitalnosia) という幻想カテゴリーを提起しうるものである。

いまや、心像に直接にかかわり合う身体像《ボディイメージ》ないし身体図式 (body schema) といわれる、自我の見当識《オリエンティールンク》の主観的現象界が浮上する。実在感ゆたかな認知的余地のカテゴリーを喪失した、われわれのくらしぶりは――未だ出産前に胎児の「性差」を知ってしまう事態に対置されて――、あらためて原態表現論として提示し直されなければならない。先にひいたアーノルトはいわゆる「エゴイズム」論のなかで、人間社会において強い感情の興奮が関与する権力への意志の体験能力というものは、心理学的性差 (psychological sex difference) の観点に立つとき確かに男性の本質的特徴に一層ふさわしいものであり、対照的に女性では、表現のかくれた体験形式においての「支配力」がふるわれる、という指摘をしていた(前掲『入門』)。ここで注目されるのは(アーノルトはそれ以上の追究はしていないが)、「性差」を権力支配欲説に位置づけようとする点であり、しかも人間社会における権力意志は暗黙のうちにも発生論的に比較的「高い価値」に位置づけられるとして、いわゆる「価値」序列のなかでも早期の質料的活動、それも高度の目的的活動のものとみなそうとしている視角にある。

アーノルトの権力支配欲にみる「性差」の問題提起は、人類史のなかで圧倒的に長期にわたる非農耕民のくらしのなかではじめて反証に値する主題である。非農耕のくらしの生成過程において、性差について権力支配欲としての「エゴ」論を持ち出すのは短絡にすぎる。いいかえると経済学はなぜここに問題の枠組をたてなかったか。人間における実現された目的観にそって、人間という「最後の被規定者」のなせる活動のうちに性差はいかに位置づけられるのであろうか。

性差が、基本的に両性の身体我 (bodily ego, Körper Ich) ――自己身体に結びついた記憶ないし経験の自我――

として或る「差異《ディファランス》」を表現することに注目しなければならない。というのもこの事態をも「くらしの認知」活動にふくませることができるのであれば、このような両性間の活動上の差異は当然、境界期の採取・狩猟段階における身体我の表現法によって徐々に選択的に規定され、この経済の「事」的行為の蓄積がその後、確立された性差を導いてきたという仮設が成り立つであろう。こうして両性における体験形式としての表現の支配力は、どのような差異的のはたらきを遂行するものであろうかという問題が浮上する。このとき、身体我の質料的表現法こそ本質的に「母性」中心の労働過程にみる選択的差異とその蓄積の問題となる。

目的観のもとの活動的矛盾は、自然力の内在の論理にそって内包力と外延力による三段階のものととらえられる。このうちはじめに目的を定置する力能は前者（内包力）に、そのための実現手段を見いだしてこれを使用する力能は両者に、現実の過程を目標にみちびく力能は後者にあり、そのさい、この三段階の力能はすべて可能的と現実的の二様相のもとにある。この二様相のうち、三段階の全力能にわたって可能的に存在するものが、内在的根本の意味を獲得していて重要である。可能的存在者は未実現者であるかぎり、つまり実現の一歩手前にとどまって生成的に存在するかぎり、また遂には実現される必要性さえもたない存在者とみるかぎり、この過程的実在において未だ全ての存在に解体されない——無限に多様な可能者として——根本の形式を持続した、根本価値のにない手である。可能的存在者は、他のあらゆる存在者に対して相互補足的なかかわりを持つだけの、それ自体は独立的性格を持ちえない。このために、ひとえに現実過程からのみ可能態そのものが規定されるという、自己矛盾の自己運動のにない手である。目的的活動の三段階はあきらかに、「目的の定立—手段の使用—現実の目的化」という序列定式のもとにおかれている。それにもかかわらず、そのさい目的定立の可能態が先行するという矛盾は、科学的論理的にはいわば宙に浮いた不規定、不決断、不確実の可能的存在者を想定するだけのものとなる。

ここに、そういう可能態にも、素朴実在の意味規定があたえられはしないかという問題が想定されよう（先述の喰代「素朴実在」説）。この問題は、太古的労働・思考における「予兆」の行為につなげられるのであるが、まさに予兆こそは、生成論的に、宙に浮いた不規定・不決断・不確実の可能的存在者を現実的存在者へとみちびくはたらきをになっている。この「黒の思考」法には二つの問題がある。まず予兆じたい、その予見意識は、現実という素地から無縁になされるわけでなく、その場合の素地はたんに現在の無数にある諸形象にもとめられるのではない。黒の思考についての検証によれば、この素地は、伝承にみる「原」形象である。遠く間接的な、伝承による原形象が予兆の素地づけをするものと考えざるをえない。ここに、第二の問題がとらえられる。原形象による予見の素地づけは、そこに、素地づけられたものが実際に現実になることに対する何らの保証もないのであって、ここから予見が本人の手をはなれて、第三者にになわれるという現実態にむかうべき工夫がみられることになる。いまや予見自体は、単なる可能的存在者であるにとどまらず、既に第三者のかぎりではあるが現実的存在者と化している。このような工夫の知恵が、窮迫状態にある民の受難からの帰結において、経済史において周知の人間関係の最初の「分業」とされる呪術師の類を定置せしめた。

こうして活動の矛盾の三段階序列説は、内包力から外延力への動態において受容から造成・役立ち（サービス）への、情動生成説として世界内在の構成力をもつことは、あきらかである。そのうえ、可能的存在者から現実的存在者への転移が現実の女性呪術師によって客観的にになわれるとき、原形象の伝承による素地づけが内包力としての純粋情動の受容においてはすぐれて女性によって発揮され、それを基礎として外延力としての造成・役立ちの現実化のみちは男性によって、それぞれ分割、選択されるという仮設が成り立つ。

本来、人間の性情の現実は、情動の生成すなわち内在的転移説を持ち出すまでもなく、基礎的に両性共通の或る表現像の交感・共感世界としてとらえられる。そのうえで自我《エゴ》意識によるたえず微妙に変化する造成力は、例えば、最も明示的には内的環境の「顔付き」の瞬間ごとの表現について、逆に交感として確定されるほどには他者に気づかれずに、かくれた形象を生みだすことができる。性差にかかわるエゴは、このような他者に気づかれない偽善の形象（幻想・仮象）を造成するときの最も基礎的な自然力である。この偽善的形象が両性のどちらに顕著であるかといえば、受胎をもってリズム的契機とする女性の側にあるといえる。山の民タイヤルについていえば黥面の現相が、とくに女性において、性的行為のかくれた感能的用意があることを示している。そこに権力への意志がともなうのは、背後に基本的に女性が主導する食料獲得・管理のための能力がふるわれるような、最も初期的な、境界期獲得経済の蓄積があるからである。

一口に採取・狩猟段階とはいうものの、そこには長期の入手・獲得経済といわれる貧弱で不安定な食餌の採取・捕獲・加工・保存・分配にかかわるさまざまな工夫と知恵が「狩猟」発生の前提としてつちかわれていたのであって、その第一の衝におかれるべきものこそ、今日にくらべてはるかに長い妊娠・出産・哺乳・育児のリズムの過程をになわなければならない「母親」であった。この長期にわたる育児過程はいうまでもなく胎・幼児の致死率の高さに基礎づけられていたが、この欠如の受容は、その後の男子の狩猟行為による同様のパトス（哀しみ、不安、死）的受容によって母性的情動として増幅された。

その結果母性の質料的身体我に注目するときの原初的なくらしの認知活動は、すぐれて女性の自己にかんする意識体験の内的環境を、自己身体の外側、延長上に、気づかれない性的な「緩衝帯」(buffer zone)を生みだす原態表現としてとらえることを可能としている。母性による独自の原態表現の世界はいうまでもなく彼女が帰属する「群」の自然的歴史的条件によって、帰納的に把握されねばならず、けっして生理的条件を第一義とするものではない。われわれはそのことを、母親ならばこそ戦闘のにない手となりえたことまでを実証してきた。「母性論」が保守的に、つまり生理的生得説にながされやすいのは、最初の生産経済とされる「農耕」段階に基礎をもとめようとする誤りに原因がある。境界期の両性にみる「母性」原態表現は、基本的に群のおかれた自然的歴史的条件による食餌の「採取」活動に規定されたものである。この視角によって、はじめて権力意志の体験能力がパトスの受容型注意(バーンゼン)のにない手である母性―観念を中心にしてつちかわれ、しかも食餌採取という基本的活動をとおして群を統制していくことに、畏敬(awe)すべき「力」(terror)をみとめることで最優先の価値の地位が母性にあたえられたものとみることができるであろう。

「表現」は、狭義に外延的に位置づけられるとき、われわれ自身の主観的表象をとおして客観にたいして反応的にみる生成論的対象化の表出である。それ故、それは或る主体的主観の価値関係のパッションとしての情動を基礎としている。情動は必ずしも一般に考えられているようには身体の瞬間的な反射、反応ではなく(かえってこの事態はふつう「衝動」とされる)、十分な内包力による学習過程をふまえた体験能力であり、その主観的価値もまた、外延力によって外的環境に適応しなければならないものである。このような適応性に内在構成的に耐えねばならないにもかかわらず、情動による「表現」には、ここにあげた対象化と価値関係の作用という二重の意味で単純に合理的とはよべないような、生成的側面がある。外から「話しかけられる」という原受動性の起点の観点を喪わないかぎり、むしろ話しかけられればかけられるほど、情動表現じたいに合理性をもとめることは無意味となる。表現の個体観は、既に今日の外向的な常識的日常性の枠には容れられないものを持っている。

形而上学的内在論からみると、内的世界の構成についての探究は、一方で生物史から社会史にまたがる「自然史」的な外の環境構造と、個体を実在（「実存」）として可能ならしめる、無機的有機的自然的、身体的、心的、精神的な低次から高次への四つの階層構造との、両様のあり方とが注目される。こうした内と外の生成論的構造は、情動の「自生」的な性格にかかわって、自然力の内包力と外延力という生全体観に基づいている。人間の自然史的環境のみを指して全宇宙的な規模の「環界」とより身近な「環境」とに弁別する場合があるが、このマルクス主義の通説は、ここでは内在論に重きをおくかぎり宇宙的環境をも不断に「話しかけられる」狭義の自然史的環境として、一つの受容すべき内的環境とみなすことができよう。

純粋情動としての受容《パトス》はこの内包力によってはじめて、自然を人間化するパッションとなる。いいかえると自然を生成的に知覚してはじめて自己運動の自発的外化につなげることができるのであるが、同時にこの「人間的自然」は、外延力によって逆に自己主体を客体化する人間の自然化（自然的人間）にかかわらざるをえない。しかしここで、人類の歴史は、内包力から外延力への主・客の相互媒介的な内的転移が、それほど円滑、無条件におこなわれてきたものではなかったことを、すなわちこの移行過程は外的条件とともに、内在的な自己媒介の自己矛盾を条件とするかぎりにおいて、非合理的ともうけとられる情動の受容表現活動じたいに、哀しみや不安や死の困苦を極めてきたのである。一体、われわれの「生きられる」ための内包力とは、どのような生成行為による人格の生成過程を果たし、そのためにはどのような受容表現を内在の自己工夫において果たすことができるものであろうか。

「山の民」カテゴリーのもとでは、伝承的に高峰に「追いつめられる」とされてきた受難の心性こそが――高峰（例えばタイヤルの奇峰「大覇尖山」三五〇五メートル）そのものの神聖化をふくめて――、かれらの原受動性のはしらとなることで、つまり伝承という過去の制約的な入り込みによって一般心性とは区別をなしている。「追いつめられる」心性は、単なる知覚の受動をこえた原初の性情《ヴェーゼン》の受難性からなるのであるから、山の民にとってはいかにこの性情が発見され、保存され、ついには創造的表出過程へと、その「意《こころ》」の現象＝表現にいたる自然力の内的環境が生成されるかが探究に値する。この問題意識からただちに判明することは、この環境において性情から意、および意それ自体には、いくつものいわば意味の単位が類層しあっていて、この類層化は、その間に内包力と外延力がかかわり合う平衡と調和の経済的動態をもちあわせており、長いあいだにこのような心性そのものの変化が一定の人格および「気」象として収結されるのである。

自然力の世界の観点によれば、追いつめられる民における繊細な心性に迫るためには、心の「意」味単位をなす「切っ掛け」（Anlaß）となる感知の諸形象がそのはじめ、両性に共有の「母性」にあたえられるとみなしうる。「母」性はこのとき、特殊な価値認識作用の領域が過去に生きる予兆において展望され、宗教的情動の領域をになうことになる。すなわち、そのものとして時間的に位置づけられた自然的歴史的事実を対象的に感知しながら、これを非時間的の現在として了解し、過去の現在性によってくらしを自律化するのであるが、こうした母性に固有の神的自然の存在への、直接体験によらないはたらきが畏敬的宗教的なのである。この場合、自然的歴史的事実の対象化は自己の身体化された道具活動によって可能となるのであって、自然支配の領域に属する技術のレベルにあるというものではない。自己という道具活動を生成的経済とみることができるなら、この経済は未だ過去の入り込みを暗黙のうちにふまえていて、伝統に忠実であり、その動態は心—身連関の範囲内にかぎられる。

タイヤルにとって例えば「燃える炉火に燃える心火《ほむら》」を想定するとき、炉火という外的環境の知覚界に心火という内的環境の知覚界がむすびついて——感情移入して——いるのではなく、そのような客観主義の「心—身」平行説はなりたたない。このときの主体は、実在的に「有」としての情なる「心—火」そのものである。これに対して「炉火」は、単に臆断的に有情とされているものにすぎず、本来心火とは無頓着な、或る客観の事実にすぎない。この客観に対する有情化の炉火という仮象のうちに「他者」の心意を発見することはできない。しかも有情化の仮象は、炉火のほかにも、山並みをそめる大夕焼けや、その他無機的・有機的・人間的なものの、森羅万象にわたっている。いいかえると森羅万象の仮象の実在のうちに、できるだけ臆断による有情化を回避し、この自己臆断をしようとしない程度に比例してはじめて「他者」の心情・思考を感じ取ることができるのである。自己臆断の排除は、内なる神による内在の自由が志向されたことによって成り立ち、客観的にそれだけ心的に「受容」性能とその交感を昂揚させる。ここに人間の自然的実在への宗教的情動のとびらが開かれ、かれの現象的内実（実存）があたえられる。採取にのぞんで自然との事的行為に長けてきた人間には、母性中心に心的受容の感能が保存され、ゆたかな身体的表現が賦与されてきた。肉体と心情、身体と心は、こうして追いつめられた歴史的のくらしのなかで母性に根本的に連関する。歴史哲学としてはここに、自然宗教上の形而上学的内的領域が優勢となるのをみとめる。

「炉火」はタイヤルにとって、単なる森羅万象の仮象のうちの一つではない。むしろ、犠牲の慣習、呪術的世界、積極・消極両義の禁制、物神崇拝、祖先崇拝、母族・母性の象徴などと、精霊とその擬人化において、女司祭・女呪術師を介していくつものはたらきをになっていた。「火」は、タイヤルのくらしぶりの切っ掛け（誘因・機会・動機・起動）であり、かれらが長い間、平地から山の高みに追いつめられる過程で経済的に必需の、特殊な与件であった。すなわち「火」がとりわけ母族・母性の象徴として女呪術師にとって呪術の手段をなしてきたという事実は、それだけこの民属が「火」に特化した歴史の自然的実在性を保存してきたことを表している。非限定的に森羅万象を感能に照応せしめる一般的の知覚様式とはこの点で相異しており、タイヤルは既に、採取のうちに「火」を介して狩猟、焼畑、漁撈を生みだしている。「火」を保存し、管理する母性の呪術的世界の自然的実在性は、「火」の形象のなかに「自分に話しかける」性情を見いだすことにおいて、自分自身を感じ取り、自分自身に出合うという、世界内在の質料的な自己運動の端緒をあたえられて感能の体得様式を維持してきたのである。

「火」のほかにも「雨」「鳥」「山」などの、若干の有害もしくは有利となるくらしの諸形象のなかに「話しかけられる」仮象を据えていたのがタイヤルであった（中村Ⅴ）。この「話しかけられ」「感じ取る」主体は、既に井上伊之助の世界にみたように自己のうちのもう一人の「他者」であり、内なる自然によって生成した有機組織体であった（中村Ⅱ）。タイヤルでも井上伊之助でも、この感能様式には、以下にみるようにひとつの規定条件があった。われわれが一般の感覚や知覚とは区別して、あえて「追いつめられる」自然の力能のうちに積極性をあらわすような両性の感能体得を一種の民属の受難的「風土」として注目するのは、ここに理由がある。

タイヤルはたえず外の自然から「話しかけられる」感能を研ぎすまし、「被害者」と仮想される心像を体得してきた。心情の感能は、単にその統一ないし総計における感覚とは異質である。感能の外部への投射においてタイヤルは、その口誦伝承のうちにぬきがたい元型を維持したが、それは、「平地民」の欺罔と生産力にかかわる利己心とに対峙させられた、パトス的受容の態度であり、この表現主義を黥面、首狩りその他の習俗として保存させてきた（タイヤル北勢蕃ローブゴー社その他に伝承の傳說。中村Ⅳ、一〇〇ページ以下）。一方、井上の父親はタイヤルのこの習俗による犠牲となったが、これに対して息子の井上伊之助は、怨恨をはらすべき復讐の、いわゆるルサンチマン（ressentiment）を対自化させる試練にのぞむ、受容的な自己を感じ取っていく。自己を内包化するこの態度は、タイヤルと同様にもうひとりの自己に「追いつめられる」井上にとって、その生涯を賭したルサンチマンにおける「高潔」の表現主義につうじていった（中村Ⅱ）。ルサンチマンというきわめて人間的な性情には本来、他者感情のなかにこそ牽引と反撥の力の意《こころ》が宿るが、それが対自化された場合、つまり自己感能の主体のうちに牽引と反撥の相反する力の意がやどることになり、そこに自分自身の苦しみを体得（「受苦」）しなければならないパッションとしての試練がまちうけている。この意味で井上はタイヤルとともに「同—苦」の世界観を共有しえた。

タイヤルの検証から帰納されるのは、先史・古代の昔から「愛」と「憎しみ＝争い」の交互の心情は肉体との融即のうちに、感能体得（Schauen）の性能を赤裸の偉大さで、つまり自然周期にそった原態の労働に表現されることにある。「呆然たる眼」「疲れ知らぬ眼」「愛の絆でかためられた眼」「眼のおだやかな焔」などが、直接には生のリズム運動によるか間接には「面」の徴候によるかはともかくとして、エンペドクレスが胎生学を持ち出すまでもなく、それらはくらしとしての調和《ハルモニエ》的労働の経済原理を表現しており、それはなにも詩人や神秘家の範疇に閉じ込めるほどの特殊なものではなかった（藤沢令夫訳「エンペドクレス」『ギリシア思想家集』筑摩書房、一九六五、所収）。力動表現説はマクガバンによって、タイヤルの女たち、とくに女呪術師らとの困難な対話――「婦人は一体、どうやって力強い息子や娘をそだてることができるのか」――のなかに如実にうかがえた（中村Ｖ、一八二ページ、強調は中村）。

山の民の母親衆が主張する「力強さ」と「息子や娘の養育」との間には、ここが今日の情報機器教育と大きく異なるところであるが、自然に真向かう形而上学的学習過程による「人格」づけが入ってくる。価値論は、高・低の正価値（例えば正直から隣人愛へ）と強・弱の反価値（例えば不正直（盗み）から愛のなさへ）の問題につうじている。「婦人」による「力強い」子どもの教育・学習説は、逆説的に狩猟とともに顕著となる男性における反価値の強さを、いかに克服して価値の高みにみちびくことができるかにある。母親衆のこの言説は、反価値は価値の実現の条件であり、反価値の克服が先行していなければ高い価値じたいが脅かされることを主張していた。彼女たちは、文明のなかにみられる、愛のない弱さを感得することのないようなくらしの中からは反立的に愛にみる勁さを表現できるものにつながりうるものは生まれようがないと言いたかったのである。

この問題には、境界期においてさまざまな価値が現実を規定しはじめる世界には、価値意識をになう媒介者（媒介物）が必要になり、それによって構成員の両性が相互に情動交換しあえることが、前提となっている。とくにいまあげた愛憎のような個人の自然力の世界は、べつの客観的な歴史・伝承のにない手を必要とする。伝達（伝承）とは、媒介者となりうるものの反価値につうじる情態の呼起し（「口寄せ」）によって、価値の世界が認知されることである。このとき媒介者はたんにできるだけ心情と肉体の融即において性の表現のにない手でありさえすればよい。媒介者は主観と客観の未分離を演出するが、この未分離の、一となる劇的演出こそ「魔術的過程」といわれる。

二　情動表現と歴史性

これまで進化論的心理学のプルチックにならって情動の純粋性としてパトス的「受容」に注目してきたが、その純粋性を根底にまで下りていけば——内因性の情動—自律的反応の環境説において——、まず自然にたいする身体の表現過程に行き着かざるをえず、次いでこの過程は、自然—類的に自己との合一《インコーポレーション》の行動を予想することにつながるとみられる。自然は、個人の「身体受容—身体結合の過程」の予想のかぎりにおいて、人—間にたいして一定の共通性を持ち込む。この自然力説において、この受容過程には可能性の問題があることと、自然との類的共通性の中には、人間の情動（感情と欲動）を交感・共感としてとらえる問題があることが提起されている。くり返すように自然力は本質力でありかつ活動力であるが、その意味は、自然との交渉・交通によって人間化された対象的世界をわれわれが自己運動の過程として受容し、役立てることにある。人間化された対象的世界の自然は、人間にとっては一種の動的な優越性（eminence）すなわち完全性であるが、それ自体人間に対しては無頓着である。それ故に人間はどこまでも知性の不完全さばかりでなく、さまざまな情動の形而上学的世界を肉体と心情の感能体得をつうじて自己運動のうちに生みだし、不完全さゆえに見えないものとの合一を自己の表現―仮象として果たしていく。この知性・情動・生命の相互の調和的機能を果たすものこそ「自然の子」（パラケルスス）であり、人類の自然史的過程における世界内在の原理である。

一つの問題枠を提起したZ・バルブー著『歴史心理学』は、著者じしん不満であったように「情動」理論の探究の一歩手まえでの、皮相にとどまっていた（真田孝昭・山本武利・永井邦明訳、法政大学出版局、一九七一）。その理由は、バルブーの歴史心理学は「民」がいかにして内的矛盾のうえに豊かな自然力をつちかってきたかという、自然史的人間学の方法論に欠けていたからであり、折角「情態」に着眼しながらも、その内在のパッション的「態度―表現」にまで深化させえなかったからである。情動の受容性は「民」のおかれたくらしの受難を基底にし、そこから対象化のうちの活動的目的の受容性において、有・無の能動態をも含意しなければならない。ここに古来、眼にはとらえられない人間の自然力の素朴実在性が、くらしのなかの「男―女」「生―死」「健康―病気」「正常―異常」「豊穣―不毛」などの欠如態にかかわって、一種超自然的現象をおこす「霊」による可視化の技法（「呪法」）としてとらえられてきた。

学史的にいえばこの技法による情動の可視的転換は、情動という主体的心情に注目した「生体的自然」観にもとづき、霊感や直覚についての自然哲学、自然宗教によってはじめて考察され、このことはなお、くらしの原態として表現労働論を提起し、欠如的自他の情動交換の原理的把握にせまるものである。ただここで、対自然的の、見えないものを現前にしたときの人間の欠如・不完全さにかかわりをもつ自然宗教にふれておかねばならないのは、先の「演出」説にかかわって、この行為があくまで「理」性的（「宗教」）にか、もしくは天の「啓示」的（「信仰」）にか、この二つの受容による合一への純粋情動の区別が想定されるからである。実際「霊」の超自然的現象とはいうものの、そこには、理性の形而上学的はたらきがまったく排除されているのであろうかという理性《ロゴス》の受肉化の疑問の余地がのこる。

ここでわれわれは、宗教の劇的演出――追いつめられた民の「偽善」の表現活動――説を探らねばならない。天照皇大神宮教《てんしょうこうたいじんぐうきょう》の教祖、北村サヨ（一九〇〇―一九六七。山口県田布施町）は、先の福田によれば、四四歳までは農家の嫁・主婦として異常な忍耐力と超人的な体力による忍苦の期間であったが、「農事に熟達」していたことが、独立した人格として自然に対置した理性の形而上学的はたらきの素地となったことは見逃せない（前掲『偽善の倫理』「六・北村サヨの神聖な喜劇」）。四二歳のとき自宅の出火にあい、四四歳にして「自分の意識とはちがうものがサヨの肚の中に入り、話しかけ、命令をしはじめた」が、これは天の啓示というよりは自然力として「もともとサヨの資質であった即興的なひらめき」であり、ここからサヨの倫理的意識が「俳優的意識」に転化する。この「農民らしい冗談の精神」は、「シンコウとは信じ仰ぐのではない、神に行くこと［神行］である」「ガッショウ（合掌）とは神の肚と人の肚とが正しく合うこと（合正）だ」というみごとに理知的な「身―心」一如の教説にあらわれるが、これについて福田は、これは単なる語戯ではなく、形式化した既成宗教の儀礼を否定して、真の信仰の意義をあきらかにしようとする即興的な「表現」なのだと言う。こうして敗戦（一九四五・八・一五）をさかいにしてサヨの「女役座」宣言と、「百姓の女房」サヨが「やくざ＝役座」になりきろうとして、「無我」において「神にあたえられた役を演ずること」の「魂の裸役者・誠心持の役者」への

「実生活」がはじまるが、それは自主の理知の一方の極として、敗戦後の「国救い」のためでもあった（二二九ページ）。

福田による北村サヨの言行録はなお続くが、ここでは、自然力の宗教的情動という核心についてふれておかねばならない。サヨは、その「民」的資質において、冗談と即興と「裸」の「表現」活動に徹したが、小野泰博によればそれは「一次的受肉のシャーマニズム」である（『日本宗教事典』弘文堂、一九八五年、七一〇ページ）。一次的とはここでは情動の原態であると解してみると、福田はそのような受肉のあり方を「劇的」といい、おそらく自然宗教のどれにも民衆の追いつめられたくらしぶりがもととなり、それは歴史的であると同時に自然―身体的な条件として、サヨのように神的人格と農民的人格の両者の関係（relation）に収結する。このとき後者は、歴史的に前者に先行した主体であった。この主体は、関係がなくなった後にも存在するから、主体と関係とはともに実在的に区別される。主体の農民的くらしはここである作用的志向のものであることに注意するなら、ここには価値的に多様な形而上学的系列にそった、感能体得的な自己運動の「自由」がなければならず、この主体の自由の余地において関係の「交感」が生みだされる。じっさいこの事態を福田は、サヨと肚のなかの神との「対話」の関係とみている。一次的原態は、この自他的対話関係が日常的なくらしをささえ、くらしがまたこの「神」との対話関係の基礎となる。ここにはどのような世界生成がうかがえるのだろうか。

くらしの中の感能にもとづく自由の関係世界は、サヨによれば「人間は上がったり下がったりが、自由自在にできなけりゃだめじゃ。人間には偉い者は一人もいない。この道は……無我のばかになるのじゃ」としたが、このサヨの説示を福田は、自分の与件としてのくらしをはなれずに「俳優（倫理的な人間）としてふるまいうる心境」であるととらえた（二三二ページ）。苛酷な、それだけに悪心にもはしったとされるサヨの不完全なくらしの作用を、われわれは「劇的」にも、内面的な神との関係の交感としてとらえうることを彼女の重いことばのうちに受けとめる。民の「神」は、日常的くらしの中で、情動の感能的自己運動とともに交感的対話をつうじてうみだされ、価値的に善にも悪にもはしる可能態において理知的偽善の俳優としての自分を演出させる。民はこの可能態において偽善的人間であるというのがわたくしの見地であるが（福田はこの可能態ということばを使っていない）、それをサヨは「無我のばか」として一括した。

すなわち、サヨの「無我」には内在の自由の価値論的と、「神」との人格的交感の関係論的との二重の意味があった。われわれは「祈り」に、「願望」を得るためと「忘我・解脱」の境域を受容するためとの、二種があることを知っている。となると、サヨの「無我」はこの祈りの二種にともにかかわっていることになる。この問題はおそらく自然宗教論の中の一つの核心となる。とりあえずここでは、こうした民間宗教の名でよばれる自然宗教はわれわれの「祈り」に表現されるように、特別な寺院や霊場やホットスポットに限定されるのではない、日常的自然情動をもって自分の「いたみ《パトス》」を表現しうることに本質を見いだすことが、今日きわめてアクチュアルな行為であることを強調しておこう。

この点、哲学の花崎皋平の「共感」論には二重の反撥を覚える。簡潔に指摘すれば花崎は、共感は、人間と人間のかかわりの基本であるとする出発点から誤っている。なおそのうえ、「アイヌ文化」とは「人間のほうが自然に適合するための文化」であり、それは「自然を人間のつごうにあわせてつくりかえる（征服する）」近代主義の文化とは質を異にするという規定にいたって、決定的にマルクス主義に反し、とくに初期マルクスの思想を活《はたら》かせていないことになる（『生きる場の哲学――共感からの出発』岩波新書、一九八一、その冒頭章）。この二つの過ちは（花崎がマルクス主義に造詣あるものとしてのことであるが）、かれが「七〇年代の新左翼諸セクトの政治」は「窓のないトーチカにたてこもるようなあり方」であると、見当ちがいの批判をしたこととけっして無縁ではない。新左翼の「たてこもった」現相にとらわれると、花崎のように本態的な自然力の世界の本質はみうしなわれる。

七〇年代の全共闘運動は、運動の非意図的な自生的性格において一面ではたしかに自閉的といわれうるであろうが、かえってそのかぎり、自分の内側から、そとにつうじうる「窓」に目隠しをほどこしつつ、そのじつ内なる自然との交感の世界を模索していたのである。全共闘のにない手は多かれ少なかれ、内面の情動的な内包と外延の形而上学的世界のうちを彷徨していたのである。そのさい、世界内在の内包と外延の関係は、そこに生の本質を存在させるような実存的な、実在的区別のもとにあることが直感されていたのである。この世界は、反資本主義的原初の思考につうじうるだけに、敗戦後の日本資本主義の勃興に幻想をいだく反「安保」世代にはおよそ理解することができない。それはともかく、花崎の二つの過ちは、アイヌと近代主義の「文化」先行主義のとらえ方において錯綜して共通しており、まずアイヌの場合、「人間のほうが自然に適合する」という規定はマルクスによれば「人間の貫徹された自然主義」となり、それは人間中心の「生産」主義につうじ、それこそ近代の科学主義の行き詰まりにつうじるものであった。次に、近代主義は「自然を人間のつごうにあわせてつくりかえる」という規定は、一部留保条件をもって、「自然の貫徹された人間主義」であり、自然力の母性的「生成」主義につうじ、かえってそこにこそ非権力社会の「アイヌ」の生き様を見抜かなければならないのである。一部留保というのは、この人間主義はいわれるような御都合主義ではないことにある。この人間主義は、自然史的過程の観点にたつ、境界期に固有の「人間化された自然」すなわち母性的「人間的自然」の生き方（マルクス『経済学・哲学手稿』）そのものなのである（第三章）。

心理学のバルブーは一部、精神分析学の概念を批判的に共有しながら、「歴史過程の性質」を、人間の知覚の進化説のもとの技術、イデオロギー、信念、価値などから「形成［された］風土」、すなわち、われわれがふつうに「精神的風土」といってきた概念の一端にもとめている。そのように、その知覚説は、かれのいう絵画や音響と音色の例にみられるようにもともと（といってもその立論の根拠は近現代におかれている）、「真空状態」にではなく、社会的空間としての「共同体・文明・文化」に影響されるという、外部形成—社会化説なのであり、人間の集団心理のあり方に規制をうけたものとしている。ここでは「社会」とは何か、「文化」とは何かの探究が、母性の心的現象をそれとして与えている「状況」の構成にたいする根源的な方法論において欠如していることから、せっかくの個人の「情動」説がくらしの作用としての世界内在にかかわる、歴史の特定の主体性を問うものにつながらないのである。バルブーは例えば、人間には感情としての「恥」から「罪」への歴史的進化があるとみなし、このような歴史的過程を「個人が自己の属する共同体の社会的規則と道徳的規則をしだいに内面化していく過程」であると規定するが、人間の社会的道徳的な存在そのものを考えるとき、果たしてその存在は、そうしたはじめから外と上から内面化された性質のものであろうか。

この点は重要であるので正確を期しておこう。バルブーは、「「パーソナリティー」という形態のもとでの人間精神の組織化、いいかえると個人が自己自身のうちに（高度の自己意識を前提として）自己を調和的に統合すること、と同時に、個人が（自分の行動の高度な合理化を前提として）文化と結合することは、特定の歴史的な文脈のなかでのみおこりうるものであり、共同体の一定の歴史的な発展を必要とするものなのだ」という（訳書、一一ページ、強調は中村）。さしあたり、パーソナリティーと精神のかかわりようは問わない。問題は、個人の内的調和的な統合と個人が文化と結合することとが同時に生起するとした、人間精神にみる組織化説にある。にもかかわらずバルブーは自らが規定した、いわば内と外の同時的な組織化説そのものは深めることなくおわっている。つまり（かれが精神分析批判の心理学者であるとして）その内的「統合」説は、文化と結合しない「統合失調」説の裏返しであり、したがって、くりかえすようにかれにあっては人間における内面化とは外と上からの社会や文化の内面化をいうことになる。かれの「精神の組織化」はこうした与件説にもとづくかぎり、厳密な意味の世界内在の過程説、構成説になっていないから、論理的にも「自己意識」や「行動の合理化」が「高度」のレベルにおいて前提されるかぎり、自ら設定した「歴史過程の性質」を問うことはできない。それ故に「文化」を内面化しないような精神の統合失調者は、自己の内在性を徐々に醗酵させるような歴史の過程と構成とは無縁の存在だということになり、その結果おそるべき人格性（個性）の無視につながる。

おそらくその原因は、かれが精神論はいわゆる「心情」「情動」と「精神」を弁別しえず、自分の問題提起である歴史的内在のパッションの生成説を、ついには外側からなぞるだけの集団論に終始したという結果を招いたことにある。内在の層的に心情と依存的にむすばれた精神は、生成論的に展望されねばならず（「生きた精神」説）、これに反して、心情を離別した精神は「死んだ精神」（説）と位置づけられる。ただ問題はこの二種の精神ともに「客観的精神」であることにある。そして「死んだ客観的精神」は果たしてどこまで交感・共感の基礎づけとなるのかという問いを共有しなければならない。その場合「特定の歴史的な文脈」が、「古代ギリシア民族」に端緒を持つというバルブーの問題提起もまた、生の内面的な連鎖と不可避の歴史心理学の内在的方法論としては適当ではなかったといわざるをえない。

われわれは今日まで「国家・国民精神」の集団主義のもとに、はからずも自己の「こころ」をどれだけ犠牲にしてきたことであろうか。バルブーが事例としたナチズムなどの情動集団論の展開が、無意味だというわけではない。それが意味を持つことになるためには内在的情動説と情動集団論との間に、「精神」のあり方として共同的精神、とりわけ客体形象化された「死んだ精神」論の考察を必要とする。しかしバルブーのめざすところは内在的情動説であり、この点ではわれわれも同様である。それが歴史形成の要因とされるには情動の母性的特定の「表現」活動論が、自然史的過程を視野にいれた内界の四つの階層(無機的有機的自然的・身体的・心的・精神的)のもとの、とくに自然観のもとの心—身連関の様相論において位置づけられねばならない。そしてこの場合の母性的な「生きた精神」は「個人的精神」説となる。

本題にはいるまえになおバルブーは、共同体における精神の発達史という、本来このこと自体複雑である問題枠を簡単に「他律的道徳性から自律的道徳性への精神の発達」とし、それは「家父長的組織から一層民主的な組織へ、個性化される以前の社会秩序から個性化された社会秩序への共同体の歴史的な発展と緊密にむすびついた」「最頻的な現象の一つである」とした(同、一一ページ)。この規定じたい吟味を要する多くの論点をふくむが、バルブーはそれを「古代アテナイ共同体の文化」と一六世紀以後現代までの英国人の精神構造のなかに検証することと、人類学と心理学の成果とからひきだすという方法論にしたがうのである。つまりかれのもちいた方法論は、一個の「共同体」における「社会心理」学ではないから、それは厳密には共同体精神発達史の検証には不適当といわざるをえない。もう一つ、かれじしん認めていることであるが、同書の目的はあくまで人間の精神がどのように歴史過程からの影響をうけるかにおかれており、そのためL・フェーブルの主張する「人間の「感受性」の歴史」などは脱落せざるをえなかったのだという。そしてかれの歴史過程説は、集合的な情動の状態が新しい歴史的諸条件をどのようにつくりだすのかという問題の探究としても、心理学者の手には負えない課題であると、自ら告白していた（一五、二二ページ）。

しかしここに、かえって心理学者として不足の余地を自覚的に克服すべき途があることはあきらかであって、人間の情動とそのパッション的表現過程は、「共同体」を与件とした集合の状態としては把捉されえないのである。集合状態の情動説に終始する方法論には、歴史の人格的作用にみる母性的主体性の問題がぬけおちている。なぜなら母性的主体とは、実体の全存在のうちで原初的にもっとも内在的であり、いわゆる「自主」の、他の部分に一切分割できない、自己の中に自立しうる個性としての個体そのもの（「大母」）であるからである。

とりあえず以下の考察はバルブーの「歴史と情動的風土」説のうちにどちらかといえば「否定」的にあつかわれている論点に注目することにある。否定は、当の言説の偏見を表すものだからである。例えば、「歴史」をかれのように非個人の集合心理の表れであるとする前提じたい、客観的精神は絶対的に誤りのないものだという偏見に基づいている。具体的にそれを「世論」とか代議制とか多数決の原理にみてみるなら直ちにあきらかなように、それらの客観的精神は、個人が受容《パトス》による或る判断能力を欠くことを前提にしているか、もしくはそれが高度に合理化されればされるほど個人に対する無視と軽蔑のうえに成り立つ。それらは、真理の標準を主体の自分のなかに持ちえていない。それらが真理に近よることができるのは「民の声は神の声」をみとめるときにすぎない。なぜなら客観的精神はあくまで客体そのものか、客体化するものであって、それ自体、主体から離別したものであるからである。それは情動や意識そのものではなく、情動や意識の対象にすぎない。そして逆に、個人の情動や意識の不十全ということは、それが、それでも「神の声」(vox Dei)であるか否かはおくとして、不十全であればあるほど個人のなかの対自的性格を自己のものとする余地を持ちうることを意味し、この不完全さへの実存的志向においてはじめて「神」の声が個人にきかれうることになる。しかし、客体形象化された客観的精神にこの力能はない。対自性のなかの、純粋なパトス的受容こそが自己を表現する形式、それこそが、内なる「神の声」である。

バルブーの偏見は誤りにもとづくが不純ではない、いわんや歪曲でもない。かれのいう「大部分の社会科学者」は、歴史の過程は「非精神的な要因」に規定される還元主義的な態度にあるとする偏見をもっていることもそのひとつであって、この態度は、ひとまず精神の「受動的な役割を果たしている」ことは正しくみとめている。すなわちバルブーは、還元主義の根幹である「経済的な本質」が諸観念や集合的情動状態において根本的な要因であり、この経済的現相として「受動の役割」にはじまる「外的諸条件［への能動の］反作用」という「フィードバック効果」のあることに、心理学の経済的力動説をふまえて気づいているのである(二〇―二四ページ)。この正しい着眼点にもかかわらず、くりかえすようにかれは「精神」の受動と能動から構成される個人の内在的環境そのものの把捉(「内観主義」)には、向かわなかった。それはひとえに、その「経済」観を自ら文化としての「社会」科学に局限させてしまい、そのため個人の自然情動をも社会集合的に偏向させることになった。

それは、かれが考察の素材を世界史の文明大国においたことにもとめられるが、なおそれとはべつに心理学者としてのかれが、アメリカの心理学に主導される経済的精神力動説にはドイツ心理学の有力な反対があることに配慮してのことかとおもわれるのであり、この問題は管見のかぎり、本書の純粋情動としての「受容」を中心とした人格の全体論的な位置づけの方法論と無縁ではない。マルクス主義哲学は、バルブーの社会的フィードバック効果にあたる、内的な受動と能動の運動論を、より根本的に窮迫状態の受難の民が必然的にもたざるをえない自然と人間の間の矛盾の自己運動において注目するのであり、この視角は、社会科学に基礎的な自然史的人間学を提起する。

異なる方法論のなかにわれわれは、バルブーに対して逆説的に、民に主体的内在の固有の自然情動論を探っておかねばならない。バルブーの「歴史と情動的風土」(第三章)というときの「風土」は、既にある、それも巨大な政治、経済、宗教などの外的な環境であり、このなかでたえず部分的に、つまり政治的にか経済的にか宗教的にかその他の窮迫状態にあるひとまとまりの社会集団が、受難の情動を、集団感情の「転位」「補償」「退行」などの「非合理的過程」にはしらせる社会現象として考察する。この場合、「転位」などはそれぞれ別々の考察のもとにおかれるが、今日の精神医学では「転位」は感情「転移」として、そのうちに行動や態度をふくみ、なにかしら「補償」や「退行」(逆行)の性格をあわせもつものとして総合的にとらえられている。それはともかく、かれによれば感情のこうした非合理性は、無意識で、論理的結びつきを持たないことによっているから、かえって政治、経済、宗教、その他の分野の間に「転位」しあう現象がみられるのだという。あきらかにひとつの、しかも重要な問題はこの「非合理」的過程論にある。端的にいえば感情の「転移」を問題にするとき、経済原論の観点からすれば、移入するものと移入されるものの相互の関係は不可欠であるから、被転移者にとっては転移者との転移の「事」的かかわり方の世界観をこそ、論じるべきであって、そこには細部はともかく「さかい」に生じる合理的過程が予想されなければならない。もちろんバルブーもこのことには気づいていて、遠回しに「経済の分野における窮乏」とか「「非人間的」な経済条件」とか「経済的権威・秩序」「宗教的権威・秩序」など、要するにかれのいう「風土」をもって感情の移入過程としているのである。

しかし、そうした「風土」が個人の情動の間にどのように転移しあうのかについて、バルブーは非合理的な仕方によるのであるとだけ、指摘する。本来、自己の情態を外延的に投射して或る「感知形象」に心の内容を付与することが感情移入であるが、わたくしのいう細部においては、この感能体得の内容はバルブーのいう非合理さにあたる仕方で客体についての体験内容に参加していく。しかし、原理的に「転移」はついにはなにがしかの互酬的関係を構成するのであるから（拙著『創られた市場』第一表「原初的交換と互酬性」を参照）、どこまでも主・客の相補的性格のものであり、それ故に外延の「移入」は内包の被移入、すなわち「受容」を随伴しなければならない。この「移入―被移入」は、だが主体と客体の間にのみ成立するのだろうか。そうではなく、外延の移入は、主体それ自体のうちに内包の被移入＝受容の情態を持っていて、われわれはこの受容の内包力を備給するところに、感知形象の構成化にたいする、外延力の「造成・役立ち」の内在的機能をはたらかせているのである。精神医学における感情転移のメカニズムは自己運動としての内包力と外延力による構成化の理論にもとづいていなければならないというのが、自然情動についての世界表現学のめざすところである。

バルブーのいう「風土」論的な感情の転移説はいちおう互酬関係論を基礎にして了解されるところであるが、そこになおかれが非合理的過程の所在を払拭しえない理由を、転じてわれわれは内在の自然力（ここでは内包力と外延力との構成化の力能）がもつ対自的世界のうちの自己運動の過程論にふりむけなければならない。内在の自己運動の過程は人間の情動の表現活動論における自己媒介、自己矛盾の特質を持っており、この特質を探究しないかぎり、感情の伝達、真のコミュニケーションのもつ一種の非合理性はあきらかにならず、そこになおこの伝達が、けっして合理的に説明なり理解《アンダスタンド》もしくは分析にあたいするようなものではなく、非分析的にゆるく「了解《コンプリヘンド》」とよんでいるような転移の方式をもって十分に成り立つことを、みとめることができる。

核心となる問題枠は、自己運動の自然史的過程にみる純粋情動としての受容―合一過程にある。なにをわれわれは純粋に受容するのであろうか。この問いに応じるためには、われわれはもはやバルブーの「情動的風土」としての文化・文明の「歴史」観にとどまるわけにはいかず、あきらかに「太古的」思考論へと撤収をきめなければならない。このように言うのも、バルブーの言説に、人類の早期段階（「境界期」）における情動のあり方を示唆するところがみうけられるからであるが、さいごに本書に関連するもう一つのかれのドイツロマン主義についての論評にも、注意を要するからである。かれはドイツロマン主義を引き合いにして、人間には過去感情を「膨張」させるあまり、史料の「偽造」をもいとわないほどの、一連の「価値」の「補償」の心理を「歴史」観にこめるものだといっている（八四ページ）。

注意を要するというのは、この「補償」説は、はからずもバルブーじしんの「歴史」観の一端を示している。ここにはいわゆる「歴史主義」と過剰に批判される一面がうかがわれる。果たしてドイツロマン主義の本質は何であったかは別に考察するとし、人間の情動の純粋表現はわれわれのなかでいわば「地層」的に蓄積され、備給されたものであり、その一つに過去感情がくらしのなかに「基底」的にやどり、われわれはそれを伝承としてさまざまに工夫しながら未来に生きる糧とする知恵をもっているのである。すなわち、古来の言い方をひくなら、パトス的受容はとりわけその暗い影をのちのちまで長くひいている。罪は古いほどその影を長くする。仮に過去についての感情が「膨張」するとみえるとき、それはむしろ未来への可能態として了解しうる余地のものとみなければならないであろう。なぜならこのロマン主義的態度こそが、どれほど非合理的過程とみられようともアルケウス的の生過程として矛盾する自己運動であるからである。

原理的にいえばこの生過程の如何において、主体とその客体化の過程が展望される可能性がつかみとられる。人間は、自己の身体を自然の道具活動とする労働において、はじめて自己を意識し、自己の主体としての客体化の過程に入り得る。ここに、主体の客体化の過程はあくまで自然の「受容可能性」としてあたえられる。なぜなら自己の身体の道具活動化は、主体的意識の進みようによっては主体中心の世界（「活動的目的」）のなかで自己の地位の偶然性を知ることになるからである。主体における受容可能性からその地位の偶然性を知ることになるのは、とりわけ現実のおかれた窮迫状態のせいである。民の「歴史」主義のパトスにみる基底的性格は、「追いつめられた」窮迫的な自然状態としての受難の表現過程と、不可分にある。

これまでの歴史学そして地理学的研究によれば、台湾の山の民の最大の社会的属性は、井上らがそろって強調するように、かれらの美徳としての「人情美」とか節操ないし純潔などの概して「高潔」という人格（性格）の態度と固くつながっている。この属性は、①黥面・首狩り・首祀りにみる、了解的な原態の表現運動、②高潔とみなしうる人格・性格、③「母性」の女呪術師に媒介的に主導された、社会組織としては先駆的な形態のコミューン、④自然人として人間的自然から「話しかけられる」パトスの原受動的心性、および⑤低狩猟民の基礎的生計としての採取・加工・狩猟・焼畑という、五点からなるパッションの受難にもとづく原形象をもっている。これらは、山の民の自然的歴史的規定の自然情動の表現活動論として括られるが、バルブーを介した、いわゆる「風土」を「民属」ととらえ直した歴史心性学の探究となる。

みられるように山の民の原形象には、主体についての目的関連的な主観のはたらきが、その主観のあるべき事的行為に対して占める世界内在の位置としてとらえられている。すなわち、この主観のはたらきが、質料的「母性」の価値によってみちびかれることもまたあきらかである。この価値は、人の活動における予見と予定にかかわる摂理ととらえかえしてもよい。この、人の摂理のもとで目的活動はなお「可能態」である。それは、神の概念を、人間に無限に拡大したものであるからである。しかし、他方、神は、人間にたいしてあくまで無頓着である。ここに人間の可能態の深い意味があり、くらしの生過程としての表現労働は、それ故に受容可能性と造成・役立ち可能性とに二分される。「風土」を説くものは、主体としての主観の、自然人の観点にたつなら自然情動の、世界内在の位置づけにまで生きた弁証法的形而上学の領域を保持しなければならない。受難の民における神の存在は経験科学の直接の対象ではなく、かえって経験科学は感覚的事物を対象とする。山の民にみる歴史地理学のような経験科学は、自分自身を道具活動として内在的にとらえ、自分自身を環境活動の主体と位置づけることである。例えば、自然哲学にそうなら、右にあげた原形象のうち④では、「有」として生成する自分自身が、時間的空間的な「方位」という必然の活動体であることがみとめられる。

バルブーの狭隘ではあるがその提起された歴史心理学は、人の摂理の一般形而上学への対置の端緒をなす。それ故、われわれは人の「死—生」「崩壊—生成」にとらえられるような、「有」の生成論において可能態の問題をとらえねばならない。すなわち世界内在の属性として受容は受難の民の心性であり、造成は、労働論的にはより具体的に「役立ち《サービス》」(マルクス)といいかえられ、これらは、たえざる運動と変化の弁証法において内包力と外延力が連関する可能性としての原態表現である。既に首狩りは、とりわけ情誼《アフェクティヴ》および道具《インストルメンタル》を具備した習俗化であると規定された(オルムステッド。中村I、一二ページ)。

この「道具」習俗説を人格の素朴実在性からとらえなおすなら、情動にもとづく道具活動と「環境活動」の連関表現となり、このような自然情動は、厳密にくらしに密着するかぎり「理念」そのものではないが、また単なる「観念」でもない、理念と観念の中間の、対象についての何らかの実在の「質」による、自然に内在する自己活動もしくは関与としての「方位」ととらえられる「気」象身体論的な要求である。情動には興奮状態とみなされるなにがしかの緊張《ストレス》という契機と、ときどきの情動のリズムに規定された、対象化による或る質の受容という第一次的な感能体得があり、これが長い間には情動そのものの「性質」となり、行為の基礎づけとなる観念的方位の「性情」となる。この事態は、心理学的には環界への身体的適応《アジャストメント》の問題枠に収まるであろうが、しかし、そこに受難とよろこびというパッション的自然のリズム(rythm, 律動)の性情を積極的に見いだすことはこれまで注意されてはこなかった、「表現労働」の主題であるだけに、このことはすぐれて素朴な自然人《サヴィジ》のうちにつかみとられる。

タイヤルにおける五点の原形象には、すべて情動のリズムがかかわっていることを発見する。それぞれの原形象については既に一応の実証的理解が得られたとみるなら、いまやこれらは情動のリズム表現活動において表現的「労働」の意味的単位をもつ人格像へと止揚されねばならない。すなわち、「リズム」表現についての帰納的結論は、われわれ自身の「有」的な生成的存在が、内在する表現の道具活動のにない手とみなすことと、それと不可分ではない受容可能性に連関する呪術的思考とによって、説かれるであろう。

身体と、その上位にも下位にも延長体である自生的な「道具」には、人間の表現活動としての可能態があり、原論理的思考のもとではそれは自己媒介の自己運動態である。ビュッヒャーの偉大な見識にもかかわらず、「自然民族」は自然の賜の不平等と道具に乏しいが故に一般に技芸、技能が貧弱である、というかれの主張は、やはり一面的すぎる。われわれはそれをおぎなうために、煩わしい労働過程をリズムにのせることでこなしうるというかれの卓説を継承して、かれが掘り起こした労働過程の中のリズムの習俗説を、種々の原形象的道具のもつ可能態を自然に受け容れうる内在の情動の原態表現から、とらえ返しておくべきであろう。

このことは「人間的自然」の一側面を語ることにひとしい。自然から「話しかけられ」自然に「話しかける」原受動性の世界が、山の民のリズム的自己運動をよく表している。かれらにとって絶対的な自然にむけての受容の態度は、自然にたいする感情転移をいうのではなかった。無機的・有機的な環界は、受難の民にとってその情動とは無頓着な、既成の或る事実である。にもかかわらず民はこの環界を有情化し、それに自己の心情を付与する。それはあくまで自己運動のかぎりになされるのであるから、環界そのものの心情の発見とその受容ではない。われわれは山の民のさまざまな呪術的世界を実証してきたが、いわゆる物神崇拝、祖霊崇拝、積極・消極両義の禁忌《タブー》、女呪術師の忘我的呪法、傳説などは、すべて、自己の情動の発見のためにあり、端的に欠如態としての個人の心―身連関の安定化を企図していた。この点、オクスフォード人類学派のマレットの主張する「プレアニミズム―畏敬」説の再評価がまっている。畏敬は、神秘とは何かを問う情動態度の端緒である。追いつめられる山の民は敏感な有情のにない手であるが、そのことと、単に臆断的に有情化された環界（例えば「数」「火」「雨」「鳥」「樹木・草花」その他）とを混同してはならない。

「話しかけられる」現相とは、感情転移ではなく、受容の情動である。感能の体得的に「感じ取る」表現過程である。マルクスが「自然の貫徹された人間主義」という真意は、この「太古的」な山の民によくうかがえる。かれらは自然の身になってみるのであり、「予期せぬ事物」という時空的へだたりを回避することで生の可能態を保存する。すなわち、自然の考え＝リズムに馴染んでみることによって、自己の自然力とそのリズム過程を発見し、意識体験として蓄積する。そのように自分自身の性情を発見し知覚することなしには、衝動でないかぎり自分自身をどのように表現したらよいか、判然しない。無機的有機的自然が持つであろう、わたしの感能のもとの内容や苦しみ・哀しみ・いたみや不安のパトスを、自分自身のそれに重ね合わせてみる自己の受容の表現過程のなかに、自己の性情の、例えば常・不常、安定・不安定、善・悪などを知り、それによって行動の可否をおもんぱかるのである。自分自身の情態に重ね合わせてみるというこの受容態度は、相手の情態の追体験とか、その類似《アナロギア》や模倣《ミメーシス》を追い求めることではない。この「劇」的態度は、まったく俳優の「ひとり相撲」にも似た表現活動である。

原態とは、相手との類似や模倣を追い求めることではなく、逆に、ひたすら自然の情態を自己のうちに感能体得する態度の「実在」的表現である。この態度表現は価値的に無記《インディファランス》であることは、既に考察したところである。一般に「実在」は「理念・観念」と相反する立場におかれてきたが、この二元説は、管見によればマルクス主義の悪しき伝統にすぎない。自生的な素朴実在は純粋情動と不可分であり、自然をもとにアルケウス的情動のリズムを内包することによって主観と客観を未分離に感得しており、それだけ原論理的ないし「太古的」と形容される。無機的・有機的かつ人間的な自然的実在の境界期に、民は、高度の心的実在を果たしてきた。この実在は形而上学的ではあるが、事実の倫理学にもとづいているかぎり科学的であり、すくなくとも思弁科学の一部となる。重要なことは、民の心的実在は「無我」のごとく受容的感得の無記的位置づけにおいて「抵抗」の感能となる。山の民はその形而上学的世界観を倫理学という弁護人のもとに、反体制的となる。

しかし今日、死せる資本主義によって追いつめられたわれわれには、もはや情態化しえないものとしての過去形の「母性」と、端的には意識されないものとしての未来形の「コミューン」とが、簡単には連関のしようのないものとして受け取られる。くり返しになるが人類史における母性は両性に共有のものであり、過去においては両性によって転換しあえるところの協働のための原形象であった。この母性とコミューンの結合体は、二〇世紀前半までタイヤルのうちには実在のものであった。母性に主導されたコミューンは、清朝と日帝への抵抗しうる個人の感能において、真の実在性をあらわすことができた。タイヤルにみるこの素朴実在性は、母性による「了解」の世界とコミューンによる「可能」の世界との結合の状態であり、それ故、この母性衆議型コミューン（マクガバン）の考察は、資本主義社会に対する反時代的な性格のものとなる。

受容は、それに対応する「造成」「役立ち」という行動を弁証法的に予定する。ここまではマルクス主義経済学の範囲である。しかし、自然人の原論理的思考はさらに前進する。主観と客観の未分離の感能体得において、自然の受容は自己運動のかぎりの現実態と可能態にまたがっている。またがるだけではなく、可能態が独り歩きをする。なぜなら自然人にとって現実そのものが変化する偶然的な様相であるからであり、例えば「雨」は、山の民にとって現実と非現実からなる定在にほかならず、そのために「雨」は、長雨や豪雨となるに比例して或る意味規定をになうものとしてかれらの心情に感得され、それ故に未だ実現されないいわば「半存在者」の可能存在者であり、「刀」で切り刻まれることによって「退散」してはじめて「偶像」であることを証する。すなわち、実現された人間的自然としての現実存在者になる（マクガバン）。いいかえると雨は、人間の「狂乱」状態のもとに受容されて「雨」の可能存在となるのであって、それ故、退散することなく「偶像」として脅威の源でありつづけることもあるのである。かれらには、可能概念と現実概念は民属の「風土」として内的に連関している。

「狂乱」とみなされるようなこうした自他に「催眠」の呪法の演出状態が、受容情態の可能世界をして心身連関における「健康」を維持せしめる。ここに「心の経済主義」が主張される根拠がある。すなわち、この外的と内的との相互作用や適応、調整の経済的はたらきによる、感得そのものから構成される風土「環境」説は、歴史学的には経済的、心理的かつ社会的な、より大きな人間学に体系的に連関している。経済は、その原初性において「内的世界」そのもののリズム的「環境」構成の一原理を呈示することを意味している。すなわち、内的世界の表現は、自然の力動過程における外と内の二重の連関の自然状態を意味し（C・ダーウィン『種の起源』にいわゆる「自然の経済」説を参照）、このかかわり合いというリズム的の内的関係論において「経済」説の検証がまっている。ここには「心の経済―リズム―健康」の定式化のもとに、こうした理念のあそぶ力が伏在していることを指摘しておこう。

タイヤルが、二〇世紀前半に至るまで採取・狩猟・焼畑民としての呪術的くらしを定常化しえたことは、人間における環境と遺伝の相互作用のパラダイムとは何であるかという問題意識を、少なくとも人間の認知活動における、いたみと快感、変化と安定、自立（「寄生」）と依存、異化と同化、斥力と引力、興奮と抑制、進化と退化（「退行」）などの諸動態にかかわる、脳生理学ないし発達心理学に結びつけて、くらしの実在的世界の構成においてとらえうることであろう。マレットは、「自然人の内面性《サヴィジモラリティ》に立ち向かうカギはかれらのくらしの状況すべてに精通することである」と強調した（中村V、二七ページ）。これは人類学の基礎的な心得を言ったものであるが、「心性史」（「歴史心理学」）の分析と総合の場合にもとくに「くらしの状況」といわれる自然情動・自然宗教論において、実在と観念とにまたがる「歴史的風土」説に不可欠の感得態度にも妥当する。

三　パトス的母性の民属

「民」の歴史的存在ははじめから迫害され、「追いつめられた」意識体験とその多様なくらしの感能表現にかかわっている。既に有馬皇子に考察したように、天皇制の内部構造がこのことを証している。民に一般的なこの表現は、記憶のうちに貯蔵され伝承された、この意識の統一のうちにのみある「暗くて—遠い」可能態にほかならない。ここにいう統一は、この身体的有機体がそのものとしてゆるされる心的実在的の遠い世界連関に、包摂されることである。それ故にこのとき、追いつめられたとされる感能が、世界連関のうちに包摂される程度が弱ければよわいほど、つまり非実在的であればあるほど、「近く」にある心は一種の麻痺的な「催眠」状態におちいる。逆に、世界連関に包摂される度合いが強ければつよいほど、実在にうらづけられた激烈な興奮の「爆発」状態がまっている。追いつめられた意識体験のもとの現実態としての感能表現は、このどちらかの世界連関において不断に可能態としてあるのである。さらに、世界連関そのものにはその感得において、十分に緊密であるか否かの問題が別にある。感得が実在的に緊密であることはかれの世界観にとって心的健康の第一の指標である。さらに、抑圧、不安、恐怖などの不快に対抗して、つまり不快を不快として最少に受容したうえで快なるものを最も高く把握し、無記の内的に力を得ている経済状態——その社会史の事例に「異人歓待《ガストフロイントシャフト》」がある——は、心的健康にとって第二の指標である。

　民の「追いつめられ症候群」ととらえられるこうした心的情態の問題は、管見のかぎり女性の経済学・人類学・社会学者をして、発生論的に「遠—近」の「関心《インタレスト》」にかかわらせるか（E・ホイト）、「気質」(temperament)概念のうちに（M・ミード）探究されてきた。例えば気質は、ある個人にとって心的に特徴づけられた——胆汁質、多血質、粘液質とよばれる——性格上のくらしの仕方である。民が過去の「追いつめられた」意識体験に、自他ともに現実の行動が規定されていることを特質としてとらえるならば、かれらは粘液質の傾向にあり、結果的に慣習に緊縛されたものといえる。しかし逆に、この意識体験のもとでは「自然に・話しかけられる」感得の情態において敏感で、多情多感、興奮しやすい点では胆汁質の傾向にある。これらは性格学《キャラクテロロギー》からいえば、気質の適度の混合状態こそ「健康」を意味するという視角につながり、さまざまなくらしの表現の工夫をこの観点からとらえなおすことに意味がある。

山の民は外からの抑圧が苛酷であったため、「伝承」されてきた――恐怖・不安・ストレスなどの――パトス的追いつめられ症候群への対処として、自己の心情発見につとめるべく興奮状態の平衡のための工夫を、母性権能による「占・卜」の呪術にもとづく「祈り」の表現労働として実践してきた。ここに興味をかきたてられるのは「民」の祈りの表現労働説は、迫害＝受難の条件下に、外的環境に対して受容の感能体得によってどこまで内的環境をつくりだし、いかに適応しうるかという自己運動によって、どのような固有の人格の世界をふまえているかという問題である。タイヤルでは、恐怖などによる「追いつめられ」感をふせぐためには男女ともに一種の驚愕的な擬態、つまり文身（鯨）のような、女呪術師による身体毀工などの「退行」表現が演出された。鯨面というこの演出は、生の現実化のための無機的有機的な自然を感得するときの、融即的な、動物的「偽装」の態度の利用である。これは母性論のうちの重要な問題枠となる。

自然力の内的必然のゆえに生じるこうした自発運動（spontaneous movement）は、あくまで生の全体性にかかわって、発達心理学的な立場からみて境界期における人格生成の問題につながる。山の民は、自然を受容する性情について、歴史的構成力を駆使してまでも自発運動の表現様式を工夫せざるをえなかった。この工夫は、日常的な表現労働のうちに人格をつくるが、はじめ、所与としての実在の現相と取り組むことから出発した。この取り組みは、無機的有機的な自然の「事」象を自己のうちに感じ取ることからはじまるが、こうした自己性情の発見からは自分自身の自然的実在性においてときには認識を超越するはたらきを生むことがある。

次にこれらは自然情動論の細目において、①人はその受容の感能体得によって自然の事象に把捉され、その内包化の経験、受苦、受難などに襲われる（その具体例の分析は中村Ⅱ）。かれにとって情勢の予期せぬ実在性は拒否し難いが、それによって直ちに抵抗意識にうつるわけではなく、むしろ対自的な死—生などのパトス的世界を構築する。この経験値の一定の領域は「興奮—自制」の閾値である。②このとき歴史的な伝承、習得は予見、期待、覚悟などの展望的なはたらきを生みだし、この転換は同時にたえず襲われの先取り情態にうつる。ここに、自然の受容の内包過程から造成・役立ちの外延過程への転移が可能となる。「予兆」はこの先取り転移において、近寄りつつあるものに対する最も強い実在意識となるところの覚悟に直接に対応するから、伝承、習得は一種のパッシォン（ここでは受難からよろこびへ）へと定着する。③襲われの経験値は、伝承、習得をとおして個人の欲求、行為、情操による未来への能動の先回りを自発的に生みだし、とくに情動の高い価値にあたる情操は、諸個人を現実のもとに結合せしめる。自制のような情操は相互の情動の興奮状態に調和的な均斉をもたらすのであって、それ自体すぐれて自然的実在の所与である。

　重要なのはこの自然との交通・交渉に規定された、人間関係のネットワークが、或る価値に収れんするような実在的な生過程に結実することであって、この結実のためには一定のリズムをともなった心身連関の活動が不可欠である。われわれはこの生過程に不可欠な情動交換を、とくに興奮状態に適合した表現労働とみなすのである。こうした自己の実在的所与の心情発見につながる日常的な表現労働としてのくらしには、情動内界の内包と外延の辯証法的な平衡の恒常性《ホメオスターシス》が表現されており、それらは「健康」と「心身の平衡のための工夫」という民の在り来たりの情調（Stimmung, 情緒、気分）のパトスにかかわっている。それは「黥面・首狩り」のごとき身体毀工という原態労働の表現についての考察にもつうじる。

　原態に還るとき、人はなぜ自己の肉体を毀工するのであろうか。それは、受難の民としての、「死—生」感情のさいごの表現活動としての自己表現である。人は、「死」のパトスにおいて、さいごの自己に存在する因果関連のなかに織り込まれるが、ここでもくらしの目的関連は形而上学的な予見と予定につらぬかれ、そのぶん目的から解放されたあそびの余地がある。そのため、盲目的な因果的規定を自己の目的のほうにみちびいて自己に連続する心—身連関的な、たとえば抗議ないし抵抗の活動の用に供しようとするのである。この幾重にも矛盾の情態はくらしの原態である。「自死」のパトスもまた、受難とよろこびのパッションとの間にかくれた連関をたもっている。自死および身体毀工という原態労働をつうじて、人は自己の自然的実在を強要され、かつあかしする。ここに生物史をひきずる人間の個体から個性への境界期の特質がうかがわれる。

心身連関の「健康」状態とは、生物学的原則による自然のうちの個性と個体の同一化《ホメオ》を作用的に志向する「労働」の状態《スターシス》である。生と死にまたがる労働過程に注目するなら、この過程の「安定した恒常性」(homeostasis)のうちにこそ、自我的主体性による調和《バランス》と差異《ディファランス》をもつ統一体の興奮状態を平衡にさせるリビドー経済の動態の諸様相が浮彫りにされなければならない。マクガバンは、垂直高低差がじつに二千メートルに達する花崗岩の大絶壁のうえに、閉ざされたくらしをたてる白色系美貌のタロコ人(the Taruko)を詳細に観察し、この断崖にまで追いつめられたかれらこそ「本島の最古の住民」であると位置づけたが(中村V、一〇二ページ他)、この視角は、長期にわたる心身の健康の持続体である「民属」カテゴリーの問題を提起している。

死—生にわたる心身の平衡のための工夫＝労働は、それがさいごまでリビドー経済についての閉ざされた「力能の発揮の自然状態」であることをみせている。この状態がなぜ「生きられる」表現とならねばならないかについては心理学諸説の歴史をひもとかねばならない。簡潔にいえば事物(Ding)の物理化学的印象の受容

（一般には視・聴・嗅・味・触の五大感覚・感能）がその時・空間的な内的延長のうちに変移して外延的に「主観」化され、次に、この主観的感能がいかにしてかふたたび外部へと「客観」的に変移しうるかという内と外の環境のかかわりの問題とされてきた。この内包から外延、主観から客観への「生」過程には、内在する「主観化」の内的環境成立のための原生的「労働」の問題が伏在していたのである。

　具体例を示そう。「われらは他人のための労働には服役せず」（中村Ⅲ）というタイヤルの労働観には、わたしの労働とはあくまでわたしのものであって、心身の平衡をつうじて自己を知るためのものであり、つねに個人の「意」（Sinn, 心）が込められているという論理がみえる。マルクス主義の労働観を深めるためには、一つは、「労働」は事物に帰属するものではなく、現象と過程に属し、それ故にそこに「意味」単位の世界表現としてパトス的「心・意」を避けえず、心意がうばわれてしまえばこの労働は既に死の禍中にしかないことを示している。人間的「労働」は、そのにない手のパトス的実在の知覚に基礎づけられた「表現《パッシオン》」なのである。感知の性情とその自己形象に「心情」が結びついたものが、すなわち心身連関の表現労働となる。こうしてくらしの実在的自覚に感能を研ぎすまさなければ生きた労働にならず、したがって、くらしの労働はもともと繊細な自己感情を抱いており、そこに自分自身を確認するのである。主観と客観の未分離、未分化といわれる「人間の自然状態」は、このかぎりで一定の妥当性をもつ。

　J・モローは、人間の自然状態は「安全でない状態」であり、そこでは「掟は欲望［リビドー］に対立しない」のであって「各人の能力に相当する権利以外の権利は存在しない」という、自生的で原態の、パトス―パッションの個性説の所在をあきらかにしている（『スピノザ哲学』竹内良知訳、白水社、一九七三年、二八ページ）。

欲望の情動が各人の能力とかかわりをもつ原初の形質＝原質性（Stofflichkeit）こそ、労働という心身連関活動の本質であり、この能力的権利（労働的権利）の原初形態として、境界期の「母性―権能」が措定される。

周知の「手」の道具的表現説とともに、人間の「歯」型についても奥歯はかみ砕くという草食型を、前歯は食いちぎるという肉食型を、あわせて人間は採取・狩猟段階に基礎をもつ食物摂取の雑食型であることをよく表しているといわれる。歯科医学の高橋敬人と高橋牧子はこうした機能説と同時に、いわゆる「歯ぎしり」のような、無意識の非随意的状態の情動の表現説に注目し、それが内と外のストレス適応にみる環境への自分自身の道具活動とみなされうることを示唆する（二〇一五年八月、東京都北区における聴取り）。食物摂取という表現労働にみる歯は、食餌環境をととのえるばかりではなく、新に歯ぎしりのようなパトスの内的対応の外延の反射を生みだし、それによってストレスと調和し、内的環境を高度に外むけに造成し役立たせうるという表現活動をも果たしている。論理的にここから、事例としてあげた食物摂取の道具としての歯型が一人ひとりの歯形（歯の形象）の原質性においてパトス的受容をひきうけ、顔の相貌、ひいては秘めたるパッションをもととのえ、いかにその身体過程が心的過程を規定するかという、人格的表現労働の本質の問題へと展開する。

歯形のパトス的受容にかかわって、パッション的表現の相貌上、三つの分類を試みよう。先ず真の行為表現として「歯ぎしりのくやしさ」「歯をみせて笑う」「歯に衣きせぬ」、次に行為のおよびえない欠如の情況として「歯牙にもかけない」「親知らず」「強くて歯が立たない」、最後に形態的属性として「奥歯を締めての覚悟」「奥歯にものが挟まったような物言い」「知恵の歯」「明眸皓歯」「歯が浮くような不快」「歯の根があわぬ」などがある。最後の形態的属性は、歯形表現説としての一種の魔神的属性といってもよい。このように歯形の諸原質性は、事柄の本義のほかにむしろ転義としてわれわれのくらしのなかに多く用いられる。このような転義現象は、歯のような受容的情動のための素材自体が、むしろみなれたものであればあるほど表現相貌（様相）の多様な変移をとおして、現象の或る性格特徴を、現相的膨らみをもってあらわすことを訴えているといえる。みなれた素材のみなれぬ表現相貌こそ、パトスの原質的性格にふさわしいものはない。高橋敬人・高橋牧子の示唆から得られた歯型と歯形の相関性原理は、人類史における心的特性の基礎表現学にかかわっている。学史的にいえば、嬉笑（音笑）のさい歯をみせたり、犬歯による攻撃的な激怒などはダーウィンによって豊富な進化論的実例として集成されている（『人及び動物の表情《エモーション》について』浜中浜太郎訳、岩波文庫、原著は一八七二年刊）。

　こうした原質性の直接知覚される能動・受動の変移は、素材表現による労働の原態的本質につながっており、それらの現象は、先史・古代においては「神々」の現相そのものであった。これを先に「魔神」的と形容したのは、われわれが問題にしている原態労働は、強要された所与の自然的実在において時空間的に、たとえば全自然が人を襲うことにみるように道具表現の膨らみを持つからである。労働の本質論は、理性のはたらきが意図的に統一されることによる概念としての理念的存在の秩序論には、馴染まない。逆にみなれた素材のみなれぬ相貌のなかに或る理念的存在がこめられて、そこに非意図的な心身連関の表現活動が、実在に拘束されて浮上する、あそぶ力としての理念の場合がある。「砂にかかれた三角形」は、切なくもこみ上げてくる三角恋情の表現例であるが、自然人ではこうした理念（三角形や円）はかえって自然的実在のもとに、意図的な表現活動への発達としてみられる。例えば草の束や二本の木を交叉させて、結び合わせるだけで、時空間的な再会、交換、契約、所有の意志が表現される（前掲『沈黙交易』）。それ故、この現代人の一例が単に文学的表現にすぎないとはいえないのであって、それは、くらしの中のパトス的人格的な原態労働の発展的形象なのである。

こうした現象からわれわれは、道具・素材にかかわる受容の情動的集中性は自律性（autonomy）を獲得する、という原理を取りだすことができる。諸歯形にみられるような、環境対応にみる受容と造成・役立ちという——神経系の運動過程にはじまる辯証法的な内的環境の——驚くべき表現構成論的の示唆は、長い形質人類史における変移の軌跡がいかに人間の情動や性情＝気質の変化の軌跡とふかくかかわりあってきたかという大きな問題につながっている。マクガバンの観察でも、「歯」は恐怖の表現とも「笑い」の表現ともなるという、人間古来の原態的パトスの自然的実在性（原質性）を意味している。フロイトの幼児の口唇期表現説においては「歯」のはたらきが、母親の乳首への愛咬表現となるということもかんがえられる。というのもこの原態活動は、永井邦明が、前節に考察したバルブー著『歴史心理学』の「訳注」のなかで「退行的リビドー」の一例にひいた口腔性交説にも連関するからである（前掲、一一一ページ）。「歯」形の愛咬表現は、藤蔓や紐状のものを咬んでつかみとる行為と原質において連関したものとみなすなら、それは、単純に退行現象であるというよりは、人間の自然情動説において蓄積された原態の労働的道具表現の一つなのである。

人類学のミード女史もまた体型と気質の連関説から、人間の歯の原質性は、骨盤の形、ある病気に対する抵抗性、傷を癒す能力などとともに、人間の特別な遺伝的能力を用いているのではなくむしろ学習された能力を用いることによる、「自律」につうじる細心な心遣いによるものであることを強調している（『男性と女性』田中寿美子、加藤秀俊訳、東京創元新社、一九六一年、二七五ページ）。単に唯物的な身体器官の機能とみなされがちな歯型および歯形による、食物咀嚼、歯ぎしりなどの諸情動表現などにおいても、高橋敬人や高橋牧子、ミードのいうように、人間の心的存在が自律的に実践に対して微妙に反映されているとするなら、それは、まさしく内的な環境形成の活動と軌を一にし、人間の素朴な自然的実在の形而上学的一表象であるとみなされうるであろう。

問題の一端は、ヴェ・ペ・アレクセエフの論文「人類社会の起源・形成論の人類学的見方」の中で、既に「精神圏」と「道具活動」という「表現」概念の導入によっても提示されてきた（ブロムレイ他編『マルクス主義と人類社会の起源』中島寿雄訳、大月書店、一九七四、所収）。アレクセエフによればその「精神圏学説」は、E・ル＝ロワならびにP・ティヤール・ド・シャルダンに由来するとする内的環境が宇宙的な世界観へとつながる、自然界における人類の位置の評価にたいする真に弁証法的な態度をいうのである。この見地によれば、人間にとって前在する外部の道具や環境は、内的環境生成のための、それ自体が、わたしの心身連関の表現活動としてつかみとられる。つまりわたしにとって道具も環境も、個人のくらしの内在的表現労働に普遍的に等置される。道具や環境は「両手」や「歯型」にみるようにそれ自体、身体器官と心情の統一的表象として反立的措定でなければならない。このことは、ピアノ演奏がパトスとして見えないものを見えるように演出することに表現されている。

人間の心情《パトス》は、全自然と合一した存在であることはつとにスピノザが主張しているが、そのスピノザでさえ当時のユダヤ教ないしキリスト教の精神と個人の心の有り様との、相互の抗争ぶりについては無神論者と非難されるほどに自ら身をもって示している。ちなみにマルクスはこの点においてスピノザを評価していた。これを要するに「精神」は単に現象と解されてはならないのであって、現象とは本来、或る内刻された事柄がその変移過程において、つまり個人の生過程において心身連関のうちにみえることであった。それ故、アレクセエフの現象学的「精神圏」学説は、本来の心身連関による道具活動・道具表現説を活かしきっていない。

きわめて特殊ではあるが労働＝技能の多面的な道具・環境表現説は、多くの事例において山の民タイヤルから実証された。マクガバンは自らの験証にもとづいて、土製の「壺」が、くらしの道具として人間進化の唯物的標準たりえることを認めた上で、台湾先住民のうち、今日それがアミ人とヤミ人にのみ残存していることは、土壺をみない他の先住民諸部族が人格的により劣等であったことを必ずしも証するものではなく、むしろかつては、全部族ですぐれた「土壺」づくりがみられた可能性が否定できないと指摘した（中村Ⅴ、一五九ページ以下）。というのも「壺」作りは、いずれの先住民諸部族にとっても「神」の伝承によるものとされる、受容型の情動表現であったからである。この指摘は、先住民が今日までたんに他民族との間の生存競争の結果として滅んだものか、それとも山地に追いつめられながらも採取・加工・狩猟・焼畑民としていくらかの持続的な創造のあり方を示すものかという点で興味深い。かれらは、われわれのように通説寄りにたんに「壺」に意をもちいるのではなく、「かご」としての壺の道具表現という、心身連関の技能＝労働にいちぢるしく長けていたからである。

かれらは「調理用に、土壺に代わるものとして内と外を粘土で上塗りした竹かごを使用」していた（同、一六〇ページ）。マクガバンのこの「土壺に代わるものとして」という形容は、おそらく彼女の主観にすぎる。なぜなら仮に「土壺」への民属的経験がないところでは、みなれた素材によるみなれぬ相貌の表現活動にこそ自然的実在としての生過程をみなければならないからである。この事実からうかがえるように竹の「編みかご」は、古タイヤルのみならずひろく人間にとって、戦果を公表した「首かご」の世界史の古俗にみるように、普遍的な竹類相の地理的分布にそって報復と服従の心性表現として道具・環境をとらえていたからであった。ヨーロッパ古代・中世史においては戦果として「首かご」が、パッション的現相としてかつて常用されたのではなかったか。人類史を「土壺」のみに唯物的にこだわる進化史だけを教条的にまもるという旧弊は、こうした「竹壺」のごとく、人間における自然的実在的情動の表現労働発達史として、さまざまな造形力(Gestaltenskraft)の視点を探究することによって改善されなければならない。

「竹壺」は、経竹と緯竹を交叉して編むという表現行為において、タイヤルの女性の情動表現世界というべき「麻」の布織りにみる道具活動と一致している。竹壺は、麻織りとおなじく、内在の感得表現の膨らみのひとつの成果である。ものを煮込み、ものを運搬し、ものを保管することが「壺」様の三大作用とみなしうるなら、経《たて》の麻糸・細竹と緯《よこ》の麻糸・細竹による交織、編みあわせは、その客体化された像をとおして客体化では尽きない部分への内実的照応の自己運動を表現しており、したがって竹壺にはどこまでも「主体」の自存が備給されている。それ故、「煮炊きする壺」「運搬する壺」「保管する壺」という運動の内実に注目するものは、この内実のゆえにその表現を際限なく変移させることができるとかんがえられる。マクガバンの験証では、タイヤルはこの場合、その「土壺」製作の技巧によっては――轆轤《ろくろ》を知らず、とぐろ巻きやひねりも知らなかったために――ことごとく不成功であったのであり、煮炊きに耐えることも水を汲みあげて運搬することも、不可能であり、土壺によっては、自己自身に対してくらしの主体たりえなかった。

容器としての「壺」の内的作用はくらしの現実表現にむかってかぎりなく変移し、さまざまな実際的相貌を結果する。「編み竹」は、或る認識されうるものとしての客体の静止像にたいしては、主体として秘められた内実的照応の立ち位置にある。このことは、われわれが手作り本位の「竹屋」ののれんをくぐるだけで判然とする。そこには、篠竹で編み上げた「こまい」といわれる編み竹に、両側から「荒木田」粘土を塗り固めることで荒壁ができあがり、家屋の壁がつくられ、これにさらに消石灰や草・藁の類をまぜあわせれば上質の「漆喰壁」ができあがり、美的にして耐熱、防火、堅固などの性格をもった人間の環境表現が生みだされる。タイヤルの「竹壺」は、われわれが持っている貴重な荒壁、漆喰壁の家屋表現とじつは同一の、くらしのなかの対自的の表現主義といってもよかった。ここには唯物的情動によるくらしの環境づくりという視角において、マルクスの生きた人間の実現・説が敷衍されている。こうしてくらしの道具・環境表現は人格生成論に直接するとみることができる。くらしにおける実践の、実質のあり方こそ自然情動の論理の内在性をとおして「ペルソナ」(人格)とその表現にむかう。

「退行」的な現相とみえる黥面・首狩り・首祀り習俗は、社会の生産関係のうえでは自律の自己審廷(後述のthe Bridge of Judgementの説)をはたらかせ、個人的には、不安定なパトスへの調和のリビドー経済の機能をつかさどり、可知論の視角からは予兆にかかわる生の現実化の可能態の「了解」世界ととらえられ、首狩りに連続する首祀りは、祖先や同胞を介しながら、死が、性の生成論的開放へと連関するとみなされるなど、このような現相は、自然的歴史的条件下に本有的な原民主主義的コミューンの「健康」問題にかかわっていた。

「コミューン」の民主主義論は、たんなる政治史論というようなものではなく、パトスのパッション表現の形而上学的世界内在を骨格にしている。マルクスがパリコミューン(一八七一)を報告した「フランスにおける内乱」において、このコミューンの真実の秘密は、労働の解放にみる、創造性という膨らみを具備した階級による政治形態の発見であると総括した真意がここにある（全集一七）。「「自然人」のくらしの民主主義という問題枠は、山の民の実証について多くの先哲が指摘するように、その対自的性格に焦点をしぼって考察せざるをえないのである。井上伊之助が「了解」的態度によってタイヤルの社会を「無階級無貧者」による「コンミュニオン」であることを発見し（中村Ⅱ、一四一、一五一、一五九ページ）、マクガバンがおなじく「厳律一夫一婦主義」のコミューン的システムと規定したように（中村Ⅴ、一〇七ページ）、コミューンの内実は、個人的倫理の対自的性格の視角から探究される。ただしこの規定は台湾先住民のすべてに通用するものではない。これまでの報告書には、部族や「社」(band) ごとに、それぞれ多様でまったく相反する習俗をもつ事例さえ指摘されている（例えば、鈴木作太郎『台湾の蕃族研究』台湾史籍刊行会、一九三二、および岡田、前掲書）。台湾高地先住民のすべてのバンドが、母権制（パイワン人、アミ人に典型）もしくはその原型（タイヤル人）と父権制とに二大別されるなら、そこから全部族を対象とした比較社会論的のコミューンの検討も将来、可能となるであろう。

予めこれを概括すれば、個人的倫理対集団的倫理、母権制対父権制、一夫一婦制対女性共有制 (hetairism) もしくは蓄妾・売春制、採取・非農耕民対農耕民、半定住（放浪）型対定住型、そして共同・個人的所有制対私的所有制などの、多様な混合態が展望される。古タイヤルについていえば、通説の権力支配型の「母権制」へと発展する以前の、「人格主義的態度」の維持という個人的倫理的な段階にとどまり、それは衆議型の「母性権能制」と位置づけることができる。これについて経済学は、労働力の小商品生産段階における「民族」は、既に労働力自体の価値規定にしたがって「或る歴史的な精神的な要素をふくんでいる」と規定する（マルクス『資本論』）第一巻（全集二三a、二二四ページ））。

既述のように、古タイヤルにとって「火」を囲む呪術の集合的なくらしは、採取・加工・狩猟・焼畑民における心情の多様な表現主義を自己立法、自己審廷として道徳的に表していた。つまり「群」と「小家族」にまたがるさまざまな道具表現と環境表現といわれるような、日常的な半定住の放浪生活《ロウム》は、「火」をかこむ「母性・母族」とそれによる「占・卜」の「呪術的行為」を現出し、それによる道徳的なくらしを維持してきた。というのもタイヤルでは、「新しい火」が、女呪術師によって「聖なる火」としておこされたところに、あるいはまた「火」とともにある心の活性化によって先祖の「霊魂」が、食料の入った竹壺を吊した木に降り立つみちを、灯火として案内するものという、自然的実在の心情世界の成り立ちをみていたのである（中村V、一二九―一三一ページ）。かれらなりに、霊魂のいたみを真の道徳的価値へとすえおいたものへの追求にのみ、幸福の世界観があったといわねばならない。

かれらの「霊魂」観はほかならぬ個人のパトスであり、その「善」なる霊魂は高い山（大覇尖山）に定住し、くらしの哀しみ、不安、死のパトスによって「悪」にもはしる実践の、「高みにのぼる」道徳的なあり方を表現していた。「火」によせる細心の関心、織物の巧みさ、首狩りの功績、竹壺などの編みカゴ細工、麻編み袋（タウカン）、長大な吊り橋（ゾロアスター教の the Bridge of Judgement 説におなじ）施工などは、とくに首狩りのさいの「首」は「自分自身の信頼」の表現であったように（同、一六六ページ）、それらのいずれもが道徳的に「オットフ神」の指示である「善」にむかうパトス的表現であり、そうした実践を積み上げるものが「善の霊魂」である先祖の住まう高い山に還帰することができると観念された幸福感が、注目される。

タイヤルのこの霊魂観は、M・ダッラーがその著『ゾロアスター教の歴史』のなかで善の神アフラ・マズダー（Ahura Mazda）のもとに、拝火と、善者の魂は「チンワトの吊り橋」をわたることで高みにのぼり、悪者の魂は吊り橋から地獄へと墜落するとされるゾロアスター教の霊魂観と一致することは、興味のあることである。古代ゾロアスター教徒は、天界の人となる死者は自然と「高み」へとのぼりつめる方法を考えはじめるのであって、虹や天の川《ミルキーウェイ》は自然がそのことを表現したものだというとし、終末論的《エスチャトロジー》にエジプト人は、死者の魂は、巨大なハシゴをつかってとどくような高遠な場所に住むものと信じているとした。さらにツァラトゥストラ（Zarathustra, ゾロアスター）の比喩的なことばによると、「チンワト」（chinvat）とよばれる吊り橋（「審判の橋」）は、文学的にも魂の善・悪の両極の行為を分かつ、深淵にかかわる表現だというのである（M.N.Dhalla, History of Zoroastrianism, Oxford U. P.,1938, p.103f.）。

「高みにのぼる」「積み上げる」という表現労働は、タイヤルのくらしのなかの「創意の才」（ingenuity）に結びついているところに（中村V、一五八ページ）、パトスとしての霊魂観の実践的性格がうかがい知られる。かの虹や天の川に、その心に世界があふれているものには実践の実質的で道徳的なあり方が、パトスとして受容されうるのである。高みにのぼる、積み上げるという原態は、高低レベルの正価値についての生成論を表している。虹や天の川がかくて世界現象のパトスについて、その形而下学の原質性をさしていることは間違いない。虹もとに「市」が立つという思考法がみえるとする市場史においても、そこにたどりつくことの、遠出の隊商交易などにみる、長旅に耐えるという道徳的表現労働においてなにがしかの「創意の才」にありつけるとする心的実在の表現法がみえる。それ故に天界に弧を描いてまたがる虹や天の川は、虹や天の川と称される物にではなく、そこにひそむ性質のなにかを開示するものとして受容され、さまざまな死—生の道徳的世界観をこそ表現する。
人類の境界期の「母性型」自然情動を考察するさいには三つの論理構造がもとめられる。一つは、パッションに対置されるパトスの「内的環境」をめぐる、受難の民の自然力にみる受動的なくらしの原理論である。このパトスの純粋情動が女呪術師による「火」にみるような人間的自然の管理によって、基本的に表現労働を成り立たせているのであって、母性による「快・苦」の肉体内観による自然宗教において群《ホルド》のくらしそのものが維持されていた。一つは、この自然宗教は、火の管理にみるように理性の形而上学的範疇にかぎられるということであり、先に述べたようにこの呪術は個人の「願得」的目的の祈りを中心とし、信仰における「忘我」の祈りは演出的で二次的であった。後者は神そのものの一般形而上学の超自然宗教の類に属し、その意味で前者はかえってくらしに根差した理性のかぎりの「特殊形而上学」に属すのである。

もう一つ、従来女性学の中でも「母性」論は、政治権力としての「母権―父権」論のかげにかくれてほとんど考察されることがなかった分野である。「母権」が「国家」と「家族」という階級社会の、したがって「父権制」という精神のまさに産みの母であったとされてきたのに対して、「母性」は、私的所有の階級社会成立の以前から、すなわち低狩猟民の「採取・捕獲」活動につちかわれた対自的な死―生のパトス生成からはじめて、両性によるコミューン的システムの最初の主役になりえた。

先のアレクセエフの現象学的「精神圏」学説がここで一段、深化される。それは、個体としての精神圏・文化圏の形成は個性としての感能・心情圏の形成を随伴しているとみなせるからである。古タイヤルでは、唯物的情動にみる「火」の管理法と、それが母性機能によって主導される天産物の獲得経済の周期性とによって、自然力の最初の内と外のリズム統一的な環境生成を果してきたとみられる。東アジア・モンスーン圏の高地傾斜面における、天水と掘棒（手鍬）によって森林の開墾と火入れ、ミレット類（主に粟）と根菜類（主に里芋）の採取、三年を限度とする山面地力のもとの中耕と除草、その後の長期休閑と再森林化（reforesting）、およびその間の家族労働力の再生産（reproduction）という環境生成が果たされる両性協働のリズム過程こそ、母性に適当なパトスの質料的世界観をつちかうものであった。

このような地理的経済的な情動受容型のくらしは、「森」の中の採取・捕獲行為にとどまるかぎり、つまり山地に追いつめられて、平地での灌漑手段による連年定常系の農耕段階についに移行しうるみちをあたえられないかぎり、半定住の小家族的の保存段階におさえこまれ、そこに、精神と心情が拮抗しあう小世界が持続してきたともみなされる。女呪術師による占・卜は両性のうちにつちかわれた母性権能に支持されたが、個人的心身への「媒介―治療」法はこのような反立世界のうちにこそ効果的であったのであり、彼女の陶酔状態の呪文と詠唱と踊りの行為（しばしば祈りと断食をともなう）が、とくに性的な意味表現をもちあわせたことも感能・心情圏の健康的な維持にとって不可避のことであった。このとき母性は、採取・狩猟段階のパトス的実践において、最初の道徳の支えとなることができた。それは母性の性情が、内的環境と外的環境にまたがって受容と造成・役立ちの両極性におよぶことができるからである。

このときタイヤルやブヌンでは、女呪術師の呪術が、外と上からの精神の押し付けでなかったことはあきらかである。女呪術師は、病人や死人の気息・性情がその身体を離脱するまで、彼女の身体を張って守護したのであり、彼女は、絶やすことのない心情の灯火をもって――つまり客観的にも死体をミイラ化するか乾燥保存するまで――死者のみちゆきに添い遂げるのである。パトス的「死」の司祭が、このような個人的性情のみちびきに専心することこそは先史・古代をとおしていかなる権力の精神によっても阻止されることのない、秘奥心情として、民のなかに生きつづけてきたのである。なお屍が、白布できっちりとくるまれて戸外の石壇のうえに安置される習俗は、風葬もしくは鳥葬の系譜をひくものであるとしても、タイヤル、ブヌンのほか、西部大平原のアメリカ・インディアンや古代スコットランドにもみられ、その場合、白布が、のこされた寡婦なり母族の死に直面した性的リビドーのパトスを実践表現するものであった。この固く巻きあげた白布の習俗は、中国古来の両性の足を小さく固める性的慰楽の表現的民属に類している。

　心身医学にいう「心身力動」説は、境界期の採取・狩猟・焼畑民におけるくらしの内的環境の生成過程に由来する。採取・狩猟・焼畑段階の唯物的経済説は従来、人間の「心的存在」を射程にいれて分析することにまではおよばなかった（この点は、タオ『言語と意識の起原』岩波書店、を参照）。世界の古代史は遊牧・牧畜とならぶ農業段階の都市国家と家族を頂点とする「父権制」による覇権主義によって「正史」を生んできたのであり、それ以前の母性権能による原民主主義（中村Ⅳ）は、非合理性にみちた「野史」（稗史）のなかにその痕跡を探らねばならない状態である。

　母性主導のこの事態は、女子の懐胎という行為レベルにおいては主体が対象を質料的に規定すると同時に、世界についての認識レベルでは、逆に対象が徐々に主体を内在的に規定していくという構成観に通じるものであろう。後者は、認識をこえて、その観念ないし思惟は胎内の対象につくことにおいて、かえって自己超越的に遠くまで達しうることを意味し、この力能は、母性ゆえの主・客相互におよぶ表現労働にみられる権能である。自己に内在することによって自己に超越していくこの質料的過程は、対象の冷厳なる自存的な存在に対して母性ゆえの超理性的なものとしての非合理性において、一種の原初的「暴力」の性格を余儀なくされたものであった。

重要な事はこの暴力性は、主体の観念・思惟の非合理の延長と、それと同時に生じうるところの客体（胎児）の対象自体のいわば「自存力」の生成活動的規定性との、とくに相互の未分化によって生みだされる「特殊形而上学」的世界観の有り様を、両性に共有的に意味する。この内在する暴力《バイオレンス》は母性において、受胎意識に随伴して対象との間の彼我の実在性という認識を生みだす。この実在的認識によって、意識のうちのものでありながら意識とは独立の事態のさまざまな観念性《イデアリティ》が生じ、ここに原初的暴力がふるわれる倫理的価値の余地がある。この事態は心理学では、くらしの行為について情動が純粋かつ根源的に受容の象面から力動的にとらえられることを意味する。経済の様相論的原理論についていえばこの受容《パトス》―情動《パッション》説は、なお受け容れうるという受容可能性《アクセプタビリティ》説へと倫理的に深化される。心理経済学の成果によれば人間の労働は、自己の「内・外関係」としてじつに情動の受容可能性とその倫理に基礎づけられている。すなわちこの倫理において、なお「役立ち」という情動の契機を成す、造成し役立ちうるという可能態をもふまえている。こうして母性についての内在的考察は、受容と造成・役立ちの両可能性の様相にみる経済的倫理的情動において、群の構成員相互の心情を了解していくという動態のうちにコミューンの本性をあきらかにするのである。コミューンの基礎づけをこうした受容可能性と造成・役立ち可能性を具備した、倫理的暴力的の「サービス」労働観にそって、内在的（inherent）に男女両性の性的・経済的関係（sexo-economic relation）として提起したものは、管見のかぎりステッツォン女史である（第七章）。

タイヤルにとって日常性は、両性に共通の母性によるオゥメンの呪術的世界として全自然を統合した、労働としての表現活動そのものであった。その自然の獲得経済の行為は、じつに情動による「了解」表現を意味した。しかし通説では、能動的計画的な生産経済のもとの農民に対して、採取・狩猟民の自然観は単に「受動的」であるとされ、すべて農耕経済からの労働観を足がかりにしてきた。そのうえ採取・狩猟民では、受動的とはいえかれらの全てのくらしが「呪術・宗教行為」によって規定されることはなく、呪術がくらしの細部にまで浸透したとしても、問題をくらしの「内部」にではなく社会構造との関係からみるとき呪術に最大の規定力をおくことは許されないとみなされてきた（姫岡勤「低狩猟民の社会形態の特質」『民族学研究』新一（九）―二、一九四三年三月）。だがここには、両性の協働による自然の獲得経済について、パトスの表現労働という世界内在の視角と、下からの母性のもとの占・呪術の心理経済にかんする心情表現の観点とが見失われている。姫岡の唯物的経済論が吐露するように、狩猟導入のくらしぶりを社会構造に局限するような社会学的問題の立て方は、今日では歴史的人間学ないし歴史心理学において受容し難いものとなる。タイヤルはとくに、どのような報告者からも、子どもをことのほか愛育する両性の人格の高潔さや「心からの共感《アプリシエーション》」の純粋情動世界のにない手として知られている（中村V、九一ページ）。

低狩猟民の「表現労働」説は、なお検証の一端でいえば、恋情を薪の山にたくして、口琴とともに意中の乙女の戸口に恋の山を積み上げるという素朴な自然的実在の世界にみられる。この問題は基本的に、今日の情報化された賃労働経済にたいする反質において、それ故に採取・狩猟段階および未来のコミューン構築論の中核に位置づけられるべきであろう。著名な人類学者（M・サーリンズ）が、狩猟民はわれわれよりもずっと働かず、そのうえ決して悩んだり心配したりしないと強調するのは、人類のパトス生成説と母性型表現労働説を知らないものの言である。同様に、「文化がより未開であればあるほど、住民により多くの余暇があって、「祝宴かさもなくば飢餓か」という生活態度をとっているにすぎない」という規定なども言い過ぎであって（E・サーヴィス『狩猟民』蒲生正男訳、鹿島出版会、一九七二年、二二ページ）、そもそも「祝宴」を余暇と同一視することは自然人《サヴィジ》にはあり得ないことである。高地に追いつめられた古タイヤルでは、いくつかの祝宴は、森の中のさまざまな「死—生」のリズム的パトス的世界に直結する、個人の心情の基本的矛盾を「占・トの呪術」によって対処し工夫せざるをえなかったところの、性的暴力の表現労動の典型である。

　情動による身体的道具活動は、はじめ祈祷のかたちのものが演出的な呪術の形態をおびるにつれて、外的にも適応《アジャストメント》しうるような平衡をもたらす工夫《アイディア》の経済機能を、両性による「性」的表現労働において果たしてきた。パッション的受難の不安定は必ず人生の不首尾、不成果、欠如と、心・身の両面に健康をそこねるものと低狩猟民は信じているからである。祝宴は、このような不安定を欠如態ゆえに性的に表現する労働機会であった。タイヤルのように呪術によって両性が祝宴を構成するのは、個人の欲望を恣にする呪術と祝宴の機会が獲得経済の成果と健康の維持とに一致するからである。タイヤルの祝宴（「首祀り」）は、人類学的にも他に稀にみる事例として両性が参加する、しかも猟奇的なまでの交歓を表現したものであり、それによって採取・狩猟行為における性的リズム的協働の仕上げを果たすことができた。

「労働の本質」説によれば、両性に協働の母性は、くらしのパトスとパッションを内包と外延において融即し、経済的に「主観的了解《サブジェクティブコンプリヘンション》」の表現世界を生みだしてきた、そのような唯物的観念論の提起となる。このような表現活動はある事柄が向けて投げられた受容においてこそ有意味なのであるから、その客観のかぎりで合理であるが主観のかぎりでは非合理である。人のくらしは、主観によって非合理的と了解するものは何時もただ部分的に非合理なのであるが、その自然的実在において、主観の認識を自己に向けて投げられるようにパトスとして曲げる態度表現によって、客観という合理性を獲得する。主・客の内包と外延の表現労働のうちにわれわれは通説の経済論とは位相を異にする、二つの「経済」原理をとらえる。

第一に「経済」とは、根源的には一つの「事」柄の様相論であることから出発する。この点はK・コシークによる二つの主張、一つは経済の表出説（『具体的なものの弁証法』花崎皐平訳、せりか書房、一九七七）であり、もう一つは、それに基づくとみてよい歴史の演出・上演説（「個人と歴史」、花崎皐平訳『マルクスと革命』紀伊國屋書店、一九七二、所収）である。これらは既に機能論からはじまる通説とは異なる所説であるが、この様相としての経済観によって唯物的経済論をこえた心理学、精神分析、形而上学へと上向するわれわれの内的環境の力動経済的側面が探究に値することになる。この側面の経済は、学史的にいえば、フロイト以来、精神分析と心身医学における力動経済論として一定の蓄積をみている。フロイトのそれが一般にブルジョワ的といって忌避される事態は、この意味で皮相的というよりほかにない。周知のように力動観点からの有効な精神症治療例の蓄積もロールシャッハ法によってすでに一世紀におよぶのである（久保千春編『心身医学標準テキスト』第三版、医学書院、二〇〇九、および小此木啓吾・馬場礼子『精神力動論』医学書院、一九七二）。

こうした蓄積自体、「歴史の意義は人類全体がヒステリーの状態になること」という興奮状態の歴史説の提起であり、それは「高度の性の抑圧」のもとで「民族が神経症の意味で女性的になる」ことと無縁ではないというO・ランクの説につながることが、W・ユリネッツから指摘されている（ユリネッツ「精神分析とマルクス主義」安田一郎訳編『フロイトとマルクス』誠信書房、一九七一、所収）。ただしユリネッツの所説には、一部をのぞき全体としてそのフロイト説にもマルクス説にも偏見がうかがわれるので、慎重さがもとめられる。例えばかれは、共産主義、無政府主義、社会主義は「母親に対する近親相姦的な本能をともなう、「小児性」の退行的な運動である」というA・コルナイの一括的な主説を肯定しているが、卑見によればこの意味の退行・説は、「小児―母性」情動として再統合されるべき弾力性と保存性と創造性の、受容と造成・役立ちの力動経済的過程のうちでコミューン論としてはじめて理解されねばならない。

　われわれのくらしの現実態は、可能態をいれることによって自然的実在の辯証法的動態となる。この規定によるとき、受難の民の意志緊張の現実態は、或る可能態の情勢を可視的な分別によってではなく、むしろ他人にみられないようにする内在の母性的演出的自制によって、「死―生」を統一のもとの不安定な差異として了解せしめることになる。タイヤルの高潔なる性表現は「面・首」という情態をつうじて、性の欲動によってもくらしに要請される分別から左右されないだけの自制を持っている。それは「黥面―仮象―化粧」という両性の性的表現労働にあらわれている。「面・首」は自己の欲動を他人にみられないための自制の、動物的な擬制であり、黥面と首狩りはそのような内在の表現労働である。

　第二に「経済」は、根源的に下からの倫理的暴力の発生論においてとらえられねばならない。われわれはこの先行研究としてホイト女史の「発生論的経済心理学」(genetic economic psychology) を持っている（『交換のアンスロポロジー——その原始心性と経済の統合』中村勝訳、晃洋書房、一九九二、第一章)。境界期の採取経済は単に「入手経済・獲得経済・略奪経済」ともいいかえられてきたが、そこには、本来の人間と自然、主観と客観などの、いいかえると情動の差異と統一の「調和」にかんする経済の力動状態(「人間の自然力」、中村Ⅳ)がみとめられねばならない。ここで情動がすえられるのは、これらの力動状態が発生論的に人間の「採取・捕獲」行為のうちに原初的な「質量《マス》」感を会得してきた事実に、注目するからである。

「採取・捕獲」概念のうちには、のちの「農耕、農業」とは異質な、女性本位の原初的《プリミティヴ》な手鍬《ホウ》をもってする、中耕と除草からなる焼畑の「耨耕《じょっこう》」段階がふくまれる(この点、先住民に対するマクガバンの見解はかれらが「農耕文化の段階に到達」したものと言っているが、的確ではない(中村Ⅴ、一一九ページ))。その後、徐々に男性が狩猟を導入するようになって格段の「死―生」の日常性に遭遇せざるをえなくなり、この瞬間から低狩猟民は、世界を主観的了解のもとにおいてきたのであり、心身連関につよくかかわりあう情動と気質の安定/不安定がとくに身近な「健康」問題とならざるをえなかったのである。原初的手鍬は情動的表現労働にかかわる心身連関としての道具活動・道具表現そのものであった。

採取・狩猟段階における発生論的な内在的経済的構成説がみとめられるとすれば、さらにこの段階に決定的となっていく両性の間の「分業」(労働の分割)が論じられねばならない。通説ではこの最初の自然発生的分業は所与のものとしてあつかわれる。経済原論としてそれが決定的に不足をきたすのは、この分業以前の人間の労働状態とはどのようなものか、そしてこの分業が分業のままで進展するのか、そうではなく果たして性的分業を統整し結合する、情動の経済的倫理的表現労働の余地はないものかという、辯証法的な方法上の問題論が試みられるべきである。

苛酷なくらしの中ではしりがちな自然情動の不安定を、「面・首」という退行の現相に表現し、向かって投げかけられるような、内と外の力動過程を媒介するつなぎのにない手が「母性」であった。精神力動説によれば、この両性にわたりあう媒介は、創造性や生産性につながる「前意識過程」によるとされる（前掲、小此木・馬場、一八ページ）。しかしここでも通説の政治権力上の「母権」論とは一線を画すべきであることは、マクガバンの所説をまつまでもなく（中村V）、母権以前の両性的「母性」論が、原民主主義の経済学として立論されねばならない。牛島巌は、本来、「母権・制」には、地位や財産が母をつうじて受け継がれる「母系制」、婚姻後の居住が妻方におかれる「妻方居住婚」、そして「婦人の優越的地位」の、三種の社会現象がみられるとした。しかし、境界期の「焼畑」の「耨耕」段階が両性協働の「母性」を表現労働とすることで支えられていたことの、「母性の優越的地位」説による原民主主義の経済的理解にまではおよんでいない（『文化人類学事典』弘文堂、一九八七、「母権」）。

第三章　人間的自然の特殊形而上学——労働の原初形態についての生成論

一　受容と内包の特殊形而上学

それ自体心身の平衡にわたる力動経済的調和のはたらきは、パトスの受容からパッションの造成・役立ちにまたがる特殊形而上学の感能・心情圏として、表現労働説を構成する。この表現労働は「太古的」カテゴリーの実証によれば宗教・倫理・美的の三要素を不可分になう一個の心情圏であるというべきである。このことは、一般に労働は結果をもたらす心身連関の意図的な造成・役立ちの機能をいうが、太古的労働にあっては、なによりもまず自生的かつ構成的に非意図的な受容の表現活動の「自然的実在」とそのあかしとしてとらえられる。その核心となる実在性の純粋「受容」情動（プルチック）に着目するなら、この受容こそは人間の内包力にもとづくなにがしかの「造成・役立ち」につながるという点ですぐれて労働カテゴリーのものであった。境界期の山の民は自然的歴史的条件のもとでその受容と内包力をゆたかにつちかってきたという自然情動の事実は、非実在的世界にむかう「有」の生成的存在論のみちゆきと解された。

純粋な受容情動というからには現実とかかわりをもつだけでなく、現実には根拠をもたないところの、思考上の「有」が規定されるが、本態的に備給される自然力の観点によれば「理」性のはたらきにおいて、とくに非実在的とみなされる見えない有に対しての、最少の受容が形而上学的「内包」といえる。われわれはこの自然学（シェリング）上のはたらきを、一面の有に対するカテゴリー的な包含の態度として、すなわちゆるくcom-prehend（了解）というが、そこに既に「手につかみとる《プリヘンド》」原態の最少の表現活動が見失われてはならない。この最少の内包しようとする理性的動物の態度をもってなる、純粋受容情動による世界表現のはたらきは、宗教・倫理・美的の不可分の原態労働においてとらえられる。というのも、最も基礎的にはこれらの三要素が内包力の発現となるからであり、しかもこの事態は理性の内包的了解という特殊形而上学的本質にそっている。この労働は人間の自然的本性のあらわれであるかぎり、天啓とは異なる、ヨリ下位の、それには及びえない「自然の光」（パラケルスス）の表れである。

受容の労働には、はじめから外的のものを取り除けようとする意味の能動性はない。そこにあるのは、耐えねばならぬという純粋の受苦的《パッシオン》な実在であって、主体にとっては襲われるところの、逆に主体に対して可能的に何かが遭遇することであり、さらに主体としてこの何ものかを前景におしだす過程、すなわち表現過程である。すなわち、拒否しがたい被脅迫性の経験は事柄に把捉されることに優位性をみとめる点で、不安と期待のパトスとして、近寄ってくるものを身体的に予感とか予覚といわれうる神経活動としての攣縮《れんしゅく》（contraction, spasm, 収結）的な表現の態度において、対抗する力すなわち内包力を自己に付与することになる。受容のこの表現の生体学的対抗力に着目するとき、自己の経験的実在もしくは思考的非実在との収結《コントラクシオン》がはたされるという意味から、くり返すようにこの態度は自然力の本質において「労働」である。

マルクス主義労働観が、他面の外延力による「造成・役立ち」の力能にのみ意を用いてきたのは、「生産」力の資本化のための理論構築というそれなりのブルジョワ経済の解剖に専念したからであって、人類の自然史的過程からみるならそれは、生命の形而上学的内的領域からはなれた近現代に偏した労働観にすぎず、そのためマルクスじしん他方で太古的労働・思考論を想定していたのである。人類の境界期においては且且に「生きられる」ための可能態としての生過程は、とくに長期の非農耕段階においては有無の食餌をもとめて、五感を研ぎすました感能体得の採取・捕獲と加工による、受苦的な窮迫状態によく表現される。

人間はどこまでも無機的有機的自然との交通・交渉のうちに、根源的な情動の受容によって労働過程をはたさなければならない。この交通・交渉にもとづくかぎられた特殊の自然を、自己に投げかけられるところの、いいかえると拒否し難く襲われるところの前在者として受け容れるのであるが、しかしこの自然は厳たる自体的存在として、向けて投げられる仕方いかんによるものであるかぎり人間にとってはどこまでも特殊的に受け容れうる可能態にとどまるのであって、かくて人間のくらしは自然に対し／自然によって、窮迫的なくらしを矛盾の特殊形而上学的にたどらざるをえなかった。この特殊自然学に徹するとき人間的自然との交感をつうじて、後験的に、見えないものを無限なる存在者として理性の形而上学的にとらえてきた人間が、ながい境界期に蓄積されたこのように人間化される自然を受容する過程こそ、労働の本質といえはしないであろうか。

いいかえれば、マルクス主義における「労働」は人間の自然力においてどのように内在の自己運動としてはたされるのであろうか。はじめにこのことを自然の人間主義、すなわち特殊人間的自然の表現労働理論において考察し、次に、この人間的自然の見地に立つ全体論的「生体の本質」にせまるゴルトシュタインの神経学説にそって、世界内在の受容―労働についての論証をこころみよう。そのさい、既述のように境界期労働（太古的労働）は、山の民の実証から純粋情動の受容可能性にこそ宗教・倫理・美的の統一的の現相がみとめられるという前提において、いわば有一般においてではなく、自然情動による有の特殊形而上学的の自然哲学（民属「神」的自然宗教）にそって考察されなければならない。

境界期の採取・加工的「生成」とは、たんに自然の受動態の受容を意味したのではなく、人間の有の存在をかけて見えざる自然への受容可能性をどこまでも追求せざるをえない生過程を、ありうるかぎりの仕方の可能性にすがってまでも維持するためのくらしの表現労働であった。ここに既に、有一般の全自然に対置される、特殊有の「人間的自然」の視角がすえられる。かくて、既に人間の自然にむかうかぎりの受容表現には、時空間におうじて不断に変移する個人のパトスの神経学的自発運動が拒否しがたい情態の労働としてうかがわれるのである。受容労働にみられる人間的自然的実在性は、地理的に隔絶されたとくに海抜千メートル前後の山面に分布する、追いつめられたタイヤルのくらしの中に実証された。この場合、身体に受容されかつ反応される神経の自然的活動（「人間化される自然」の活動）のなかで、他面で人間の自然化（「自然的人間」「人間の貫徹された自然主義」マルクス『経済学・哲学手稿』）という或る論理的なものが媒介することによって惹起されるのが生の全体論的にとらえられる自然情動、すなわち人間の本質力の表現としての労働世界である。人間の実在的認識対象の運動に或る理性的なものが自然力の本性として神経活動に対してむしろ自然主義的にかかわりをもつことは、主体にとっては見えない存在者に対してなされる特殊認識活動として不可欠な要素である。

しかし、この見えないものに対峙することは、最少の内包にたいする、最大の外延の意味規定によってなされることであって、それ故に内包の人間的自然から外延の自然的人間への内在の世界生成の過程は、興奮状態の平衡化の収結へのみちゆきとしてとらえられる。これは、実証的にも興奮状態におかれた山の民の神経生理学的見地からの平衡化原理にそっていえることである。理性的なものとは、神経活動における受容をもとにした、自己の自然実在的な統制をへて造成・役立ちにいたる能動的な一種の条件反射の自発運動にそったものである。受容から造成・役立ちまでを生の全体の情動過程としてとらえる視角は、目標をまったくもたない反射運動の量化の力動機械論と、目標をそれ自体のなかにもつ表現運動の質化の辯証法とを合わせ持つ意味で、人格主義的といえよう。いいかえるとこれを一つの前進の運動過程とみなさない視角は非人格的理論である。造成・役立ちの外延を控えてなされる受容の内包的自己運動が神経生理学的には一種の興奮状態であることは、ゴルトシュタインによっても神経活動の平衡的な「中庸値」における受容活動説といわれる（後述）。この点機能主義人類学のR・ファースは、レヴィ＝ブリュルによって主観と客観の間の前論理的な固いつながりを「神秘なる参与」と規定されたことを、これは「一種の感情の霞」の介在によるものであると遠回しの神経情動説であることをほのめかしていた（『民族学入門』須山卓訳、慶應書房、一九四二年、二〇四ページ）。情動は、感情よりは原初的直接的に神経学的対象であり、それによってパトスの自然的実在と連関する視角が浮上する。

問題は、存在者の冷厳な合理性に対する主体の側の、自然主義的論理的なものの認識的介在の仕方と、予兆にみる表現運動は神経反射運動のさきにある「予知」の機械論であることとは決定的に弁別されうるということにある。このとき見えざる存在者と主体の認識とは、単に特殊的である以上に本来相互に無関係であった。それだけこの間に介在する理性的なものは、なんらか特殊に計算された思考《ラチオ》にほかならないが、この思考において一つには、根拠のないものに対してそれがなされるときの非合理性と、この思考自体をもってして判明しないもの、理解しえないもの、いわば超叡智的なものをも非合理性という二つの非合理がとらえられる。前者は様相論的には偶然性であり、後者は、認識論的に判断できないものである。逆に、合理性には、認識が可能であることと論理的な構成があることが条件となる。つまりこの二条件のどちらを欠いても非合理となる。

　主観によってはついには認識しえない存在者との境域という場合、人間は、非論理的の非合理なものを素朴に実在体験しながらも、なお認識的に超叡智的ではない場合をもつことがある。すなわち論理的には非合理論でありながら認識論的には合理論ということがある。これがすなわち受容のさいの「神秘主義《ミスティシズム》」説であるが、このことばにはしたがって半分の誤解を招くところがある。受容には、内包力としての対抗力という、認識のうえのおおきな主観的努力を要する神経的側面において合理的な側面がみとめられるべきであるが、ところが今日では――商品生産的賃労働の結果――それは、単に受動的で没主体的なものであるかの変質を来してしまっている。いまや「受容力」といってもよいこの原論理的思考について、なかんづくこの根源体験について井筒俊彦はこれを「自然神秘主義」(Naturmystik)とし、「はじめに直観があった」ソクラテス以前期の、「無限」絶対の存在者をして言説以前の純主観的な「我そのものの内的生命」の「自然」が体験する世界へと、はせ参じたものとしたのである(『神秘哲学・第一部――自然神秘主義とギリシア』人文書院、一九七八)。井筒のこの視角は、卑見によればシェーラーの「認識の労働」原理論につうじるものがある。

　日常性のくらしにはわれわれに知られない部分が圧倒的に多く、知られる部分は僅少である。この知られない/見えない部分のうちにわれわれの認識では及び得ないものが含まれるのであるから、すると、自然実在的認識の進化は非合理的なものに必然とむかわざるをえないことになる。くらしの現実の非合理性が、それ自体のうちに可能世界を生みだす。認識論的には合理でありながら論理的には非合理であるという世界にむかわざるをえないくらしの運動過程には、述語的世界のあいまいな形而上学的境域がよこたわる。井筒のいう自然神秘主義というのも、逆説的には非合理なものには最小限の合理があることを表していなければならないであろう。これをなお合理の立場からいえば、非合理にむかう認識運動はじつに述語の否定形（例えば、井筒の「無限」）をもって、つまり知られない事柄を知るためにこそ認識の歩武を進めなければならず、それ故に自然神秘主義というのも「無知の知」の合理だけは持ち合わせて、思惟の冒険に出立する態度といわなければならない。

　タイヤルにあきらかなように、民属風土の中核となる「呪術」は、民聚の興奮状態を原理的にもち、そこに伝承が強く機能し、呪術師と構成員の間に演劇的な「演出」状態を了解しあう交感の世界を生みだしている。アミ人の女司祭による踊りと詠唱を観察したマクガバンは、それが「本当か似せてか」(real or simulated)、いずれにしても「狂乱《ワイルド》」のもうろう状態――恍惚（swoon）と取り乱し（frenzy）――が長老たち（elders）にのみ性的刺激の心身活性化につながる、そこだけ民聚として披瀝される様子を記述している（中村V、一二四ページ）。ここには演戯的心因性もうろう状態（dramatic psychogenic twilightstate）と性的演技において、呪術＝演出として世代間的な伝承とかかわりがあり、呪術師自身が「先祖の代弁者」（マクガバン）としていわば供犠のつとめを果たしている。

　ゴルトシュタインは心理学と生理学の見地に立つ生体の全体論の視角から、その機能をつかさどる神経系統を感覚と運動の側面から、外界との関係の維持説のもとに不断の「興奮状態」にある表現活動としてとらえている。この神経表現説は、内包力と外延力の連関の表現活動の観点からも評価にあたいする。ゴルトシュタインははじめにこうまえおきする。「神経系統における興奮変化の表現は、外界からの刺激だけでなく、絶えず内部からの刺激を受けておこる。」ここには神経細胞の網状組織説が下敷きになっている。したがってそれは「受容されたエネルギーをより広い横断面に分布する働きをなすことになる。」このような最少から最大への分布がみられるときの生全体の構造は「種の発生、本質的形態一般の発生、生体が経験によって獲得した特有なる構造」などの問題として提起される。それは結局「生体の種々の構造は作能、すなわち生体と外界との交渉によって現れる要求を可能ならしめるように形成される」のである（『生体の機能』村上仁・黒丸正四郎訳、みすず書房、一九五七年、五五―五八ページ、強調は中村）。

興奮状態の生体が「種の発生、本質的形態一般の発生、生体が経験によって獲得した特有なる構造」をもつことはすべて、追いつめられた「山の民」タイヤルの自然的歴史的条件に妥当する。追いつめられた状態は、もはや外からの刺激というよりは、とくにタイヤルでは内的に蓄積された、非可逆的な内部からの刺激の作用によっており、それだけ心身連関の全体性にかかわっている。はじめに注目すべきはこの場合「生体と外界との交渉」は、外延力にではなく、むしろ内包力の「受容」作用にかかわっていることであるとゴルトシュタインが主張する点にある。ただしかれは、障害の局所・局在論によってではなく、それが生過程としての全体論として受けとめられるべきであるとする立場から、われわれのいう内包力と外延力の個々の規定そのものにはかかわっ言及していない。それと、かれの生全体説には「自然」観がない。その「外界」は、人間関係にのみかかわっている。これはかれの反ナチズムにつらぬかれた生涯と無関係のものというわけにはいかないが、本書では遺憾ながらこの点に言及することはできない。

　われわれがタイヤルの「襲われ」説として考察した、「向けて投げられる」客体の主体化の過程のうちに、本来的に主体と「客体」の間には対立関係がみられ、論理的に両極性は、相互に相手について超越的性格をもっている。通説では、認識論的自存は「客体」に厳しく、「主体」とは、それに対して如何にして対象認識化をはたしうるかを問われる存在である。この通説に批判の余地はないものか。ゴルトシュタインの内と外の生全体の刺激説からは、客体のみならず主体の側にもひとしく認識論的自存の独立性は保たれているとみなければならない。ここに同一性《アイデンティティ》の理論にみる、肯定的でも否定的でもない「黒く思考する」中庸の「対抗同一性《カウンターアイデンティティ》」説を一考する余地をみる。しかし、われわれの同一性は自然力の「対自的同一性《フュアジッヒアイデンティテート》」説というべきであって、それこそコミューン論の要石である。

　外界との交渉にあたる生体の受容というべき現象は、ゴルトシュタインのいうように或る「要求」のもとになりたつのであるが、まずこの要求は、交渉に先立つものか交渉によって現れるものかの問題があるであろう。この問いははたして意味のないものであろうか。生体の受容は主体の認識行為そのものであり、この主体は、たんに自存の独立体ではなく、しかも主体たることですむものではない。すなわち、主体は自己自身に対しても主体でありうる。主体は、認識論的に自らのうちに可能的自存である。しかもこの主体的自存は、自己超越的にではなくあくまで主体のなかに存するだけであるから、ここに受容の主体は、自己のうちに客体そのものとは別に「客体の像」を設けていなければならない。マルクス主義にいう「交通・交渉」（「経済学・哲学手稿」）とは、内在レベルではゴルトシュタインのいうこの過程のことである。くわしくいえば、自存的な客体と、主体のなかの客体の像とは論理的に一致しないとみる。それ故、この不一致の意識は、客体意識の像とそれを超越した自体的客体との間になりたつものであって、この意識は主体における「無知の知」すなわち「無我（「裸」）」（北村サヨ）となる。

この無知の知の意識こそ、主体じしんの可能態としての「要求」である。要求は、主体の「無知の知」意識の成り立つ過程として現れる。ここで、それは自ずと生体の興奮状態となることが判然とする。「無知の知」へかきたてられるといってもよい興奮状態である。これはゴルトシュタインのいう生体が「平衡的中庸値」に復帰し、収れんすることでもあるので、かくて外界との「交渉」は主体じしんの絶えざる可能態への歴程とみなされ、それは、興奮状態の「形態化」の表現活動過程といいかえてもよい。ゴルトシュタインは「生体における興奮過程は一つの形態化された全体である」といい、この「表現」過程に生体の本質が現実化する作能をとらえていた。この場合、神経は「要求」する可能態として作用し、それ故にその要求を環境的変化に適応するように造成的に、自己運動する。ここに生体の作能は可能態としての現実化であるといいかえることができる。可能態の現実化の運動が正確を期すためには、この間の作能は、正・反あい矛盾の様相を示したとしても、結局は全体の「平衡」的興奮状態を維持するために必要であり、この作能が或る一つの現相に突出して現れれば現れるほど作能じたいは「形」として明確な「前景」となり、「背景」の生全体から、いよいよ浮彫りになる。ゴルトシュタインのこの「前景―背景過程としての興奮形態」説（五九ページ）は、習慣と経験によって一層、顕著となる相貌《ゲシュタルト》的な「表現」の労働過程説といいかえられる。

労働の本質（マルクス）は、原理論的には興奮状態の表現の形態化にある。ただこの形態化にリズムがともなうことは、ビュッヒャーの創見である。こうして「生体と環境との交渉の特有の様式」は平均的興奮状態ないし「中庸なる緊張」への復帰において「自己の特性を維持しつつ世界の中に自己を実現することを可能にする。」こうした特性としての現実化にむかう可能態は、生物の自己同一性を維持するために外界との適合状態をもたらす恒常的なくらしの「表現」にほかならない（五九―六七ページ）。それ故、ここに、情態の平均的興奮状態において人間は自己工作の対自的労働につとめることができる、という結論がえられる。人間の生の自然力は「本質力」として「活動力」（マルクス）である。生理学はこれを、労働力の抽象的な元型において情動の神経作用ととらえてきたが、おおくのマルクス主義哲学もまたこの方法論のもとにある。しかしゴルトシュタインには、通説の、労働力について下部建築としての物理化学的理解にもとづく還元主義的な主張は、ない。物理化学的理解によっては生成する活動力はくらしの活動すなわち労働の本質にせまることはできないからである。ゴルトシュタインはむしろこの主張を「生活活動・生活現象」論として展開しているが（六四―六六ページ）、そこには、生全体説に特有の、生物学的過程説に基礎をおく一種のくらしの非合理性を容認する言い回しがひそんでいることに注意したい。

一例として「人が暗闇のなかを山畑へのぼっていく、きわめて異常な状況」をとりあげて、こういう場合でも「各作能の平衡化過程」としておおくの反射作用が――解剖学的にみて「受容器」と「発効器」との間に――「過程の自己調整」や「環境の処理」「環境との交渉」に役立っているというのである。それは、「歩けたとしても、不完全な突き当たるような歩き方しかできない」のであるから、特殊的反射の仮定のもとにあるのであって、それもまた生体の平衡化の過程である環境への適応状態への復帰運動のひとつにすぎないのである

（八九―九〇ページ）。

こうして生全体論は、人間における労働の本質論とどのように論理的な共通性を持つかが問われねばならない。簡単にいえば労働の本質は、ここにみたような自己矛盾の生の環境適応説と軌を一にするといえる。人間の生は「一定の状況において実証された契機のみを利用する」のであって、逆にこの動態方法論が要求するのは、「物の本質には否定的なものは存在しえず、また否定的な限定には、せいぜいその場かぎりの認識価値しかないという［特殊な］考え方の表現」なのである。したがって「事実に即した認識はつねに肯定的な特徴を有する」という規定は、相互に矛盾とみえても、現実態から肯定されうるかぎりの可能態をいれうるものであるから、このような認識の「表現活動」は原理的に「労働」とみなすことができる。このことを労働のがわからとらえれば、ここで、生の肯定的な表現活動は可能態として目的的な活動ではあるが、それは神経作用の「受容」の結果であるかぎりにおいて有意味なのであって、受容からはなれた単に意図や設計によるものではないものとして、それは「自生的労働」そのものなのである。

既にみてきたように、生成論的な労働は、神経のたえず中庸値に復帰するような、「無知の知」にそう興奮状態の表現活動にほかならず、「前景―背景過程」の内在の歴史的性格という本質を持っている。ところで、以上の「興奮―労働」表現説は神経生理学に偏った結論にすぎないという反論が予想されるが、それに対しては、境界期における自己保存というカテゴリー的態度は人間の情態の基底に生きつづける様相として、外界との交渉という問題一般に敷衍しうるものであって、ここに労働の本質がうかがわれるべきである。興奮も労働も、モザイク的網状構造の心身連関のもとで窮迫状態の必然性にもとづいて、「態度」形態化という表現の共同運動によるものである。

人間は窮迫状態のもとの生物学的な成熟の生成過程において、平均的興奮状態を持続しつつ外界との受容による適合をはたし、この適合を相貌形態的に自己保存のための可能態としての現実化につとめる。すなわち、生体全体の表現である心的態度をもってする外界への受容反応型の参加は、生物学的過程の全体性によるのであり、身体的刺激の評価の意味を自己のものにしつつ、そこにエネルギー最小の、したがって一時にはただ一つだけの生成の労働形態を持つことができる。この生物学的交渉の表現労働は練習の成果ではない。人間は、或る窮迫下に最初の「試行」において既に最初からただしく可能態を「代行」しているのであるが、むしろ問題は、刺激に対する評価の意味をめぐる目的達成のための可能態にある。ここに原論理的思考の「祈りの労働」原生説が浮上する。それはくり返すように、人間の労働の本質は或る困難な窮迫状態においてこそ発現しうる、表現能力にもとづく一種の「代償」的表現活動であるからである。

ゴルトシュタインの生体の本質説にはこうした労働論として情動の「受容」説と、マッハの主張などを取り入れて、生体における態度表現のエネルギー最小の力動経済説とが主張されている。この力動経済説は、生体の「単純性への傾向」、すなわち人間は本質的に「上手に、気楽に、正確に」最適の感情的体験の行動様式にはしるものとされている。「われわれは快適、容易、正確の感じと、その客観的表現としての事実、即ち生体が最も適当な本質にもっとも適した外界との交渉関係にあるという事実とを結びつけて考えてもおそらく誤ってはいないであろう。最適なる動作への傾向とは、生体がもっともよく外界に適応せる状況に向かって絶えず努力しているということにほかならない」(前掲、一九一―一九六ページ)。ただそれが、人類の自然史的過程から基礎づけられた歴史法則性としてまでは把握されていないだけである。しかし、かれの「快適」情動説はじつは自然史的な窮迫状態の反立において、有意味であることはいうまでもない。この「快適」最適動作説は「個人の正常なる恒常性」(Individuelle Normalkonstanten)において「最適リズム」の心身連関の作能—作業、すなわち「労働」説に連関する。

「人はみな、各人固有のリズムを持っていて、いろいろの作業を行うとき、いろいろの方法でそれを証明することができる。人はある作業をその人に最適のリズムをもって行うときのみ、この作業を正常に行うことができる。これは身体的作能のみならず、心的作能でも同様である。かような時間的恒常性を確証することによって人格の特性を決めることができる」(二〇〇ページ)というゴルトシュタインの指摘には、各人の労働過程に表現されうるところのリズム的に正常な恒常性に——つまり自分自身への自由に——その人の人となりが発揮されるという主張がこめられている。ここには「国家」や「文化」のような公認された出来合いの価値体系のもとの労働—「人格」説などは不当であることが、展望されている。そして問題となるのは、そのような恒常性による最適リズムの労働にみる、一人ひとりの生過程の表現活動という全体像とは何かを、ある種の創発的行為(創造的構想力)としてみきわめることにある。創発性(affordability)は、マクロコスモスの辯証法における自然学的意味の過程的の特質とミクロコスモスの辯証法における主体的・場所的の特質とから、すなわち人格の労働過程から、生みだされる。

創発と労働という二つの概念による生体の人格論のなかには、くらしという事柄の本質として、それがなぜ存在するのかという理由にたいする認識根拠の所在が発見される。この視角についてはショーペンハウアーによる「根拠律説」が妥当するが、ここではその内在説が、「内感―外感」の両極性によるものであることを指摘するにとどめておこう。労働の本質はしたがって生体の環境への適応――「生全体性の維持に寄与しうるという目標(生物における本質の現実化)への予定された効果の作用」(二一六ページ)――という、一定の認識方法による表現活動にもとめられるというのが、ゴルトシュタインの主張を敷衍した、これまでの考察からの結論である。

二　人間的自然と呪術的表現労働

ここから再度「民属」を、現実的に生体にとって或る環境の制限下における「表現」労働の主体の構成体としてとらえなおしてみることができる。民属とは、制限された環境の特殊な表現「適応」主体である。もちろんこの規定はおおくの留保条件をともなうが、それが環境の狭小化にはしる場合にしばしばみられることは、くらしの認識についての危機的動揺のあまり、表現として「自殺」傾向が現れることはゴルトシュタインも指摘している(前掲、二二五ページ)。自殺傾向は環境への最後の、しかし自己を滅亡させるにいたるところの「適応の試み」なのである。民属タイヤルをあつかう場合、この特質面からも「追いつめられる」情動の表現労働が実践という原態において考察されねばならない。この視角の軸足は、唯物的観念に基礎づけられた伝承的世界の内在的性格におかれる。世界の内在的性格の本質は、前節にみたように認識根拠の問題である。つまりこの視角は、先史・古代人にみられるような内的環境の経済的精神力動についての表現学を必要とする。心身連関の経済的力動についてマルクスの太古的労働説は決定的に未完のままであり、したがってその後のＦ・エンゲルスによる継承の作業については、本書で批判的逆説的にとらえる必要がある。

歴史的に、農耕段階のローマ帝国主義の覇権に抗して粗野で不作法な「野蛮人《バルバルス》」とされた、周辺のガリア、ブリタニア、ゲルマニアの人びとが、むしろいかに自分たちを人間化された自然のなかの、相互に「自由」の了解世界のにない手であることを主張することをつうじて戦い抜いたか、という共通の事実がある（カエサル『ガリア戦記』、タキトゥス『ゲルマーニア』（ともに岩波文庫）を参照）。この人びとは、基本的に非農耕、非定住の採取・狩猟・焼畑民である「森の民」であった。この「農耕文明の帝国主義」対「採取・狩猟・焼畑民の反帝国主義」の歴史的枠組は、「理解社会人」対「了解自然人」において、西欧のキリスト教世界のうちでは一七世紀を画期になお伏流として貫徹する。

先史・古代の採取・狩猟・焼畑民の血統にそった「歴史的民属」の世界内在は、もちろん覇者の正史には肯定的にあつかわれない。巨視的にみればこれがドイツ観念論の基底にある「人間の自然哲学」の一端をしめる客観―主観、実在―観念、自然―自我の同一化の、ロマン主義的理性の構想のうちに脈打つことになる。例えば、哲学の久野昭はＦ・ノヴァーリスを「魔術的観念論」のうちに位置づけ（『魔術的観念論の研究』理想社、一九七六）、精神医学・哲学のＫ・ヤスパースは、Ａ・ストリンドベルクの精神分裂病的個性を詩人という通常の性格発展との間の「了解可能／不可能性」の境域の問題として深化させた（『ストリンドベルクとファン・ゴッホ』村上仁訳、みすず書房、新版一九七四）。いわば文化という正史の根底にひそむ野史にうもれた経済的精神力動の世界は、原理的には心理学・生理学・精神分析のかぎりにおいてではあるが、これまでのところ「目標」作用説のもとに一方的に合理化されるべきものでもなければ単純に神秘化されるべきものでもない性格をあたえられている。「歴史的なもの」としての人間は――ノヴァーリス、ストリンドベルク、ゴッホを闇の中に葬り去らないかぎり――先史以来、情動の内在的経済的性格のゆえにかえって自然の人間主義的なくらしを「退行」現相をも契機とすることによって、創発的美的に（詩人や画家のうちに）保持してきたことが主題化される。

自然の人間主義の世界観は、人間のうちに受容され、発揮される自然的実在という客体の特殊主体化をとおして、矛盾の興奮状態をたかめる自己運動でもある。この自然の人間主義は運動として自然を人間化することでパトスの交感世界を生みだしている。部屋の片隅で鳴く一匹のコオロギは、その鳴響と身体の二倍もの長さの一対の触角（ひげ）をふりふりして嗅覚と触覚および聴覚をはたらかせつつ、人間との間に表現運動を果たしており、そのかぎりで人間のなかに「客観の像」を成り立たせ、人間と対話し、かれの「意」を人間に伝達しえている。コオロギは人間をみている。重要なのはコオロギがこうして人間と意をつうじあわせることができるという現相を、コオロギだけでなく亀でさえ、同じように主体化することができることが実証されている（二〇一五年一一月、フランス経済史学者I氏との那須町での聴取り）。この人間的自然の認識根拠としての表現論こそ、受容によるミクロコスモスの主体性をつちかう微妙なパトスの世界観に連関している。もちろんこの表現世界観には、他方の側面がある。

小林一茶（一七六三―一八二七）は「やれ打つな、ハエが手を摺る、あしを摺る」とよんだが、ハエが手足を摺る触接の表現行為は或る意の伝達につうじており、ハエが何らかの人間化にむけた対象的主体の存在であることに作者は気づいているのである。このような気づきはふつうはたんに知覚といわれるが、それは無関心の場合もあれば非常に関心をそそられる場合もあり、このことは人間の生過程の謎といわれるかもしれない。ここで考え合わせるべきことは、作者（ここではＩ氏と小林一茶）のおかれた自然的歴史的な環境的存在である。仮に一茶は、或る窮迫状態にあったと考えてみよう。するとハエの触表現にたいするこの自分は、もうひとりのハエを打とうとする自分自身に立ちむかわされており、この矛盾によってこそ自己媒介的な人間的自然の、主観による主体化という自己運動が果たされ、それだけ作者のミクロコスモスの主体的世界もまた階層的に内在化されていく。人間的自然の気づきには、人間の窮迫的存在という能動因が作用する。この気づきは、哀しみや不安のパトスに根差した不完全さを自覚したときの人間の危うさを映発したものである。

人間的自然説の中核には、受容という根源的気づきの切っ掛けが能動因（動機）となっており、それは、くらしのなかの自然的実在による実践のリズム性に基礎づけられる。たえざるくらしの窮迫もしくは孤独のうちに作者は、ちいさな生を自然的実在のものとし、このことを介してもうひとりの自分を受容していくことで、客体の内在的主体化の自己運動をになっている。客体は、もう一人の人間化される自分自身であり、そういう彼我を融即していく動性の主体が、有機組織体として、動物相、植物相、さらには無機的自然との間にさえ自己外化としてのマクロコスモスを過程的に構成していると考えることができる。この点クラーゲスは、「原始の人間」(Urmensch) は、自分のもつ「感受」器官に照応するものはことごとく知覚し、そして全形象のなかに、すなわち単に有利、もしくは有害な形象中にだけでなく、そのどちらでもない形象のなかにすらそれが現れて、いわば「自分に話しかける性情」を自然の人間主義として見いだすことができる、「己れに出合う現象可能」の世界をもちうることを強調している（『表現学の基礎理論』千谷七郎訳、勁草書房、一九六四年、七七ページ）。

この観点から、古代ギリシアのヘーシオドス（前八―七世紀頃）の著した『仕事と日』（松平千秋訳、岩波文庫、一九八六）をとりあげてみよう。古代都市国家の農耕社会状態がいかにそれまでの採取・狩猟の自然状態に基礎づけられていたかが、書名にみるごとくリズム的の表現労働説として、如実にうかがわれる。われわれのこれまでの考察によれば、ヘーシオドスの世界は、境界期にあたる、自然の人間主義から人間の自然主義への移行過程を女性、例えばパンドラを介することによって見せつける。すなわち、ギリシアの神々の「正義」の覇権にとって、人びとのくらしを立てしめるには、つまり「卑賤の者」が日々の「吉」なる「心情《パトス》」のうちに「見事に家をととのえる」ためには、以下にみるように二つの「仕事＝労働」の「表現」原理がすえられていた。この点は、同書の「神話―くらし（労働）―吉兇の呪術」という卑賤民の表現運動の基本構成において、本書の主題とかかわるところである。この点はヘーシオドスにとっては既に『神統記』の三〇〇にもおよぶ神々が、現実のくらしの明・暗二元論にそって対立論的学説の中に表現されていたことと軌を一にしている（B・スネル『精神の発見』新井靖一訳、創文社、第三章）。

そのうえで、この古典で問われるべき労働の表現原理は二つある。一つは「陶工、大工、鍛冶屋、物乞い、伶人《うたびと》」に例示されるような賃金経済下の階級的「分業」の古代社会観であり、もう一つは、労働の主体は男性にあり、女性はこの勤勉な男子をたぶらかす、媚びを売るだけの、あるいは「奴隷」的な存在であるとしたことである。男子をたぶらかす禍いのもととして、ゼウスが地上最初の女としてパンドラをつくったという、ヘーシオドスの一種の「女―呪術師」論も興味深い。さらに「妻」とは「家事」よりまえに「貞節」にそのたしなみがもとめられるような性的存在であった。かかるヘーシオドスの「妻」観は、階級的に当時の性の問題を家事を超越したところにおいているかぎりで、逆説的にではあるが「生産」(「仕事」)優越の人間の自然化として、参考になる。

ここにはすでに、今日の分業と「家事」の問題論が両性に差異の「労働の本質」論に連関するとみられるところがあり、くらしという「性的表現」労働についての「了解可能／不可能性」の境域論が用意されねばならない。ヘーシオドスの神話的所説からうかがわれる「労働の日々」は、今日でもその本質論として通用するごとく、既にして男子の「自我」的世界そのものである。この古典において、「精神」は労働の日々をつうじて「心情」とは抗争的である。ヘーシオドスにとってははやくも、「家事《オイコノミア》」のうちに「妻」の存在はおかれていなかった。彼にとっての家事と妻には、本来の自由な精神、生きた精神の余地がなかった。経済《オイコノミア》にもおなじことがいえよう。経済的精神は、既に人間的自然の内的経済からは離脱している。この問題については、当時の「炉」は「処女神ヘスティアー」のものであるというかれの観念がヒントとなる。つまり先の「吉凶の呪術」の基本構成観によれば、ヘーシオドスの「家事」は「卑賤の者」のレベルにおかれ、ここから、家事のにない手としては非処女である奴隷的「凶的母性」の存在が浮上するごとくである。

ヘーシオドスにおける日常性という「表現」労働においては、男性本位に、精神は物質に対して或る主観関係をもち、物質は精神に対して或る客観関係を、もちはじめていた。男性におけるこの両者の統一と差異の主体こそが自我となり、自我のこの労働状態こそが、ギリシア都市国家においては男性による一方的な自我状態をささえることになり、そのため両性の経済的力能による、「主観的了解」のパトスの世界はうかがいえようもない。ここからいえることは、農耕／非農耕の労働環境について、一般にそれらは、人間の進化論からみるときむしろ本態的な表現可能性に限界をあたえることが、予想される。それ故、採取・捕獲から狩猟・牧畜をへて農耕・手工業へとすすんできたとみなされる労働の道具・環境活動にみる発達史は、逆にこれを機械論的説明では尽きないものとみなすことが重要である。というのも道具（例えば「土壺」「首カゴ」）および環境という「人間的自然」の特殊主体化には、一方で人間の客観化された精神的実在をつちかいながらも、他方、なお自分自身への自由の自然的実在の余地がのこされているとみることができるからである。先のI氏にも一茶にも、この余地をうかがわせることによってわれわれに交感世界を共有させていたのである。いいかえるとここに、自分自身への自由が非農耕社会ではいかに両性にとって意味のあることかが自己工作の呪術的表現労働論として浮上する。

ヘーシオドスの「炉」が既に男性本位に精神表現されていたのに対して、採取・狩猟民のタイヤルでは、「炉・かまど」はむしろ「家族、家」を共同労働によって「一つにする」意がこめられていた。すなわち、家族とは炉・かまどを一つにする意味をもち、「コートフヤハカ」と称され（帝国学士院『高砂族慣習法語彙』一九四二）、そこには未だ両性のもとの「母性」一般の「吉」的な統合機能が了解の表現世界的に象徴されていたといえる。「家事」を反階級的に自然状態のもとに位置づけようとするとき、家事は、家族員相互の了解的「結合労働」ととらえるタイヤルのくらしぶりが再認識されねばならない。くらしの家事は、ここでは子どもを介しての母性にとってのみ質料的な主体生成の土壌であった（北村サヨの自然宗教の事例）。このような家事の本性は、新たな今日的受難の民において「子ども―共同食堂」の様態のうちに蘇生をみている。

『仕事と日』には「母性」は、「ものみなの母なる「大地《ガイア》」」と、月の「吉と凶の日々」は「ある時は継母に、ある時は実の母となる」（訳書、一〇五ページ）という二つの教訓にそった指摘があるが、著者ヘーシオドスはそれについての深い説明はしていない。これは、歴史的人間学の観点からいえば、前者「母なる大地」の観念は、母性による「自己産出」「自己工作」という対自的な経済的情動力動の現相を表現しているとみなされる。すなわち、『仕事と日』第八二五節にいう後者、「継母」「実母」説については、難解ではあるが「共同―母性」論を立てるものにとっては不可避の思想である。ヘーシオドスの労働観にそうなら、くらしの労働状態は「吉・凶」に二分化される。しかも「吉日」となるか「厄日」となるかは「実母」または「継母」になるかに二分的に、類比されている。ここに両性によってヨリ一般化された「子ども―母性」家事観が浮上する。

これについてのE・ハリソン女史の解釈・訳では、吉・凶の洞察力すなわち予兆《オウメン》の力能をもつものによって、吉・凶の弁別がなされ、この力能は「鳥予兆」を判じ、労働にいそしむ者すなわち男子によって可能となるというのである（中村V、一四一ページ）。すくなくともここでもヘーシオドスにおける予兆の力能は、鳥と男子の側におかれているものと解釈されている。女史は、共同母性論にふみこむことを避けているわけである。実際、古タイヤルでは母親衆の中から女司祭は選ばれ、両性がみとめ、両性を対象とする占・卜の呪術をへてこの力能を身につけていっている。

労働の日々が「吉」か「凶」かを母性にかかわらせて判断するというヘーシオドスの思想の軸足は、一方で先にみたように「無知の知」の判断をして客語に近寄らせ、それによって労働者は、自分を主観的主体として労働に専念しえることにある。「母性」には既に「乳母」的存在が含意される。すなわち他方、ヘーシオドスは、吉・凶のいずれかの日取り説におよぶに、これを単純に解釈すれば「吉日」は「実母」に、「厄日」は「継母」

となる。だがかれの真意はそうではあるまい。なぜなら、正しくは労働日の「吉・凶」は時におうじて「実母」にも「継母」にもどちらにもなるというのであるからである。そこで母系列的《マトリックス》にいえば吉日—実母、吉日—継母、厄日—実母、厄日—継母の四通りが想定されるのであって、この根底には、労働の虚・実、すなわち労働の質料的な、精神と心情の抗争的な実在についての強調こそがかれの真意であろう。ヘーシオドスは、われわれの吉か凶かの労働は、それが実在か非実在かの両義の「母親」に表現されるものであると言っているのであるから、この言質は、じつに占・トの呪術にこと寄せた表現労働の現実的実在性を言い表しているとみられる。ただヘーシオドスにとって「母性」は、基本的に「労働」から疎外されているとみなさざるをえないかぎり、むしろ、ここではかれの家事観ともあいまって既に「農耕」段階の「父権」的性格が浮彫りにされているといわねばならない。それは、古代都市国家のギリシアやローマの「文化」が、採取・狩猟・焼畑民にうかがわれる両性による協働の母性的表現世界から、はるかにはなれていたことを、それゆえに他方で、女性をただ弄ぶだけの性的に堕落した世界がまっていることをあらためて表している。それにもかかわらず注目しておかねばならないのは、ヘーシオドスの時代、労働がなお女の呪術によって「吉・凶」的に規定されていたことである。いいかえると占・トの呪術は、なおくらしに直結する、女子による労働の実在的目的因と、生体の環境への適応を左右しうるはたらきとをになっている。

原態労働説には自然的実在についての実践的「死—生」のパトス的生き方の問題が避けられない。この点マルクスはまず、労働の本質にそくして、直接的な使用価値めあての生産および交換において人間は、その主観的な欲望（必要）のかぎりの対象の内容化（内在化）を果たしており、これは「対自的」(fürsich) な人間の労働にもとづく行為であって、「未開で野蛮な状態」にあるものだと規定した（「ジェームズ・ミル著『政治経済学要綱』（一八二三）からの抜粋」『全集』四〇、所収）。この状態の自然人は一般的には「即自的《アンジッヒ》」な存在であると説かれているのと対照的である。そのうえでマルクスは、この直接的な対自性は、家族の生存の必要のかぎりで行われる使用対象どおしの、つまり労働の現物形態による直接の物質的な生産と交通の表現であるとし、ここでは、観念・表象・意識も、物質的行動にみられる生産力の直接の流出にほかならず、こうした唯物論的な「精神的交通」は「その末端の形成体まで含めて」はたらく人びとを条件づける、とした（『ドイツ・イデオロギー』岩波文庫、三二ページ）。重要なことは、この「未開で野蛮な状態」の意味的規定が、「彼らの表象のなかで彼らの現実を逆立ちさせ」「現実的関係の意識表現［を］幻想的であ」るようにさせることに由来するとしたことに、見いだせる（同・国民文庫、五一ページ）。

境界期の人間の直接的で対自的な生産・交通は、人間の自然力による現実態の、倒立した、退行的な「幻想」ともいうべき、くらしの末端の形成体に至るまで対自的な表現労働によって規定されるとしたこの主張は、既に考察したように「未開で野蛮な状態」の人間の歴史的主体の実在的性格に即して実証されるべき余地を持っていた（中村Ⅲ、二八五ページ）。この現実表象の幻想説は、逆に呪術のにない手はまさにその「実演」者であることを証している。このことをファースは「呪術とその実演にたいする［原始人たちの］信念は……事物の本性に関する或る仮定の受容、それからの［或る］論理的な推論によって説明されなければならない」と強調する（前掲書、二一七ページ）。

人間の自然力は諸個人に固有の「内的環境」を生成せしめ、「対自的」な心身連関の定常状態＝恒常性《ホメオスターシス》において独自のパッションの表現労働として把握され、情動を「媒質」とするこの内包力と外延力からなる興奮状態は、くらしぶりにみるパトスの対自的な可能世界と了解世界ととらえられた。すなわち、古タイヤルにおける「呪術的世界」の検証事例は、母性において一つのリズム的に結合されたくらしの表現労働をあらわしていた。かれらの黥面・首狩り・首祀りの現相は、二つの淵源を持っている。一つは古来、「平地民＝農耕民」化する旧同朋との葛藤と追いつめられ情動にたいし、残された採取・狩猟・加工・焼畑民につきまとう、外界との「交渉」の矛盾にもとづく不安、恐怖、死のパトス的「抑圧」感の生成に由来する（中村Ⅳ、一〇〇ページ以下のタイヤル北勢蕃の口誦伝承を参照）。

もちろん「不安」は具体的な脅威を認識しないところに、逆に「恐怖」は、それを認識するところにそれぞれ自己矛盾として成り立つ。ここに一種の「内的秘儀」として占・トの呪術的な伝承が生みだされるとともに、家族および群の構成員の内的生命を維持し保存せしめるための、いわゆる「感情表出障害症」と「心身症」(psychosomatic disorder, 中村）がむすびつく情動交換《コミュテーション》の安定／不安定の「健康」問題への工夫が生じた。「山の民」にとって不断の平地民化にともなう不安と恐怖は伝承のうちに、一種の心的実在に対する敵愾心と報復観をも蓄積してきたが、窮迫的な情動は、女呪術師の代替的な興奮と心因性もうろう状態によって補償されることになる。ここから一方の平地民化したもの（台湾史上あいまいな「熟蕃」と分類されるもの）は、無惨にもかえって生き残れなかった敗者たちであるという解釈が可能となる。かえって生き残った高地民の情動表現について、マクガバンは、かれらの自然人としての「了解的」しぐさのうちに「人間的さわやかさ、慎み、正直、廉直さ、友誼、誠実、宗教的熱情、強い興奮性ストレス、「かかあ天下」(gynocracy) 的、勇猛かつ絶対に服従的ならざる」高潔の諸性格を、よみとっている（中村V、八二ページほか）。

黥面・首狩り・首祀りのもう一つの淵源は、形而上学的の高次の対象を呼び込む占・卜の呪術の工夫は、採取・狩猟経済の基本的矛盾に直面せざるをえない母性—権能が、その予兆《オウメン》機能をつかさどる「女シャマン」による自然宗教の発達としてとらえられるところに見いだせた。山の民に共有される母性権能に主導される、予兆の心的現象は、追いつめられた現実の矛盾に対する心身連関の経済的な「調和」を達成することでかれらの人格主義的態度を生みだしたのであり、ここに永続的な対自的性格のコミューン的システム（井上、マクガバン）の形成が、類的属性のうちに展望されることになる。母性のような内的環境から分離していない認識主体のみが、いいかえれば矛盾に直面したときの、採取と狩猟のくらしを客観と主観の質料的な未分離状態として受容してきた母性の経済的立場こそが、人間的自然の内的本質に参入することができるからである。

注意を要するのは、この主・客未分離の自然力状態は両性にとって本態的な母性として把握されるべきであることにある。境界期における——農耕経済とは比較すべくもない長期の——採取・狩猟・焼畑民の段階において、胎児から乳・幼児期をきわめて長期に両性によって育まれることは、この間の子ども—母性民属として特徴的であった。この間、徐々に男子に特化する狩猟に対して女子は、従来の採取経済における両性の結合労働のうちにつちかわれた情動—交換において、はじめて不安定の状態に立たされることになり、それは、とくに狩猟によるくらしの不確定さと「死—生」という矛盾を、一身に引き受けなければならない欠如態を意味した。おそらくこの事態は、人類にとって最初の感情喪失という矛盾の機会が、女子、それも子どもを直接に受胎、出産、哺乳しなければならない母親を、見舞い、そこに演戯力がつちかわれたであろうことを合理的に理解せしめる。

受胎を可能にする月経周期が情動と密接な関係にあることは、狩猟の導入によって、母親のがわに母性の情動の安定／不安定をめぐる力動過程が長期にわたり徐々に形成されたことに由来することを意味するであろう。このことはまた、「自然人」の性的行為をめぐって、たんにそれが放恣のまま行われたのではなく、「死」に直面したくらしの中の両性によるおなじ結合労働として、自制と昂揚の自然のリズム労働的な表現秩序のうちにあったことをもあきらかにするであろう。すなわち、狩猟経済の導入によってはじめて母性の情動の力動表現が母親のがわに固有の実践のあり方として規定されることになったのであって、母性の本質論は、採取・狩猟・焼畑経済以外の要因にもとめられるべきではない。両性のもとの個々の母性は、開墾と火入れにはじまる森のなかのくらしの経験によって、「死―生」の規則的リズム性のうちに自己媒介的・自己矛盾的な自己運動を蓄積するとともに、人間化された自然の世界を感得せしめていた。この人間的自然は、その自発運動性のうちに――性の行為はこの運動表現の重要な側面である――家族の再生産を「子ども―母性」型自然情動として可能にした。

ディルタイは「死」と向き合わされた、原始的形而上の生という主題においてこう言っている。生けるものは死について知ってはいるが、死を理解することはできない。死者をはじめてみたときから死は人生にとって理解すべからざるものである。それ故、世界に対してわれわれが何か他のもの、異様なもの、または恐ろしきものに対するごとき態度をとるのはなによりもまず、この死についての不安のパトスに基づいている、と(『世界観の研究』山本英一訳、岩波文庫、一九三五年、一七ページ以下)。ここに、理解することはできないと指摘される「死」のパトスを、人びとは胎・乳・幼児の現実として受容し、それに対するなにがしかの工夫によって、つまり現実を逆立ちさせてまで幻想的に「了解することはできる」と言い換えることは、人間的自然の観点によってこそ可能である。自然についての貫徹された人間主義の経験と工夫が、「生の異様さ」、母性のうちの経験の「様々の奇異な矛盾」すなわち自己矛盾を、はじめて了解せしめる。この事態が山の民にさいごまで母性権能にそったコミューンを支持せしめた理由である。

いまや「母性」は低狩猟民のうちに、「火」の管理と家族の再生産という自然情動の規則的な反復・リズム性のにない手として成長し、この過程のなかで「人間化される自然」と真向かい、これを受容し、この内化によって自己運動の内的環境をつちかい、自己矛盾的な運動の主体においてなお「自然化される人間」の外化による外的環境の造成・役立ちへと、民属的な生の全体性を実践していく存在である。ゲーテはこの内化に意をもちい、逆に、ニーチェは外化にその意を集中させたことはよく知られるが、このことをあえて強調するのも、従来のマルクス経済学はほとんどもっぱら内界不在の外化の方面にのみ探究の矛先を向けて、人間的自然における表現能動性としての母性的受容の労働経済学を見過ごしてきた感があるからである。マルクス主義の罪はこのため「人間の貫徹された自然主義」という徹底した「人間の自然化」原理にそった自然改造の資本主義にたいして、その肩をかつがざるをえなかったことにある。

人間的自然の方法論にそうとき、自然のパトスとパッションによる太古的な占・トの呪術表現について、可能世界（possible world）と了解世界（comprehensive world）に集約して考察する本書は、かれらの思考法についてはいきなり「社会状態」論から取り掛かることではこれをあきらかにすることは難しいとみる。逆に、それの基底である人間的自然についての母性的自然情動の経済的力動の考察が不可欠であるとする立場にある。さらに自生的な表現労働という概念は、直接に「死」と「生」が隣り合わせにあるような、苛酷な「自然生的循環構成」(中村Ⅰ、七〇ページ、第三図)にみるパトスの「否定的対象」の小宇宙観――例えば「死後のくらし」観――の対自的世界観からもみちびかれる。タイヤルには死と生の「関係の意識」は、死と生がすぐれて子ども―母性型として表象されたうえで、主体と客体とが統一される唯物的で対自的な世界として工夫されるところにみられる。この特異な「死―生」の両義的な世界観は、とくに両性にかかわる「多神教」(several deities)の信仰とむすびついていた(中村Ⅴ、一二三ページ)。

マルクス主義の労働の過程的辯証法は、外的にマクロ的現象には妥当であるとしても、パッションの母性型「受容性」を容れないかぎり、ミクロの人間の主体性の構成に内的にかかわる視角を生みだすことはできない。人間の自然力すなわち活動力は、この受容性においてこそ労働力の抽象的な元型を見いだす。この点で、マルクス主義はなるほど原初の「神」を直接的対象としてはいない。この対象は、感覚的事物にあり、これに対して「神」は、純粋なパトスの最高段階に位しているので、経験を超越したところにおかれるのである。ここに注意すべきことは、科学はその対象を直接、経験の範囲に限定するのではないのであって、それ故にマルクス主義もまた科学たりえるかぎり形而上学的に自然宗教を論じることができるとしなければならない。純粋情動は、窮迫的存在のうちの人間化される自然のうちに、自発運動となる交渉によって有利／有害をも超越するほどのなにがしかの「余裕」を生みだすとみてよい創発的性格をもっている。

この事態は、過程的辯証法のうちに「類」的な構成員仲間との間にくらしの一定の「場所」的辯証法の視角を不可欠とした。従来の場所的辯証法は、この「類」的存在に直ちに「共同体」概念を押し当てるという過ちと、それ故そこに、外と上からの気づきを促迫し、ある場合には個人を幸いにし、その力を引き出させ、ある場合には個人に圧迫をくわえ、規制をもとめ、それ故に個人の類的存在自体が、そして個人の類に外化しようとする自己運動が、くらしのなかに一定の地位の「場所」を占め、そのようにして個人を囲繞するものは或る客体として形象化された「民族—精神」として認識されるという過ちとを、犯してきた（哲学の京都学派の辯証法はこの観点から批判されうる）。

あらためて経済とは、人間的自然の唯物論的把握によれば、内的環境の外延力と内包力とに志向された自然力の自己運動にほかならない。というのもこの運動は、自然が人間化されるさいの、この人間の本質力が自然との交渉において発揮される情動・心情の表現労働となるからであり、労働の構成論によれば、受容と造成・役立ちの両極性に調和するはたらきをつとめるからである。この調和的動態は、狩猟をくらしの中に取り込むようになって以来、辯証法的に「死・生」の自己矛盾による、高次の対象からなるパトス的実在の世界を、両性の間に自然力のはたらきにおいても領域においても、格段に深化させたものとみなすことになる。この深化は、「子ども—母性」型自然情動の協働の涵養過程である。こうして人間の経済とは、たんに外側から賦課される与件としてのみではなく、内的環境を自ら認識する心身連関の表現労働の主体において、内的生命の領域を情動の自発運動として維持せしめようとするいわば「健康」の仕組みであると、理解される。

タイヤル語で「ケバライ」というとき、そこには物象化にみる、「工作する」ことからじつに「情事」までの、情動の表現労働の意味がこめられている。今日のわれわれには忘れかけたことであるが、タイヤルにとって自然力の表象としての「情事」は、子どもをめぐる両性の、象化（「呪物」）によるこまやかな「自己」工作の、自制的な対自的表現そのものであった。さらにタイヤル語の「マラカム」とは、「首狩り」にのぞんで草むらに待機するときの、自省と陶冶の契機となる自制の機会を意味し、「首」なる物象化にそったこれまた自然情動による自己—工作という高次の対自性を表している（中村Ⅰ、Ⅳ）。結局、タイヤルの世界観は、「原結合」（マルクスおよびルクセンブルク）といわれるべき自然状態の表現労働についての本質が、「祈り《オラーメン》」すなわち「予言する《フェロー》」ことの「祀り《ファイエール》」の動態とかかわりをもち、それによって労働の主観—客観関係をとおした人間の対自的健康そのものと、対自的コミューンの所在を再考する契機をあたえてくれている。人類史にみる原態労働は両性の協働の形而下学的現相にもとづき、それが自然の生成的リズムに一致するとき、「神」との直接性を自覚し、結果として「祈り」が自生した。

マクガバンも間接的に論及するように（中村Ⅴ、一〇八ページ）、タイヤルには、そのとおい系譜にボルネオ（カリマンタン）の高地ダヤク人（hill Dyaks）と低地・海ダヤク人（sea Dyaks）を持つ。台湾先住民は、マレー・インドネシア語族の一分派が漂流、漂泊をかさねてついに台湾島の山岳ふかくに追いつめられたものとみられ、言語、黥面、首狩り、首祀り、石積み建築、織機、狩猟、採取、焼畑、各種の手工、漁撈、鼻笛、弓楽器、その他のくらしぶりに、総合的にこの語族との類似の性質を見出すことができるといわれる（同、九七ページ他）。この指摘は、古タイヤルの局地的性格は結局、ダヤクとの間に表現労働の対自的本質論に集約されることを意味しているとみてよい。すなわち「タイヤル」という固有名詞は、自己産出、自己工作という表現労働が可能な「人間」主義の表れであった。

ところが近年、彼ら自身の「正名」すなわち「民族認定」運動のなかで、タイヤルから独立した一部が「セデック（賽徳克）族」へと改称されるという、変化をみた（それは、二〇〇八年四月に台湾政府によって認定されたといわれる。中村平「台湾植民地統治についての日本の「民族責任」と霧社事件認識」神戸女子大学文学部紀要四六号、二〇一三年）。この改称運動については、日本統治期においても称された「セデック」(Sedeq, この語群には霧社蕃、タウツァ蕃、トロク蕃、木瓜蕃、タロコ蕃、タウサイ蕃が属する）の復権とみなすことは可能である。しかし、この運動が今日、一時の政治運動として利用され、「民族」主義集団を誇示するような一種の政治「権力」主義の表れと懸念される余地はまったくないものであろうか。あるいは一つの仮説にすぎないが、共通の表現労働の対自的コミューンとして開放された「大タイヤル」主義に対する、狭く閉ざされた「小タイヤル」主義という一種の政治的分裂主義によって、かえって時々の権力体制側にからめとられやすくなるという、不安定化の弱点はないものかという懸念をおぼえざるをえない。

さらに重要なことがある。それは、タイヤルの少年、松雅各の情熱的な一幅の絵「上山打獵」（本書の扉）にみられるように、タイヤルには固有の採取・捕獲者としての認識形而上学にふさわしい「美」的世界があるということである。少年の世界観は、先に述べたパトスの「不安」にたいしてこれを克服しうる、おそらく唯一の母性的唯物的観念の根拠となるものであろう。名称の分類以前に、せまい局地性にからめとられた諸個人が、対自的なくらしの表現労働によって普遍的美的な自然情動の諸個人へのみちを用意することなしには、井上やマクガバンが験証したタイヤルの「コミューン」的システムはいつまでも局地的なものでしかなくなる。マクガバンはタイヤルの出自に関して、ダヤクとのかかわりのほか、フィリピンのタガログ人との身体的特徴にも注意をうながしている（中村Ⅴ、九五ページ）。またタイヤルを「タイロロク」人とよぶ場合があることを注記してもいるが（同、九六ページ）、「タイロロク」とは、タイヤルのうちの一際美貌の「タロコ」人をさしている可能性がある（中村Ⅰ、巻頭の少女の写真）。かれらの生全体観は、子ども―母性型自然情動をして民属の美的原形象をつちかってきた。

ちなみにインドネシア語系に属する台湾先住民は、そのくらしぶりを全体としてとくに「祭祀、儀礼、禁忌」に関する多くの用語のうちに表現しているといわれる。当時「理蕃」体制のもとで、姉崎正治、宇野圓空、馬淵東一、移川子之蔵、浅井恵倫らが調査し著した、帝国学士院『高砂族慣習法語彙』には、「アタヤル語、セデク語、サイシアト語、ブヌン語、ツォウ語、カナカナブ語、サアルア語、ルカイ語、パイワン語、パナパナヤン語、アミ語、ヤミ語」の一二語群が区別されるとした。このうちセデク語は広義のアタヤル（タイヤル）種族に、カナカナブ語とサアルア語はおなじくツォウ種族に、ルカイ語（ツァリセン蕃の語）とパナパナヤン語（卑南蕃の語）はパイワン種族に、それぞれ入れられうるとしている。この調査報告が問題となるのは、この事実をもって、ただちにかれらの集団主義的な社会状態、社会組織、法律的関係などを解明しようとする、一種の上からの「共同体」方法論が背景にうかがえることにある。

これに批判的と目される井上やマクガバンの「コミューン」民属説は、これまでにみてきたように、端的に個人的所有に基礎づけられた「共同の表現労働―体」説と規定される。例えば、ヤミ語の「イリ」（「集落」）は、じつに「共同造舟、共同出漁」を表しているように、かれらにとって群および家族は、一人ひとりの造成・役立ちを統一した、自然情動の表現労働である。台湾先住民には、集落とは「家族」の集合体であると同時に、家族のくらしは「母性・母系」中心の統一体の表現であることが多い。例えばアミ語の分家・別家を表す「マサシケルトルマ」は、女戸主を中心にその女系家族員らが容易に分離せず、大きく一家をなす傾向を含意し、ブヌン語の「マシアスマダダイナス」と「マシアスカンポ」は、母族によってとりおこなわれる「呪療・祓除」の意味である（前掲、学士院『語彙』）。それ故、「祭祀」などにかかわる豊富な用語が、情動的表現労働の日常的な可能・了解世界を、諸個人の側からいかに母性としてとらえたかという内在的な問題意識こそ今日、ほんとうの意味でわれわれ民属のくらしを方向づけるものといえるのではないか。それは、両性に協働の母性に基礎づけられた実在―観念の祈りの労働にたいする再評価とそれによる「対自的コミューン」の再現をめざすものである。

捕獲から狩猟へという認識の新たな性質の領域がもたらされたとき、人間の自然力は、その給付―反対給付（備給―逆備給）の経済的力動過程をして「死―生」の矛盾のくらしを母性のうちに、普遍的弁証法的に構成することができた。大動物の狩猟の導入によって採取段階とは比較にならぬほど自然力の給付過程が旺盛となったことは、感覚、意識、とりわけ情動の、表象と判断にまたがって、主・客の間にパトス的な死と生にまたがる「中間領域」を表現労働において構成することができるようになった。この境域においてわれわれは、形而上学と労働経済とを同時に調和的に探究する、母性的な「黒の思考」への途に入ることができる。

人間の自然状態に新たな能力を開発せしめる「占・卜の呪術」のはたらきは、こうしたパトス的中間領域・論を、新たな採取・狩猟段階に独自のくらしの表現労働のうちに構成化したのであったが、このような境界期のはたらきのにない手こそは母性権能であった。「母性」は、ここでは未だ政治的宗教的に権力をふるう存在としての「母権」の立場にはない。人間は長い間子どもを起点とする「生成」主義というべき自然の人間化のみちをたどってきたが、このにない手こそ、採取段階以来、質料的唯物の観念世界に主役となった母性である。人びとは、この自然的実在―観念にまたがる生成活動の内在的経済のにない手のもつ力に対する、驚きと畏怖と尊敬において、長期にわたる「可能―了解世界」のうちに母性権能とその表現労働に自分たちを主導する余地をみとめてきたのである。この中間領域こそ、宗教・倫理・美的に全一化された「黒」の思考法としてみとめることのできる「有」の世界内在であった。

三　「黒」の原態労働

「男が黄泉の客となり、女の悲嘆はいうまでもなかった。女はある日、子を諭して「万物は皆繁殖の道を知っている。われら人類もやはりそれを知らぬようでは、鳥や蛇に亡ぼされてしまう。おまえも早や青年だから娶《めと》らねばならぬ。どれよい嫁御を探してこよう」と、山に入った。しかし、もとより他に女のある筈もないから、自ら木の液を取り、顔に塗り、相を変じてかえってきた。「おまえはどうした女か」、青年が問うた。女は「今朝ほど御身の母が来られて、是非伜《せがれ》の嫁にと望まれ、一足先に行けよといわれたのです。わたしは許された御身の妻なのです」と答えるので、二人はそのまま偕老《かいろう》の契りを結んだ」（タイヤル・トロック蕃の傳説。中村Ⅳ、一一〇ページ）。

ここには女の欲望と性の開放（ここでは「母子相姦」につうじる）が、彼女自身による「山に入る」という環境・道具活動としてのその身を隠す「暗―黒」の表現労働に基礎づけられているとともに、「母」から「嫁」姿への欲動変相としての一種の「とりかへばや物語」が、人間的自然における矛盾的な自己運動そのものであることをよく表している。この傳説に核心となる黥面工作の「変相」から、一つには人間の自然力の本質である情動・心情の表現労働が、山と森――ここではその「樹液」に表象される――の、自然の貫徹された人間化によっていかに自己意識的な・自分自身への自由（ここでは性の欲動）の主体性がつちかわれるかを、もう一つは、「母」たる主体による「嫁」（少女）たる客体化という、かえって人間の自然化による自己工作という「子ども」への退行的な経済的調和が、反復・継承されうることをとらえることができる。

変相表現は、自然の貫徹された人間主義における環境「適応」として、よみがえりという劇的な生体による演出的道具活動である。その場合、人間の純粋情動を駆使してまでも、つまり「黥」なる身体的なもう一つの「退行」現相を伴うことで可能性による自己保存の「進展」へと結びつくことができる、性的「仮象」による創発的退行のはたらきが浮彫りになる。母性による嫁姿への「とりかへばや」の行為には、それによって息子の「嫁」をつうじてふたたび「処女」になれるものならなってみたい、それによって子ども（せがれ）に対する母性としての自然力を再度、あかしてみたいとする――「ばや」的助詞にみる「願得」の宗教的情動において――呪術的祈りの性的な可能態が託されている。母性をおもてに立てたこの願得的祈りは、特殊形而上学的の神学的哲学としてかれらの宗教・倫理・美的労働の世界内在の表現学につうじている。この世界内在の途は、古タイヤルには「婚姻」とは別に、性の自由な開放の機会が周期的なリズム表現労働として溶けこんでいたことを推測せしめる。

ここにみる、変相によって生みだされる演出的可能性は、いったんは「母性」の否定的契機による自己解体（母の「死」）をもって「母から嫁へ」の世代転換を自らにうながす創発的契機としており、この「退行」的態度は、「不可能の性的可能性」というべき自己矛盾の動態を表している。ここには性の有的実相から別の実相に転じるさいの動態に固有の、つまり「相対的虚無」の中間領域論がもとめられねばならない。ある種の性的昂揚の転換には、虚無がかえって有そのものの本質的属性であることがあきらかである。というのもそのあかしとして、先にみたように人間には物象化によってでも自然的実在としての「工作―情事」的工夫をとげるという事態がみられた。母から処女（「嫁」）への転換は、両性にとって、いかにしてか母としてのあるべき完全性の欠如が、有の相対的不在の、克服への可能態の――ここでは退行的の――領域を必要としているかを示している。それ故、退行的領域は、性的転換にとっては欠如的虚無を随伴し、このときの退行的領域は、べつに相対的虚無の空間性を工作―表現労働化しなければならない。

「母子相姦」は、母性の欠如的虚無による、すなわち唯物的観念による人類の持続的発展にとっては重要な契機である。この動態は、還元主義（reductionism）をとりながら創発主義（emergentismus）にいどむ、創造的退行を表現するものと理解しうる。すなわちこの契機は、先ず変相の媒質を獲得するために「山に入る」という暗黒の場所的辯証法を欠かしてはいない。「山に森に、入る」ことは自己の姿相を相対的に不在にみちびくような、あのうす暗い母胎の、未だすべてを無にするような実在的観念の「自然の暗さ」(Schwarz der Natur) に還ることによって、原初の「性的可能世界」を獲得することである。すなわちここでは、「山」「森」が、母的立場から処女の姿へ、嫁的立場として妻姿へと転じる、母・娘二つの性の間の、中間領域に基礎づけられた永遠反復の性の動的構成体を生みだしている。山、森の、「暗―黒」を媒介にした人間的自然としての主・客の内的転移の構成化こそ、人間的自然による主体の生成過程である。

「母」は、それまでの婚姻上の妻の立場から「処女」としての性的可能世界を自ら再生産する子ども―主体となり、そのための欠如的かつ否定的なつなぎ役となる。つまり「家」を出ることで「母」は消滅、解体する。と同時に、それによって「嫁」が小家族の構成員たりえるが、「嫁」とは「母」からする、あるべき完全性の欠如を克服した、虚無的転移体であり、「母」が彼女自身、不完全な「母」でなくなれば、そこには「処女」となった見えない母がいるのみである。「母」が女となるためには、つまり「母」をみずから否定することのうちに純粋情動の受容と造成・役立ちという両可能態へと、自分自身を前意識的にとらえていなければならない。彼女にとって「相姦」は、意識過程の禁忌ということではない。なぜなら、ここには両可能態の間の転移にこたえうる、無為―無我―無記の世界内在が、逃れることのできない「虚無の呪縛」としてみとめられうるからである。青年の側からいえば、いまや「母」がいないのであるから「嫁」もいない。つまり彼にとってこれまた無記的に「処―女」が前在する。このことによって青年は、実在的に、はじめて自分自身だれであるのか、自分にとっての他者とはなにものでありうるかを、そして自分自身を真に自由にすることを教えられる初めての機会となり、意識的に性的可能世界に直接につながっていく、そうした生成過程が重要である。

さらに「万物―繁殖―人類―鳥・蛇」の観念連合による、世界内在の系譜的形成もまた重要である。それはこの伝承が、人間は鳥・蛇とおなじレベルの性的可能世界においてこそ、類的存在を実現できるという人間的自然のあり方を表しており、その場合はむしろ人間の「家族」は背景にしりぞいている。人間と動物の交接譚が世界の各地にみられるのも、人間化された自然の、超越的なパッション的表現労働を物語っている。

一九七〇年頃、当時の山梨県北都留郡金井村で、かつて蛇を産んだ嫁が村から放逐されたというはなしを採取したことがある。嫁は、村と家族にとっての存在であり、人間の女として動物との超越的交接にみるような「賤しい」性の主体に転換することはゆるされなかった。「暗—黒」(Schwarz, black, sordes)には古来、こうした「下賤」「けがれ」の価値意識がこめられてきたのである。それからこの部落では、東に隣接する初狩村との境の茅ガ坂峠を、とくに降雨のあとなどウナギが沢をのぼりつめて両部落を往来し、ウナギ取りは峠で待ちかまえて捕獲におよぶのだというはなしも聴いた。しかしこのはなしはどうも別の、いま問題にしている蛇やウナギにみる性的可能世界との類比として意味をもっていると考えられる。それは、両部落の若い男女がこの峠を往来しあって逢瀬をかさねたことと符合し、現に両部落の間に嫁のやりとり交換の慣習がこの当時まで行われていたし、わたしは実際夏の盆踊りに、峠をこえた異性間の交流がみられたことを知っている。蛇もウナギも、くらしのなかで強精的に人間化されている現象は、従来の歴史学がこの両部落のたんに封建的で閉鎖的な性格を論じるのとは形而上学的に次元を異にする。

さかいの峠をウナギが行き交う話しは、埼玉県飯能市の南川と上名栗両部落のさかいの天目指《あまめざす》峠にもあった。ここに峠という「さかい」が、人間関係の物象化において「理—性」上の形而上学的さかいを意味するとなれば、この相対的虚無の「黒い思考」法は、内的世界の宗教・倫理・美的パッションに基礎づけられたものであることを意味した。かくて表現労働には、人間の性的可能世界を周辺の外的環境へ伝達し、伝承するという重要な内在のはたらきを持っている。当然そこには、人間関係の倫理にまつわる価値という主題が伏在する。このような表現労働は、無機的存在にまでおよぶミクロコスモスのパトスに基礎づけられているが、これについてもう一つの金井村での経験的事例がある。

その晩わたしは、すこしまえに夫を亡くしていた美貌の伯母のいえに泊まることになったが、蛇を産んだ嫁のはなしが気になったか寝付けなかった。真夜中になると、どうも全身が硬直し、いわゆる金縛り状態にかかっていることがわかり始めた。この状態は衰えるどころかますます蒿まり、手足は微動だに動かしえず脂汗にみまわれ、そのまままんじりともせずに朝をむかえた。朝食のときこのはなしをもちだすと、伯母は、どこか笑いをこらえている風をみせながら、それはかわいそうなことをしたねと同情してくれ、そのうちとなりに住む義姉、つまり亡夫の姉がやってきて「どうしたずらさぁ」と、心配したふうなくちをきいてくれた。伯母によると、かつては庄屋格のこの旧家の奥の間は、天井にむきだしの大梁が幾本にも組み合わされ、その十字の交点の真下に寝ると一晩じゅううなされるか、身動きができなくなるのだという。そのことを事前にはなしておかなくてごめんねと、笑っている。だがそこに客布団を敷いたのはほかならぬ伯母なのだ。

寝る前にしてくれた伯母の性的刺激ばなしと、布団敷き、それに「心配」顔の伯母の義姉の来訪とは、みな一連の価値的倫理の情動表現である。これを、生きた民属のパトス的表現としてとらえるとき、われわれには忘れられた人間的自然の世界をよみがえらせてくれるものとなる。この民属的倫理の表現世界にしめる肝心の十字型「大梁」は、無意識にも、寝るまえにそれを目に入れることによって脳にたいする抑圧の外的環境を形成する切っ掛け(起動因)となり、一方、美貌の伯母の語り口をとおして、受容するわたしのなかの性的欲動による内的環境の生成とその表現への衝動は、一種の倫理的適応である自制との間にはげしいせめぎあいの抗争関係を生みだす。それだけではない。この語り口の受容は、けっしてその晩の一時的な情動表現ではなく、幼児のころからわたしを可愛がってくれていた伯母への蓄積された思慕の反復的心情の表れであって、内的リズムとして伝承された本質力の所在を意味したものと考えられる。このことは、タイヤル・トロック蕃の伝承の主役である「母親」は、たんに自分の倅に対して閉じた私的な存在ではなく、いわば「類」的属性の基底にすわる「大母」的な自己意識的活動としての主体なのであった。

山の峠、森の中の空き地、川の中洲（中の島）、海浜は、性的可能世界として「ぬた場」たりえたからこそ、異性がらみの沈黙交易の自然的実在を条件づけた。それらは大母の了解的許容の世界である。核心となるのは両性間の欲望と性の自由は、人類史の観点からいえばこのような大母的観念のうちの受容と造成・役立ちという、二つの前意識的な可能態の辯証法的構成によって継承され、そのような内感と外感によって、諸個人のうちに内的環境として伝承されてきたという事実である。前述のフランス経済史学のI氏の主張する「自然からはなしをきき・自然はいつでも人間をみており・人間との間に意をつうじあわせようとしている」人間に志向した自然の表現世界は、もう一度、われわれじしんの還元・創発の自然力を蘇生せしめることを訴えている。

欲望と性の価値倫理についてタイヤルの伝承には、既に母子「相姦」じたいは表面にでておらず、変相によって自制的に回避されている。変相はこの場合、母—子関係に環境への適応の自制をはたらかせている。自制と禁忌とは民属の習俗としておなじではなく、個人と個体のちがいがそこにはある。習俗論には適応の自制説が組み込まれている。さらに性の開放には、山（森）の中での表現労働の自然的実在性が見いだされる。人間的自然の表現労働は感能と欲動の契機であり、山や森、川や海は、諸個人のなかにこの自己運動の自然的実在の主体性を涵養する。逆にいえば有機組織体として「死にゆくもの」は、山や海に還帰する。というのも「表現―労働」過程のうちにはすでに「死」のパトスが組み込まれていたからである。「死」のパトス的労働説は人間の生体の全体観からのみ接近しうる。この仮説は、死後の生体の環境説を用意し、かえってそこに生前の生体の環境説が意味をもつことになる。タイヤルの伝承からは生殖＝再生産の外形的体系（「結婚」）の外に、つまりそれ以前に両性の「性的可能世界」へとむかう――蛇やウナギの工作―情事の民俗にみたように――表現労働じたいにみるつなぎの論理が、うかがわれねばならない。

くり返すように、青年にとって「夫婦」の契りが、母親の変相である「黥面」（「仮象」）によって可能になったのは何を意味したか。二一世紀の最近、タイヤルの許婚者同士が、古来の刺墨をほどこして社会的に話題をよんだ事例がある。古タイヤルにとって、花嫁となる資格をあらわす刺墨の作品は処女として既婚婦人《マトロンフッド》への可能態をあかしする表現である。これに対して花婿の刺墨は、結婚以前に、「自分自身への信頼と自由」についてのあかしであり、それ故に黥面は、人間化された自然の表現労働であることが了解される。男女の「黥面」はタイヤルにとって「人間主義」的な自然的実在の表象であった。この点にかんして、マクガバンは的確にも台湾先住民の間には集団の転移儀礼《イニシエーション》とよべるものは一切、見当たらないとの、重要な指摘をしている（中村V、一六七ページ）。

タイヤルの「黥面」習俗は、個人のパトスの根本概念にそった、山―鳥・蛇―樹液による変相という、自然の貫徹された環境適応性を条件とした。このような表現労働は、主・客の相互媒介的な内的移行をはたすかぎり主観的にして同時に客観的である。今日の現象学は、こうした心情の世界動態を「自然主義」的な性格のものと規定しがちである。これは主体の客体化に重点をおくかぎりの「生産主義」的な人間の自然化（「自然化された人間」）という成長志向の考え方である。主・客の相互媒介的な性格は、くらしぶりの原理からみるとき、果たしてこのような成長志向の自然主義にかたむいて理解されるべきか、あるいはマクガバンが発見したタイヤルのごとく幾十世紀にもわたって反文明的に性的可能世界の生成主義として、人間化される自然的実在のうちに生をつなぐ表現労働のあり方に本質を見いだすべきか、という問題枠が開示されるであろう。後者の場合の人間的時間《カイロス》概念は、内在の「死—生」的継続の創造の持続性に見いだせる。逆に、自然主義にもとづく外化は「死」を受容した対自的な表現労働を無視した、際限のない成長の発展観にとらわれる。ここでは個性の「自死」さえもが自分自身への自由においてではなく、かえって社会の発展に対して「犯罪」である。

こうして変相の「仮象」（「化粧」）による、くらしの中の両性の情動交換、自然的実在における性的関係の常在性、そしてなによりも「母性」本位のつなぎの可能世界の物象的端緒が注目される。タイヤルでは、処女は「黥面」をほどこすことによって「妻」たる可能態となりえた。この場合、性の欲動は環境適応において、黥面変相による自制を随伴し、あるいは逆に変相の自制のうちに「欲動」を擬装し、かくしもっているともいえよう。あるいはまた欲動に特有な身体的変化が肉体内に押し込められて、欲動を他人にみられないようにするのである。このように変相と自制の相関関係に注目することは、適応型欲動をして表現労働におもむかしめることを意味する。自然史的過程における労働—過程の本質論は、じつに性的欲動の変相と自制の表現活動をめぐって立てられねばならない。

女の仮象こそは「妻」たり「母」たりを超越した、自我の開かれた性を自他にみとめさせる表現労働であるとともに、男には依存のエクスタシーを呼起せしめるのであって、それ故にこの仮象は単に「顔」のみでなく、さまざまに手、髪型から衣裳、もしくは視覚から嗅覚へ、「刺青《いれずみ》」へと、発展したものととらえられる。シェパードは、こうした行動の特徴は「百万年にわたる狩猟の変遷」の結果であることを正しく指摘している(『狩猟人の系譜――反農耕文明論への人間学的アプローチ』小原秀雄・根津真幸訳、蒼樹書房、一九七五年、一九一ページ)。「自我的自由の性」の人間的自然について、経済史の通説に、それは「乱婚時代」であったと、ほとんど無内容的に規定されてきたことが批判されねばならない。性の「自然状態」すなわち人間主義と、「社会状態」すなわち自然主義についての、論理的な区別の基底には古来、表現労働にともなう独立と分離と中間領域のつなぎの創造的「黒の思考」法が変相と自制の混合の論理として、「コミューン」の祖型を生みだしてきたとみることができる。この観点から通説批判につうじる二つの野史の事例を、ここでは詳述の余裕がないまま紹介することにとどめておこう。

まず一つは、六五八年(斉明天皇四)、謀反を計って裏切られ、天皇の行幸地の牟婁《むろ》の湯に召されての帰途、藤白の坂(現・和歌山県海南市)で一八歳で絞殺された、有馬皇子である(本書、とびらの裏を参照)。ここには遺された歌にみるように、古代天皇制という「社会状態」に抗して、人間的個人として「椎の葉」に託した情動を髣髴とさせる若き皇子の情感が指摘される。案ずるに皇子は、人里はなれた森の中で若い身すがらの性的可能世界の創造性を、最後に椎の一葉の摂食にあずけたのである。「椎の葉」は、一つには大逆謀反という自分の意志決定をうごかしえないあかしとするほどの、自然情動による自制の意味の「変相」である。いま一つ、「椎の葉」には、自然的実在の皇子じしんの今際を予知した、表現労働の基礎づけがあることである。ここには当時の「山中他界」説の自然的実在―観念があるとみたい。「家にあれば」いつでも器にもられたやわらかな「飯」を食べることができる。しかし、いまは追いつめられたパトスのもとの「旅」路にあって、且且の飯を炊《かし》ぐことから手前工作をなさねばならぬ。「イヒ」は米とはかぎらない、穀物の類である。案ずるに干飯などでなく「椎の実」であるかも知れず、それが薄命の皇子にはふさわしい。いずれにしてもこれを炊ぐためにはまず谷川の水に浸し、貝の容器で「カイヒ」(熟飯、カシイヒ)に調理し、「カシハ」(炊葉)の類の椎の葉にもって、食したのである。

したがってこの歌には、「椎の葉に盛る」までの、皇子みずからの幾重もの物象化による自己工作の表現労働が込められていたとみることができる。「椎の葉に盛る」自らの造り出す変相のうちに、かえって皇子の堅忍不抜の激情が偲ばれ、後世、椎の「一葉」から話しかけられる、自然を人間化することのできる創造的「情」事の程をわれわれにのこしたのである。余談ながら有馬皇子のこの歌は、西村眞次著『萬葉集の文化史的研究』(東京堂、一九四七)には採用されていない(初版は一九二七年でありその後も増訂版を重ねていた)。この事実は、「大逆」罪が皇族の内部からみえたという歴史的現実のまえに、「時」流に抗いえない「文化史」観というものがいかにもろいものであるかということのあかしである。

すると、この有馬皇子の歌には、天皇制という歴史の表舞台においてなお抗いうる「皇子」とはことなり、一介の虐げられた名もなき「民」として、椎の一葉に徹することにおいて、なお、体制の「文化」とは別のパトスの歴史を演じる機会のあることがみえてくるといわねばならない。もちろんこのような歴史の上演は、表舞台の「皇子」にしてはじめて可能であるという理解はできる。しかし、この歌は、ただそれだけのものではない。くり返すように「家にある」ときと、わが身を余儀なくも「旅」という「追いつめられた」沈黙の極限状態においたときとでは、「死」の実在の世界がちがう。この窮迫的な民としての自然的実在感は、「笥《け》」から「椎の葉」への物象化をとおして、人間皇子のパッションにせまりうるからである。受難の民の歴史は、常住の「家にある」ときでは計算できない心的実在性の深みを、流氓の身体で演じる表現労働のリズム性にある。自己創造的な表現労働は、後世に野史としてアナキズム生成の原理となる。

もう一つは、エドワード一世に反抗してスコットランド独立のために闘い、むしろ「民族」にとらわれることなく、かえって自我（我意）の高まりである自由な性と愛を固持して、一三〇五年にロンドン塔に露命を空しくされたウィリアム・ウォレスである。当時のイングランド王制は初夜権の政治的行使によってスコットランド異民属の生と性を原収奪していた。古来ブリタニア人は大青（virtum）で身体を染める変相の仮象法を駆使し、じつにpolyandry（一妻多夫制）の習慣を持っていた。ここでイギリス人であるマクガバンは、興味のあることに、台湾先住民に伝承される刺墨とホソバタイセイ（細葉大青）によるブリタニア人の防寒対策用に青く染色した膚（身体毀工）の慣習を、おなじ「母権制」概念のもとに慎重に比較考量している（中村V、一七六ページ）。森の民であるウォレスらが、対イングランド戦闘用にもこうした広義の身体装飾・毀工の仮象を用いて、「自我的自由」の性を表現労働にたくしたとみなすことは唯物的観念・情動論の立場として合理的であろう（なお本書第六章に考察する、シェリング『人間的自由の本質』第一四段落を参照）。初夜権がらみで新妻を喪ったとき、ウォレスは、パッションによる青い変相のうちに固い反体制の意志を堅持することができたのである。

ついでながら、古代ガリアのハエドゥイー族の有力者ドゥムノリクスは、紀元前五四年、カエサルにとらえられて人質としてブリタニアに送致されるまえ、森の民として、反ローマ帝国・反私的所有制の観念から「自分が自由なこと、自由な部族のものだということを幾度か叫んだ」が、ついにカエサルの騎兵に殺害された（カエサル『ガリア戦記』近山金次訳、岩波文庫、改版一九六四年、一五〇ページ）。

おなじ採取・狩猟民としてのタイヤル・トロック蕃にみる伝承を、経済学的に概括すれば、その全体は先ず性の交歓の願望は、夫を亡くして生の乏しさを感得する母として母—子間の「母性愛」による贈与の交換表現となる。次に、子の青年においては、通説に反していわゆる内婚制（endogamy）のもとの相互に自由な性の交換による、人間的「再生産」行為の妥当性を示している。これについてもマクガバンは、先住民の間では「最初のいとこ同士の結婚」それもとくに「母方の最初のいとことの結婚」にはきびしい部族的タブーがあるだけで、かれらの間に、外婚制（exogamy）の証跡はどの部族にもみられなかったと報告している。通説は共同体の維持、生産主義のために、内婚を否定し、内婚にもちあわせる情動交換と内的環境には配慮せず、外婚を人類の発展史観の根拠とする。しかし、古タイヤルからわれわれは、かえって両性の母性権能にもとづく自由な性愛のうちに、調和的な自制の「自律」的な——例えば「かかあ天下」のもとの「厳律一夫一婦主義」と「夫としての義務の厳守」、あるいは「婚約破棄」という慣習を持たないなどによる——「性」表現の「協働」を検証することができた。タイヤルやサイセットでは「別居」はないが、アミ人では、相互の性格不一致による別居と再婚は日常的にみられ、若い者の間では二年以上の「結婚期間」はないとまで、報告されている（中村V、一四四ページ）。

これらはともに、この伝承が語るように「繁殖の道」という生物史的段階の有機組織的自然にこそ基礎づけられた「人間的自然」の状態を表現はしているものの、そこに、私的財産の継承を目的とするような発達した「便宜婚」の要因は見いだされない。この対比の仮設にそうなら、人間の生殖行為は、母性権能による自由な性の「調整」的経済的性格を証している。エンゲルスは「〔かつての〕対偶婚では、母がその子どもの婚姻をとりきめるのが通例である」（『家族、私有財産および国家の起源』一八八九、全集二一、八三ページ）と言っているが、実態は、両性にみる「母性」に主導されるこうした性の心的実在世界は「人間的自然」のカテゴリーのうちにあることを示している。

黥面という身体的物象の変相にみる「妻—母—処女・嫁—妻」の変態《メタモルフォーゼ》は、母性として演じられる表現労働によって可能となった。「椎の葉」は、後世、反骨の有馬皇子を偲ぶものにとっては皇子の自己変相とうけとられる。この「神」的変相規定の要は、身体—心情表現にみる「異様」さにあるが、労働とは、すべてこの意味において沈黙を秘めた心身の「異様」な表現過程である。「身体—労働—異様」の自己運動につながれたパトスの表現活動は、古今東西の民の歴史の枢軸を構成し、これを精神や体制の外と上からすこしでも公認しようとすることは、不自然の極である。人類はこのとき、この自己運動の先にあるものとしてなによりも母性観念のもとのリズムを定位してきた。というのも母性はこの自己運動において、「性」をわがものとし、なにものかをはらみ、それ故に質料的であるだけになにか神秘的で危険なもの、それだけで既に自然を人間化したものとして、リズム的に異様であるからである。しかもこの「性」は労働と固く結びついていた。既にアダムのリンゴ採取は内在の性的表現ではなかったか。否、本来労働じたいが性の表現世界であった。黥面という身体の装飾・毀工は古タイヤルでは（中世スコットランドにおけるウォレスの事例においても）男女に共通しており、文明の社会状態における女子による媚態としての、男子に自ら隷従するような化粧風習とは本質的に異なる。

対自的力動観に立つとき、人間的自然の状態にうかがわれるべき「質量《マス》」概念の本態が考察されねばならない。それは物象的《マテリアル》とは物質《マター》とその情動性（matters）にみる「母胎的」なるもの——あたかも若芽・若枝を生みだす木の幹の質量観というべき——、すなわちMutter（motherness）の世界である。ここにこそ性的可能世界につながる人間的自然の現相がとらえられる。トロック蕃の傳説によれば、変相すなわち身体的変態において、夫に先立たれた「妻—母」には未だ性的に「役に立ちうる・造成」の可能態たりうることが含意されており、そのことは「黥—黒」と化象することによってなお「嫁—女」へと蘇生しうることを意味した。

もう少し順序をふんでみよう。はじめ「母」は嫁さがしのために「山」にはいったのであり、変相じたいが目的ではなかったとおもわせる。だが母親は或る樹液をもとに黥の顔面毀工の「黒」色術について、既に知るところがあった。なぜなら「今朝ほど御身の母がこられて……」という、いまや処女と化した「母親」の言は、嫁さがしは半分の口実で、黥面変相という自己の身体を供犠とすることこそ当初の性的開放が目的であったことを証しているからである。重要なのは、まず「山」が母親を受け容れることであり、母親にとっては「山」が自分の環境活動すなわち表現労働そのものであったのであり、したがって次には、自然に貫徹された人間としての「母性」はこの表現労働に基礎づけられて「受容可能性」という性的アピールによる可能態を表すことができる存在となった。くり返すように、ここに「大母」という生全体性の包括の論理が見えてくる。

これについて、E・モランは、それは逆に、男の「父性」を心理的に下ごしらえし、「男の狩猟の庇護的所有の権威が個別化され、［男が］子どもを引き寄せることによって……家族の最初の核がつくられる」もととなったと指摘したが（『失われた範列——人間の自然性』古田幸男訳、法政大学出版局、一九七五年、二〇〇ページ以下）、むしろ本書では古タイヤルの実証から、父性権能化以前に発生した「母性権能」説を主張するものである。ただしシェパードといいモランといい、性的関係による「家族」の発生と展開を、境界期の長期にわたる非農耕の採取・狩猟段階においていたことは注目されねばならない。

この「身体—労働—異様」の仮象＝変態論は、とくに女性に固有の受容と造成・役立ちの創造的可能態論によってはじめて成り立つ。学史的にこの立論の細部は、くり返すように純粋情動論のもとに、原始的知覚・性情・表現学、マルクス主義経済原論、存在の諸様相論、世界観論などに全体的に基礎づけられている。これらの基礎的な見地にまでおりたつことによってわれわれの目的が、タイヤルの事例を多少ともわれわれ自身のいいいい生の現実化の実践へとつなげることにあることがあきらかとなる。可能態は、だがあくまで現実態ではない。古俗にいう、現実態としての「妻」は、可能態である「処女—嫁姿」の「母から許された」変態をまって、現実態となる。ここには、「母性」による、可能態と現実態のつなぎの原理もしくは意味変換の原理という、内在の創造的表現労働がうかがえる。伝承としては青年にとっての「女」は、「母にのぞまれた」とされるかぎり「母」にさかのぼって、「母」にしたがって、ひょっとしたら「嫁」となりうる、「母性」依存的なロゴスたり得たのである。伝承のなかに一貫するこの「母」なる規定性は、青年にとって事的行為上、なお一つの尺度たりえ、転轍する行動への調和の役割を果たしていた。男性は、人類史における採取・捕獲段階以来の母性権能が強ければつよいほど一種の「母固着」(mother fixation）の傾動が想定される。

この変態の表現労働そのものに二種類があることに気づかされる。第一は、先に指摘した、全体の核心となる「木の液を取り、顔に塗り、相を変じ」る変相という物象化である。これは「母」の「嫁姿」への客体形象化といってもよいが、ここでは、身体論的にしてなお創造の「労働」論的な意味を持つことが注意される。身体毀工《ミューティレイション》の「退行」は、「母」が森の中に入り、或る種の樹液を掻き取り、原液に草木の灰や煤《すす》を混じるなどの加工をほどこし、それを顔に塗る自己工作であるが、もとよりそれが剥がれ落ちないように――つまり生涯二度と「母の」素面に還《か》えることのないようにしっかりと「処女」につながるように――自らその顔面におそらくは竹の尖先で削条痕をきざみ、この数条に、灰汁《あく》で練り上げた樹液を、ふきあがる血潮で凝固させながら擦り込んでいくことによってはじめて仕上がるのである。古代、人間の血潮は舟の板材の充填用に一種の凝固剤の機能を果たしてきたが（中村V、五〇ページ）、それも人間の毀工的退行によるつなぎの行為の一例である。

そのような知恵も技術も母性権能の伝承によるものではあるが、さらに注目すべき点として、「母」としてその全工程を自分自身でこなさなければならず、またこなすことができるという、自己工作の可能態から現実態へ、自「虐」から自「慰」へ、「苦痛」から「快感」への、パッションによる創造の表現労働そのものについてである。これは「母」自体がつなぎ労働の主体であったと同時に、つなぎによる可能的の自己運動は、境界期の採取・狩猟段階における「悲嘆」（不安）に連関する対自的な「祈り」（oramen）そのものによって可能であった。オラーメンとは、自己による自己に向けての、分離した自己の再結合のための、語りであり弁護であり懇願の宗教的情動であった。「オゥメン」（omen, 予兆、予示）という表現労働は、つなぎそれ自体の持つ自己に内在の論理、すなわち統一の対自的なはたらきとこのはたらきにみる価値論的な意味的規定へと、深化させねばならない。この第二の自己運動は、「処女—嫁—妻」として現実態を仕上げることにある。それは、対象的に「伜」から「青年」をへて「夫」へ仕立てあげることの客体の変態によって相互の対象関係、「生産」関係を成し遂げることにある。個人の「祈り」は、身体毀工というつなぎ労働によって、類的な「祀り」へと転移し、重なりあう。この「祀り」は、つなぐという可能態の表現労働が、性的可能世界を現実のものとする宗教的契機である。

四　自然情動の特殊形而上学

この問題は、経済史にみる二種の「差異」にもとづく「分業」関係論にかかわる。一つは労働じたいの分轄として、すなわち構成員ごとに採取、狩猟、耕作、調理、出産、養育、道具作りなどに専門的に努力し、その成果を持ちあって群を形成する。もう一つは、同一の仕事の行程別の分担で、構成員は各自の力能の持ち場ごとに、例えば狩猟でいえば、出猟の可否の占い、猟具の準備、猟犬の統御、追い立て役の勢子、射止めるもの、獲物の解体処理、運搬役などがそれぞれ分担される。境界期の労働についていえばこの二種の「分業」——じつは労働の分割と仕事の分担——は人間の可能態においてひとつの「協働」の共同労働とならざるをえず、そこにさらに「差異」による相互の持ち分を一つに持ち寄って統一する、唯物的観念すなわち自然情動のつなぎ役の労働がもとめられる。この差異のうちには労働の分割が無尽に他者向けに拡延されるのに対し、仕事の分担は、一労働過程の有限という特質をもち、このかぎりで自己とその周辺の情動交換による創造的労働の世界表現につながる。これもまた民の小さな歴史のうちなるアナキズムの原理につながる。

「協—働」概念を分業論に用いるときには、Genossenschaft という用語に示されるように、本来の動物的に可能的につながりあって享受する（ゲノス）とする、パトスの対概念である「和合—合一」が唯物的観念の要因としてあることを、とくに分業の経済史学は忘れてはならない。それ故、境界期の労働とはいっても、採取から徐々に狩猟と焼畑を導入するいわゆる低狩猟民の段階では、その「協」のもつ和合—合一の意味が、根源的に両性の中に見いだされなければならない。これが通説の、最初の自然発生的な性的分業説に対置して、なお両性によるパトス的「協」の動機を探究しなければならない理由である。そして、その歴史的前提とみなされるべきものが母性権能なのであった。

タイヤルの古俗伝承にみるように「母性」は黥面づくりをすべて自前でこなし、なお嫁姿から「女」へとつなぐ全一者の役をいわば性的和合のために自己完結的に果たしていた。群という協働体への動機ははじめに、母性権能による自分自身への自由の性的開放にもとめられる。原理的にはこうした様相のパトス表現は、人間の可能態が基礎づけとなって労働という現実態を生みだす力動過程を持っている。逆に、全ての現実態が可能態を、それ自体に備給したものであるとはかぎらない。ここに女と男の「自然力」表象のうえの「差異」があるのであって、つまり女には受容から造成・役立ちへとつながる可能態とその先の現実態が本態的、全一的に備給されるが、男には、質料保存として現実態のさきの過程そのものがない。こうした境界期特有の女の全一化の優越性は本態的とはいえ、長期の採取経済のうちにつちかわれ、狩猟の導入によって男にたいする優越的差別において発揮されることになったのである。

受容による「有」の最少の同一性は、論理的に外化の最大の多様性に向かうが、この有―用化はまず世界内在において、自分自身と外的自然との和合《コンビニエンス》（合宜・調和）のみちゆきである。いまや自己は、この和合の同一性においてあらたな受容可能態となる。そのうえ、外的自然の事物そのものもわれわれの理―性のもとで主観的に差異づけられて、しかもなお日々新に、創造への有の高踏性（eminentia）を維持している。ここにおいて人は、使用―価値的に自分自身の不完全さを日々のリズムとして新にしなければならず、この日常性こそは継続的創造への祈りの表現労働となる。

可能と現実をつなぐ変態の表現労働には、身体論的な受容可能性と造成・役立ち可能性という二つの特質がみられた。労働にみるこの両義の可能態を、母性という象徴的なにない手にもとめるときに浮上するのが、採取・狩猟段階に発生する「女シャマン」とその生過程を現実のものとする呪術的世界である。それ故、ここから世界は積極的にパッションの「可能世界」といいかえることができるが、なお、予兆（予言）の情動機能はすぐれて女性労働の現実態にむけて、パトスのつなぎ的媒質的にはたらくものであることから、予兆―受容、予兆―造成・役立ちの両義的「和合・調和」の経済的はたらきが了解の原理として把握されるのである。オゥメンは、社会史の通説では家長権（pater familias）の行使を表すものとして皮相的に位置づけられる。しかし、長期におよぶ採取・狩猟段階にはじめから外延的権力型のオゥメンが登場するとみることは困難である。境界期の人間的自然の世界は、有一般に対する、自然力の内包と同時の外延の辯証法的動態であるとみる特殊形而上学的の把捉ができるから、近代西欧にみるような自我と世界・精神との、峻別ないし無限の分離を、特質とするものではなかった。

マクガバンは、タイヤルのもっぱら女司祭による「占・トの呪術」の世界をアミ人やパイワン人と比較したうえで、直ちに「母権制」とみなすことには慎重であった（中村V）。母権制形成の前段階にあるべき、両性にわたる母性権能による生全体を現実の労働としてとらえようとする呪術的世界の、協働の和合ぶりがタイヤルのうちにあきらかになるとしたら、そこにこそくらしぶりの表現労働として「オラーメン」（祈り）の対自的性格が経済原理として把捉できることになる。したがって通説にみとめられる「太古＝母権制」社会組織にではない、「母性」主導の表現労働の世界観こそが定置されねばならない。必ずしも権力支配型にはしることのない、母性権能の一点に集約される「対自的コミューン」の所在が問題視されねばならない。

この点を立論する場合、経済史にいう国家・社会状態のもとに発達する一般的な財貨の交換（exchange）の型とは区別して、情動・心情の交渉論がコミュテーション（commutation）型として提起されえた。コミュテーションは、「追いつめられた」窮迫的なくらしの条件下に原生的な両性の和合的交渉形態に注目せざるをえないことによっている。両性のつなぎあいは、ある種の意味変換の代理者による、演戯的表現によらざるをえない現実的態度にかかっている。「コミュート」（commuto）とはなによりも「変換させる」ことであり、それは窮迫状態におかれた相互のパトスを、有用的和合へと変換・転轍せしめることにある。この点で周知のようにマルクスは、その後の俗物的マルクス主義とは逆に、社会のための個人という観点をこそブルジョワ経済学批判の立場から糾弾したのである。すなわち、人間的自然のコミュテーション説は、情動の自然状態を社会状態の基底にすえねばならない。

ランツマンは、映画『ショア』（ユダヤ人、ポーランド人、ギリシア人、ドイツ人ら、第二次大戦当時のナチス強制収容所の生き残りによる実録の「ホロコースト」回想録、一九九七）の中で、大略こう述べている。ランツマンの主張を言いかえてみるなら、帝国主義の植民主義支配という事実は、生の収奪的な極限状態におけるコミュテーション説に基づき、生の現実を、「無」という暗黒の反措定として再検討をもとめられねばならない類のものである。それ故、そこにあるのはホロコースト（holocaust）の社会史という観点ではない。すなわち、一人ひとりが個人として遭遇したホロコーストの「死のパトス」の世界内在における内包力と外延力に封印をした、相対的ならざる、有の絶対的否定につながる「絶対的虚無」(nihilum absolutum）の個人史という視座である。以下、正鵠を期すためランツマンの発言は「」で括る。

第二次大戦下の「ユダヤ人とドイツ人との、人間的関係のなさ」を描いたこの作品は、また、心情表現というコミュテーションの主題にそくして「映像という、表象の問題」をも扱っている。「表象をつうじてすべてが本物のようにみえても、実際に起こったことは、何ひとつこれには似ていなかった。ドイツ人たちは［実際には］こんなふうではなかった。……［つまり］わたしは自分の言っていることを何らかの仕方で根拠づけることができない。分かってもらえるか、もらえないかのどちらかである。……「ホロコースト」［「ショア」すなわちユダヤ人大量虐殺。ここでは現実のそれと映像表象のそれとの二重の意味で用いられる］がユニークなのは何よりも次の点においてである。すなわちそれは、ある絶対の恐怖が伝達不可能である以上、自分の周囲に、踏み越すことのできない限界を、炎の輪のように作り出す。この限界を踏み越えようとすることは、最も重大な侵犯行為を犯すことにほかならない。［それ故に映像という］フィクションとはひとつの侵犯行為である。表象すなわち上演には、ある禁じられたものが存在すると、わたしは心底から思っている。……［すなわち］映像は想像力を殺す。ものごとの重みを測る感覚が、失われている。『ショア』は人びとから多くのことを奪っている、非情かつ純粋な映画である。［ここには生きた］個人史は登場しない、死［んだ個人史］についての映画である。［ホロコーストの］生き残りたちは、誰一人として「わたしは」とは言わない。誰一人として自分の個人史を語らない。彼は「われわれは」と言い、死者たちのために語り、死者たちの代弁者となる。」

この思惟と心の、史実と心的実在の、感性的知覚と表現の、「対象」と意識の内容との、それぞれの「対立」について吐露したランツマンの語り口は、先ず、映像表象がこの対立を絶対的な前提としているところに、現代的な視角がうかがえる。いいかえれば「ホロコースト」に真向かうときの現実に生き残った「わたし」は、一方でわたしの内なる「生―死」の、合理性と非合理性の間にはつながりえない深淵があることを抑圧として自覚すると同時に、他方で、対象としての「ホロコースト」に規定された「わたし」からはなれられない、つながれた「わたし」をも、抑圧的に自覚する。つまりそういう「わたし」には現実としてたえず対象に対峙した考え直し＝変換が、反復的にせまり来る。対象は「わたし」の中の「わたし」であり、そのかぎり変化する主観からはなれた客観ではありえない。こうした対象対立的な「わたし」意識は本来、自我的な「わたし」を超越する。自我超越的な「わたし」は、与件意識としてではなく対象についての「有」の存在意識をもっていいあれこれと客観とつながれる。「ホロコースト」という対象的「有」は、いいかえると絶対的の単一性そのものである。このかぎり、「わたし」には対象説明ないし対象理解、いわんや対象解説などという、客観との離脱的な態度は執りようがない。唯一執りえるのは、対象の存在にたいする「わたし」によるあれこれの肯定か否定かの「了解」の余地のみであり、「説明」しうることではない。「絶対の恐怖」とか「追いつめられ」とかのパッションは、この余地における表現労働である。とはいえ『ショア』のなかの生き残りのすべての個人は、自我超越的な「わたし」という了解的余地の多くを奪われている。ただわずかに、ラーゲルにかつて通じていた運河に小舟をあやつるときの「わたし」にゆるされた、つぶやくような唄だけが、身体の道具活動としてこの間の情動を対自的世界の表現労働としているのみである。

『ショア』は、ラーゲルに生き残りの者から「わたし」の了解的の世界内在を奪っている「非情」に徹している。この方法論は、局限的受難におかれた人間的自然の特殊形而上学的世界を浮彫りにする。ランツマンによれば、この映像表象はかれらの「想像力を殺す」ものである。それはそれとして、ここではそれにつづく「生き残りたちは「われわれ」として……死者たちのために語り、死者たちの代弁者となる」という主張が、「侵犯者」として肯定的にとらえられるとき、「踏み越すことのできない限界」を「語り」や「代弁」のいわば「演戯」として表現しているものとみなすことが重要である。というのもランツマン自身、「表象《リプリゼンテイション》すなわち上演」であるという前提に立って、この場合の「われわれ」を演出的にとらえているからである。逆説的に、個人の「絶対の恐怖」とか「追いつめられ」とかのパッションは、おそらく人類史においてどこかに語りと代弁をいれずにはおかない軌跡を持っていたと言えはしないだろうか。このイデオロギーの語り手・代弁者・演出者が人類史における呪術師という表現労働の存在であって、この「語り」「代弁」「上演」が「ものごとの重みを測る感覚」から離脱したものとはとらえられないかぎり、質量感を備給した情動交換《コミュテーション》のにない手にもっとも至近な存在は唯一、「母性」であるとみなしうるのである。

付言しておかねばならないことは、ホロコーストの社会史的視角は、「日本支配下の植民地社会史」研究の松村高夫によれば、「市民」すなわち「常識＝コモンセンス」という一面的前提のもとに、「少数の人々がともす不確かでチラチラゆれる、多くは弱い光から発する［人間］」（H・アレント）を根拠に、それを、常識という「燃えるような強い光」にすべきことにあるという（『「ABC」問題は解決できるのか』ABC企画委員会、二〇一四。なおAは核兵器、Bは生物兵器、Cは化学兵器）。アレントがいかなる意味の個人の「不確かで……弱い光」を規定したかはおくとして、それを、市民の常識によって「強い光」にすべきであるという松村の社会化説は、上からの国家・国民的視線から「少数の人々の弱い光」をとらえうるという、民主主義の論理的矛盾を超克することのない、非内在的な主張である。このことを譬喩的にいえば、どれほど「少数」の弱者とみえる存在も、かえって多数の常識からは距離の間をおくことによって、一人ひとりが生の孤塁を死守することに価値を見いだせるような自然実在的の「高い光」の意味するところを、自然情動説において考えてみなければならないのである。われらが内面の「自然の光」の正価値は、正しくはアレントや松村のいう「強—弱」の系列下にはないない。そもそも「光」は一個の粒子によるかぎり、強—弱の次元のものではありえない。

この「光」は、「善」のごとく、松村の言とは次元の異なる「高—低」の価値系列をなしているからである。これが、従来の哲学が内在の「謎」としてきた正・反価値的転換の構造である。暗黒から延長される強弱の反価値から、光の高低の正価値への、次元と位相を異にした困難な転換の原理を、くらしの中で有の相対的虚無において「黒の思考」法としてとらえねばならない根拠がここにある。しかし、既述のように至近の全共闘運動にみられた内在の世界表現を了解しえないことにはこの自然的実在―観念は浮彫りにならない。自然の交渉・交通の反復行為のうちには、両性による「性」的虚無の自然状態においてなされる民の「小さな歴史」（シュペングラー）のリズム的いとなみがある。この観点は、パッションの表現活動そのものを対自的にとらえ、主体的な世界内在の人間こそ内的環境から外的環境を変えうるというマルクス主義の「自己変革」の命題にそっている（マルクス「フォイエルバッハにかんするテーゼ」一八四五。全集三）。

生全体観による経済的歴史的ないとなみは、「表現」労働の過程的な本質とかかわる。ここには一応性の営為とくらしの営為が二分化してとらえうるという観点が予想されるが、それこそ、現代の資本主義的に性とくらしに分断された思考にほかならない。実際今日の女性学は、現実への「適応」は単に社会と人間関係への適応であるとして人間的自然の主体性＝個性を抜きにしてかんがえている。これは資本に自らを売る、「歴史」と「自然」不在の観念論に過ぎない。「労働」とは生の現実としての自然融即性《ナトゥールアイデンティテート》そのものであり、本質は、つねに現在の自然《じねん》における生である。それ故、労働じたいある種の苦痛《パッシオン》を緩和し、世界を快感原則にそって未来の受容可能性と造成・役立ち可能性のもとにおくことができる。これは逆に、人間からリズム表現としての労働を剥奪したときに、おそるべき身体と心情の性的な混乱《ディスオーダー》が生じることからも、容易に解される。自然情動のこの二つの可能態――現代心理学ではそれぞれ受動的なレスポンデント反応と能動的なオペラント反応といわれる――には、当然過去の心的実在が大なり小なり模写されながらこれを再生産するはたらきがみとめられるから、この反復のリズム労働は、あきらかに歴史的な営為でもある。人間的自然の「呪術」は原理的に模倣と感染によるが、このつなぎの労働の本質は、むしろ性的リビドー経済を表象する。われわれが「自己の分割された労働力」は人間的自然からの資本主義的転化にひとしいというのは、ここに根拠がある（中村Ⅲ、二六ページ）。

「家族に直結しない生」は最も資本主義の原収奪の対象となりやすい。家族に直結する生は、ルクセンブルクのいう「生の原始的合理性」であり、あるいはプレハーノフがオーストラリア原住民の事例から、人間的自然を生の現実化としての物質代謝である「オルガニズム」にほかならないとしたものであった。ルクセンブルクは、この意味において「最も原始的な共産主義的な群団」は「放浪的な狩猟民たち」によって構成されることを指摘している（『資本蓄積論』、中村Ⅲ、七五ページ）。このような理解は、受難の民における生産主義の諸矛盾を認識し、克服、工夫していくうえで「共同労働＝協働」および「分業＝労働の分割」の思考を発達させていく過程をとらえるときに決定的に重要である。協働および分業の思考は、性本能によるくらしのいとなみを前提にしており、そのかぎり人間の歴史におけるこの傾動こそは、基本的に矛盾にみちたくらしといえるが、精神分析ではここに、性本能について良きにつけ悪しきにつけ「容器」としての「母性」が位置づけられてきたとみなしている（W・ビオンの「良い乳房―容器」の思考発達説を参照。グリンベルグ他著『ビオン入門』高橋哲郎訳、岩崎学術出版社、一九八二）。

自然の生物界には元来、生き残りのための同化と異化、引力と斥力の極性化の動態をとおして、そこに調合的「経済」の原義となる無駄のない「理」法がつらぬかれる。この観念が、人間の境界期において「家政《オイコノミア》」についての理法のにない手である「主婦《オイコノマ》」に集中したのは、①「母性」が直接の生の再生産のにない手であったこと、②そのさい母性の背後に「性」の不可知な宗教的の要因を感知せざるをえなかったこと、③長期におよぶ人間の入手・獲得経済においては、子連れの「母親」は長時間の採取労働に励まざるをえず、このことは両性による家事の共同労働を不動のものとしたこと、の三要因を指摘しなければならない。こうして主婦が主導する「家政」は、その家族への管理という、くらしの保存と継続的創造にともなう必然と自然の「自制」(Begriff) をもたらしてきたといえる (cf. E.Crawley, Studies of Savages and Sex. Methuen, 1929)。

このことはイギリス産業資本主義の全盛期にスミスの『国富論』(一七七六) におけるセルフ・インタレスト論でも、人間の理性にもとづく自然神学《テオロギアナトゥラリス》の立場からの、「或る見えざる手《アンインビジブルハンド》」を強調することによる一種の自然情動の自制主義が含意されていたことにもうかがわれる。スミス経済論の本旨は、利得の「手」なる情動を他人にみられないようにする自制主義にあり、この意味では経済情操論というべきであり、本来、貧者の家産は、かれの両手の強さと器用さのものであるという主張にみられるように手工職人の実在—観念世界に通じるものであった。また、『道徳情操論』(第六版、一七九〇) ではより端的に、男子以上に婦人にたいしては適正かつ礼をつくすべきであるとの指摘がなされている。すなわち「われわれは男女の交わりがわれわれにもっと楽しい、もっと愉快な、もっと慇懃《いんぎん》な印象を与えてくれることを期待する」と記し、そして「身体に起源をもつ欲望」には「本来の意味での節制 (temperance) の美徳が存立する」とも言っている (米林富男訳、未来社、一九六九年、八〇、八一ページ)。かくてスミスの「経済」が、男女の交わりについての印象付与というパッションの表現労働を中心に、その「調和」もしくは「適度」に基礎づけられるかぎり、それはなお人間的自然のパトス的情動説につうじるところがある。

人間は、採取経済段階にみる窮迫的な矛盾のもとで主婦——むしろ「母性」といいかえてもよいが——の無駄のない理法は、なにも家財、家産にのみ物象化されて位置づけられてきたわけではない。スミスの指摘するところを敷衍するなら、「性」の主体的なにない手において「母性」は、高度なリビドー経済的「情操」をつちかってきたとみなさなければならず、それは、母性であるからこそ外的環境と内的環境をつなぐことのできる神経生理の質料代謝活動（オルガニズム）、すなわち男女の同一性原理による採取・捕獲型「自己工作―労働」のリズム性に、如実に表れていたとみるべきであった（宇江政勝のリズム的な自然情動説。中村Ⅳ）。母性に典型の自己工作労働者にこそ、われわれの人間的自然の本性があかしされるとみなしうる。かくて人間的自然は経済と歴史の「主体的自然」ととらえられ、それは、とくに婦人・児童の「生命力」（マルクス）のリズムにおいて把捉されるところであった（中村Ⅲ、二四九―二五一ページ）。

自然が貫徹された人間主義という意味の「人間的自然」は、ホッブズのいう「人工的人間＝国家」（『リヴァイアサン』）にいたるまでの境界期的存在として、仮設される。母性は、採取活動に基礎づけられた天性（自然）の「制作的態度」によって、その対自的な自然力の発揮は同時に子連れのためにきわめて限られ、外的自然の力のまえではははるかに劣り、周期的な安定・不安定の反復をまねくことは彼／彼女自身によって意識されていた。ここには母性による原初的で身体的な「演出」作用の契機を、自然情動の表現労働における宗教的要因を代償的に立てることで見いだすことができる。この事態は、くり返すようにいわゆる社会的政治的な権力支配型の「母権制」を意味するものではなく、遠く低狩猟民に由来する個人の世界内在の主体性生成にかかわっていた。

境界期の母性の「労働」経済学を考察するとき、あらためて自然情動による「表現―労働」という概念が提起されなければならない。それは、かれらのくらしぶりがさまざまなパトスとパッションに基礎づけられた労働の常在性としてとらえられるからである。既述のように境界期の採取・狩猟民は食料獲得本位に生をうけねばならないとしたうえで、食料がないときは餌探しに躍起とはならずただ遊ぶのみである、という類書が多い。これは狭義の労働と遊びの対概念において一見、魅力的にうつる。しかし、自然的事実はそうではあるまい。窮迫状態では採取・狩猟だけが労働ではなく、用具の加工・修繕にはじまり、燃料の確保、水汲みとその運搬、火の管理、調理、石・竹・土器などの精製、乳幼児への哺乳・撫育、食料の保管と分配、動植物の表皮や繊維をもってする織物、衣類の調整、そして呪術・呪法の習得などは常在的であり、これらはすべて母親が主導する両性による協働の仕事であった(一部は老人や少年にも任された)。

もちろん「遊び」といえる余裕もないわけではない。台湾高地先住民にとってはこの「遊び」さえもが食料獲得のための宗教・倫理・美的に全一化した労働そのものであった。例えば、川での漁撈は、男女の貴重なというのも自然情動のリズムにそった婚前交遊(アミ語で「ミノハ」すなわち「情交」の意)の機会であった。独楽回し(ブヌン語の「スルン」)は、速くまわるごとく粟がはやく伸びるようにとの「呪」的な行事であった。さらにブランコ(鞦韆)に至っては、高く速く伸びるようにと、粟の発育を「呪占」する行為とみなされるとともに(ブヌン語の「ルスクワィヤン」)、ブランコに同乗できるものは「同母族」の者(ツォウ語で「トメイポハ」)であるという重要な、形而上学的観念を伴っていた。これらの観念連合が意味するところは結局、くらしの「表現労働」は、性の呪術的世界と不可分であるという人間的自然の状態を表明することにある。というのもかれらにとって、性は、人知にとっては不可解なもの、むしろ危険をはらんだものであり、それだけ多面的にとりわけリズム的に倫理としてとらえられ、両性の当事者のみではなく、群全体にかかわるべき自然的実在の現相であった。マクガバンはこうした性の持つ問題性は、人びとが相互に人間的な存在において認め合うという「社会主義」的な問題に属するとまで指摘している（中村V、一三八ページ）。

弁証法的唯物論の核心は、追いつめられた民が、自分自身への自由のためにする自然情動の表現活動は「自己工作―労働」をつうじて果たされ、しかもこの「工作人」は、そのはたらきのうちに歴史の現実原則に基礎づけられた可能態を具備し、そのような自己運動をつうじて現実的に「可能世界」に生きられることを証してきたことにもとめられる。後に詳述するように、人間的自然・論は、こうして人間の自然力による「可能世界」は、前もって受容のパトスと造成・役立ちのパッションを了解的にはたらかせており、世界は、したがって生成的存在の様相論において歴史的現実態のもとの可能態に向かい、すなわち受容可能性と役立ち可能性の了解カテゴリーとして把捉されるものとみなされるのである。

コシークが、「経済が人びとにとってどのように現存するかを追究することは、同時に、この現実のもっとも根本的な形式をたずねることを意味する。経済は、それが科学的な熟考、叙述、解明の対象となるに先立って、既に、人びとに対する一定の表現形式において現存している」（『具体的なものの弁証法』（チェコ語原本は一九六三年刊）花崎皋平訳、せりか書房、七五ページ。強調は中村）というとき、かれは「日常生活の形而上学」的「様相」の方法論を指摘しているのである。科学的熟考に先立つ経済の一定の表現形式とは両性の調和的な自然情動の定在である。民における「具体的なもの」(das konkreten) のうちにこそ生の力動的原初の態度をとおして「表現」という具象化の動態の歴史的「実現」の過程がうかがわれるのであり、そこには、両性の本質が運動する原理となるという一種の本質顕現説がよみとられる。コシークのいう根本の「表現形式」をたずねるならば、自然情動の表現労働とその宗教・倫理・美的な有の特殊形而上学へと進まなければならない。

人間の経済の「表現」は、まさしく現実態に対しうる情動の可能態にこそ無限の自己運動の余地があたえられ、獲得経済の採取から部分的な狩猟への発達を、くらしぶりのさまざまな表現と思考の労働の発達において可能にしてきた。通説の単なる物質本位の狩猟経済段階への移行説に眼を奪われることなく、われわれは、例えば火の活用・管理法が、狩猟の導入とともにくらしぶりにみる格段の知恵の必要と進歩を結果し、食料と調理の幅を広げ、各種の工作、工芸を可能にし、暖をとることで行動範囲を拡大せしめ、この表現労働のうちに多様な可能世界を実現してきたことに注意すべきである。こうした一例にすぎないが、火の多用性は、暖房、煮炊き、虫遣り、獣の襲来の防禦、ある種の通信手段などから、転じて遠方にまで出掛けて、夜中にも、猛獣に対処しうる活動によって徐々に狩猟の幅をひろげていくのであって、そのうえこうした火の管理上、つまり「忌む火」すなわち清浄な火を、用途ごとに、たとえば灯火を絶やさぬ祭壇、煮炊きのための竈《かまど》、調理のための煮屋（ニヤ、転じてナヤ（納屋）、なお煤煙のために黒染むところからクロヤ、クリヤなどという）とか煮処（ニド、転じてナンド、すなわち屋内の炊事場）を分化、発達させるとともに、とくにこの用途が、老人や主婦がになう「聖職」をさえも表現せしめるようになったことに、注意したい。狩猟が男子の専門による分業化であるというのは、むしろこの分業をそれとして成りたたせる母性の思考と心情の発達、さまざまな自然情動の形而上学的な表現労働である可能世界のひろがりに、基礎づけられていたことを承認してはじめていえることである。母性による火の活用・管理という唯物的観念によって、性的協働の世界が登場する。

人間的自然における「くらし」には三つの様相が指摘される。すなわち、生涯または今日一日の時間を過ごす、というときの他動詞的用法、何ともくらそうようがない、というときの自動詞的用法、「あそび」くらす、「祈り」くらす、というときの、他の動詞の連用形に接続する中動詞的用法の三様相である（岩波『広辞苑』参照）。くらしの三様相のうち、日常の窮迫的な限界状況では自己運動の生きられる様態が、いくつかのパッションにかかわる副詞句（平和に（in peace）、つつましく（in a small way）、苦しく（rough）など）をともなって先ず自動詞的に、次に中動詞的に問われる。そしてこの一連の動態のうちに、人間に固有の受容可能性と造成・役立ち可能性の純粋情動にそった、性本能の力学的態度が問われる。それは、自己媒介的・矛盾的な自己運動に連関する表現労働とその意味的規定性を内なる志向性のもとで問うものである。それ故、日常の労働過程は、心情と身体の間に、性的情動の内的環境を形成する対自的な表現過程を生みだすのであるから、他動詞的用法のくらしぶりにはあたらない。

C・ブロンデルは、現代人のいだく観念はすべて外の集団からの情報をもとにしているが、これに対して「未開人」は、そうした外からの情報をもとに自己の観念をいだくことは全く不可能であり、世界とその表象のうちには、或るまとまった「情動的要素」からなる、もともと主・客が分割しえない総合的形態の心情が直接にあたえられるのみである、という意味のことを指摘している。それ故にここにいう世界の「表象」とは情動的要素のまとまりとしての或る自体的な「表象群」とでもいうべきもの、「自然に話しかけられる」時空間からなる労働である。観念や思考にたいしてあたえられるものは「世界」そのものではない。

表象群を造成し役立たせ、かつ受容する能力である人間の「感覚」は、たえず対象から内へ向かわせるように試行的に努力を要する能動的な主観の作用であり、これに対して、この作用を反立的に反作用として外に向かってとらえる企てが受容と造成・役立ちであるが、ここにおいてもなお自主的な無記の態度が基礎となる。このような感覚作用と受容および造成・役立ちの情動にみる作用、反作用の拮抗し合う動態すなわち内的のリズム活動は、古来、内在のコナートス（conatus, 努力）といわれた。「努力」ととらえられた受容・造成・役立ちの情動的要素は、入手・獲得経済の発達とともに、予め前もって将来を予知し、予測する注意力、想像力の要請にせまられた。この注意力、想像力は、現実に対する客観と主観の融即的リズムの性質に基づいており、ここに「未開人」における「主体性」の本質がうかがわれるのである（中村Ⅲ、二五〇ページ）。

われわれが詳しく論じてきたように、ブロンデルもまたいう。「未開人が表象を取り入れるときの状況は、とくに成人となる際の、身体的苦行と集団的興奮状態のなかの儀式にあり、周期的な儀式への個人としての参加が彼の強力なる情動の源泉となる。」そして、苦行と興奮に基礎づけられた――ゴルトシュタインの生全体観にそうなら自己運動と性の――観念が「平常時にこころに現れる場合」、観念に対応した実態に付随する、愛、恐怖、希望、尊敬、崇拝などの価値的感情が表れ、そのとき思考と同時に「身体的活動がともなう」のである（『未開人の世界・精神病者の世界』宮城音彌訳、白水社、一九四一年、六〇ページ以下、強調は中村）。われわれはこの「周期的に・平常時にこころに現れる場合」とは、先の火の活用・管理法にみたように、くらしの中の母性主導の「呪術師」によって喚起されるリズム的にさまざまな日常的な所作・工夫、すなわち常在的表現の「自己――工作」機会である性的表現の労働状態であることに、注意しなければならない。特定の周期的な呪術的儀式のみを宗教論として一律に取り上げることによっては、問題はなお単なる呪術の世界論にとどまるだけである。

民の窮迫的思考は、どれほど呪術的であれ呪物崇拝的であれ、そのさいの「仮象」の物象的介在によってパッション的心身連関の世界としてのリビドーの経済的歴史的な本質として、論じられねばならない。

窮迫状態のもとの主体性が受容と造成・役立ちの情動に規定されているかぎり、それは、くらしのなかのリズム的な性本能の「人間的自然」状態にある。この人間的自然は、過去・現在・未来を――つまり未来のみを分離してではなく――注意力・想像力によって見とおし、たえず努力《コナートス》する受容と造成・役立ちにおける主体的自然である。この「自然人」は、このように自然的歴史的現実のもとに労働する存在であって、内なる歴史をになう、現実態を可能態へと転換せしめる可能的「予兆世界」を表現する工作・労働者である。彼は逆に、けっして可能態を現実態へと転換せしめるものではない。ここにブロンデルが示唆したような、現代人とは異なる、豊かな世界の内在性がある。というのもそのさいその労働の対象から内向せしめようと自我的に努力させる性本能こそ、「仮象」表現の属性である「可能的性能《ポテンティア》」であるからである。

自然人の表現労働は、仮象に属するところの可能性にもとづく必然的な能力（potentia）とそのはたらきである。つまり、人間的自然にとって「死―生」は高次の主観―客観関係であり、自然から「話しかけられる」リズムの対自的くらしの真っ只中にいる。それ故、この主・客を融即的に同一化することによる自己破壊と自己保存の反立しあう、媒介的矛盾的な観念はきわめて根強い。先にタイヤルの古俗から、極限的に人類の「死―生」に真向かい自己表現の工作にはしり、可能態にかけたのは「母性」であり、それによって性の現実態が構成化しえたことをみておいた。この現実態は、「死」の破壊本能を呼起すとともに性的リビドーの経済的力動につながった。

この事態は、精神分析学者ライヒによれば、性的な不満は攻撃性を強め、満足はそれを低めるという臨床観察から、破壊本能は欲求不満に対する反応であり、その肉体的な土台はリビドー興奮の筋肉系へのおきかえ（転移）であるという、仮説につながるというものであった（「弁証法的唯物論と精神分析」前掲『フロイトとマルクス』所収）。ブロンデルの指摘のように、そこには成人的自己破壊の身体的苦行（受苦）が随伴することによって生じる性的パッションが不可避となり、とくに内的な自己転移《セルフトランジシオン》の領域が自覚されるとき、それは「自我」といわれる。身体的苦行（例えば、身体毀工としての「黥面」）は一種の「退行」にはちがいない。しかし、それが受容・造成・役立ちの可能性によって自己の過去・現在・未来が予見《プロジェクシオン》されることに通じるならば、この心的弾性《サイコエラスティシティー》において、伝承的自我は内在の「世界」を生の力動によってにないつづけることができる。

自然生的循環のもとで類比的《アナロギア》であるが故の「死」の「有」的特殊形而上学的自覚は、もともと「仮象」に投射された或る有意性とともに、その物象に呪術的要素を容れて、造成し、役立たせうることから避けられない。ここには性一般のつよい自制の観念が、キリスト教の禁欲の布教とともにみられるようになった一つの有力な根拠をみることができる（パレ『性愛の社会史』西川長夫・奥村功・川久保輝興・湯浅康正訳、人文書院、一九八五年、九一ページ以下、参照）。

コシークの強調する「経済—表現」説は、表現という具象化の演出的労働において、既に「経済」を単なる生産物の概念にとどめるものではなかった。その経済説は、本質《エッセンティア》が、自己運動する、本質の形相実体へと還《か》えると同時に、創発へとむかうコミューン理論につうじるものがある。経済を還元と創発の自己運動の本質顕現とみてもよいこの説は、人間の原論理的、前意識的な思考法とは何であるかという問題意識へと注意を喚起せずにはおかない。自己運動の演出的表現において、人間は、仮象を物象的に介在させることによって客観と主観をつなぐ——理解ではないところの——了解の無記的原理をとらえなければならなかったからである。J・アタリとM・ギョームは、今日の市民社会が採択する「経済学」が、「国家の水準」にあわせるあまり行政機構の過度の介入をゆるした結果、いかに歴史学や「民族学」からの教訓に眼をつぶって「経済」メカニズムを「科学的必然」のものとみなす陥穽におちいり、そのため「市民」は、自己の未来をもはや予見することも選択さえもできずにいる硬直化した人工のくらしに埋没せざるをえないことを、問題視している(『アンチ・エコノミクス』斉藤日出治・安孫子誠男訳、法政大学出版局、一九八六)。アタリとギョームは、けっして内的生命の運動表現の視座からではないにしても、「自然の経済学」による自生的コミューンの構築について注意をうながし、人間的「自然」が、演出という相互にゆるい了解的表象のはたらきをになっていることを強調していたのである。

岩井隆夫が拙著『自然力の世界』の書評のなかで指摘した、「自然力」概念をつうじての原論理的思考法にみられる原初性カテゴリーの探究という問題提起は、いまや人間的自然にかかわる世界内在の経済の原理論へと深められ、それによって民の個性に基礎づけられた自生的コミューンの将来が展望される(『市場史研究』三三号、二〇一四、参照)。経済史学に通説の「自然」経済は、いわゆる物物交換などのほか、とくに自然を交渉相手にする自然的人間主義のくらしに偏しており、そこにはあくまで前資本制的な視座がすえられているが、小農民(peasantry)、手職人(artisan, craftsworker)、もしくは家事働き(housekeepingman)などに共通してみられるはずの、とくに個性を発揮できるための、自己運動の日常的な表現活動学が活かされていない。ここにはかえって、人間的自然の検証の余地がある。

内在的「経済」観点からの人間的自然の探究は、たんにその理念型の枠組におさまるものではない、民の保存的くらしの個性のための「生成」主義という性的表現—労働説にもとめられるべきである。この表現活動のにない手には、①性、②年齢・世代、③季節や土地柄や動・植物相などのちがいに応じた、「風土」リズム的にたえず変化する、労働の三つの条件次第で、自然的実在の実践の自己運動・自己表現の仕方にもちがいのある「民属」をうかがわせる。人間的自然の経済のにない手は、かれ自身が活動に対して予め持っている或る何ものか、すなわち折々の主観の主体性とか、志向性（intentionality）といわれるべきものを、「事」物と自己の活動ぶりに直接に映写させ、表現せしめている。この態度にこそ「神」の有を人間の理性にもとづいて了解することができる特殊形而上学的な自然哲学・自然宗教が、包括的に含まれるのである。

従来の「人間的自然」論には内在的労働過程の経済学が、したがって有に相対的な特殊形而上学が不在であった。この事態は社会構造論の一部にみられるが、例えば田中義久のそれに、かえって人間の内的環境にかかわる「自然の経済」という形而上学的視角はみられない。田中著『私生活主義批判——人間的自然の復権を求めて』（筑摩書房、一九七四）では、ホッブズを引いて「毅然たる［近代の］革命的実践をみちびく緊張した人間的自然へ」と説くところがあるが（同、二八ページ）、これは、「唯物論者」ホッブズすなわち「近代化論者」という強引な通説を下敷きにしただけの主張であり、ホッブズ国家哲学の前提となる人間的自然・自然状態論そのものに肉迫したものではない。田中の人間的自然論は、文明に対置される「文化としての第二の自然」観に過ぎず、原初的な人間的自然そのものの内在論ではない。例えば、田中のいう「自然」は、緊張した

「物神崇拝《フェティシズム》にからめとられたエロス」という、没個性のとらえ方によく表れている。

人類の境界期経済史において「エロス」は原初から「事」物を介在にして、つまり自分自身の工作的存在を媒介として、はじめて自分自身への自由に向かうことのできるパトスとパッションの感性の解放としての意味をあたえられた。「物神崇拝」は、資本主義的通説とは異なって、自然情動論としてむしろ了解的な性的表現の内在労働そのものであったことが積極的にとらえられねばならない。フェティシズムは、そのラテン語 facticius のもつ「呪術」の原義からもあきらかなように、「身体―心情」の手段を用いた「予知」力の、一種の「演出」的表現の体系化として人間の類的な自己運動にとって最初のイデオロギーの役割りを果たしてきた。媒介的矛盾的な自己運動の観念は、諸個人の内なるフェティシズムによる個性をつうじて「エロス」とその情動交換《コミュテーション》に支えられてきたのである。田中における人間的自然説は、現代生活のプラグマティズムのなかで「しどけなく〔乱雑に〕膨満」するという指摘にもみられるように、そこに、自然力の統一と調和の生成経済的原理がはたらくことは、見失われている。田中の人間的自然説が内在的個人に基礎づけられたものではなく、端から「文化」観にもとづくものであることは、その著『人間的自然と社会構造――文化社会学序説』（勁草書房、一九七四）にもみられる。

これに対して、経済史の側面から実証されるべき人間的自然・論は、個人に備給されてなおパトスとパッションの「個性」をつちかう自然力が、対自的な内在の表現労働にもとづく自生的コミューン論において深められねばならず、この労働本質論は、いわゆる「文化《クルトゥス》」（「耕作・保護・養育・洗練されたもの」）の枠組のうちにあたえられるものではない。このような人間的自然の視角において論証されるべき「有」にそった「労働する人間」の特殊形而上学は、本書では、一九世紀前半のシェリングの神秘主義にみられる自然哲学のうちに探究される。しかしその前に、一六世紀に生涯をかけて工作労働の錬金術的「業《わざ》」説を表明し得たパラケルススの自然哲学の世界表現説と、一七世紀に、国家の哲学の基底に情動的「闘争」の自然状態説を主張したホッブズの「自己工作＝労働」者がおかれた内在の対自的表現活動説とを、概括しておかねばならない。

第二部　「神」とパッションの表現労働観——自然哲学にみる自生的コミューンの原理

第四章　人間と業《わざ》の魔術——パラケルススの世界表現説

一　受容と自己自由の労働

あらゆるものから個性が失われた。その最たるものは「自然」でありそれ故に「人間」であり、したがってこれらをむすぶ「労働」である。一六世紀から一七世紀にかけて二人の「自然哲学」者がこのことを生涯の遍歴と亡命のうちに、つまり追いつめられた自然的実在のうちに感能体得した。ただ二人ともあからさまに「労働の本質」とは言わなかった。かれらはただ自然と人間を内在の生成論的存在の本性からとらえようとしたのであって、かえってそのことによっていままでは失われた労働の原態と、それが神と自然の相関性において人間における有の一般性と特殊性を明示しようとしたことが、おのずと判然となる。パラケルススとホッブズを、自生的のパッションにもとづいて成り立つコミューン論の基礎づけとなる、人間の表現労働論の端緒においてとりあげるのはこのような理由による。

以下においては、われわれのくらしはなぜ有の生成的領域における「原態労働」を必要とし、どのような自然情動の様態として労働をくらしの動因すなわち「原因」とみなすのかという問題を論証的に立ち上げる。この問題は既に商品生産的賃労働による内面の原収奪——創造的生の囲い込み——にたいする反質意識にもとづいているが、直接的には人間の自然状態における原態労働とは何かを、世界内在の特殊形而上学的視座において考察することである。原態労働は、有無の生成的存在論にそうなら、相対的虚無からの創造の「働き」である。その前提としては、存在の或る状態としての保存があり、保存の継続はそれ自体、生成論的に創造であることがふまえられる。歴史哲学においては持続という保存は存在の情動的に生成する様態以外のものではない。ここに着眼するかぎり、存在が「無に帰する—死」という「事」の情態までが含意されねばならないが、それは、人間の「死—生」観のみならず、くらしの労働観とふかくかかわることが問われねばならないのである。なぜならこの労働は、くらしという活動目的そのものであり、その働きをつうじて自分自身への死にも至る自由に近づけることであるからである。

山の民でなくとも、普遍的に窮迫状態にある民にはこの労働に風土的「神」の協力（concurrence）が必要であった。神の協力という耳慣れない表現は民にとってどのような自然的歴史的性格のものとして受容され、それ故にこの習俗が意味するものは、何であったか。くらしを立てるための根因を労働にもとめるとき、そこには潜勢的に（virtually）、つまり仮象の有用性においてのみ結果をふくむが、けっして現実的《アクチュアリィ》には結果をともなわないという「空—無」の有の特徴があった。これこそ、くらしの変化という保存と継続的創造・生成の神秘主義につうじる真理であり、自然実在的に「神」に依存しつつ、「暗闇の無」に帰って、自己保存の中止をも肯《うべな》う実存の態度であった。民においてはこのように、眼には見えないものをみえるようにするところの工夫の労働は、くらしのにない手じしんの内面の変化をもたらすことであるかぎり、そこには多少とも宗教、倫理、芸術の形而上学的三分野にかかわる状態のあることがみとめられうる。暗闇という「無」の中間領域がみとめられるからこそ、パラケルススによれば労働において、神による、外のわれわれ民への「光」が「自然の光」となって受容されることになるのである。既にして純粋情動の受容が自然情動として原態労働であるというわれわれの考察は、こうしてくらしの中の自然的実在的関係において、民属の「神」を不可欠としていた。

ところで分裂病医学のアリエティは、人間の情動交換による古態型思考を「共感の単一」性のうちに規定した（中村Ⅳ）。他方、この特質が或る「群」的集団の自然的歴史的条件のもとに特殊化されるとき、人間の情動相貌には（本来、言語をふくめて）、民属に特有の論理構造を持ちうることがP・ギョームによって提起されてきた。ゲシュタルト心理学のギョームは、心情表現とは、日常的知覚のほかに追想や思惟を構成するそれ自体で自由かつ特殊な「群」にほかならないとし、それは、狭義の知覚対象のほか或る「事—変」をめぐる時空的な意味および価値からも生みだされるのであり、それらの諸要素の間に、連合による安定的な連繫が形成され、こうした連合「構想」は一層、原始的形態において明瞭であるといっている（『ゲシタルト心理学』八木冕訳、岩波書店、一九五二年、二ページ）。ギョームによれば人間のパトス表現には、こうした原始的連合構想のほかに、感能と想像的解釈との未分化、融合による形態が加わり、この形態的外観に影響されて、意味や価値をともなう根源の原本的事変のほうはしばしば忘れられ、無視されさえするという。しかしギョームは気づいていないが、連合構想と感能的想像力とは、じつは古態型思考のなかでもとりわけパッション型「労働」のうちに相補的に一つに構成されているのである。

労働をもってする構想の注意力と想像力の原始的構成という主題は、アリエティやギョームに反質的にうかがえるように現代の精神医学や心理学からは疎外されてきた。それは、主観と客観の分離の説明可能という、科学主義の立場からいえば当然ではある。われわれは「山の民」の受難による内在的環境を探究してきたが、しかし、人間の社会化過程におかれた境界期に固有の人間的自然の世界における原態表現は、その主観―客観関係の融即的特徴についてみれば、山の低狩猟民にかぎった現相ではない。パラケルススもホッブズも、人間の「自然状態」は絶えざる窮迫のもとにあることを前提にして、それ故にこそ「困苦」という自然情動の表現形態として、形態学にいう内在の自然的垂直的性格をもつ「労働」を位置づけることができたのである。窮迫状態の人間のくらしは、価値論的に、「反価値」をもいれた原態の労働と不可分であることがこの二つの自然哲学においては――今日とは異なって――未だ明確であったことは、あらかじめ指摘しておくべきであろう。

のみならず、この原態の労働観からは、未分化で直接的な主観―客観関係が「内なる対話と自己工作」(ホッブズ)によって「人格的態度」をも結果することが、あきらかにされるであろう。古代ギリシアのヘーシオドスの「労働」とタイヤルのトロック蓄の「黥面―母子」変身の変相、変態とは、まさに純粋情動(プルチック)こそその活動によって自らの何であるかをあかしする根本の力能であることを物語っており、変態の自然情動である「表現―労働」は、窮迫のなかでも自分自身への自由にいたる「至福」(パラケルスス、ホッブズ)の自然状態であることを教えていた。この両者――ヘーシオドス的労働とタイヤル的変身(黒色「身体毀工」)――は原態表現の事例として、眼には見えないものをみえるかのようにして「伝承」(Kabbala)し、このカバラ的工夫によって、歴史的に自然状態の隠秘の部分が構想的かつ想像的に洞察されうることになる。或る意図された目的実現的な実用の労働とは異なる、不可視のものの可能的な可視化の工作＝労働過程自体に目的をおくこのような活動を、以下に、とくに「魔術」的「表現労働」という。

今日の「追いつめられた」民のくらしの中で、自然情動の表現労働説はいかなる意味を持つものであろうか。ときにパラケルススは言う、「われわれが地上で用いるすべてのものは、これを救いのために用うべきであって、災害のために用いてはならぬ」(ヤコビ編、前掲、一六三ページ)。「地上で用いるすべてのもの」とは、パラケルススの場合、人間を媒介にした自然と、「神」の摂理による幾重にも創造したものとであるから、人間はそれらを、あるがままの受容の態度において「救い」として自分自身への自由へと造成・役立たせなければならず、これを「災害」の社会状態へと変様させたり「改善」させてはならなかった。パラケルススの言説は、おそらく——というのもその多様な作品の全容にせまることは専門の研究者によっても現在のところ不可能とされているからである——われわれの「自然力の世界」を、彼自身の自然状態から(「医化学」の本質にそって)主張していたが、それだけにその汎神説は単に特殊形而上学的な枠内にとどまるものではなかった。

すなわち、かれの汎神説は、われわれの内在観を「心情」(Herz)の力動でもって主張するときの、或る超越的精神の世界への導きの糸となりうる「天啓」の信仰につうじる一般形而上学であったが、われわれはこのことを一歩退いてではあるが、なお理性の純粋な自然哲学、自然宗教、すなわち特殊形而上学としてとらえなければならない。すなわち、一種の超自然神学と哲学としての自然神学の間には、情動的純粋の受容の「労働」説が媒質となっている。いいかえるとパラケルススの「救い」は「受容—表現—労働」という「祈り」の情動過程のうちにこそ、その本質を顕現する。自然—神観のうちにいわば祈りの労働をうかがうことを可能にさせるパラケルススでは、「労働」は純粋情動と自然情動による統一体である。

心情に導きの「力」をあたえてくれるもの、それによって人格を表現する工夫こそは「労働」である。それは労働のための労働ではない。この情動による「労働」こそ、心的に自生のコミューンの現実の核心である。情動の表現労働は、客体とみなされる以前の、主観に対して現象しえない超越的な存在を、くらしの中でまえもって受け容れている態度の中にその端緒があたえられる。人間の認識の根拠は、一つには、対象の一部を主観に対して現象するもの、すなわち客観としてはあくまで主観との相関関係におかれるものである。この認識論一般において今日の賃労働観が成り立つ。しかしここでは、それとは別の場合を想定してみよう。

認識現相としてはなお別に、その対象が、意識に対して対象であることに限らない、超対象的な存在である場合を想定しうることが可能である。この認識にもとづく労働は、結局は「自己」を生成論的に対象化し、掘り下げ、「創造」しつづける「自己工作」であり、それ故にこのコミューンは心的結合体《アソシエーション》とみなされるべきであって、「労働」はそのための共有の「心身の表現形態」である。この労働観は今日の商品生産的賃労働に馴染んだものには理解が困難であるかもしれない。

そこで具体例をあげよう。いわゆる自費出版社のAは、著者Bに、あらかじめかれの著書Cの予算の範囲を問うてくる。おなじことだがBは、これから制作、出版する自著Cの「見積り」をAに請求する。今度は別の立場を考えてみる。Bは、D社から出版の執筆依頼をうけたのでいわゆるマージン込みの出来高「見積り」をDに請求する。どちらの場合も、それぞれ制作または執筆にかかわる労働は、見積り予算との相関関係のもとにおかれる。これが今日一般のいわゆる「賃仕事・賃労働」の形態である。この形態に馴染んだものは見積りは必須の「労働条件」であり、つまり見積りのかぎりの労働となる。ところでBは、この手の見積りをせず、

A社の場合もD社の場合もいわゆる「成り行き仕事・労働」にふみこむことが想定されるとしよう。そのさい、「成り行き価額」と「労働」とは相関的であるわけではない。なぜなら前者は後者の過程に追随し、その完了によってあとから、はじめて問われるのだからである。つまりこの場合の労働条件は、厳密にいえば労働過程としての「時間」にあるが、むしろこれはふつう「腕（の見せ所）」とか「出来栄え」といわれ、究極には人格の表現労働として評価に値する。成り行き労働では、私人でも法人でも、むしろ組織に対置されるべき労働者個人の徳性と自由による「使用価値」が、そして今日的矛盾とされるものの後追《あとお》い的過程が問われる。

すべて生成するものは、それが対象化されるのは常にただ追加的にのみなされ、いいかえると現相として予め受け容れられなければならない。この現象の過程は「魔術」的である。生成する現相、すなわちわれわれの「くらしぶり」は、すべて、意識に対象化されることを本質としているわけではない。それにもかかわらず生成はそれ自体、対象化という受容を現象し続けなければならない。これらの規定は、生成者が本態的に備給する人間的時間という流れの過程性のせいである。したがって厳密にいえば対象化とは、端緒としての受容ではなく既にある過程としての受容の中にある。受容は、それ故にくらしのなかでこそ自然に有意味である。というのは、第一にくらし自体が生成し変化するものであり、第二に、認識の受容にはじまる対象化はそこに後追い的な選択と工作の余地、すなわち自然力の行為としての時空間の余裕という個性の「自由」の余地を持つからである。

しかしこの「自由」は、生成する継続体（goingconcern）のもとにあるかぎり或る「決断」のもとにおかれている。決断力は、真にくらしの自由人が享受する「人格権」の一つである。人間はくらしの中で自由な決断に強制され、人格は、このことを自覚する。人格は、決断を強いられていながらむしろ自由である。ここに「原態の労働」説の核心がある。すなわち、自由という対象化の工作余地はたんに後の可能的な決断の条件にすぎない。決断はくらしにおいて必然的ではあるが、しかし、その事前の工作余地においては可能的である。いいかえると人間は、いかに好機と潮時というカイロス（kairos, 人間的時間）をとらえて決断するかという本質をひかえている。ここに「自己―工作・労働」という、受容的態度にそって委任されたが故の自己「表現」の可能態世界がひろがる。したがって人間は、くらしの諸決断において自由がのこされていることを「自己表現」という活動余地のうちに持っているが、この可能態はいかにして現実態になるかといえば、それは、くらしの窮迫状態下の「表現労働」によるものといえよう。端的には「表現」としての、受容過程の自由に基礎づけられた「善―悪」におよぶ能力の世界が「労働」のうちにになわれる。

これは、この世界が自然科学的法則にはしたがわず、人格的な「価値―反価値」の多様性のうちに原態労働がおかれていることを意味する。原態労働は、自己への自由な価値感知の形式であたえられているのみである。このことはさらに、「共同体」の本質は、各個人に共通の工作・労働の内容的多様性にあり、それ自体に意味充足をもつ、くらしの過程性にあるといえよう。くらしの持つこのような形而上学的諸問題の内容は、かくて労働という必然性の中の、部分における非合理性を含んでおり、それは端緒としての受容性の中に孕まれていた。そこであらためて受容の問題に立ち戻るなら、くらしの対象化の全過程のうちには「使用対象」になるものと、使用（消費）しなくともただ単に「認識対象」となりえるものとがある。くり返せば原態労働とは、この両者の選択的工作をへたうえの「自己―表現」の過程である。明晰な合理主義者ほど、くらしのこのような基礎過程のうちの、認識対象にすぎない部分を敬遠し、疎外する。なぜならこの部分は「自己」を直接的には表現することはできないからである。

しかし、よく考えてみなければならないのはこの部分こそは、生成するものの持つ非合理性という合理の部分なのであって、「自己」は、このような非合理の合理的過程によって表現しうる余地から成り立っている。人間は「自己」を直接的にだけ表現するものではない。むしろそのような機会こそくらしの一部分にすぎない。ここにあらためてくらしぶりとしての受容型自然情動による表現労働の意味が問われねばならず、それは生体の心的機能論にそっており、「生成—成熟」の過程表現にみる「自由な自己」を受容する態度にかかわっている。このような態度こそ本来の生きたパトスといわれるが、ここにはゴルトシュタインのいうような「方向性」と「形態化」が不断の「めぐり会ってあるもの」(erlebenden Sein) として共同性として過程的にとらえられている (前掲、一七〇ページ)。

受容的態度こそは、たえず働いている自然と神の賜物である「万物」に対して、あるがままの自己に向けてその形態を表現することにほかならない。「自然」はけっして科学的な対象となるばかりではない。これについて神経生理学のゴルトシュタインは、こういうとらえ方をしている。すなわち、「われわれの自然に意《こころ》する様式」は「認識にも行動にもそれぞれ受容的態度と分析的態度」がもとめられるが、心情による受容的態度が、生物と無生物の区別を明確にしないからといってそれはけっして非科学的であるとはいえない。すなわち、常に「自然はわれわれにいわば単一体として現れる。」したがって科学者にとってそれは、かれの「もっとも深い自然把握の態度でありうる」と (同、二六五ページ)。人間が目的的に社会的実用のためにする労働ではない、情動の受容に徹することによって造成し役立ちうるかぎりの労働は、主体的心情の表現世界なのである。

　ここで、P・ギョームにもどってかれのいう時空的な事変という概念を「事象」(Sache) とし、感能による形態的外観を「現象《エアシャイヌンク》」とそれぞれおきかえてみよう。すると、現象するものがなければ現象じたいは起こらないのであるから、方向性と形態化の特質をもつ表現活動とみなされる労働過程には、ギョームのいう外観にともなう根源の原本的事変、すなわち現象するものの事象がなければならない。心的労働過程を惹起せしめる事象は、資本主義的賃労働では外と上からの「精神―文化」の類であり、それはまた「国家」や「行政」など、個人の性情とは無縁のものである。したがって労働の原生的本質にせまるためにはせいぜい「国民」主義に反立する、反質の論理をすえなければならない。コラールもいっている。「国民歴史＝国民史」が「精密科学の観」を呈するにつれていよいよ「歴史学」の「隷属性」が顕著となる、と(前掲『ヨーロッパの略奪』三三ページ)。しかし、賃労働以前においてはこの事象は、内在する「自己」運動の自発・内発的性情の現象的な「過程―表現」世界となるのでなければならないから、「まさしく生物形態学的における人間とか動物とか樹木とか花とかいったものの小さな歴史」(シュペングラー。コラール同書、四一ページ)にほかならないものである。

　「小さな歴史」は「自然の子」が「めぐり会ってあるもの」である。この歴史は民において「苦難」として、それを取り除けようとする活動の点からではなく、耐えねばならぬというそれに対して純粋に受容的なはたらきであり、主体に対して何かが遭遇し、めぐり会い、主体にとっては襲われることの、体験的自然的実在である(井上伊之助。中村Ⅱ)。このことは民にとって歴史とは、何かに襲われ、とらえられることに優位をみとめる点で、自然的実在として主体的なのである。したがって「小さな歴史」では、受容の「自己」運動としての主体的性情が自然に労働過程を実在せしめるのである。このような労働は、たえず移ろい変わらざるをえない現象である。なぜなら自発運動の性情そのものが、何かに反応して変移することを本質としているからである。このような労働は没主体的であるどころか、来るべき何かをたえず類の可能態として期待することができるのであるから、この期待のパッションに規定される態度もしくは表現において、すぐれて共同性として主体的なのである。ついでに指摘すれば、期待は、恐怖と希望の裏返しであり、追いつめられたものが、志向と実在の両義においていわば先取り的に抵抗する態度でもあることはタイヤルの歴史的実証がこれをあきらかにしていた。この意味で「小さな歴史」は、人間の過程的に自由な「手―業」(パラケルスス)である。

ここに、資本に雇傭される賃労働が一体的に定型・不変・反復を旨とするのとは決定的なちがいがある。それ故、資本主義的賃労働が人間の「存在」の不変常住性に対応し、存在を基軸にした商品生産的の科学的論理構造をもつことは当然であるが、しかし、それだけ主体的性情が出る幕はなくなる。これに対して主体的性情による原態の労働過程では、「精神」がどこまで事象として介在するかの程度におうじて、かえって人間の生のいとなみである自由な表現労働が挫折せしめられる程度が規定される。外来の精神は内在の個性を踏みにじる。そしてじつに賃労働以前の労働過程について本質論を決定的に展開させてこられなかった理由の最大のものは、科学的な資本主義的精神と共同性という眼なのである。ここに死んだ精神に対する生きた精神の領域が問われるべきである。

生の可能的いとなみとしての表現労働は「人間化された自然」の力動の過程を本質とする。この表現労働は生きられるものとしての人間の自己運動にほかならず、ここには「受容―造成・役立ち」の内的環境構成論が展望されうる。人間的自然観によって、その事例をあげてみよう。「鬨《とき》をつくる喊声《かんせい》」「鬨の声」（タイヤル北勢蕃の傳説。中村Ⅳ、一〇一ページ）は、一種の情動動詞（「鬨をつくる・あげる」）を本体（「声」、ここではむしろ「谺《こだま》・木霊」）の外観の述語としている。これがために本義からそれた転義を自由にしており、そこに、性情本質的な「駆り立て《アウフトリープ》」と「めぐり会い」にみる表現労働が生みだされている。このような表現労働は、多様な受容・造成・役立ちの情動現象となった――木霊《こだま》を利用した機智をめぐらしたうえの、樹木の枝も折れんばかりの鯨波の襲来、あらためて欺かれたことに対する怒りに浸り、報復をちかうなど、木霊への追想はそのあまりに報復の「鹹首」となる――。この場合、「木霊」という人間化された自然の生の過程において、ギョームにかかわっていえば連合的に構想しあう、現象性格に連関する感能的想像力にもとづく自己工作は、自分自身を解放し、自由にし、外観の現象について或る判断を下しうるような観念的（ideell）な表現活動をおしひろげることができた。

この心情・性情の労働表現説によれば、「ひとたび地形的諸条件《トポグラフィックコンディションズ》が与えられると、事象は、自発的に一つの構造をとるようになり、それはもはやわれわれに依存せずして、それ固有の法則にしたがう」ことをギョームは主張した（前掲、二八ページ、強調は中村）、この規定からは、追いつめられた民属に固有の心情表現の非依存的性格と、その自発的運動の性情が境界期の「母性」として表れることとがうかがわれるであろう。ギョームの「地形的諸条件」は、とくに山の民においてはきわめて長期の採取・狩猟段階とおきかえられてよく、そこに主導的観念となる母性は、過去と未来の「伝承」型連合構想のにない手ともなりえるのである。K・クローンもまた、フィンランドの「呪的ルウネ歌謡」には伝承のうちに各種の変形の法則がうかがわれるとして、例えば場所がちがえば、あらたな「旅行者のために馬を用意しておくという村の義務」感が昔からの歌の順序に影響をあたえて、これを変形表現させ、民の思想にまで変化を及ぼした風土の事例をあげている（『民俗学方法論』関敬吾訳、岩波文庫、一九四〇年、一〇一ページ）。かくて思潮史のうちに「フィンランド的」という形容句が、北欧に一概のロマンティシズムの中でも、諸強国に囲繞された小さな民の特異な自然を表すことに、注意しておきたい。音楽・歌謡は古来、重要なくらしのカバラ的表現労働であることはパラケルススの強調するところである。

心情表現の原始的形態についてのギョームやクローンの主張は、人間の情動には或る本質的な膨らみがあり、そのことはとくに呪的歌謡にみるように、パトスもパッションもリズム表現をともなって身体的活動の労働と化す、といいかえることができる。この呪法には「自然」の根底に真向かうことを表現する、一種狂乱の身体毀工の状態がともなう。あらためて「木霊」を例としてみよう。「声をあげる—木霊がよぶ—鬨をつくる」のは、たんに客観の主観化、客体の主体化であるというだけのものではない。「鬨をつくる」のはあくまで人間化された自然としての「木霊」自体であって、人間ではない。人間は「よびさけぶ木霊」を感能によって受け容れ、自由な感得の想像的解釈を造成し、これをくらしぶりに役立たせなければならない。それは、太古的・古態型の人間にかぎられるといわれるかもしれない。しかし、受け容れるという情動の態度（表現労働）のなかで人は自己の自然状態を自由に呼起こされ、この例にみたように人間にむけて性情表現化されたさまざまな「木霊」が、反立的にも生みだされてくることを了解しえる。「木霊」に融即的にとらえられた「意識」は、内的心情の一種狂躁的な形式化である。歌人の当麻近子が「声をかぎりに—木霊よびたき」と表現した想像力の自由は、性の分有をもとめて木霊によびたい、木霊によびかけられたい、駆り立てられたパッションの表現であり、この内在的共同性は目加田誠のいう人性の一性情たる「興」となる（中村Ⅳ）。

内在の「受け容れ」と「造成・役立ち」のパトスとパッションが一対となって、或る追いつめられた状況において心情は窮迫的に対象を受容するが、このときこの受容の感能はたんなる受動ではない。「木霊」に対する聴覚の感得のなかに既に或る「造成」への内的対話が生じ、そこに、性状諸像の間の類似の現象的膨らみが意識のうちにみられる。そこには反立的に、窮迫ゆえに生みだされる対象への感能連合的なよびかけ——生の過程にふさわしい連合の、自然に話しかけ／話しかけられる——の交感的能動がうまれている。この本質的に「膨らみ」といえる性情の魔術的な自由の自己工作力が、人間的自然のもとの共同性の表現労働といわれる所以である。クローンは、カレリア地方では「気取り」という性情が、歌のなかの乙女をして「牝馬が耕した畑の穀物を食べようとしないし、牝馬の牽く橇《そり》に乗ろうとしないし、また牝羊の羊毛を身に着けようとしない」というふうにうたわせ、ところ変わればくらしぶりの性的な「風土的変化」がもたらされる事例をあげている（前掲、一〇三ページ）。ここには、人間の性情の表現は「魔術」のリズム（クローンでは呪的な歌謡《バラッド》）を介してくらしぶりの自己工作・労働に影響をあたえていることがあきらかである。自然情動の膨らみという原態労働は、ここに引証したように、宗教的、倫理的、芸術的な共同性の諸現相である。

表現労働の世界は、くらしぶりは無機的有機的自然の受容による自己自由の形態的「変身」によることを特質とする（中村Ⅳ、二七九ページ）。それは、人間の性情の自然的実在がもたらす活動の過程自体を目的とする原始的観念であって、実用性は通じない。さきの生体論に立てば、一定の心的興奮の原論理的な表れであり、それが受動的な印象を能動化する力能となる。それだけにこの世界はある呪的な表現——ここでは「鬨の声」「木霊」「歌謡」など——において、人間の性情と工作・労働とが接触することから構成される。しかもこのとき、工作・労働じたいを過程において変化せしめるが、このような変化が生物史的な民の小さな歴史の現相にほかならない。

人間化された自然は、主体における窮迫的な極限状況において受容と造成・役立ちの意識的表現労働となった。ところで、それは必ずしもみなれた現象であるわけではない。「木霊」自体はききなれているが、主体のがわでどうにかして或る極限状況において、それが普段とはみなれない現相、相貌にみえてくるときがある。それは、自分にとっては或る識閾をこえて、驚畏とも懐疑（不思議）ともうつる交感が「鬨の声＝鯨波」としてみなされることである。この場合の驚畏・懐疑は、おそらく脳のなかに埋め込まれた、伝承的にとおい採取・狩猟段階の事象が生過程の造成的連合的な内在的共同性において回想的によみがえることによるのではあるまいか。のみならず、生体論によればこの回想は、躁揚・催眠状態における記憶の亢進状態や興奮のながれが速くなることと、無縁ではないであろう。さらに、自分はこれまでにこのおなじ回想に三度接したことがあるとすれば、三度接した「事」自体がひとつの回想となって、ここに或る変形された記憶についての、体験的内容をともなう対象痕跡と内容的体験についての作用痕跡との弁別がもとめられ、後者が独立して、個人的には必ずしも原因とはかかわりのない行為の表象を心情的によみがえらせることができる。

このような事的行為としての表象再生の民俗歴史学としてわれわれは「語り継ぐ」伝承方法論をつちかってきたが、しかし、ここにみた再生論はあくまで内在の内発的性格に根拠をもつかぎり、共同性という外と上からの与件にそうものとは方向を異にする。内在の表象再生は、とくにしばしば我を忘れて対象に没入するような「気づかれない意識」に対して「気づかれた意識」を呼起こすはたらきをもっているだけに、なおさらこのことは注意を要する。

台湾高地民の諸部族には、呪術師による狂乱状態の祈りの「聖なる着火式」によって、主食の粟の播種から収穫にいたる一連の季節的リズム労働が、あらためて対自的表現活動としてよみがえるとされていた。この非日常性の回想は呪術師自身の狂乱状態と催眠状態の模倣とから構成される表現労働であるが、この即自性のなかに、「タイヤル人は、中国人や日本人ほど神や偶像の足下で慈悲を乞うような輩ではない」とされる、自然宗教の確立された対自的性格が呼起こされることになる。このことが何を意味するかについて、マクガバンは、こうした原初的な民俗のうちに「人びとの相互の正・邪の規準」として「不浄による堕落からの救出」を実現させ、個人として「分別についての概念作用」が機能する「共産主義的」な「仲間うちからの配慮」にめぐまれたくらしがおくれるものとして、評価にあたいするものとしていたのである（中村V、第七、一四章）。

以上の考察から人間的自然の表現労働観について、要約すれば次の五点が示される。

①言語の発達にもかかわらず人間的自然の生命「情」態は、自己自由のための欲望（「期待」）にそった対象区別の必要から根源的に性的な発現活動を不可避とし、自己の自然力のリズム活動的な性状をもたらす。これは、「弱い人間」（マルクス）が共同性のうえで備給する自然力の表現活動である。

②生命情態のこの活動化は、自然との交渉・交通をつうじて、すなわち自然との融即的適応関係のもとで、自分自身への自由を内的に獲得し、この膨らませた個性のかぎりにおいて類的存在の再生産を外的にも可能に

する。内的・外的二層の活動環境は、身体的に自由の自己工作において心身の自己媒介的な道具活動のもとに生成され、人類史においてそれは、境界期の長期にわたる採取・狩猟活動による人間化された自然によって、蓄積されてきた。

③内在する内的・外的環境の生成は採取・狩猟行為に規定されて第一義的に、自然の人間化という客体じたいの主体化の過程を、分節化されたリズム的受容の表現労働において獲得し、この表現労働の自由によってはじめて、主・客の相互媒介的な内的移行が可能となる。この移行は、純粋情動・心情の本質力の発現としてとらえられ、それが地形的諸条件に規定される労働過程の表現においてはそれぞれ「受容可能性」と「造成・役立ち可能性」の自然情動の風土的様相を呈するものとみなされる。ここに労働の本質は、くらしぶりという行為の選択の余地において、いかに民属的に自由な決断にせまられるかという人格の立場から、創造、創作、創発とみなされる特殊な現実態と可能態のかかわり合い方を持っている。

④労働の本質は、くらしの原因説によって結果の事実にではなく、日常的なくらしの現実的過程の非合理な現象にこそ意味をもつ。なぜなら人間の対象化は、自然的歴史的に追いつめられた現実を背負っており、さらに、それ故に自由への「期待」において潜勢的に目的志向的な対象と現実的に生成的実在的な対象との区別、相違をかかえ、そのとき労働は、心身連関の生過程の表現となる。身体は、興奮状態における脳の活動および回想的作用において表象的に心情と連関することによって、自由の対象化の膨らみをこの表現—労働のうちに実現させるから、現実的な労働は、人間の本態的な心身の自然力の現相的顕現となる。くらしの生過程は、身体を介した原生的な技能と知恵を表現する。

⑤「声」や「歌」の分かち合い的糾合のはたらきにも、強弱のリズムは反価値的に不平等の欺罔を導入する場合（タイヤル北勢蕃）があるが、当麻近子の詠んだように（中村Ⅳ）、「声をかぎりに」するような長短のリズムは自由の「性」の美的分有をもとめて全一的包括的機能を発揮する場合があり、とくに後者の表現活動は母性の観念にもとめられる。人間の原態労働は、外と上からの精神が介在するまえに本態的に内在のパトスとパッションを直接かつ未分化に、契機とした、「神」的な呪的魔術的演出の態度を介する表現活動の総体である。

こうした現実的内在の自己自由の表現労働説に注目する点で、資本主義的賃労働の基底には、狭義には「家事―労働」として、広義には宗教・倫理・美的の「作品―制作」にまで身体的官能のくらしぶりは息づいている。この立場は「両性のフルタイム共働きによる日本経済の活性化」などとする、国家・社会論的企図との対置において、「生きられる」表現のうちに自己工作、自己運動の意味を托してみようとする、内在的環境のあり方を模索する特殊形而上学的の態度である。ヤコビはこの事態を、今日的われわれは「鋭い観察の才能と激情的な感情の過剰とを、批判的悟性と爆発的気質とを、引き裂かれた」人間であるとしたうえで、そうであるからこそ、それらを「内的統一性」のもとに表現形態へと集約しようと努力したパラケルススへの憧憬の念を、持たざるをえないのだといっている（ヤコビ編、前掲「序言」）。

二　労働の魔術的コスモス

パラケルススの「労働」観は、神と自然を媒介する人間としての「業《わざ》」というとらえ方であり、したがってこの労働のうちには心情、霊魂、手業、男・女、母性、魔術など、ミクロコスモスの自然力として原初的に矛盾しあうところのパッションの「表現」過程があきらかにされる。労働は、健康と疾病という矛盾においてさえその間の中庸の均衡を無記的に維持するうえで、最大の効能として位置づけられるように、生成論的対象化にみる志向性と実在性の間にみる「人間化された自然」の論理に適うものである。

　この労働観は、パッションの表現活動にもとづいている。人はすべからく働く存在である。なぜならくらしの直接的な目的は心―身の調和的経済の働きにあり、この働きのうちに自己を情動的に表現することによって自己を発見し、自分自身への自由の余地を見いだすことができるからである。しかし、ここにはその前提として、かれ自身の、受容にもとづく世界内在の有の状態がなければならない。持たざるものはあたえることができない。労働のこの存在は、心身連関のうちの隠されたもの――個性、本性、天性などといわれる自然力――を発現する状態であり、情態の現相をとおして他者の心情に響鳴を生じさせるような交感的関与の側面までを持っている。

　パラケルススは、このことをマクロにつながるミクロのコスモス観として提起した。心身のミクロ的に、肉体は心情の現象であり、心情は肉体の意《こころ》である。この内的現象において、すなわち意であるところの原態労働の構成は、受容的労働は造成・役立ちにつながり、造成・役立ち的労働は受容に、円環的につながる。経済学的には消費的労働は生産に、生産的労働は消費にそれぞれ連関する。しかし、この連関は原態労働では、たんに素材の変態をとおしてなされるわけではない。というのもこの労働は、肉体に表現される像に心の情態を受容せしめる矛盾の業として、倦むことなく隠されたものを現すように、見えないものをみえるように定められているものだからである。それはちょうど画家は、絵筆と絵の具と画布だけで事足りるのではなく、その作品をとおして、自己の内なるものを情動においてまず自己に見えるように、大きなものに志向された、表現する作用というものがもとめられるようなものである。矛盾というのはこのとき、肉体の表現像によって他者の心情に響鳴させうるような関与の性情が、あらかじめいかにして先行するのかという問題にかかわる。それ故にこの労働は、自己自身の、自己自身による、自己自身のための本質顕現において「類」的なのである。それはいまや、自分自身が特殊に自由の自然的実在であることに由来する「自然宗教の労働」「祈りの労働」論につながる。このことを前提にしたうえではじめて、ある不可視の力の実在にまつわる「魔術」と原態表現労働の、原論理的な思考形態が問われるべきである。

この特殊労働観によるかぎり、原態労働には、啓示的信仰の有無にかかわらずすべての人間に死—生の、生命という自然の本質顕現を可能にするための、理性的宗教の特殊形而上学的な性格があたえられる。とはいえこの規定は、神の顕現としての啓示の一般的信仰労働観を否定するものではない。それどころか、神は、われわれ不信仰の者との切っても切れぬ固い環を、人間の原態労働のうちに持つことができるように配慮されたという、了解の世界がひろがるのである。労働とは「自己自然」の自由な自己表現にほかならない。このことは、くらしぶりという個性につながり、日々の労苦を自分自身への自由の発見につなげることができる者にとっては、それほど難しいことではない。

ヤコビ女史の構成による「パラケルスス」論は、「人間と業」説が中核となり、そのうえ人間の「受容」のパトス説からはじまるという二つの論点によって、われわれの人間的自然説と受容の表現労働説に一致するが、それだけではなく、この労働説は自然宗教論にまでつながる（ヤコビ編、前掲書。強調は中村）。みられるようにパラケルススの「業＝労働」説は「人間」と併置され、対置されさえしている。それは、パラケルススの労働説が一種の生物学的原則にそった、粗野な人間の「腐敗―醗酵―成熟」説をふまえ、神の賜物において、自然の受容の労働観にもとづくからである。

スイスのシュヴィッツ州はアインジーデルンに生をうけたパラケルススは、自分は「小麦パンによってではなく、燕麦パンで育ち……樅《もみ》の木の毬果《まつかさ》のなかで成長した」といっている（同、四〇ページ）。「毬果」説はともかく、「燕麦パンで育った」というのは彼一流の受難の民の実態についての譬喩論法である。それは、「燕麦」（Hafer, oat）が小麦にくらべてはるかにおそく栽培化されたのであり、ヨーロッパでは、パラケルススの生まれた一五世紀のころには未だ野性種の雑草でありながら蛋白質と脂肪に富んでいたので粥やパンとして食用に供されたのも珍しくはなく、その後も、イングランドでは馬糧とされたときでもスコットランドではなお人間の且且の食料にとどまった。こうして「燕麦パン」（Haferbrot, oatenbread）の引用は、パラケルススの生い立ちが必ずしも貧困であったか否かの問題ではなく、その生い立ちから、さらには一四歳から長途の遍歴にでたかれが、たえず道すがら貧困の民、弱者を友としていたこと、農耕の栽培化された小麦めあてではない、かれの素朴に徹した自然的実在のくらしぶり自体が、未だ原態の採取行為にすすんでひたるようなところがあったこと、それらは「日々の労働を終えて休息しうることをよろこび」とする「信条」でもあったこと、などを表している（四〇ページ）。

小麦パンにくらべ、パラケルススが、はるかに自然の膨らみを可能態とすることに長けた燕麦パンを引き合いにしたことには、人間の生き方に、神と自然にふかくかかわりあう世界内在のあることを、示唆したものがあった。ここには自らを窮迫状態に追いつめながら、自己を、その労苦の過程のうちにこそ隠された「パン種」そのものととらえることができるという、パラケルススの人格的高潔さがにじみ出ており、その種子の醗酵によるパンとしての成熟の過程を待つという、まさしく「世に隠れる《アインジーデルン》」者たりえる思想の片鱗がうかがわれる。かれはこういっている、「待つのだ。時至れば、すべてが君の中から現れてくる。……君から生まれるべきもの、君の中にあるものは必ず現れ出る」と（一六四ページ）。種子はこのとき「腐敗」と「醗酵」において、成熟の過程的発現、内発的表現のための創造因としてとらえられるが、それはまさしく人間の矛盾の生成過程としての原態の表現労働を示唆している。

　腐敗過程は、廃棄の矛盾をともないながらも人間的自然における神への止揚を表している。なぜなら、人間の心身連関的の腐敗は、生物学的原則にそったものであるかぎり必然であるからである。と同時に逆転して、変態による成熟過程を表すものでもあり、新たな誕生を用意し、この現実態に基礎づけられた可能態に連関するからである。腐敗の現実は、じつは潜勢的に新たな可能のための醗酵である。女性は、あらゆる腐敗のかたまりである。すくなくとも現実の端緒においてはそうである。とりわけ妊ってから出産にいたるまでの間、つまり妊婦から産婦までの間に段階的な腐敗とその脱皮、再生への変態をくり返し、その次第とともに漸次、新たな可能態を膨らませていく生物学的原則にそっている。この転換の漸次的な、有への止揚の過程は、旺盛な注意力と想像力の創発を自制的にうながすことによって「神」への受容的態度にちかづく。

　段階的な腐敗とその脱皮はいくつもの破壊と「死」をともなう。その最初の「受胎」そのものから、おおくのスペルマ（sperma, 精子、種子）が死滅し、排除される。こうした毒性による破壊、死滅、排除を経済学は「消費」過程とし，短絡的に「生産的消費」の概念に結びつけたのであるが、そこに誤りがあった。むしろそこには、変化という保存の、存在の継続的創造と、「無」に帰することの保存の中止とによる、「神」に対する依存の実在的関係の思考法があった。「生産」はそれほど「消費」を単純に裏返したものであろうか、人間はそれほど「生産」を第一義的に考えることを許された生物であったのだろうか。

ここに、近代の曙光に浴しつつあるとみてよいパラケルススの、きわめて重要な、矛盾にもとづく「神―人間―自然」観が、すなわち、かれの思想のあらゆるところでそれが集約した「マトリックス」(matrix, mater, 源質、子宮、母胎、母性、原母、母獣、女）説としてみられることに注意しなければならない。かれはいう、「私は人間の死すべき部分に関わることはせず、人間の内にあって死することのないものについてのみ省察（哲学）する」というかたわら、あわせて医化学の立場から「腐敗はあらゆる自然的事物の根源的本質の逆転、死、破壊なのだ。再生と新生はこの腐敗を何千倍も改善して成立する。……しかしこの事実は神の最高にして最大の神秘であり、神が死すべき人間に啓示し給うた最も深い秘密であり奇跡なのである」（四〇、一九三ページ）。

ここにかれの言わんとすることは、死と再生、腐敗と成熟、それぞれの時間の過程にみられる「待つ」ということの「自然情動」の醗酵の思想であり、それを神の「神秘、啓示、奇跡」としたのである。医化学、錬金術に長けたパラケルススが生物の腐敗＝醗酵説を知らなかったわけではなく、ただこれを、人間の生殖細胞の不思議とおもわれた増殖過程について、そしてなお形成体《オルガナイザー》による形態的の「死―生」の矛盾の、保存の中止の動態観として主張したのであった。それ故、かれのマトリックス説は、「事物は創られていてわれわれの手にあたえられたが、それにふさわしい最後の形であたえられてはいない。あらゆる自然物もことごとく同じである」（一九四ページ、強調は中村）という、不完全な生の過程的人間説が、宇宙創造説にかさねて主張されうる規定となった。ここで付言すべきは、プラトンの生物学的自然哲学の書『ティマイオス』について三宅剛一は、人間の受容の精髄である空間《コーラ》は「生成の乳母」にも類比しうるとするプラトン説を考察し、「工人」によって形《スケマタ》が整序づけられる「鋳型《エクマゲイオン》」説のみえることを指摘した。われわれが実在―観念として太古以来の母性に着目するとき、それがたんに女性の母胎説にとどまることなく、継母や乳母の代理受容と、母子愛育から性的同一性までの意味をもつ男子による「擬娩」（couvade）にもみられるように、主観―客観関係の未分化の工作的思考、すなわち表現労働による広義の母性感能までが含まれている（『学の形成と自然的世界』みすず書房、一九七三、第三章「『ティマイオス』における宇宙観」）。

　マトリックス説は、根源的には人、すなわち男女の両性にまでおよぶコスモス概念である。自然界を「コスモス」とみなすのであれば、それはミクロコスモスのにない手、すなわち個体的生物としての腐敗＝醗酵をへて成熟にいたる生過程を一身に受け容れるところの、凝縮された「基質」性として注目されるべきであった。マトリックスすなわち基質は、両性の根源のミクロコスモスである。ただそれは、両性における差異と、「区別にあらざること」の調和とを経済的に本質としている。それ故に両性において可能態を見とおしながらの、存在の継続的創造は受容にほかならないこと、つまり受容は、端緒としてすでに変化という創造の過程にふくまれていることが、知られる。と同時に、この過程は、「最後の形」にはいたらない未完の様相にあり、それにもかかわらずなおわれわれの「手」に「ふさわしい」現象としてあたえられているのである。事物とか自然物とかの現相概念のなかには「人間」がふくまれるのであるから、ここに両性は、未完成の可能態において不断の「手―業」に適う、保存する創造過程に、それも共同して当たらねばならないことが知られる。

さらに、パラケルススのいうこの未完ながらも「最後の形」とは何であるか、それはいかなる創造の論脈のなかで主張されているのかをあくまで現象の過程論として考えてみよう。それは結局、「手業」が活きるくらしぶりの表現労働のなかにもとめられねばならないことになる。パラケルスス自身、「木も自ら成長するが、それが薪になるか木炭になるかは自らは決定できない。粘土もおなじこと。自ら容器にはなれない」といっている（一九四ページ）。その意味は、第一に成長の変化の現象過程は、持続のうちの保存とその中止をふくみ、一方の継続的創造と、他方の無に帰することを表しながらも、それらは木や粘土がはじめから現実的に自分の意図と設計で決定しうることではないことにある。このことから第二に、自然物としての人間においても、その生成過程の意味は、欠如態としての未完成の手業そのものの、自然情動の表現にこそ存する。

そこには「最後の形」と位置づけられるものはそれ自らは目的的に決定せられず、手業にふさわしいものは、わざの過程自体を目的としているくらしぶりにあり、この過程説に裏づけられるものは生体論的に、ただ心身連関的な「興奮」の自然的な表れの世界なのである。なぜならパラケルススのいう未完成の持続的過程は、人間の欠如的不完全さにまでおよぶ、情動の受容をともなうからである。そこに「事」物は人間自身をふくめて常に創造的に、内在の未完成としてわれわれの「手」すなわちパッションのうちにある。手業には非意図的と欠如的未完の、この二つの過程性格がある故に、「人間と手業」説の前提となるのがパラケルススにおいてもまた心身の受容と創造（造成・役立ち）の論理であり、その基礎にはマトリックス（母性―観念）説があった。この説の骨子を、手業―労働説にはいるまえにあらかじめ簡明にしておかねばならない。

長い煩悶のすえに医術をくらしの信条とするにいたるパラケルススは、当時の不確実な医学レベルのなかにあってまず自分自身を弱者、病者と健康な者との間、さかいにおくことから、出発する。ここにかれの医学が既に人格的に「手」のうちの「業」であったことを意味しているが、それは、「健康な者には医者はいらない。病める者だけが医者を必要とする」というキリストのことばに忠実であろうとしたからとされる。しかし、そもそもかれのいう「あらゆる弱者、病者、さらに賤しい身分の者」とは価値的に何であろうか。それは「学識者、貴族」の対極において、つまり「心を惑わすものや偶然というべきもの」とは無縁の存在であり、われわれが本書でいう、「社会状態」におかれた者に対置する「自然状態」の者のことである。いうまでもなくそれは、パラケルスス自身の反価値をもいれた素朴実在的に生きられる仕方をいうのである。「何ごとも表面的にのみ見るのではない、……受けるに価いする以外の金銭は受け取らぬこと、子どもを暴力に委ねないこと、推測せず〔に理性によって〕認識すること」を誓ったかれが、「私の胸中には、自然のうちにある最良のもの、地上の自然が病めるものに対して真に意図する最上のもの、それらを発見せんとする意志を除いては何もない。……すべては私もその一員である自然に由来する」と強調するとき、価値系列下の「自然情動」の医師がそこにいる(四一―四二ページ、強調は中村)。

その「意図」が「地上の自然」に由来するというのは、社会状態にある者の意図や設計とは反立的のものである。かれの根底にある「意図」がそのながい遍歴を教師にしてつちかわれたことも、示唆的である。というのもかれの遍歴の所産はキリスト教界にあるものではなく、民属風土の人間的自然そのものであり、人間のもつ四つの「実体」——天体的、「毒性」的、自然的、精神的——の原理について記述するのは「異教徒的文体」をもってしなければならなかった。いいかえると、これらの実体原理の把握は、遍歴という表現労働の腐敗と発酵の「毒性的」過程を経ることによって、可能となったとみることができる。この毒性が、人格的価値においてかれの中で反価値的にふかい意味をもつことはいうまでもない。すなわち、パラケルススによれば「労働」は酸味、甘味、苦味、塩味の四種の味をもつとされる過程をへて、かれの世界ははじめて「人間的自然」として有・無として保存される創造性となる。こうして四種からなる錬金術的「業—労働」説の提起は、人格の存在という自然の保存状態を現実的に表現することになった。

地上の自然は、パラケルススならずともわれわれに「飢え」と「労働」をあたえる。なぜならわれわれは、本態的に有の事柄として、からの胃と、粗野の愚かさと、やがて「死にひきわたされる裸の像いがいの何ものでもない」有なのである（七〇ページ）。それ故にそこに「形」を創り出すための、原素材としての「汚物、泥、大地」(limus) と、そこから不要なものをくり返して取り除き、腐敗と成熟を過程的に分離 (Separatio) せしめ、自分自身への自由の決断と意志による造成・役立ちにおいてふたたび原素材へと変換せしめるという、有無過程的な、表現労働いがいの何ものでもない、根源的かつ創造的な自然力の法則を持ち合わせているからである。

このようにいうときのパラケルススには「自然力」という用語は見出しがたい。しかし、用語そのものは問題ではない。むしろかれの「地上の自然」説によれば、「神—人間—自然」説のはらむマトリックスの主張に真骨頂がうかがわれる。すなわち、われわれのいう「自然力」とは、かれによれば「父と母とから承けついだもの」にほかならない。ここで、論理的には「人」ははじめにただ可能態としての矛盾の様態のみあり、それも、父と母、男と女、それぞれの現実態によってなされる表現活動の「継承」の継続的創造のうちにこそあたえられる。可能態の継承のうちには、先にみたようにおおくの欠如というべきものもふくまれる。それどころか腐敗にもとづく「死」もまた可能態として、あたえられている。「死―生」は、パラケルススによれば一つの分離の過程である。

　ここにおいて父母・男女による継承説のうちの一方に、「神が人間のなかに入れられたもの、［すなわち］「賜物」」というとらえ方がうまれるとともに、それは、神が人に入れる、神による外への「光」という「協力《コンカレンス》」の行為は、人によって「容れられうる」可能的過程となることを意味する。神の賜物としての「人間」は父母・男女において受容可能態であり、したがって「光」の「種子」である。パラケルススにおいて「光」説は、その愚かさゆえにひきわたされる「死」への、無の「暗闇」説のアナロギアである。これは一六世紀初頭における中部ヨーロッパ山岳地帯の民属の異教世界を巡歴することによって獲得された、労働の「魔術的コスモス」説というべきであろう。

　すべて種子（Same）は可能態であり、ここから他方、種子は、父母・男女の共同、合成によって新たな性質、すなわち「個性」の生成過程があたえられるというとらえ方が生まれる。かくてパラケルススによれば「種子は大地（耕地）の主である。種子の良し悪しは人間の思慮、理性そのものにかかわる。種子は男の内、女の内に決断と意志によって生じる。種子は、母胎のうちにあって内なる母に養われ、そのそとにあって外なる母に養われる。種子にとってこの内と外に区別される「母」が、はじめに精神《ガイスト》（パラケルススでは「霊」におなじ）であり、次に魂《ゼーレ》（心）となる」（六二―七四ページ、強調は中村）。内と外の二つの「母」の「区別」とは何を意味するのであろうか。全体の論脈によれば、おそらくはじめに両性による「精神」のもとで生まれた種子は、最後は、自らのパトスをもって誕生するというように、内的な転換の成熟過程としてとらえられ、この受胎―妊娠―出産―養育の全過程が父・母、男・女の共同によって、つまり両性による「区別」の「非区別」として成し遂げられる。内なる母は「暗闇」をにない、外なる母は「光」に向かう。

このような「賜物―種子―個性」の生成説はパラケルススの「神―人間―自然」のミクロコスモス説に適う。それは、人類の自然史的過程にそった長期の「採取」行為、すなわち非農耕段階における「飢渇と労働」に対処しうる、全受容的マトリックス的なもののとらえ方を衝いている。パラケルススのこの主張が、その生涯の大半をしめる、キリスト教界を相対化せしめる身体と精神の遍歴から獲得されたものであることは先に述べた。「種子」生成説には、なお男と女の差異について注意されるべきである。「種子」の受胎から出産の過程中には、パラケルスス流には「肉体、空想力、形態、影響」の四つの部分が不可欠であるが、それらのいずれもが男と女の差異によって強制されうるからである。「粘土は陶工の手にゆだねられるが、それ故に陶工は粘土から、彼の欲するものを、彼の気に入るものを作りだすのである」（七〇―七一ページ）。しかし、成長する種子は、マトリックスの構造からして「一つの本質をなしている。」それは男女がたがいにふさわしく、両性の構造において、一つの本質をなしていることによる。

最後にパラケルススの非農耕段階「労働」説の前提として、外的自然の神（「天」）と内的自然の人間のかかわり方、すなわち「外的自然はその形態を内的自然に刻印する。外的なるものは内的なるものの母である」（七八ページ）というとらえ方に注意しなければならない。それは、外なる光と内なる暗闇の類比において、第一に、人間の自然力の発現は、外的なるものの「受容」とその可能性に基礎づけられてあることを主張したものであって、人間的自然の受容的労働の本質をとらえている。ここから第二に、刻印された内的自然は男女の性比（sexual ratio）に不均衡の形態をもたらすが、この「欠如」現象は、おそらく狩猟行為の導入によってもたらされた。ヨラン・ヤコビ女史の編集にかかるパラケルススでは、現実のくらしの能力が指摘された後、人間がそれでも「自分自身を制御できないばあい」にとる、「非独身」形態の妥当なることをみとめている（七四ページ）。ここでも、純粋情動の受容による真の原因は現実的には結果をふくまない。

これは、人間の自然力の表現活動が受容の労働形態であることにもとづいて、現実の採取・狩猟のくらしの社会化にそった主張なのである。かれはこのことを、「この世界に男が百人、女が千人いると仮定してみよう」といって、その理由を「神は婚姻は守るべしと命じられたが、妻の数は多くとも少なくとも定められなかった」うえ、神ははじめから男より女を多く創られ、しかも男のほうが女より早く死ぬべく定められたので、女たちのほうがいつも男たちよりも長く生き延び、したがって「女性のかかる過剰」は、男女の間の「姦通への途」を予防するうえで、妥当な配慮であったとした。この仮設はパラケルススのマトリックス説を、採取・狩猟段階の「コミューン」化において裏づけている。要するにそれは現実の「女性過剰」において、コミューン的秩序の過程の内容問題としてまず「姦淫」の不可なること、そのためには婚姻としての妻の数に制限を設けないこと、それだけに婚姻は「神の命令の意味にかなうような、配慮が必要」となるという、倫理上の「自制」にもとづいて行われなければならず、このことは、人間の風紀、徳、訓育、法律にしたがってなされるようなものではなかったことが説かれているのである（七五ページ）。この主張は、後にホッブズを考察するときの人間の「自然状態」説と重なりあう点で、その先駆けとして重要である。

しかしパラケルススの文脈中、現実の問題はさらに次のような主張のうちにあるとみなければならない。すなわち「一人の女で解決できないときには、第二の女が、また時としてはさらに多数の女性が要求されよう。しかもこのことは正当な仕方で行われねばならず、偏った争いによるべきではない。汝が自分自身にされたいと欲するように、他の人々にもなすべきである」(七五ページ)。この箇所は、「女性過剰」のコミューン的過程における「一夫多妻婚」(polygyny) そのものを直接に裏づけたものとみなすよりは、いわゆる複婚 (polygamy) の過程において、この群—社会のくらしぶりが、「母親」や「寡婦」の衆議制によっていかに民主主義的に自然宗教の魔術的呪術的要素とむすびつくことで持続しうるか、という生成的な継続問題を提起しているとみることができる。

「女性過剰」の問題は、いくつものくらしの構成要素が自然宗教として一つに固く集約され、個人の倫理的「自制」という自己審廷と、女呪術師による「占・卜」とが、母親衆による「おしゃべり」型や「忠告の集い」型の、母親型コミューン的システムを形成する過程として理解されねばならない(中村V、一二〇ページ)。したがってパラケルススにおける注目すべき右の箇所は、人間は、例えば「女性過剰」がまねくような性的差異の矛盾の自己運動においてこそ、「中庸の節度」ある「均衡」の自然状態にあるべきことと、この内在性は、女性の衆議によって主導されうることを指摘したものとうけとられるのである(八〇ページ以下)。人間はなによりも「自然の子」として、「秤りの平衡」のもとにおかれるコスモス的存在であるからである(八二、一三三ページ)。こうしてかれの人間＝自然状態説は、「神」のもとの人間の価値的存在において、ひらかれた個性からなる自生的コミューンの所在を主張し、「自然力の世界」としていわゆる個人と社会の未分離、融即の状態が示唆されていた。「自然においてすべて外的なものは内的なものを指し示す。なぜなら自然は、人間の外側にあるのと同じく内側にもあるからだ」（一三五ページ）。

パラケルススにとって弱い「民」の追いつめられたくらし説は、それぞれが父母から継承した「飢えと労働」観（四〇、七〇ページ）にもとづいて、とらえられるという出色の人間的自然観であった。「飢え」は欲望の節度、自制説につながり、「労働」はその欲望にむけた「人間と業」説につながる。両者をむすぶのが自然宗教としての「祈りの労働」である。なぜならこの労働は、人間の腐敗と醗酵による成熟の保存過程にそうかぎり、欲望に不適な、不要なものを切り離し、抜き取り、分離せしめるところの、眼にはみえない現象を可視化しようとする心情《ヘルツ》の過程であるからである。すなわち不要物を分離せしめることで成熟にむかうこの創造過程には、たえざる不可視の汚れたものを、そのまま未分離のうちに「祈り」として観念しなければならない「さかい」の中間領域がさけられない。逆に毒性あるものに対しても、全体の生過程からこれを判断し、祈る、という全体の業のうちで、ついには「秘薬」ともなる。

腐敗とは、生と死のさかいの、したがって不確実ではありながらも、生にとっては不可避の過程である。マトリックス説によれば「人間の死」ということさえこの過程からまぬかれえない。それは――食用「菌」のごとく――生のまえに、あらかじめ開示しうるような魔術的な現象である。魔術的とは、人間的ミクロコスモスの不完全さゆえの不確実の生成現象をいうのであって、ミクロコスモスの構成化という労働の表現形態についていわれうることである。そこに「死」をも内含した原態労働がなお、「生」ある人間をはしらせるコミューンの様相が生みだされる。

三　霊魂の原態表現

パラケルススの労働観が「古人」の自然力の世界観を踏襲していることに、われわれはどのような意味規定を見いだしうるであろうか。それによれば、人間の創造過程は初めは分離されぬままの汚物であった「原素材」から生まれでる。不可視のもの（「種子」）を可視的な「形」へと転換するこの過程的現象としての「業＝労働」説は、われわれの内在の環境保存の様態としてとらえられるかたわら、それは同時に、パラケルススのいう完成された医術と錬金術の能力の世界の探究でもある。錬金術の技法論ではない、その鋳型（プラトン）の原理にまなぶものは、すなわちパラケルススのいう世界が、比喩的に地中の火および錬鉄の神になぞらえられて、不純物を除去しつつ次第に純粋なものを抽出するという一種の変「形」力の成熟にむかう人間による種子の表現活動とみなされ、「この力は［基礎的に］人間の消化活動という原始的な変形」のミクロコスモス観にほかならない（ヤコビ「用語小辞典」、強調は中村）。

この意味でも種子は、人間を介して暗い始原の原素材、原物質としての存在から変態的に転換せしめられる。そのさい「土」と「火」は、前者の物質的にしてマトリツェス（母たち）、後者の心的にしてパトレス（父たち）の不可視の要素として人間の感得作用のうちに生かされる。「祈り」はこうした暗黒からの変形、転換に前後する、原型（種子）からメタモルフォーゼするさいの魂じしんの、魂による自生的作用である。それ故に人間の自然状態において、労働は祈りであり、祈りは労働である。原型から変形生成する徐々たる変態は、その物質的にして心的な時間の形態的表現活動である。マトリックスが両性にまたがったように、パトリックス（「父型」）もまた両性に共有される。ただ、女性はパラケルススによれば男性以上にはるかに「想像力《イマジナツィオン》」に長じていることが、生理学的にみとめられていた。そこに、時間的な原態表現のにない手にとくに女性が、それも世界生成の「母源」とみなされてきた「黒の思考」法がおかれていた。このことがかれの変形力の形態的表現活動説から導出されるかぎり、むしろ想像力の表現活動は女性の、長期にわたる「採取」活動のうちにつちかわれた無機的有機的自然の変態についての、経験的受容の成果であるといわねばならない。それは、今日の歴史的人間学の主題でもある。パラケルススはこのような原態表現の世界を、垂直的な「星体」(Gestirnleib) ととらえ、星天による人間の身体構成や魂への影響、すなわち外的星辰と内的星辰に弁別して、生命とその気息の「星辰的身体」(Siderischer Leib) 説を主張したことはよく知られる。

R・リッペは、パラケルススには言及のない文脈のうちにではあるが、「歴史共同体は、観照《コンテンプラーツィオ》による天空の出来事との一致」をみるとし、それにおいて人間は「自身を重く感じ」ることもあれば「自身を軽く感じ」ることもあることに注目している。リッペはここで気づいていないが、「人間は自らの肉体を所有する能力がある」との自身の主張のうちに、じつはなお他者という肉体を、両性のかかわり合いとその延長において、感得し、所有する能力があることがみとめられるのである。先に、肉体の表現像によって他者の心情に響鳴させうるような関与の性情が、あらかじめいかにして先行するのかという矛盾の問題を指摘しておいたが、両性の生成論的共有の原態表現のあり方がここに有意味のものとなる。他者の肉体を感得し所有しうる能力については、もちろん同じレベルで論じられるものではないけれども、「母性」と「エロス」にかかわる主題である。なおリッペはこのような軽・重の能力について、それは「脈動」の「リズム」として「[広く]星々に向かうことと、われわれを一塊の土のように縮小することの間」にみられるものであるという、人間の本態的自然力について、パラケルスス流の魔術的コスモスとおなじ示唆的な結論を述べている（「空間」『歴史的人間学事典1』勉誠出版、二〇〇八、所収）。

それ故、眼にみえないものをみえるようにする「業」は、人間にとって天与のひとつの形態的表現活動である。この原態表現は、不完全な人間としては大いなるパトスの活動であり、それ故、それ自身すでに完成されているものに向けてなされねばならない。自然からあたえられたものを、粗雑にとりあつかうかぎりそれは永遠に未完成のままであり、人間はむしろ自然のうちの不純物を純化し、完成するようにつとめなければならない。「手工業者は自然とその特性を探り、かくして自然のあらゆる事物を追求し、自然の中の最高のものを生産するすべを知る。」「言葉ではなく業を信ぜよ。言葉は空しい響きにすぎないが、業はその主[神]を指し示す」（ヤコビ編、前掲、一三八、一四七ページ）。

パラケルススのこの指摘はたんに医術のあり方ばかりを説いたものではない。人間は、自然力としての情動《パッシオン》において掌中に受容された現実の「神」に依存する実在的関係を保存しており、したがって「手の労働」による汗の中で生きられねばならず、「陣痛」によって「死」さえも「生」として受け容れねばならなかった。このような黒色的な矛盾の業は、内的に刻印されたものであるがゆえに「自分自身に聴く」内在の態度のなかにみとめられる。内部にある未だ眼にみえないものをこの受容的態度によって、自己のうちに眼にみえるものにさせなければならない。この態度はパラケルススのいう「経験」であり「人生」そのものであった。「自然」の営みはかならず内在の経験のうちに表れる（一五三、一五六ページ）。そこにかれが指摘する原態表現には、いわゆる中間領域にみる技術とあそびの余地があり、両者にかかわることにおいてたわむれとリズムの性格が不可避となる。われわれはこうして、これまでにみてきたようにすぐれて子どもの精神医学（D・ウィニコット、中村Ⅳ）や倫理学その他に共通する、受容と造成・役立ちのさかいの中間領域作用説がいかにコスモス的自然学にとって不可避の主題となるかをつかむことになる。

その場合、パラケルススによれば、人間としてなすべき「業＝労働」とは、騎兵隊や競技や婦人への奉仕よりも、「メルジーナ」(melusina, 神話的―魔術的生物で一種の「魂」とみなされる）や「地中での坑夫」を賛美することにおいて、幸いとするものである。なぜなら、前者は世俗的な流儀を一歩も出ることはないが、後者は、その暗黒の世界の中で「精神が神の御業への歩みに向けられているからである」（一五六ページ）。この「神の顕現としての［暗黒の］労働」観に立つものは祈りの労働観を容易に受容しうるであろう。それは、不信仰者にとってもーーもしかれが、ただ不可視の自然にちかいところで「額に汗する労働」によって生きられる民の側に立つことだけでーーなんら疎遠のものではない。というのも神の「賜物」はすべての人間にひとしく、労苦と期待をもつ種子として蒔かれるのであるからで、ただそれ自体が不可視の可能態において、民の生きられるためにに受容され、創造的に活用されさえすればよいのである。かくてパラケルススの「労働」は、神の協力を、暗黒のうちに可能態とする受容的態度の継続的創造の業としてとらえたものであるので、ここからは人間を媒介者にした労働のコスモス的規模の様相論的な本質にむけての考察がなされねばならない。

それは、人間の、すぐれて過程自体を目的とする「霊」の「自然状態」が維持されるように――そのためには家には家事用の準備と練習のための「仕事場《アトリエ》」が自ずとそなえられねばならないように「さかい」というあそび（自由）の余地がある――、闇と光とからなる「形態表現の労働」論（「労働の自然宗教」論）がもとめられる。この表現労働の自然宗教的性質は、これまで考察してきたようにパラケルススの「神―人間―自然」観の中に容易にみとめられる。そこでは、「魔術」「呪術」もが一種の戯れ的に演出されることが肯定されることに注意しなければならない。というのも人間の業は、人間に対置された「業」においてすべて主のしるしであり、「霊」にその起源を持つからで、いいかえると神の全体が暗黒の中の悪をも容れることができる無記の態度として、演出表現のうちにとらえられるからである。例えば、男性性器に似た「サテュリオンの根」は、蘭の一種であるが、「魔術がこれを発見するや、それが失われた男の精力と快楽とを回復させうるものとして示」されるし、また「アザミ」の葉は針のように刺すしるしによって、「魔術は体内での刺すような痛みにはそれ以上に良い薬草はないことを発見した」（一七一ページ）。パラケルススのこうした「魔術」観はどのような仕組みをもち、それはいかにしてパッション型「表現労働」観に連関するものであろうか。

　おそらくこの問題意識からは霊魂観を、理性の特殊形而上学的宗教学において、日常性のなかで逆にとらえる必要がある。霊的自然状態の観点に立つなら、パラケルススがなぜその労働観を世俗の流儀にそってとらえず、あえて暗闇の「地中の坑夫」の中にもとめたのかの考察にせまられる。すなわち「魔術」は、受難のうちなる日常性の破綻した殻《から》（空―隙―無）にこそそのミクロコスモスをわがものとするのであり、くらしの中の「精力、快楽」の欠如、「痛み」「腐敗」「土」「雲」「暗黒」などを活動の発條とする。われわれの考察はパラケルスにそって、「魔術」の哲学をではなく、そこからの労働の本質にせまることにある。例えば、かれが「根菜キクニガナ［Wegwarte, Zichorie, chicory, この草に変じた少女が、恋人を路上で待つという傳説をもつ］はとくに太陽の影響下にあり、その花は常時太陽に顔を向け、あたかも太陽に感謝の意を表しているかのごとくである。それゆえこの植物は、太陽が天空にある間は、太陽光の最大の作用力を感得し、所有している。［それだけに］日没とともにその効力は減ずる。君は、なぜ七年経つとその根が、鳥の形に変化するとおもうか。魔術はこの事実についてどう言ったか［を探究しなければならない］」（一七一ページ）。

自然のはたらきは、心情によって肉体が現象するように、その真の原因は心の中にある。心情は、民の窮迫状態において、あらかじめ、必ず神のしるしを何がしかの身体的形態として表現する。民ばかりでなく、マクロコスモスの無機的有機的自然のなかにも心があり、この神のしるしを、人間はよく「生きられる」ために探究し、認識し、自分自身の暗黒のうちでかかわりあう協力の徴候としなければならず、これが魔術的「予兆」の「業」といわれるのである（なお北村サヨの神と人の肚の合掌説）。「魔術的過程」についてわれわれは、地学にみる、鉱物生成の先行的資質（innate givens）というもののとらえ方を知っている。岩石の中の鉱物質は、条件次第で――見方をかえれば「演―戯」的に――やがて原鉱石へと漸成し、純化するように（「鉱石漸成」説）、パッションの予兆的な業の現相も、暗黒の矛盾の中で民の小さな歴史へと変成していく。

「神によってわれわれに与えられた技術のうちで、その完成の必然性を自己のうちにもたぬものはない」というパラケルススの定言は、完成の必然性の保持は、それに向けた「日々に新たなるものを求め、見いだす」ような、善・悪をもいれた努力という過程そのものの中に、神の協力のしるしがあることをふくんでいる。このことはこう言いかえられる。「ひとはよく天上の歌とか交響楽というけれども、天上でハープやリュートの演奏が行われているのではなく、〔暗黒の〕雲の中に、地上から反響するざわめきがあるだけだ」。「地上から反響するざわめき」といわれる暗黒の中の原態表現には、「光」の創造にむかう「七つの道」がこめられている。すなわち、①一種の覚醒・天啓である「霊」、②善と悪に影響する「忠告」、③不可視のものを可視化しうる「経験」、④「たわむれ」にみられる偽の技術としての「魔術」「占・卜」、⑤事物の性向、徴候を可視化する真の技術の「手相術」、⑥おなじく外的形態から「内に隠された特性を顕わにする・観相術」、⑦外的類似による「創造」の適用、であるが、これらは、自然がその「霊」にはじまる原態の個性的コスモスに基礎づけられた個人の類的社会化の道――「歓喜、平和、団結、純潔、正直」――を表現学的に呈示した、心身連関の労働観であった（一七五―一八〇ページ）。

くり返すように、ここには「霊・魂」(Geist)をもってなる立体的な表現労働の諸現相が主張されるが、この現相は、「大いなる苦境にあるわれわれ」にこそ神からのメッセージたる告知であり、協力の約束であるのであって、しばしば「夢」「幻」ないし「予感・直感」としてあたえられる。パラケルススによればそれは、秘められた暗黒の中のたわむれの性格を脱していない。というのも神の告知はあくまで人間によって、魔術をもいれた労働という生の、結果不確実の現実化において表現されるのであるからである。「魔術《マギー》はもっとも秘められたる技術であって、〔悪用する妖術《ファウベライ》とは異なって〕地上にある自然物についての最大の知恵である。」神の協力の一表現でもある魔術は、人間が本来自分が何ものであるかをあかすしるしともなるのであるから、自分が悪という反価値の力をふるう余地をもっていることを示している。そのかぎりのたわむれの余地に対して、自分の肉体と心情を呪詛するような業は神を試すたわむれであるから、それは偽の魔術である。善と悪の自然の諸力につかえる「自然的聖者」は「魔術師《マギーア》」である（一八九ページ）。ただしこれは、神のうちなる真の「聖者《サンクティ》」とは区別される。

パラケルススにおける暗黒の中の、善への反転様相に位置づけられた「悪」（不純）は、既にみたようにかれの自然「腐敗」説につながっている。人間は、生きられるコスモスのうちに自己の腐敗現相をも暗黒の「業」としなければばならない。腐敗は、暗闇の中でこそ受苦をして醗酵のよろこびの生過程へと跡づけているからである。それ故に盲目とみえる窮迫状態は、じつはパラケルススの内在の労働観にとっても最大の軸足となっているのである。窮迫（苦難）は、業にみる人間の諸力につながり、自己のミクロコスモスのうちに全コスモスを創造の可能態として秘めている。したがって人間は、その業次第で、奴隷の身分にもなれば、いずれは「太陽の子」となることもできる。業は、人間の心情と徳とを一つのものにしているからである。パラケルススにおける業は窮迫の中にも、生全体的に、心情と徳と愛の分裂をゆるさない。

例えば「歴史記述」にしても、その基本は「自己」に省みて真実をしるし、主張すべきであった。なぜなら、それは、真理を所有する内なる霊魂が筆を執るのであるからである。記されるものは、可視化された霊魂だからである（二一六ページ）。いいかえるとここに業をとおして、人生の隘路から抜け出せる、神の愛の責任が見えることになる。神の愛の責任とは、神の自存のまえに相対的に「虚無」と化したものへの「賜物」という意味である。真の歴史記述は神の賜物である。パラケルススはなぜ「人間と業」説をふまえて歴史記述についてまで強調したのであろうか。神は、追いつめられた民にとって、神の創造の業をとおした自己表現のうちに、暗黒の中でも可能的なものに実在をあたえるよろこびを見いだすように、配慮したのであって、ここにパラケルスス自身の生涯遍歴の生き様が反映されているとみることができる。同時にこの「民」は、その「歴史」を善と悪に影響する「忠告」としても働かせているのであるから、歴史記述の業は、魔術的であることによって民の黒色的コスモスを表現する。ここにわれわれは、その最初の業のにない手が「魔術師・呪術師」であったことをよく了解するのである。人間のなせる「歴史―記述」は、かれの心情＝霊魂による暗黒の原態創造そのものである。肉体は心情の器にすぎないが、心情は「黒―無」からの創造する力であるからである。窮迫の心情から、民における小さな歴史という至福の創造が語られる。

眼には見えないものを可視化する業は、人間の労働の魔術的性格を表わしている。ここに、現実態についての存在論と実在についての認識論とをふまえた、世界を全体的にとらえて生きようとつとめる人間の生過程が、労働をつうじて生成論的可能態として前景に表れる。パラケルススにあってこの可能態は、賜物としての諸事象の間のかくれた連関の探究のうちにあきらかとなり、その業（原態の表現労働）は、学問、音楽、医術、錬金術、天体、地相、動物相、植物相その他、「万物」にわたるが、この万物は結局、人間のミクロコスモスの内在的生全体観（ゴルトシュタイン）のもとにおかれることになる。「予兆」は、生全体観のもとのこうした可視化をうながす、肉体をつうじての心の、魔術的な情勢である。

パラケルススの霊魂表現としての労働は、自分自身の世界内在の表現活動にあることを、特質としており、そのかぎりで「自然の子」の「自己表現」学に一致する。かれはいう、「手職は二重のものである。一つはひとが人間から学ぶもの、もう一つは、聖霊［内なる霊魂］からまなぶものである」（二三七ページ）。ここに人間の労働はこの聖霊のはたらきを感得したものでないかぎり、虚無になりえないことから、真に創造的ではなく、自己を完成に近づけることはできないと説かれ、そのとき、それは転じて、神の賜物としての自己表現につながる、人格生成説となる。聖霊のための労働ではなく、あくまで聖霊の受容による労働であり、自己のための労働ではなく、自己の受容による世界内在の労働である。なぜなら、「魂＝心情こそが――良き霊と悪しき霊との棲み家として――人間の労苦とよろこびとをになってくれる」からである（二五三ページ）。かくて聖霊と自己とによる受容の労働観からは、かれが「あることに役立ち、あることが可能であ」ることにおいて、かれ自身が「賜物―受容」体であることが証される（二六〇ページ以下）。

最後に、労働は、生―成熟―消耗―死の、時間という一つの「周期の完成」のうちにあることが、人間の未完成説として主張される。生のリズムも死のリズムも労働のうちにある。しかし、人間は「天の予定」も「自己の運命」も知ることはない、不確実な未完成体である。それ故に「一日の仕事の終わり」はその未完成体においては単に一つの「人間の死」ととらえられねばならない。なぜなら「この地上では、汗と不安と苦悩［のパトス］なしには、よろこび［のパッション］」につながる一日の継続的創造のリズムは得られないからである。パラケルススによれば、地上のくらしを規定すべき唯一の「数」は「一」とされるが、この主張は、われわれのくらしは心身連関の「一」にはじまりその日の「一」に収束する、音響現象のリズムの原理そのものであって、この原態表現が人間の「単位労働」であることにつうじている（二七〇、二八三、二八九ページ）。「一」が必然的にあらゆる運動の舞台でなければ、かつ表現価値の単位規準でなければ、労働による生の現実化は自然の子のものにならない。これがパラケルススの労働観にいわんとした、「神―人間―自然」の魔術的コスモス説の核心である。

われわれはパラケルススの世界を、心身連関の、形態表現学的な立体的かつリズム的「業＝労働」観として敷衍し、独自に探究してみた。それは、かれの「自然の子」の内在観からみちびきだされたのである。いま例示した労働的「一」は、今日の、人間までもが一〇種類の数字的《ディジタル》に際限なく分節化されたくらしには似合わない。「一個のタマゴは、たくさんの調理の仕方をもつ」ことを知っている自然の子なら、「一日中、雪花が舞いつづけた。」「フクロウは昨夜、一晩中なきつづけた。」「一番《つがい》のキジは無事にこの一冬を越せるだろうか。」「この薪で一冬、なんとかしのがねばなるまい。」「詩人の恋は、一冬を旅するようなものだ。」「峠を、春一番が乗っ越していった。」「一冬を灰色に過ごした野リスが、今日はもう楢の梢からいくども斑色になった顔をのぞかせている。」と、一日のおわりに記すだろう。それらは、全体としてわたくしのなかで過程的に一つのコスモスに、長短のリズム労働として類比的《アナロガス》につながっている。一つのくらしぶりはそのなかにたくさんの原態の表現活動をもち、それらはたがいにつながりあっている。

こうして、パラケルスス再評価の観点は自然の心身連関の視角のもとに歴史的人間学において多面的に一つであるようにみられる。例えば、類的形態どおしの補足のはたらきとして、「食餌摂取」は「死―生」「毒―薬」「腐敗―醗酵―成熟」などの、つながりあう「哲学」となるというH・ベーメの提起がある。ただしベーメが、きびすを返して「食の哲学は文化であり、今日このことに異論を唱える人はいないだろう」といった途端（前掲『歴史的人間学事典1』一六ページ）、自然の子はするりと逃げていくだろう。ここでベーメは、「哲学」が内在の生命の領域によって立つ、存在―認識―生成の、アナロジカルにつながりあう様態の一連の過程論をもつことを看過している。当の文化人類学において「文化」は、「文明」の一様式化《スタイル》であるとみられるかぎり（A・クローバー『様式と文明』堤彪・山本証訳、創文社、一九八三）、不可視のものは自分の居場所をうばわれるからである。

類比は、分離、分節にもとづくと同時に、結局は一つながりの運動となるが、この過程が、暗黒の不可視のものを排除して、人為の支配の意図的秩序に結果するとき文明のための「文化」となる。これに対して自然子の労働観は、かえって「文化」の基底にある自然の原態表現に注目してみるのである。自然自体の存在生成論的な哲学はパラケルススのあとホッブズを介して、シェリングの自然哲学のうちに伏して流れる教程をみるであろう。C・ヴルフは「一六世紀以降、様式の水準化に反対し、個人的な表現形式を拡張することをもとめる論争が繰り広げられた」ことを指摘したが（『歴史的人間学事典3』三三一ページ）、マトリックス的霊魂に主導される、黒の思考にもとづく魔術的内在の原態の表現労働がさらに探究されねばならない。

第五章　内なる対話と自己工作——ホッブズ「人間の自然状態」説をめぐって

一　人間の自然状態

経済学、人類学におけるマルクス未完の「太古的」労働・思考説は、今日、心的および精神的な「錯乱」の窮迫状態におかれるわれわれにとっては、心身連関にかかわる哲学の一層の探究を許容する。山の民の実証によればこの問題は、自然史的過程としての生物学的認識の展望の正しさを、とくに境界期の原生的な内在の表現労働について証明している。ブルジョア的資本主義社会に到来する商品生産の局限状態がこの太古的労働・思考への再認識を必然化するというマルクスの洞察は、自然の貫徹された人間主義（「人間的自然」説）の再認識へとわれわれをみちびいた。この自然の人間主義においては、「周辺—世界」の無機的有機的自然との交渉の連続性のもとに、人間化された自然の力能において権能《ファカルティー》の自発運動がなお外的自然—身体—心—精神の四層に通じる内在的交渉世界を構成する。みられるように交渉（コミュニケーション）という人間活動は、人間的自然の観点によれば、内と外の二重に立体的に構成される。

人類史における境界期の自然状態は、容易に想像できるように仮象にともなう不可視の力——ホッブズによればさまざまな意味をもった「霊《スピリット》」――について内発的な不安や恐怖のパトスを人間にいだかせるが、これは、群のなかで、個人の期待感にそった原生的な宗教・倫理・美的交感の現象へと止揚される過程をもちあわせている。それ故に、自然状態は各人の「闘争」状態であると仮設されるとき（ホッブズ）、論理的にそれは、受難のもとで悲観的にみられた「人間悪」を容れた、個人の内的環境の生成過程にも妥当する。つまり、不安や恐怖のパトスが、内と外の環境への一つの「適応」形態の端緒であるからである。とはいえわれわれの問うているのは一般的自然状態ではなく、特殊に受難の民についての、自然宗教をも包含せざるをえない、その意味の窮迫状態のもとの「闘争」論であり、自然史的過程におけるパトス―パッション的立体の原態表現の労働論なのである。人類に境界期の太古的労働は、認識の了解的根拠として人間的自然の原生的な形象を表わし、既に山の民にみたように、母性観念とその主導による魔術的内在の「祈り」すなわち宗教・倫理・美的表現労働と不可分である。

この視角は太古的と形容されるもののとりあげ方が、くらしの中で内在四層の各形象を全体として一つに了解し、前科学的にも主・客未分離の特徴をになうことを意味した。境界期における狩猟行為の男子への特化の過程は、徐々に主体が客体化へとはしる、自然的人間の分離する現相を生の死への定置によってもちあわせざるを得なくなる。狩猟行為の導入は、それまでとは比較にならないほど群のなかにたえざる「死」をもたらし、それによって個体としての新たな精神圏を生成するとともに、同時に「個性」としての感能・心情圏をも生成しはじめる。この辯証法的仮設は、母性権能説への布石である。というのも民の歴史の現実において「死」に規定された「生」の一層の不可解なことが、神秘的な「霊」力をはらみ、それだけに危険な存在としての魔術的母性を浮彫りにするからである。「死」を自己媒介の矛盾として自己運動のうちにとりこまざるをえない生の原形象こそ、母性である。

マクガバンの指摘するように、この母性を力をはらむものが故に危険であるとする人びとのパトスは、「死―生」についての予兆にかかわる女呪術師の諸現相を媒介にしたパッションの世界観へと止揚される（中村Ｖ）。女性による魔術的様相の表現労働こそ個性の感能・心情圏をはぐくむことで群の統一に機能し、ひいては個性としての人びとの肉体と心情の「健康」にかかわる根本連関を構築し、人間として、純粋情動の受容可能性と造成・役立ち可能性の両極性の性能を自然情動へとたかめるであろうことが想定される。何故なら彼女の魔術的表現労働じたいが、人びとのなかに自然現象（民属の「神々」）を受容せしめ、それによって相互に、予め他者の心情の態様と融即しあうような情動交換《コミュテーション》の機運を先行的に表わすからである。

ここに女性の魔術的様相の、①行為の異変性、②その振舞い、身構え、人相、表情、一連の仮装的態度などにおいて彼女の身体に表現されるもの、③そのうえに例外的であったり異常であったりする外的自然の出来事が、予兆的生命情態の共有の性状として、諸個人にとっては代理の演出《ミメーシス》的なパッション型表現労働としてとらえうることなどが、考察されねばならない。この予兆の表現労働は、女呪術師を中核にして、諸個人と外的自然の間におなじように交感、共有され、伝承される。「山の民」タイヤルの世界観は、このように母性権能に基礎づけられた女呪術師の仮装的人格においてとらえられるとするものであった。

「神の人間化」現相による予兆の太古的思考法、すなわち「自然教・自然宗教」（井上伊之助、中村Ⅱ）が問われ、そこに内的四層の生成過程と併行する「宗教的情動・心情」（ホッブズ）の世界内在性の把握へと進まざるをえない。このとき、ホッブズ流の「闘争《ファイト》」状態が、山の民においては小家族本位に移動する、半定住型の追いつめられたものの「逃走《フライト》」状態の裏返しであったことは、人間の自然状態における「悪」という根本問題の再検討を要することにつながるのであるが、この主題はホッブズをこえてその後の、一九世紀の自然哲学のうちにまで考察されねばならない。ただここでホッブズ自身、内乱状態のイギリスから大陸に一一年間、亡命という逃走の状態にあったことは注意しておいてよい。

労働の本質論として仮設される個性の表現労働の対自的性格を把捉することは、心身を原収奪される資本主義的搾取の賃金奴隷からの止揚、すなわち「我らは他人のための労働には服役せず」（中村Ⅲ、第八章）という山の民の労働心情にまなぶことによって、コミューンの屋台骨となる一人ひとりの主体の対自性を浮彫りにすることができる。ここに「対自的コミューン」論にむけて、原理的には主・客未分離の人間の自然状態説から出発し、自然の「交渉」状態を「各人の各人に対する闘争の状態」とみなし、宗教的情動・心情から原生的表現労働までを論じた、ホッブズの主著『リヴァイアサン』が考察される理由がある。

『リヴァイアサン』はイギリス革命（一六四二）による共和政のさ中、王党派寄りのホッブズがパリに亡命していた折り（一六四〇—五一）そこで執筆され、そのさいごの年にパリで公刊された。同書が、一方で契約による国家の絶対主権論をものしたことはよく知られるが、他方、ホッブズの科学的政治観によるときその絶対主権の基礎づけとして、対抗的に「自然主権」——この用語じたいは同書のどこにもみられないが、その概念化への多様な言及は同書中、いくつか発見することができ、ホッブズもまた同書を当時の自然権思想のながれのなかに位置づけている——が用意されていたことがうかがわれる。これは、かれの現実政治にたいする科学的方法論としての思想の運動論からみた「自然状態」説として、すなわち「国家＝社会状態」説に反質的な基底説として十分の妥当性をもっている。

ホッブズの「各人の各人に対する戦争」とみる自然状態説は、当時の自然法学派の社会の理想状態説とは逆の、民の窮迫状態に基礎づけられていた。すなわち大陸のホッブズにとっては、イギリスの長老派、独立派、平等派の三つの革命勢力はいずれもかれの科学的政治理論に影響をおよぼしたが、ここにはホッブズ自身が或る窮迫の局限状態におかれていたことをつかんでおくべきである。この視角によらずしてホッブズの政治哲学にみられる近代国家としての合理主義論にのみ眼を奪われることほど、生きたホッブズから乖離してしまうことはない。永井道雄によればその理論的勢力とは、長老派の秩序の観念、独立派の契約にもとづく立法の考え、平等派の自然権・生得権思想であり、これらは『リヴァイアサン』のうちに構成化されている（『リヴァイアサン』永井・宗片邦義訳、世界の名著二三、中央公論社、一九七一、所収、永井稿「恐怖・不信・平和への道」）。元来、『リヴァイアサン』の構成化は自然、人間、社会のトリアーデ概念をふまえていた。とりわけ窮迫状態におかれた「人間」論が、自然の貫徹された人間主義の立場から全体の中核の位置を占めている。ホッブズは、合理主義にかたむく近代人にたいする反立説としてその意味の人間論を、仮設的に自然状態説として対置していた。以下、ここでは「国家＝社会状態」論の通説に対して、『リヴァイアサン』のなかでもホッブズが大きなページを割いてまでどのように人間の自然状態をとらえ、その内実をいかに「人間的自然」の対自的「工作」労働観にもとめたのかを論証してみる。

一七世紀の自然権思想は既にオランダのH・グロティウスおよびイギリスのJ・セルデンらにみえたが、それらに、人間の生得的社会的な自由と平等の自然状態論がふまえられていたことは事実である。これらに比べると、ホッブズの自然権思想の背景となる人類の自然状態についての見解は、徹底した個人の内世界からの理論化、すなわち「個性」の自然情動・情念論にこそその特徴がある。人間的自然の状態が、集団主義によってでなく個人主義において、つまり個人の生命の領域（その内在的「自己運動」）の生成観に力点がおかれていたことで、ホッブズは紛れもない自然哲学者であり、近代の政治思想家のうちでも異色の存在であったといえる。例えば「至福（felicity）とはある対象から他の対象へと欲求がたえず進んでゆくことであり、……満足のゆく生活をたんに獲得するだけではなく、それを確保することにある。異なるのはそのための方法にすぎない。この方法のちがいは一つには異なった人々の多様な情念《パッシォン》、また一つには人が求めている結果を生む原因についての各人の知識や意見が異なることから生じる」という、内在の哲学的省察によってあきらかである（永井・宗片訳、一二三ページ）。

絶えざる欲求の進行、獲得、確保のための多様なパッションの存在という「個性」観こそ、矛盾という自己運動の不完全さに出発する「各人の闘争」という交渉の自然状態説の前提である。そしてこのことが、通説の近代契約国家論者としてではなく、さらに、単に社会状態の初期形態にすぎないものとしてでもない、ホッブズの確立された人間的自然の状態説を、既に「自然力の世界」をつかみとっているわれわれが継承すべき理由なのである。ホッブズの「自然状態」説を一種の自然哲学の脈絡のうちに継承してみようとする本書は、かれが人間の自然力の力動過程を、のちにマルクスがホッブズの「逞しいが、たちの悪い」「情動」（「情念、衝動」）にみる自己運動論とみなしたことからもあきらかなように、これを認識の根拠となる原生的形象という表現活動のうちに定置し、自然を徹底的に受容することによって主意主義的な人間主義を位置づけえたことをあきらかにしなければならない（以下、注記の英語は原文によるもの）。

「自然状態」説は一般には、J・ベンサム以来、「先史時代のたわごと」としてたんなる観念的なフィクションとみなされてきた（「エンゲルスからシュミットへの手紙」一八九〇・一〇・二七、全集三七、参照）。しかし、エンゲルスはそこで——これまで見過ごしにされてきたことであるが——「あやまった、これらの観念のもとには、たいてい、消極的に経済的なものがあるだけです。……たしかに経済的欲望が自然認識の進歩の原動力でしたし、またますますそうなったのではありますが、これら原始状態にみられるたわごとのすべてに経済的原因を見出そうとするならば、やはり細事にこだわりすぎるということになりましょう」と指摘していたことが注意される（同、四二六ページ）。先史・古代人の観念が物質的経済的欲望に基礎づけられていながらも、そのことだけに先史時代の「たわごと」の原因を探究しようとするのはたしかに「細事にこだわりすぎた」作業とみられかねない。

しかし、このエンゲルスの主張には二重の落とし穴がある。じつは先史時代の観念の構成法じたいにエンゲルスがみとめたような「経済的な」弁証法的特質がみられるとするなら、それらを「たわごと」と一蹴してしまうことは、穏当であるとはいえない。さらにエンゲルスのいう「経済的欲望」にたいしては、経済史のなかでどのような意味的規定があたえられているのかという問題がある。先史・古代における直接「生—死」に真向かう苛酷なくらしを想定するとき、民の経済的欲望の観念の由来がはじめに恐怖や不安というパトスの極限状態にもとづき、その一端が採取経済以来、「母性」にあることをみとめることにだれが「たわごと」といって済ますことができようか。くらしとは何かという観点について古来、哲学・思想には、おなじ人間的存在をめぐって先史も現代も異ならず、くらしは普遍の基礎的なものであるという暗黙の前提がある。しかしこの観点には、もう少し内在的な視角と考察がもとめられる。つまり、このような視角が「くらしぶり」の表現活動を意味し、この活動が、直接に自然とわたりあわねばならない先史・古代におけるほど深く内在的であることを生命論的に「原態」としてみてとろうとすることは、なんら「たわごと」にかかわりあうものではなく、むしろ広義の思想史学の要石であるといわねばならない。

恐怖や不安の促迫にたいする、パトス的発生源の把握にはじまり、これをいかに内在の力動経済的の原理としてとらえ、生体の機能を尺度化し、調整し、処理、克服するかという工夫と「工作」のパッション型受苦的実践についての考察がもとめられる。それは、自己否定にはじまる自己素材、自己対象、自己産出に一連の原生的労働によって、与えられた不可解、不確実な生を少しでも宗教・倫理・美的により明瞭なものにするという方法の試みにほかならない。そして、それが自ずと「自己―演出」のみちにつうじることを、人間は「伝承」という歴史に一歩を踏み出したときから自然認識（エンゲルス）してきたといえる。きわめて図式的にとらえれば、追いつめられた不安のパトスにもとづく同じく不安のパッションとしての対自的な工夫は、自然の同一化（人間的自然）の表象にむかう自己工作という表現労働をとおして、自己演出を生みだし、「認識の進歩」（エンゲルス）に寄与しえたのである。既にこの点はパラケルススによって、魔術的表現労働の「戯れの演出」説として指摘されていた（前章「三」）。

だが、このような追いつめられた民の不安―対処―実践の自然認識は、ただ単に事後的に受容的であっただけのものであろうか。人間的活動は、観念の自然力においてとくに「伝承」にかかわりあうことによって、受容的のみでなく、かえって前もって造成的に役立とうとするパッションの状態にある。人間は、不安の事柄に対して、歴史的身体の媒質によって前もって労働とその演出をくらしぶりの中核におきさえするが、この特質の原生的なにない手は「母性」である。くらしとは何かという観点は、人間にとって与えられた不可解な生に対して、一方では事実の等質的な分析による普遍的な関係を探究しようとする態度をとらせるが、それは、われわれのくらしを理解し、説明し、外と上から秩序づける方向にはしらせる。他方、ディルタイにいわせれば「宗教、詩歌および原始的形而上学は〔くらしの〕全体の意義と意味とを言い表す」のであり、これらの了解の表現労働においてこそ、人びとの世界解釈は「譬喩や擬人法や類推において発展する」のである（前掲、『世界観の研究』二〇ページ）。

　この譬喩、擬人法、原始的形而上学にみる、現実に先行する表現活動は母性観念の予兆のはたらきに表れるが、予兆「労働」こそは、この秩序づけと類推の両極性にわたる過去・現在・未来に統一的にかかわる自然認識の実践にほかならない。このことを、「逞しい」ホッブズは『リヴァイアサン』の中でどこまで、またどのように論証しているのであろうか。なおホッブズは一五八八年四月八日、イギリスが、スペインの無敵艦隊襲来の噂につつまれていた最中、強い不安の衝撃をうけた母が月足らずでかれを産み落としたといわれ、後年、かれは、自分は「恐怖との双生児」であったといったといわれている（前掲、永井稿）。ホッブズのこの体識は、かれの自然状態説がとおく「母性」を心的実在のうちにふまえていたことを推測せしめる。

『リヴァイアサン』の「序説」冒頭、自然《ネイチャー》は、神がこの世界《ワールド》をつくりかつ統治しうる「技能《アート》」（手ぎわ）であるとされた。この「自然」にたいする「技能」という指摘は、既に理性による等質的な分析と結合の科学的秩序づけにつうじるところがある。しかしまた、art が人工、人為にも通じうる用語であるにもかかわらず、あえて「神」をアートの主語としたところに、複雑な世界の全体性を自然状態の「人間主義」において特殊形而上学的に了解しようとするホッブズの卓説があった。そのうえでこのような神の技能的自然は、人間による「模倣《イミテート》」も可能となるとされる――ここで模倣《ミメーシス》は「演出《ミメーシス》」へと転移しうることに注意したい――。ここから、人間による人間の製作も可能となり、自然人（the Naturall）よりも強大な「リヴァイアサン」が模倣的に創造されうることになり、この人工人間は、人工の「魂」である「主権」（Soveraignty）をもって自然人の保護と防衛とを意図する。その自然観は、パラケルススにくらべてはるかに社会化されたものを持っているが、なお神の賜物説にとどまるかぎりホッブズは、けっして自然的実在の観念を放棄した唯物論者とはいえない。

こうして、はじめ神による技能ととらえられた自然と自然人は、模倣したがって演出という、主観―客観関係にたいする転轍機能によって、人間が人間を素材《マター》とすることで人間自身の製作者となりうることまでが展望されていた。art という工作の概念は、このように部分にかかわる唯物論的表現を意味するとともに、同時に人間的自然のかかわりにおけるパッションによる全体的な自己改造の意味的規定をも、ホッブズによってあたえられていた。こうした文脈は、周知の人間は神がつくりたもうた玩具であるというプラトンの説を発展的にとらえたものといえる。同じようにマルクスの「自然力」説では、媒介、規制、制御という内的機能をもつ人間は、質料代謝のにない手である自分自身を自然素材《ナトゥルシュトッフ》とすると規定し、この内的機能によって「予知」の潜勢的な能力（潜在能力《ポテンツェン》）を発揮するものとしていた（中村Ⅳ、第二部）。マルクスが唯物論者と規定したホッブズは、人間は人間自身を自然の素材とすることによってじつは人間を模倣し、「自己―演出」することができたことを強調していた。

ホッブズは模倣のはたらきをになう自然状態の「人間について」（第一部）十分な考慮をはらい、こうしたはたらきの知恵は、おたがいに人間そのものを読み取ること、すなわちソクラテスの標語でいえば「汝みずからを読め」(read thy self) から得られるとした。模倣の知恵そのものは、ひとりの人間の思考や情念は他の人間のそれに類似しているということをふまえているが、ただここでホッブズは、次の注意を払っている。すなわち情念の類似（similitude）といっても、それは情念の対象《オブジェクト》についての類似ではなく、或る情念――欲求、恐怖、希望など――のはたらきそのものが、情念の相互に類似することをいうのである。ここには意図的な結果を対象とする社会とは異なる、パッションそのものによるコミュテーション型の類的存在の指摘がみられる。

この自然情念個性説は、ホッブズによれば人間の洞察力につうじている。それはまた、先行表現としての予兆の交感の所在を表しているとみることができる。情念の諸対象それ自体は、いつでもきわめて容易にわれわれの知識《ナリッジ》の外におかれたままであるのにくらべて、今日（近代）のように虚偽にみちた諸教説の精神によって汚された人間の「こころ」の諸特性のほうは、ただ自己のこころや行為を探る（searcheth hearts）ものだけに読みやすい（legible）、自己改造にかかわることなのである。これは既に、われわれの内在する自然情動の対自的性格をいいかえたものであり、そこに原生的労働のはたらきについての情動交換の世界内在性が、示唆されているといえる。いいかえるとホッブズの政治社会学説は、時代のあやまちにみちた知識に偏る主知主義を糾弾することになる。これに対してその自然状態説は、自分自身の内的世界をふかくみつめることができるものならだれにでも可能な（whosoever looketh into himselfe）、情念の表象作用に根差した心身連関的な内在主義（内観主義）を基礎づけたものとみなされている。ホッブズじしん、この改造すべき工作的自己を読み取る方法を自らさらけだすことによってこそ、他者（統治者）はひとの「こころ」を苦労することなく読み取ることができるであろうといって、自己工作―情動交換のかかわり方を指摘するのであった。

F・ボルケナウによれば、ここには個人的な物質的利害からなる利己的な競争の状態がうかがわれ、競争を利用したブルジョアジー的階級闘争論の方向性がうかがわれることになるという（『封建的世界像から市民的世界像へ』水田洋訳、みすず書房、一九六五年、五五五ページ）。だがホッブズの自然状態説から説き起こされた、自己保存―自己改造―自己素材―自己演出の対自的性格説によれば、利己的なだけの評価にとどまるものではなく、それはむしろ、利己的競争状態の基底となる個性の内在主義に注目したものと見なさなければならない。ボルケナウはホッブズの自然状態説を社会の基底原理として評価していない。ここでは、ボルケナウ流の西欧の資本主義的近代化にそった立論――というのはかれには反資本主義と位置づけられるべき近代西欧の自然哲学そのものへの関心がない――の、その底にながれる、認識根拠における運動論（motion theory）が注意されなければならない。

人間の自然状態説が、自分自身に内在する「工作者」そのものとして最後に「人格」主義をもって結論づけられるホッブズの方法論は（『リヴァイアサン』第一六章）、ボルケナウ流市民的世界のにない手論とはべつの内在的カテゴリーの所在を論証するものである。この点、永井はこう指摘している。ホッブズにとって「認識論の鍵は、外からの運動に対する内からの反動にある。それは感覚であるが、別のことばにおきかえると、外部の物体からわれわれの内部にむかう、ある時間、持続した運動にたいして生じる感覚器官内の外に向かう運動、つまり心像である。それこそが認識の出発点であり、探究、想起、分別、予見、熟考などの精神的活動は、すべて心像の連結の一種である」。感官の内と外にはたらく感覚的心像、すなわち心的実在の表象作用にもとづくとき、そこに、人間の「自然理性」による一般的性向として、「死の恐怖」を転換の契機とするパッション型の「力への欲望」論がみられるのであり、この力への欲望は、停止することのない自然状態として普遍化する、と(前掲、訳書、一一―一二ページ)。われわれはボルケナウ流市民的世界像にむけてではなく、人間の自然状態の「闘争」説は、かえって内向する、自生的で対自的な自己工作に基礎づけられる、内在的世界像の生成説にあることを確認しておこう。

この点で、ホッブズの物理学的自然学(「自然状態」論)は、近代の資本主義社会学の基礎とはならず、逆説的にその「自然」思想は原論理的であるという指摘がなされるのが、妥当である(ボルケナウ・訳書、五七一、五七六ページ参照)。この点で永井に指摘された一般的性向としての、死の恐怖と力への欲望説にはなお検討の余地があるようにおもわれる。一般論ではなく、そこにはホッブズ自身の「追いつめられた」もののもつ特殊主意的な運動論が、基礎にあることは、政治哲学の永井が見落とすはずはない。いったい死の恐怖のパトスといい、それがいかにしてパッションの力への欲望に転ずるかは、感覚から心的実在の表象へとつながるさいの力動過程としてとらえられ、それは、感覚の受容作用とその造成・役立ちの反作用として、生過程をあつかう自然哲学の大きな主題であったはずである。ホッブズによれば、個人に、死の恐怖から力への欲望にいたる自然理性《ナチュラルリーズン》がはたらく自然状態下では、人間は自然権を抛棄し、特殊的に、つまり個性からの退歩の「契約」によって絶対主権としての個人（専制君主）あるいは合議体（ひろくコモンウェルスといわれる）に権利を譲渡するとされ、こうしてはじめて「権力」が設定されるという、外化の、「近代」的展望の方法論である。

「自然理性の自然状態」説の要石は、追いつめられた民における対象からの圧迫《プレッシャー》に抗して、これからの「解放」(deliverly) をめざそうとする抵抗《レジスタンス》ないし反対圧力《カウンタープレッシャー》としての、個性の表現活動の世界論にある。この表現活動をホッブズは、それは「心の努力」(endeavour of the heart) であると規定した。このときの「努力」という運動論は、単なる物体の属性論ではないことはいうまでもない。すなわち、解放のために必要な注意力と想像力の表現活動じたい、心的努力の内と外の二方向にむかう。そして心的努力は基本的に自己中心、自己保存のためであることはホッブズの主張するところであるから、この二方向は、一方のglory（得意）に対する他方のvain-glory（自惚れ）となるという（原著三四ページ）。前者はよろこびにつうじるパッションの昂揚であり、後者は、たんに力を頼みとするだけの非実践的な行動である。井上伊之助やマクガバンが発見したタイヤルの「首狩り・首祀り」にみられる自然宗教が、くらしに根差したよろこびのパッション型の表現労働であることはいうまでもない。

ホッブズ「自然状態」説は、その「心的努力」という本態的な人間の自然力の表現労働において、一方の合測作用にみる機械的唯物的な合理性と、他方の、内的に激しい自分自身への「自由」にむかう欲望というパッション的非合理性の両義性をもっていた。問題となるのは第一義的な対象からの圧迫という受容の実践的なあり方と、そのようなくらしの解放にむけられた反対圧力の表現活動とが、直ちに「社会」状態のレベルにおいて問われるのではなく、かえって無機的有機的な自然の外的環境との間にいかに交渉（「努力」）のかかわり合い方としてみられるか、それは同時に、自分自身のなかに自己を保護する一面、自己を解放してくれるような他面の、相互に矛盾する両面感情併存《アンビヴァレンス》の表現労働において、人間的自然の世界がいかに構築されるのかをあきらかにすることである。外的と内的の環境生成は、理性の合理性に反することなくパッションの非合理性において、原生的形象としての表現労働を本質としている。「自然宗教」成立の原理がここにみられる。

二　母性と「内なる対話」

ところで内と外の感官的認識の自然状態のうちには、両性別に、この感能作用において相互に異なる表現運動のあり方が予想されうるであろう。ホッブズにとって死の恐怖の観念は、先の指摘のようにほかならぬ母親からうけついだものといわれる。彼の自然状態論が、絶えざる恐怖と暴力による死の危険があるとした観点から叙述されるとき、その自己保存と同時に自己解放のための内的矛盾の感能表現は、『リヴァイアサン』では明示的ではないが、第一義的に「母性」における生存のための自然権として、考えられる余地がある。自然権と絶対主権の二つの概念のあいだの緊張ある関係がホッブズにもとめられるとすれば、『リヴァイアサン』において自然状態説が前提にされるかぎり、両性間に、矛盾の表現活動のうえで共同性があることが想定され、その根底には、共通の母性権能が、死に直面するパトス的度合いにおいて、かえって最もよく生の無情さを知る者として身体の力の平等性を根源的に体験していることが承認される。ホッブズ自然状態説では両性は平等とみなされるが（原著九〇ページ）、敷衍するならそれは、この母性権能のあり方に基礎づけられて主張されるべきことと言わねばならず、この点にこそ自然状態の社会状態への基底説が展望される。

ホッブズは「宗教」は目に見えぬ力にたいする公然の恐怖《フィア》にもとづくとしたが（同、三三ページ）、男子の狩猟行為とは異なって、はるかに規則的周期的に自己運動のリズム的活動のにない手である母性は、宗教の内面的な信心（fides）と外面的な礼拝（cultus）とにおいて、恐怖に対して「父性」をしのぐ基本的な身構えの表現活動をよくするものといわねばならない。くり返すようにホッブズは母性そのものを論じてはいないが、女性と子どもの心情についてもっぱら外的な助けに依存する度合いがつよいあまり、笑いや泣くことの「突然の運動《サドンモゥションズ》」に陥りやすい特徴があることを指摘したうえで、「習慣《カスタム》」こそこうした突然の情動・心情を克服するものといっている（三四ページ）。この女性・子どもの情動一般論に対置された習慣による自然状態は、すぐれて狩猟導入以前につちかわれた母性として表現されることが演繹的にとらえられねばならない。突然の情動に陥らないことは、自然力のなかに或る緊張の中庸なる節度を持ち込み、そこに平等と平和の「完全なる自然状態」（the condition of meer Nature）が定置されることになる。「各人の各人に対する戦争の状態」として知られるホッブズ自然状態説は、それ故に自然法に対する逆説の提起であり、国家＝社会状態説に先行する、論理学に導かれる反質的の仮設である。

緊張の中庸なる節度とは、「自己自身への支配」「自己自身への自由」の度合いと表現活動に連関しており、この点においてこそ両性は「生来の平等」（naturall equalitie, p.90）でなければならず、端的に採取経済のなかで、自己の分け前（share）以上のものを欲求する権利を留保することをもとめないことである。ここからホッブズは、人間の自然状態においてこのような「謙虚《モデスト》」の人間と、そうではない「尊大《アロガント》」な人間――先にみた「自惚れる人間」――との二分類を指摘している。後者は、狩猟経済下の両性にみられる発達表現とみなされる。自己の分け前にかかわる謙虚な心的努力が「よろこび」にまで昂揚されて享受しうるものは、突然の情動を弁証法的に反立することができる点で母性にほかならない。そしてホッブズの、尊大な人間に対する謙虚な人間のなかにこそ、われわれは、自分自身への自由に満足し、平等な自然力の保存に安んじてくらしを創造的に享受する、対自的な原態労働をつかみとることができる。ホッブズの「謙虚な人間」説は、われわれの深い自然認識の受容的態度のもとの人間的自然説に一致する。

『リヴァイアサン』では社会状態論に対置して、個人の自己運動についての内的な自然状態論に注目しなければならなかった。そのさい、母性に固有の自己運動の意義を下敷きにしてはじめて諸概念の全体がみえてくるところがある。ホッブズ自身に、母性権能についての自然状態は、偶然的な因果関係論を土台にした暗黙の前提があったことに注意に値するものがある。まず第二章「イマジネイションについて」と第三章「イマジネイションの継起あるいは連続について」でとりあげられる、人間の自然の想像力についての「退化しゆく感覚」(Decaying Sense) 説がある。退化の感覚は、自己運動の志向においては「退行《リグレッション》」の感覚といいかえられる。

ホッブズによれば、この感覚こそイマジネイション（映像）であり、退化そのものが「記憶《メモリィ》」となり、かくてイマジネイションと記憶とは同一であり、多量の記憶あるいは多くの事柄についての記憶は「経験」とよばれる。この映像のあいまいさ、ぼんやり加減、つまり感覚としての残像であるゆたかな記憶に特有の「退化」という現象は、場所的ないし時間的の距離が大であればあるほど、普遍的でいちぢるしいとされる。それ故、ここでも現実の社会状態とは区別される自然状態の内面の特質が説かれているのであって、すなわち国家

＝社会状態説と異なる、政治的でない自然状態説が浮上し、ここに母権制論とは異質の母性権能による衆議型コミューン論の余地がある。

想像力をめぐる退化感覚を指摘したうえでホッブズは、イマジネイションには全部いちどきにか、部分的に数回にわたって知覚されるか、あるいは強い印象のあまりに知覚されるような、三種類がみられるとし、とくにそのうちの二番目の部分的知覚は、現実に混合的《コンパウンド》なイマジネイションと化して「こころの仮想《フィクション》」そのものなのであるという。われわれは、この心の仮想としてのイマジネイションの周期性、すなわち無機的有機的自然との間のリズムが人間の受容的態度によってとらえられ、そのようなリズム的自然は、もっとも敏感に感得しやすいものにいわば「単一体」としてあらわれることを了解する。自然の受容における単一体の現相こそ人間に最初の、しかも究極的にもっとも深い「自然」認識の態度を可能にする。この態度が、すぐれて母性に顕著であるとしたら、母性とは最初の自然科学者であるといえるかもしれない。だが自然科学者はたんなる部分の分析的態度において自然を受容するのであるかぎり、自然に対して、彼や彼女が身体をかけた感能体得として全体の原態をもって働きかけることはない——かくてリズムに替えて拍子《タクト》説をとってはならない——。この全一体にこそ母性権能の発揮の余地がみられるが、それはきわめて長期の採取行為の主体性によって、育まれたのである。

この三種のイマジネイション説は、ホッブズにおいて、自分を懐胎しているときの母親の感覚を、自己の内に指摘したものとみることは必ずしも不当ではない。かれのイマジネイション説は、くりかえすようにそれによって一般的に母性権能の成り立ちを説明できるからである。さまざまなイマジネイションは運動《モーション》としての

「内なる対話」(Mentall Discourse) として、その間に経験をもとにした過去・現在・未来にわたる、継起的か連続的かの移行《トランジション》しあう、内的思考がはたらくものといわれる。「内なる対話」についてのホッブズの強調は、「退化」から「予見・慎慮」をへて神の協力の「しるし・前兆」へとすすむ。この慎慮のしるし・前兆説においては、なお「神慮」であるというときの「神」は、抽象化された概念としてではなく、自然的実在—観念において崇拝しえるものであり、それだけ原論理的思考の基礎づけとなる。この内的対話・思考の前兆説はなお吟味に値する。

原論理的思考のなかにわれわれは、「きわめて誤りやすい」推測者・予見者ではあるけれども「もっとも慎重なひと」の存在を知るのであり、ホッブズはこの点でまず「青年」を明示的に除外している。さきの女性・子どもの「突然の情動」論とあわせ考えるなら、慎慮・謙虚の受容的態度が、老人と母性による過・現・未にわたる予兆の表現活動に連関することが浮彫りになる。とりわけホッブズが、もっとも多くの「前兆」(antecedent) をもつ老人と母性をどのようにとらえるべきかという問題を呈示していることに注意したい。すなわち、老人と母性の「内なる対話」にみられる「しるし《サイン》」は事柄の前兆そのものであり、また、予め類似の結末が観察されているときには、「しるし」は反対に、前兆の結果である（先の「鉱石漸成説」をみよ）。それこそ慎慮・謙虚によって獲得される自然的実在—観念的な推測であり、洞察である。いいかえると事柄にもっとも精通し (versed) しかも研究しているものは、もっとも多くの「しるし」を利用して、前兆をもっとも良く推測するものである。ここからは、多くの「しるし」は「話しぶり・話法」(speech) の技法論へと進むが（『リヴァイアサン』第四章以下）、それらを総合すれば、結論として、この退行的感覚にはじまる内なる対話のにない手はとりわけ母性であり、そして女呪術師に最初にみられることが容易に想定されるのである。

ホッブズの「自然状態」説は、かれの近代「国家」論の背後におかれることから従来、とくに近代化論者にとってそれ自体の意味を問うことは看過されてきた。しかし、その自然権思想のうちにもなお「わたし」一個の、内面である個人的所有の世界観が感能体得的に自然力にみる自己運動論として位置づけられていることが発見されるかぎり、その自然権は、「私的所有」権の肯定をうたうものではなかった。ここにホッブズを再評価しうる根拠がある。例えば、一七世紀の英国国教会と絶対主義ないし共和制との問題についても、その体制内教界は「暗黒の王国」として「信仰」に対する外からの所有による世界拘束のものであり、信仰の啓示的作用と、理性による「神」の特殊形而上学的了解との、二面の自然宗教のあり方に途はひらかれているという、ホッブズによる批判が据えられていた。「自然状態」の立証のためには、教界とはあくまで「わたし」の合議体であり、それ以上のものではなかった。したがってここに、信仰は受苦を負うたわたしの内面的自由の世界であるという観点が、ホッブズ自然哲学のうちにいかにつかみとることができるかが重要な指標となる。

「自然状態」説そのものは『リヴァイアサン』の全体論からいえば、幾何学によって触発されたといわれる演繹論的な社会構造——神・自然・人間・社会——の体系化のうちにある。しかしそこに、全くの験証に値するホッブズじしんによる帰納的な人間的「自然」観がみられはしなかったであろうか。ここにおいてもまた『リヴァイアサン』は、たんなる抽象論におわらせることのない、「自然状態」による説得的な自然哲学そのものであるという指摘が可能となる。「国家」論をとり上げるのでないかぎり、『リヴァイアサン』の「全四部」全体ではなく、ここでは第一部「人間」論と第四部「暗黒の王国」論が俎上にのぼる。もっともキリスト教界批判からなる第四部の骨格としての「宗教」論は、既に第一部でその仕組みが詳述されている。

ホッブズ「人間〔について〕」論は、人間の相互関係論としての対象関係論から出発するのではない。それはあくまで、一人ひとりの個別的な次元における理性的思考と自然的情念・情動の運動の内在の生成論にこそ基礎づけられているところにわれわれとおなじ、人間の「自然力の世界」論的視座を共有するものがみられる。人間の感能的受動性に注目した「自然状態」説は、瑞々しい唯物論的情動の素朴実在感をもってせまってくる。すなわち「魔術」にも、そのうちの「神のなせる自然の技」と、民の「無知」につけ込んで「恐怖以上の恐怖」をふりまくものとの区別が、もとめられるべきであるとされ、この指摘は、パラケルススの「魔術」と「妖術」の弁別に一致する。ここに、いわば「魔術師」論とでもいうべき理性・情動の継起・連続性を、「ことばによる話」とは区別された、「内心の話」レベルで展開する自然力の哲学という方法論がうかがわれる。

ホッブズはいう。人間に本態的な心的努力は、生来、五感を使用すること以外に求めて得られるものではない。大部分の人が、これを、教育と訓練によって学習したにもかかわらず、自分は、それをすべて研究と努力によって獲得したのであり、内在的な「自然状態」にあってこそこの力動は発揮しうる、という重要な主張をしている（『リヴァイアサン』第三章）。ホッブズの理性・情動の説によれば、想像の内的継起性は、教育の外にある「自然状態」の一特質である。それは、現在または過去のある結果についての諸原因の探究よりは、現在または過去の原因による諸結果の有無の探究の態度にみられるごとくである。これは、さきに前兆の結果を、自然に対して全体の原態から推測・洞察しうるととらえた方法論に重ね合わせることができる。

この自然状態説は、次のように理解されうる。すなわち、胎児が身体に損傷、疾病を抱えているか否かを心配する世の母親は、この探究のどちらにとまどうであろうか。この設問じたい、果たして無理なことであろうか。今日では懐胎中から、損傷、疾病の原因究明だけでなく、その予防対策に奔走し、しかも男・女の別までを知ろうと医療検査に委ねるのが一般的である。しかしこのようにして未完成の胎児のあらんかぎりの「結果」をおいもとめる態度は、かれの人権の真の原動因の所在に対するいちぢるしい冒瀆と侵害であるといわねばならない。人間の自然状態は慎慮・謙虚の受容的態度のゆえに、まさにこれと正反対である。ホッブズはこういう。或る強い目的意識そのものを凝視し、これからうみ出されるであろうあらゆる結果の有無を、探究し、「それを得たさい［自分は］何をなしうるかを想像することである。……要するに［この］内なる対話《ディスコースオブザマインド》は、ラテン人がサガキタス（sagacitas, 洞察力、転じて「予言、魔法、sagus」）とよぶもので、きわめて誤りやすいものであるが、［にもかかわらず］その深慮は、来たるべき予見の神慮であり、それらをもたらす意志の所有者に［こそ］属するからである」（原著一五ページ、強調は中村）。

「意志」とはかくてなんら私的所有のものではない。意志はその深慮—神慮の自律的な対自化において、内なるものにひらかれた個人的所有のものであり、神の自然と位置づけられる謙虚なる受容の態度の実践過程についての、感能の技に対応したものである。したがって、受苦のうえの意識の在り方を探究し、そのうえで想像の内的継起性にはしり、過ちをいれながらも、さまざまに予測され、もしくは予測し難い諸結果の有無の様態を、かかる意志のもうひとりの自分とともにはぐくんでいくことのできるそのような母性のあり方こそ、「神」を、自己のうちに身体的表象たりえる存在であるといえるかもしれない。かくて「自然生来の感覚と想像力は不条理に陥ることはない。自然自身はあやまることはありえない」(Naturall sense and imagination, are not subject to absurdity. Nature it self cannot erre. p.21)。このホッブズに知られた、一見唯物的なことばは、「神」が人類に与えたもうた唯一の学問であるとされた幾何学について述べた箇所にみられる。それと、想像の内的継起性とされる深慮とは、結果の有無についてどのように結びつくのであろうか。この問題の鍵は、このことばの中の「自然生来―自然自身」そのものにある。

ホッブズは、「不条理《アブサーディティー》」とはまちがった推定ないし意味をなさぬ言語のことであるとし、その用例に「自由な臣民」「自由意志」ほかを、挙示している。それが、推論上のあやまりに由来すること、つまり方法論を欠くことからもたらされ、たとえ幾何学のような「学問」をもたなくとも、「日常生活のうちの深慮《プルーデンス》―自分自身の自然の判断」によって、それに陥ることはふせぐことができると示唆する。「自分自身の自然」というとらえ方のうちに、「神の協力」という自然宗教観がこめられている。ここからホッブズの内在的感覚運動論がみちびかれるが、それは、「人工人間」をうみだす医療まかせの今日の不条理な母親のように、民とその「意志」のくらしのなかのともすれば危険な方向にはしる、主体性の欠如という民主主義の危険性を指摘しえる立場につうじていくのである。

「深慮のしるしはすべて不確実である」(Signes of prudence are all uncertain. p.29)。たしかに経験主義にはそのような人間の限界がある。それにもかかわらずこの「自分自身の自然の判断」を捨てて、いきなり著作家たちの不自然な文章にみちびかれるのは、愚かな者である。動物のもつ、生命的生理的運動と、有るか無きかの対象とその結果によってひきおこされる「意志」的運動とのうち、とりわけ後者には、民において「心的努力」という想像作用《イマジネーション》が最初の契機となる。しかし、努力の内的力働ということがいかにして措定されるものか。措定されるとすれば民にとって、日常の深慮の不確実さは、なにを意味し、現象するか。「日常性と歴史」の問題についての確実な切り口がここにありはしないだろうか。ここはホッブズが、「自然状態」の民から「社会状態」の民へと論理の大転換をうながす、核心の部分である。

心的努力が「何か自然を越えたもの」にかかわるとき、われわれの物理的な感覚の自然力という真理につまづく。なぜなら、人間のもつ不完全性がここに露わにされるからである。いいかえると、自然をこえる運動の方向づけのうちにこそ「わたし」の諸欲求の在り方が問われるからである。特定の対象の存在が示されるときの努力は「愛」となり「憎しみ」となり、そこには、依然として経験が裏づけられ、とりわけ「自分自身にたいする試みの気持ちから発する」ために「その存在を信じないものについては」もちえないという、身体的主観の確実さがある。ところが超自然的に対象とその結果が不在となると、想像力は、不確定の「欲求」や「嫌悪」となる。

ホッブズはここで、「善・悪・軽視すべき〔もの〕」などを不確定の類とし、それらは「つねにそれを用いる人間との関連において用いられるものであり、単純に、そして絶対的にそうだというものはありえない。また対象自体の性質からとりだしうる善悪の一般的な法則もない」という（訳書九一ページ）。かくて先の、深慮の不確実さという命題は、「コモンウェルス」(commonwealth, ラテン語のキヴィタス、civitas, 市民権。『リヴァイアサン』では一人格者から国家までのひろい意味に用いられる）の概念を登場せしめるが、本書においてはここから、境界期にある自然状態説のもとの「魔術師」論を探らねばならない。

三　自然宗教と自己工作

ホッブズの心的努力説には、「内なる対話」のもとの想像力がつとめようとする方向づけのルールが、人類の境界期におけるコモンウェルスとみなしてもよい人格者としての「魔術師」によってになわれる、という合理的な推論の、情動・心情としての宗教論が下敷きになっている（以下、魔術と呪術は「魔術」に統一する）。これによれば、「善と悪」のルールは、魔術師のないところではその人間のもつ人格から、魔術師のなかではこれを代表する人格から、また、「意見を異にする人びとが同意によって設立し、その決定を自分たちの規則とすることにした調停者または裁定者から、善悪のルールがとりだされる」といわれる（九二ページ）。このことから、頭で仮想されたり物語から想像されたりした、眼にはみえない力にたいする恐怖（「不安」）のパトスは、それが公然と認められているばあいは「宗教」となるが、認められていないばあいは「迷信」であるとされる。公然たる宗教とみなされる意見によって「目に見えぬ力」のもつ恐怖を他人に与えるものは、その人格的所有において「魔術師」であり、その恐怖は宗教であって、迷信ではない。そのさいの公然視される意見は、人びとの、熟慮によるさいごの欲求としての「意志」といいかえられる。意志は、「熟慮」において「直接に行為あるいは行為の回避につながる最終的な欲求あるいは嫌悪」であり、このためそれは、なにかを設計し意図するというような能力ではなく、熟慮の結果によるさいごの欲求である判断や決断にいたるところの、「意志する」行為そのものである（九九ページ）。判断や決断は、過去や未来の「真理」の探究過程における最後の意見であり、われわれがくらしの活動においてする熟慮の結果にすぎず、資本制企業の継続的経営体《ゴーイングコンサーン》が意図し設計する結果とはもちろん異なる。

　ところで事実についての知識は、本来「感覚」であり、その後は「経験」にほかならない（一〇二ページ）。このように規定されるときのホッブズの「知識」は、未分化の包括的な特質をもち、主観的信念《ドクサ》をもいれうる、民の日常の経験的な素朴実在感をとらえている。これをいいかえれば、熟慮、論究、判断、疑問、感覚、記憶などに長けている探究者、調停者、裁定者にとっては、かれが、事実についてなおあやまりなく絶対的に知ることは不可能であった。ホッブズにおいて理性・情念についての個別内在的にしてかつ社会的な探究のうえで、最も基礎的な概念は「意識」(consciousness) である。一七世紀中葉にあらわされた『リヴァイアサン』において「意識」は、既にconscienceにふくまれており、このことばは具体的に「善悪感、良心」の意味をあらわにしていた。しかしホッブズは、conscienceの語源として、「共に知ること」すなわち「ふたりまたはそれ以上の人間が、同じことがらについて知っているとき、彼らはたがいにそれを「意識している」といわれる。それはいっしょに知っているのと同じである。……のちに人々はコンシャンスというこの同じことばを、自分の秘密なことがらや秘密の思考のために比喩的に用いるようになった」（一〇三ページ）と記している。本来だれもが「共に知り、意識していること」であった母性についての事柄を、いまや特定された「自分の秘密のことがらや秘密の思考」となるとき、このにない手としての魔術師は「演出家」になる。

　ここにはconscienceをめぐる、共に知ること—秘思・秘考—良心という、古代から近代にいたる「社会状態」にそった変化の指摘がみられる。それ故にこの「共に知ること」の源基にこそ、原初の自然状態から「社会状態」への発達の契機がうかがわれる。そこにはまたこの源基的な意識の在り方こそ「歴史」とよばれるにふさわしい、普遍的な思考法の所在がホッブズによって主張されていたといえる。「共に知ること」は、民が素朴に、直接の相互主観性の情動交換の世界に臨在することを予想しており、そこに社会的「意識」の或る歴史的次元が措定されている。

それ故、ホッブズがここでさりげなく「比喩的に」と形容した日常の言い回しのうちには、それこそくり返しておきる事柄のなかに、過去の一回限りの事件をおりこませることができる比喩の論法は民の心情と精神の機縁を集合させ、或る交感の伝承すなわち歴史化という、統制をはたらかせていることに注意をはらっているといえる。conscienceという用語が本来の「共に知ること」を変じ、魔術的「秘思・秘考」をへて「良心」へと、人間の比喩論法によって「私」的な「知識」化のみちをたどるとき、おそらく、それとパラレルに、人格本位の社会的な「宗教・倫理」が演出的に発達してきたことがうかがわれる。その意味で『リヴァイアサン』では、宗教の「権力」による演出統制的な社会状態のうちに、近代の「暗黒の王国」説（第四部）が浮彫りにされるのである。

ここに記されたように、かつては「共に知ること」であったconscienceが、近代（現代）において「良心」の意を用いるようになったのは、ホッブズの当時はすでに一般的であった。すなわち、さきにみた意見の「公然」ということが、この「意識」の原義であり、成り立ちであった。本来「共に知ること」とは、その対象についての一人ひとりの感覚の正しい在り方をぬきにしては成り立ちようがない。それは何を意味するのであろうか。ホッブズによれば、それは「人格にたいする信頼ではなく、信仰の告白と教義の承認を意味する。「もしくは」自然理性の原理にもとづく論証によってで」ある（一〇四ページ）。ホッブスにみる「自然理性」とは、人間に本態的に備給せられた神の理性にひとしく、それ故に「共に知ること」は、一人格にむけて集約される意識ではなく、各人が各人にたいして等しく開かれて思考し、相互に直接理解しうるかぎりの情念をいだくところの、普遍意識とその交感であり、その「共に知ること」自体が「神」であった。「共に知ること」の「公然」の権力的な演出化が「宗教」となるというとき、それはすでに「近代宗教」をもいれる思想であるが、それにもかかわらず世界の説明根拠を、依然として事的「共感」におくかぎり、両性の世界に内在する原理としての性質をうしなっていないという点ではなお、魔術師による「自然宗教」とそれに主導された対自的コミューンの生成に寄与する。

すなわち、「自然状態」において一「人格者」として台頭する、探求者、演出者、為政者である魔術師の存在は、ホッブズのいう「社会状態」におけるのちの「人工人間」につながる元型とみなされはするが、それが未だ事態の「共感」に軸足をおくかぎり権力的な宗教とはならない。ただ、その「神」にたいしてのみ義務づけられた探求者の「仕事」は、「民の安全」(salus populi)、すなわちタイヤルにいう「健康」にほかならない。ホッブズにおいて「自然人」のうちの、最初の共通の心情と精神の機縁である「共に知ること」の事的世界性こそが、魔術師としての思考・情念における「想像力」のつとめの第一の力動原理——それは「演出力」へと表出する——であるとみなされた意味は、大きい。自然宗教のもつ、原態的な演出力とは何であろうか。

そのはじめに「徳《ヴァーチュー》」が、ひらかれた比較をゆるすような個人的所有としての「知力」であることを説示したホッブズによれば、「自然な知力」とは、自然状態のもとの魔術師がそうであるように、「方法、教養、指導なしに用いられ、そして経験することによって得られた知力」である、という。「自然な知力」は、「想像のすばやさ」と、或る承認された目的への「確実な指向」であり、これに対して想像ののろさ（「愚鈍」）は精神的欠陥である。この速さのちがいは情念、とくに好悪のちがいによってひきおこされる。すぐれた想像力・判断力なども、この「着実さとある目的への指向なしには、大きな想像も、一種の狂気でしかない。……〔論証、評議などとともに〕すぐれた歴史においては、判断力がすぐれていなければならない」（一〇七ページ）。想像力は狂気につうじうるが、「判断力」は、それじしん「分別」であり「徳」であり、探求者の最後の意見であり、それ故にそれは、人びとの感覚比較によるところの「共に知ること」すなわち意識である。つまり判断力では、「知られることがひじょうに有益であることの選択」の感覚がはたらいている。しかしこの感覚そのものは、なんら情念や利害をもっておらず、ただ自然的対象から経験をうけとる類のものであり、ただそれだけにおいて、そしてただそれだけのためにかれは、コモンウェルスの人格者とは決定的に区別された、「自然人」といわれるべきである（訳書、二七二ページ）。

「民の安全」である心身の健康の「歴史」は、このような各人の、各人による、各人にむけて開かれた、「共に知ること」意識の感覚のにない手を中心に構成されなければならなかった。これに対して、「狂気」「小心」「経験・知力・分別の欠如」といわれることがらは、「社会状態」の他方の描写である。「歴史」はもちろん後者の「狂気」においてもうみだされるが、そこではもはや自然人の「共に知ること」意識は、情念や利害をおびた「秘思・秘考」へと転じている。そこでは自然人の自然状態が、「共に知ること」の自然の「徳」から、各人の各人による「闘争状態」として残存するのみである。

ところで「深慮」という経験と記憶に依存する本来の知力は、じつに「人びとのあいだに大きなちがいはない」。この指摘は、皮肉にも民に基層の「自然状態」に注意をむけた描写である。ここから、次の重要な主張が注目される。「家族を治めるのと王国を支配するのとは、仕事の種類のちがいであり、「深慮」の程度に差はない。それは、小さな絵を描くのと、実物大またはそれ以上に大きく描くことが、芸術の程度においてちがいがないのと同様である。一介の農夫も自分の一家のことにかんしては、枢密顧問官が他人のことがらにかんするよりも深慮をもっている」（一〇九ページ）。ここには、深慮をおとしめる結果をまねくようなおおくの理性・思考の弄策にひたる、家事を疎んじるようなすすんだ社会状態の分析と対置されて、両性にひとしい感能的受動の自然情動を残存せしめながら、原初の自然情動に生きられることの「仕事」が自己工作として成り立つことが、主張されている。これによってじつに「自然人《ナチュラルマン》」と「人工的人間」（コモンウェルス）との間に大きな差異のあることが発見される。この差異は、自然人において母性が権能を発揮するときにみられ、この発揮はすぐれてくらしのなかの両性の共同行為にかかわるものとして看取されねばならず、それ故に魔術の宗教的表現が、この行為を熟知した母性においてになわれることは自然人に特有であるといわねばならない。今日の家事を疎んじる女性学の対象は人工的人間なのである。

採取・狩猟段階においてもっぱら家族を治める者が母性観念によるものであるとされるとき、この母性が「深慮」をもって、家族の毎日の持続、一片の絵画にみるような手細工、日の入りまでに手掛けるにすぎない、手鍬による耨耕作業などに注がれる「仕事の深慮」すなわちパッション的表現労働は、その着実なリズムの過程自体に目的がそそがれるとき、この「家事」という自己工作に両性のいずれにおいても「差」があるはずはない。なぜならこうした表現労働こそ、民ほんらいの自然状態の人格的「知識」そのものであるからである。「歴史」は、すぐれて「自然人」に備給された深慮のなせる、こうした自然状態における一面の「仕事」にほかならない。それ故に『リヴァイアサン』第九章「知識の種々の主題について」において、「学問《サイエンス》」とはべつに、つまり前学問的に人間の「意志」に依存しない、自然の事実や結果にかんする「自然史」に対置して、「コモンウェルスにおける人間の意志的行為の歴史である」「社会史」(civil history) は、はっきりと区別されている（一一九ページ）。ホッブズの「歴史」観は、広義のコモンウェルスに依然として「魔術師」の人格がふくまれるかぎり、民の「自然状態」の経験と記憶にもとづく「共感」意識を基底に据えたものである。そこに、「事実にかんする知識」の記録としての「歴史」には、未だ民の「感覚」が生きているとみなすことができる。

ホッブズでは、人間に生来の「本来的力」とそれから派生する「手段的力」のうちに、当然のことながら「学問」は、評価の対象とされない。いいかえれば「歴史」は「学問」のうちにははいらない。それは学問が「ある断定の他の断定への関連にかんする知識」であるのにたいして、「歴史」は、感能体得を旨とする「絶対知」(absolute knowledge) にほかならないとされるからである（一一九—一二一ページ）。パラケルススにおいては「歴史記述」という「業」は、人間の霊魂＝心情の一つの原態表現であった。ホッブズの「歴史」の感能による絶対知説は、対象的「事実」にそくしているかぎり近代化されてはいるが、なお非意図的で対自的性格をもつかぎり世界に内在的な原理を生成論的に表現しうるものとして、パラケルススの自然力に基礎づけられた史観を未だ継承していた。

かれの「歴史」が、のちの主意主義の系譜にのぼせられてもよいとみる理由はここにある。深慮、気前のよさ、歓待、愛想、高貴、技芸など、人間が本来もっている「力《パウワー》」は、正価値として高まることはあっても、すべて人間の「自然なものであり、それはコモンウェルスの内でも外でも同様である」(一二六ページ)。人間における感能の「自然力」の動態は、「歴史」の世界そのものであり、そこに基底的な「歴史の価値」が見出せることになる。その「歴史」観はこのように、深慮にもとづく「共に知ること」の意識の「徳」の在り方は自然状態のものである、という思想に裏づけられている。「自然力」としての「徳」は、それが「名誉」という動態において、すべての場所、すべての時代に普遍的に表象となるようなものとしては、なにもない。それ故、感能運動の「自然状態」は或る場合には軍事的に、或る場合には男女の性的に、さまざまな特殊の「徳」として評価されてきたといえよう。

ここにおいて再度「宗教」的情動の表現論を、民の感能の歴史(「自然史」)のうちにとりあげねばならない。宗教的情動は、人間の「ものごとの自然的原因」とその「帰結」をめぐる恐怖と不安のパトス的意識を「自然の種子」として、仕事の深慮の自然状態のうちに育まれてきたものであり、この「種子」の源である何らかの意識対象をして「見えざる動因」としたものである。ホッブズはもちろん明示はしていないが、この「種子」表現の労働観もまたパラケルススのそれを継承していた。すなわち「人間の自然の思考によれば、この見えざる動因は人間の霊魂の実体と同一のものであると考えるほかはなかった」(一四二ページ)。

ここでホッブズは、「霊魂の実体」の有形無形二様説をおさえて、そのうちの「実在する外在的な実体」ではない、内なる無形のものを感能の自然状態としての情念において、強調している。それ故、この「宗教」観は、無形であるがための「絶対知」として「民の受動の歴史」を構成しうるものと理解することができたのである。人間は受動的感能の「絶対知」である「宗教」を、人間の理解できないものを自分の感能の主要な動因ととらえることによって、この情念に或る「称名《タイトル》」表現を付与してきた。「歴史」が、「共に知ること」の意識に基礎づけられるというとき、この「霊魂」についての無形の実在説は、無形の表現活動である称名（「神」）を用いることによってふかく主情の行為的個性の内在世界を生み出してきたといえる。人間は「むしろ目に見える物体の俗悪さからできるかぎり遠い意味を持つ属性を付与することによって、神を崇敬しようとの「敬虔の念」」をそだてる、といわれる（一四三ページ）。

後にわれわれは、この意味的規定の属性を、両性による「快楽」と「自制」の事的表現労働としてとらえなければならない。なぜなら両性という説明根拠もまた、世界内在的な原理をもちうることによって自然宗教の範疇におかれうるからである。今日の女性学が両性についての世界原理に一顧だにあたえてこなかったことは、反質的に、自然宗教のこうした内在的性格への一層の探究が両性についてもとめられる。

「宗教」は、このような、①霊魂・亡霊観にはじまり、②意識の見えざる動因についての「無知」、③人びとが恐れるものへの「献身」、④偶然のできごとを「予告」として受容することの、四つの「自然的種子」から成り立つとされ、これらに従事するものとして一方の「人間的な政治」と、他方の、「神政」がみられるとされた（一四四―一四七ページ）。このホッブズ「自然宗教」説は、みられるようにそのまま心的力動の「努力《エンデヴァー》」に包含される経済的性格を論証しており、自然状態の「自己工作」を表し、歴史の「予言」にみる主観主義を強調することになる。神または霊魂の命令・啓示・助言による動態の心性は、人間にとって、平和を目的とする「社会状態」への最初の足跡であった。それ故、この自己工作はそれ自体、自然状態から社会状態へと発展し、この過程をつうじて自己本位にかあるいは他人になりきって代理として振舞う、表現活動とそのにない手において「人格《パーソン》」を形成する。

くり返すようにホッブズでは明示的ではないが、ここにとらえられた、恐怖と不安の見えざるパトス的動因、霊魂の実在の有形無形、受動的感能としての絶対知、共に知ることの世界性、俗悪さから離脱しうる属性、それらにまつわる無知・献身・予告・受容、ないしは偶像《アイドル》、見せかけ、仮装、外観、あいまいさ、陶酔、不条理、預言、憑依、熱狂、予感、先見、予言、虚偽、共謀、不正、前兆《ポルテンタ》ないし予徴《オステンタ》、前触れ、予示などの諸性質は、すべて、心身連関的に共通の「母性」原理として一括されうるものとみてよい。世に「母権—神政」といわれる政治の説示は、このような主情の行為的個性の世界性に基礎づけられるとともに、おそらく最初のコモンウェルスの平和のために「一般民衆」には宗教制度に名をかりた、「パンが与えられれば、それ以外には何も必要ではなかった」(一四九ページ) といわれるたぐいの、むしろ単にくらしの物質的な性格を強調するものであった。

しかしわれわれは、このコモンウェルスへの「宗教的」物質的傾動にはしるのではなく、自然人の対自的な心的努力としての、母性—権能に基礎づけられた予兆の魔術的世界がそれ自体、いかにして自然的実在—観念の表現労働をとりうるのかという問題枠を、なおホッブズの中に詰めておかなければならない。「権力」が、移譲された個体の権限《オーソリティ》のうえに幾重にも代理執行されるのにたいして、この代理表現は幾重にも個体本人を外と上から拘束し、従属させ、その程度に応じてくらしの表現労働を疎外する。いわばこの「代理労働」は非実在の擬制労働といいかえられるが、これに対して「母性権能」は、自然的実在—観念の表現労働として、くらしの周期的リズムにおいて自己完結的であり、そこにみる予兆の超越的な非合理さえもが一個の人間化された自然のリズムの基軸にすえられる。

くらしのなかの労働の本質とは何かという問題意識は、自然状態から社会状態への自然情動的な内的移行過程にみる、主・客の相互媒介性という論理的な仮設にそうものであった。それを論証するものとしてここに、表現労働にかかわる二種の人格・論がホッブズから演繹されうる。ホッブズは、言葉と行為に人格の表現活動をみているが（第一六章）、これを自己運動の過程としてとらえるものは「自然人格《ナチュラルパーソン》」といわれる。これに対して真にか擬制《フィクション》的にか帰属する、他者の表現を代表するときは「擬制人格」(feigned person) または「人為人格」(artificial person) と呼ばれる。厳密にはここで、「自然人格」の表現活動が、「死」をも透徹した自分自身への自由のものであるかぎり、かれが見せかけ、演じる相手は他者としての自己である。ここでは自己審廷の「内なる対話」にのぞみうるかぎり、過ちおよび「悪」を相対化する自然人格がある。

いいかえると自然人格のさまざまな表現労働は、人間的自然における自然との「死―生」の交渉・交通をつうじて、内なる自然を代表《リプリゼント》しているといえる。ここに、自然の周期的な規則性にもとづく主・客の融即的なリズム活動が自然に話しかけられる時空間として現象し、そのさいの人格は、話しかけられる・受動的態度のかぎりにおいて客体を主体のうちにとりこむことで自然の代理人となり、代理人として自然との間に言葉や行為による交渉の表現活動をおこなっている（人間的自然の情動交換）。この場合の代理表現には、自然を幾重にも疎遠してやまないような、擬制の人工はない。なぜなら、ここには「死」をもとりこんだ母性という心身連関の有機組織体かぎりの、自然人格があるからである。

重要なことは、社会状態のうちでも、「死」の自然力を基軸にして自然人格と擬制人格の弁別がもとめられることである。例えば、広義にキリスト教会でおこなわれるさまざまな表現労働を挙示してみよう。ホッブズは、教会のような無生物（inanimate things）は教区長《レクタ》によって人格化《パーソネイト》されるというが（原著九六ページ）、教会が無生物であるといいきれるホッブズは真の唯物論者・無神論者といわれる（マルクス）所以であるとしても、そこには、唯物論的にみれば教会ほど「死」の実存と無縁であるものはないという観点からみるとき、なお皮肉なことに時空的にとらえられたさいの、教会の人格性の問題がのこる。

労働地代形態のもとの大工その他の建築労働者、あるいはさまざまな荘園小作農などを不可欠とするとき、本来の信仰共同体として教会には、かれら荘園内の地代労働者が不可避の、「死」にまつわる自然人格において、なお表現労働の時空間の人格化の余地がのこされているというべきである。もちろん現実の荘園労働者は擬制人格の地代表現としてのみ、それも時空間区切りでとらえられる。したがって、或る時空間外の自己労働部分においてのみ、かれじしんもまた自然人格にたちもどることができるという時空的人格の弁別が伏在する。これに対して教区長や修道院長は、教会に時空間のすべてをおくかぎり労働者の自然人格に対しては擬制人格なり人為人格として演じるのであって、そのかぎりの仮装ないし仮面の素を持ち合わせ、教区民の代理人として偽善的にその役に徹しているのである。教区長や修道院長が不在の無住教会はそれに対して未だ人間の「死」に自然状態として真向かい、教区の構成員本位の原態コミューンにちかい存在である。この点でタイヤルの成人をあかしする生涯の「黥面」は、その自然人格性において、なおくらしの自己工作のうちに表現労働を持続しえるための演出であった。

ホッブズのいう人間の自然状態は、一言でいえば「自己保存」(his own conservation) の観念をめぐる「至福」(felicity) と「悲惨」(misery) のパッションにある。ここでホッブズが同時に、至福ないし悲惨は自己保存のほかに「快楽のみ」(delectation only) に至る過程においても、相互の闘争をともなうと強調したことが（一五五ページ）、じつは歴史のうえでは重要である。それは古来、人間の闘争は「快楽」のため「美」のためであるという視角である。その傍証としてローマ帝国、マヤ帝国の衰亡は、すべてではないにしても一部に性的快楽をめぐる闘争に原因をもとめる説は、いぜんとして根強い。この強調はホッブズ自然状態説（「第一三章」）の中ではほとんど付けたりの感があるが、自然状態＝各人闘争説として、人間の境界期から、とくに私的所有が未発達の先史・古代史においてなお相当の意味を帯びるのである。ここに——古タイヤルにおいては小泉鐵らが主張したように——「快楽・美」の情動力とその統整に基礎づけられる魔術的世界が浮上する。

「美」と「快楽」は、ホッブズでは闘争説とは離れて、その前段を構成する自然情動・情念説のなかにみられる。すなわち、美と快楽は、動物的運動《アニマルモウション》として「自発的意志《ボランタリー》」の想像力を伴うのであり、しかも「予め想像されたとおりになしえられる運動」(the motion as is first fancied in our minds) の類である（「第六章」）。「想像《ファンシィ》」とは、根拠のなさ、とりとめのなさのかぎり「意図」や「設計」とは異なる。ここには、想像力を用いる人間とのかかわりにおいて相対的に用いられる、「美—醜」、「快—不快」（「心の悩み」）という位置づけが連続的に用意されていて、それらのどちらも公然とは認められていない、つまり宗教以前の「迷信」(superstition) として位置づけられていた（原著三一ページ以下）。代理の擬制権力がみられないあいだ、人間のパトス的怖れはそのまま「迷信」、すなわち怖れが払拭されえない、相互不信の「戦争」状態 (War condition) におかれ、これが個人の自然状態の他の一面である。ホッブズによればこの状態は「小家族」集団によるものである。ここにわれわれはホッブズの「宗教的情動」説の原態、すなわち「魔術的情動」説へとつれもどされる。

人の「怖れ」が未だ「権力」に収れんされず、ただ個人の想像力を駆使する特定の能力者による直接の、非公然すなわち個人的所有のもとにおかれるとき、この能力者とのあいだには不信がない、「共に知る」状態がうまれ、これは「至福」といわれ、能力者にとっては権力以前の「演出」の権能活動とみなされ、これもまた自然状態の一面となるとされる。自然状態のこのような至福は、諸個人に固有の想像力の継起性ないし連続性が、「言葉による対話」(Discourse in words) によってでなく、まさに一人ひとりの心的努力による「内なる対話」として強調された、内在的な対自的思考法によってこそはじめて可能となることをもって示されているのである。内在的思考法は、人間の自然状態における自分自身への「工作」を意味し、自分自身を「造成・役立て」るという「人格《パーソン》」説をもって、ホッブズの自然状態説は締めくくられる（第一六章）。

ホッブズの「自己工作」概念こそわれわれが追究しようとする、人間の「神」との相対的実在的関係をあかしする、素質に内在する自然力の活動、すなわち「受容」と「造成・役立ち《サービス》」の表現労働の自然状態そのものである。ここではその活動が、想像力を駆使する特定の能力者のもとで、無機的有機的自然、身体的、心的、精神的な四層からなる実在の素質があくまで内向きに発揮されることが主張されている。このような表現労働の意味するところは奥行きがふかい。すなわち、それが単なる実用生計のための手段に堕とし込められるようになっても依然として基底としての役割りに変更を来さず、一つは母性とその権能の最初の代理者であり演出者としての「魔術師」論と、一つは、自己工作の「立役者」(author, ホッブズ) である自分自身にたいする工作・

制作・労働の自己表現をとおして、内なる「個性」(personality)と外への「適応」(adjustment)という力動経済のはたらきがみられることを、検証していくことが重要である。ホッブズを継承するこの作業こそ、近代西欧に伏流しつづける自然哲学の主要な課題であった。

「自己工作」者の自然状態について、ホッブズは的確な事例をあげてこう言っている。すなわち、「戦争」状態のないくらしは世界の各地にあり、例えばアメリカの多くの地方の「自然民属」(the savage people)の場合、「たしかに小家族集団(small Families)においては自然の性欲(lust)にもとづく、それなりの調和《コンコード》によった統治が見られるけれども、それ以外にはまったく統治は見られない。そしてこんにちでも前述したとおりの残忍なくらしぶり(brutish manner)がとられている」と(訳書一五八ページ)。ここに自然状態における至福は、自然の性欲にもとづいた家族から群＝社会にいたる調和の統治と、同時に残忍さとの、二つのパッションの中庸の経済的力動状態としてとらえられている。人間的自然の経済的力動は、ホッブズのいう至福のための機能とみなされるが、そこには小家族本位のくらしぶりが全体的に一つの「世界」内在として活動せざるをえないような、追いつめられた民の窮迫状態があることを物語っている。

とはいえ自然状態としての活動とは、くらしの世界内在においていかにしてなされるものであろうか。この問題意識は、社会状態の進歩のなかで、世界内在の「自然―身体―心―精神」の四層構成と、このうちの最上位の「精神」に不可避の「価値」のあり方を浮彫りにする。ここにおいて通説は、しばしば人間の他の動物にまさる優点の第一に、「言語」の使用と発達を上げる。このことは、一定の社会状態においては妥当するであろう。しかし、人間は自然史的過程という長期の境界期におかれた存在であるかぎり、言語の形成と並列し、あるいは言語の発達よりもはるかに以前に、「話しぶり《ディスコース》」の態度・表現のうちに、もうひとりの自分が自分の中にいる自分に内向きに話しかけて志向してくる、やみがたい問いかけ《ディスクルスス》の、散りばめられた《ディスクロ》自然情動の、ゆたかな世界のあることに気づかされていた。

このことをまさに想像力を皮切りに、精神的活動性の価値にそって人間的自然論としてとらえきったのが『リヴァイアサン』の前半部であった。すなわち、自然状態における活動性の価値は、根源的な自己運動において自己以外のものに向かうが、この自己超出的な価値が社会の道徳的価値となり、そこに自己解体への契機が、新しい「国家」の倫理的持続の価値へと続くことになる。そしてここにわれわれは死せる「精神」の新たな「自己—客体形象化」の段階が待ち受けているのを見いだすのであるが、この大きな主題は、人間個人における個体と普遍の中間にある、依然として「生きた精神」の一種の類型による価値綜合としてコミューンの生成論へと進まねばならない。

『リヴァイアサン』についてのボルケナウその他の研究類書に、管見のかぎり自然状態に固有のこうした対自的な「工作＝労働」の、自己運動の世界内在の原理を探究したものは皆無である。国家哲学の古典として知られる同書に定置された、国家以前の、内的情動の世界観は、既に自己保存も「危険」な近代の社会状態におかれた人間に対置されて十分な検討がもとめられるべきである。なぜならこの作業は、われわれの情動の「内的統一性」(ヤコビ)への憧憬を抛棄しないものにとっては、不可欠であるだけではなく、あらためて社会状態の基底となる表現活動の意味を確認すべきことにつうじるからである。ホッブズ研究家にすれば『リヴァイアサン』の著者は、その内乱期を反映した、評価の決めがたい不安定な思想家というべきであろう。しかし、自然力の世界の観点からみるホッブズは、じつは近代のはじめにこの世界の自然状態について論理的に確固たるカテゴリーにまとめ上げた、自然情動の内在的経済的力学による自然哲学を提起していたのである。

かくて自然状態におけるくらしの活動は、その社会状態の基底説から、あらためて「実在―観念」といいかえてもよい、価値と現実とのかかわり合いによって論証されねばならない。われわれは社会化された価値論にではなく、基本としての自然的実在論のもとに、人間的自然の価値が人を受容的に構成する、そのような世界内在の原理を探究しなければならない。人間的自然の出発点は、人が価値を構成するものではないことに、つまり情動による内的経験としての、眼には見えないものを受容するという襲われの性質――追いつめられるところの情勢の実在性――にもとづいていた。本来、社会化された価値というのも主体としての人と対象としての人に、つまり主観から出て当の主観に還帰するという理念的特殊形而上学的の原理を「伏蔵」（シェリング）している。ここではくらしの活動そのものが二重的であって、一方では、いわゆる襲われの受容にみる実在的先取り感はつよく表現労働を結果し、自発的かつ展望的な情動のはたらきをうながすが、他方、表現労働をつうじて人はたえず自分自身を計り、身体と心を自然に還帰せしめ、自己の実在所与を創造する。社会状態の進展はかえってこの表現労働をつうじて、われわれの実在所与を強要しているといえよう。

価値についての人間の態度＝表現活動という「自由」の問題がここに生じる。つまり人間は価値感という質料の活動世界の大きさ＝膨らみにしたがって、自由をはたらかせる実在所与となりうる。くらしの活動性の価値は、自由の問題にそって、依然として世界内在のカテゴリー的性質を失わない。なぜなら自由は宗教的情動にそった自己の人格の維持にかかわり、それ故に肯定されるのであるが、この自己の自由の肯定は唯一、悪の肯定、したがって罪の肯定にかかわっているからである。悪の否定、悪からの逃避はその人の世界内在の態度を奪い、人格を否定することにつうじる。悪のない人格をめざす宗教はこの意味において人間的自然の宗教ではない。それは、かえって弱い人間とその内的破産を生みだす。宗教という「神」の名のもとの救済は人間の自由を、悪をも為しうる自由を奪う。神はこの自由に対していかに媒介的に「協力」するかが自然状態論の核心となる。

この故に「悪」という反価値の世界内在の表現活動には、「自由」の反面における最高次の不道徳的能力がついてまわる。というのも「道徳」とは本来、反価値および低価値をそこなわず、同時に正価値、高価値を実現せしめようとする両面行為であるからである。反価値・低価値をそこなわない志向的態度とは、謙虚、遠慮、克己、純潔など、いわゆる否定的要求の態度であり、これは「山の民」がその追いつめられた生過程から、われわれに遺してくれた貴重な教えにほかならない。かれら母親衆によれば、人間における悪におちいる力のないもの、外から「教育」の名においてこの力を剥奪され、道徳的に文盲にされたものは道徳的に薄弱なものであり、この無能力者《インポテンツ》に、善の正価値をになう力はない（中村V）。われわれはそこに近代・非近代を弁別しえない、根源的な生物学的自然哲学の余地をみとめざるをえない。くらしにおける価値論は、民の、悪をものみこんでやまない魔術的表現活動にみる一種の辯証法的世界内在を、あかしする。以下にみる自然哲学、自然宗教における――有と虚無にわたり合う欠如状態をめぐる――「黒の思考」法の探究の意義はここにある。

第六章　自由と「黒の思考」——シェリング神秘主義にみる「神」との自然的実在的関係

一　受難の民の「実在—観念」

一七世紀以後の社会状態すなわち資本主義的近代化の時流に抗して、その端緒としてのパラケルススと、かれとおなじ人間的自然学の系譜につらなるとみることができたホッブズとによってとらえられたのが自然情動の世界内在の原理であった。この原理があかるみに出されたかぎり、その後のドイツ観念論の台頭の中で形成される「自然哲学」という伏流水において、機械的唯物論が支配的となる近代史においてなお継起的にとらえられた、「退化する想像力」(ホッブズ)のような、一種の退行的「魔術的」と目される情動論がどのような位置づけのもとに再確認されうるか、という問題論がこのあとに展望される。先に指摘しておいたように、ホッブズでは自然の「闘争状態」説は「人間悪」説と重なりあってとらえられたが、一九世紀のシェリング自然哲学においても根底の問題となった「人間悪」は、むしろ受難の「民」の、内在する自然の魔術的過程の太古的労働・思考法に準じた価値論としての、「神」がのぞんだとみなしうる原則的「自由」の問題へと発展する。

情動をめぐる世界内在の思潮こそは、いわゆる「神秘主義」のながれを汲むとみられるシェリングとその他のドイツ観念論を支配する思想であった。ただ、ほとんど体系的な構想のもとにシェリング哲学が構築されていないという学史的批判にもかかわらず、かれの後期の神秘主義も、その前期いらいの価値自由の主題のうちに、民の素朴実在的くらしの世界内在にふかくかかわっており、われわれはそこから太古的労働・思考の解釈史によって一つの「黒の思考」法をひもとくことができるようにおもわれる。この方法論は歴史的人間学の観点から、近代の自然哲学に再評価に値するものがあるとすればそれは、一つには受難の民においては、人間的自然における世界内在の退行的性格にたいして従来とは異なった意味が賦活されることになるとともに、一つには、この民には根源的に自分自身への工作的自由を原理として世界の了解根拠としうる、原態の自生的コミューン論が展望されることにもつうじるであろう。

　この方法的展望は、二〇世紀前半まで「人間の自然状態」を持続することができた受難の民の自然的実在の表現労働の実証に基礎をおいている。再度この点を確認しておこう。かれらは近代の資本主義のもとで収奪された後、歴史学の用語によれば、もはや体制に規範化される「奴」なり「細民」の範疇にとりこまれる。とはいえこの細民化の過程でわれらが山の民は、ウイランタイヤやラマタセンセン、ヤユツペリヤ、モーナルダオらにみたように――ここにはわたし自身のなかまである、チュワスラワをはじめとする今日の「女呪術師」「看護婦」「売春婦」「内職工」「トラックドライバー」らがふくまれる――、外からどのようにみられようともいぜんとして生成論的存在の、勁い再起の立場をくずさなかった。わたくしはこの立場を、「捕囚」説からこう記しておいた（ここでは一部敷衍的にとりあげる）。

　ウイランらは、「日本資本主義の天皇制という強圧的な現人神のまえでたとえ「自死」を覚悟したとしても」自分たちに固有の主体的自然の神々を、屠ることはしなかった。このように、国家社会主義としての全体主義の風潮の中で、主体的自然の受動的実践の態度をとりえてこれを貫徹することができたものの存在をいささかでも明るみに引き出すことは、重要な意味をもっている。もちろん認識主観から独立して、それとは無頓着に存在者がそれ自身において存在するという、われわれのくらしの活動に影響する内なるよりおおきなものの自体存在は、あくまで素朴実在的のかぎりの人間的自然がわれわれに向かい合うところで意味をもつにすぎない。すなわち、自体存在（ansich な存在）にとっては、もともと認識されるかどうかはどうでもよいことである。となると、われわれの歴史認識のいかんにかかわらず、まさに存在者において、いわば存在論的に自体存在するものは、歴史の認識主観と対象との対立が止揚される有・無の次元の領域をおのずと主張しているとみなしうる、と（中村Ⅲ、六〇四―六〇五ページ、参照）。

近代の資本制大工業はかえって世界内在的に退行の「自然の心性史」(Naturgeschichte der Seele）の所在を一層、浮彫りにしてきたことは、現代哲学史の一種のルネッサンス的復興の傾動である。このことは両度の世界大戦の直前から戦間期にかけて、表現の退行をも主要な動因とする、内包と外延、同化と異化、引力と斥力などの凄まじいせめぎあいの情動活動にみる「表現主義―社会運動」じたいにみてとることができる（池田浩士訳『表現主義論争』れんが書房新社、一九八八、参照）。そこでは、退行的心性史という観点は、例えばM・シャガール（一八八七―一九八五）の一見、超現実的作風とみなされるどの作品にも「亡命ロシア人」としての不可視の民属風土というべき、表現主義が脈打っているとみることのなかに証しされる。逆説的にはこの間、「退行」は、とりわけスターリニズムによって「神秘主義」として片隅にほうむられてきた感がある。それ故、このSeele

は、これもまた自己への身体にとりついた観念的退化をせまられることに注目してきた自然哲学にそっていえば、むしろ生命の「魂」といわれうる。今日、人間的自然の退行化の態度が注目されるのは、無機的有機的な自然への、観念を伴わないたんなる現実の「精神史」が、民の素朴実在のくらしを国家主義のために利用してきたという反生物学的な反動の近代史をわれわれは経験的に忘れてはいないことによっている。仮に退行表現を一つの「欠損」とみなすような反動の歴史観は、今日、さまざまな障害者は排除されるべきだという全体主義のネオナチズムを生みだしている。

自然学からみる反動の近代史は、内面の「自然―身体―心―精神」の層的構成が人類史の自然史的過程のうちに生全体観（ゴルトシュタイン）によって把握されうるとする方法論から、はるかに距離をおいていく過程である。自然哲学・自然宗教が、この過程で「精神」が「自然」から離脱して、独り歩きをはじめて資本主義と国家にからめとられればとられるほど疎外される「自然―身体―心」の基底にそって、還帰しえたことは、かえってそのまま、その意味の「神秘主義」とその「非合理」の世界内在の本質に注目することである。この「近代」にたいする歴史的人間学の立場からの反措定は、「心―精神」の構成・法のうちに問題を立てることを容易にしている。例えば精神医学のうちの心身連関の医学は、近々一世紀におよんでこの解明に一役をになってきた。東西心身医学にいうミクロコスモスの「神」的存在はこの基底をいわば媒介的にとらえてきたといえる（中村Ⅳ、第三部「原論理的思考の機制と美学」）。

歴史的人間学は、この問題を近代の独り歩きする「死んだ精神」のがわから、退行的に「生きた精神」へと遡及して探究するのでなければならない。ここではこのような方法論を一九世紀の「シェリング」を中心に、若干の論点開示、すなわち、①山の民の実証からえられた、受難による「悪」の表現活動としての相対的虚無の生成論、②この非合理性の論理的・認識論的の構造から演繹しうる「生きた精神」の所在、③この非合理性についての神秘主義といわれる自然的実在—観念の世界内在の原理などが、かならずしも一つの体系としてではないけれどもそれだけに探究のし甲斐のある、シェリングの初期・中期・後期の『ブルーノ』(一八〇二)『人間的自由の本質』(一八〇九)『哲学的経験論の叙述』(一八三六)の三部作から演繹的に考察したい。三部作に一貫すると目される、「自由」と「黒の思考」とによる人間的自然の「原—態」表現労働観は、山の民の実証にもとづいて、既にその中で、自然力による反省的すなわち対自的の態度の一種の宗教・倫理的性格がつちかわれてきたことをふまえた、自然哲学・自然宗教説において探究される。

シェリングに一貫するとみる「労働」観の自然哲学・自然宗教説というとらえ方は、ドイツ観念論史のなかではおそらく異端に属するであろう。しかし、異端ということと誤謬とは相異する。体系を重んじる哲学が過ちの「自由」の否認に趨《はし》るとは、当のシェリングによる、人間的自然観にそった批判すべき一点である。もう一つ、この作業のなかに原理的につかみとられるべき隠れた主題は、科学主義につうじる現実性《アクチュアリティ》に対置された、窮迫状態の民の素朴実在性《ナイーヴリアリティ》の、それも心情、観念にかかわる事象内容についての可能態としての表現活動論である。このことは、自然史的過程に根差した世界内在の、後述のコミューン論の基礎づけとなる。

本来現実性と実在性の間には、可能性についてのカントを岐路とする複雑な哲学史が横たわる。しかし、ここで必要なのは民のくらしと表現労働に集約してあらわれる「実在—観念」のかかわり合いであって、したがってこの「—」に、既に自然情動の表現労働という一種の膨らみ(可能態)が用意されている。今日の厳密な分析哲学からみれば、この素朴な実在―観念論には批判の余地が多いことであろうが、われわれの素朴実在論は、情動退行、自然的歴史的な窮迫、生成の生体論、特殊形而上学などからなる前論理的な、民のミクロコスモスの内在性を問題領域とするかぎりでこの実在―観念を主題とするのである。要するに素朴実在論は、人間の自然史的過程を証し得る生物学的生成論的探究なのである。くらしの「予知・予兆」のような生体現象としての生物学的原理は、すべて、果たして「下から上へ」の方法に尽きるものであろうか。このような疑問に対してはすぐに「上から下へ」の方法を対置しがちであるが、人間的自然の「民」の生成論的な立場は、むしろ窮迫のなかの受動的な「自然生」のくらしの循環構成において「自然の人格的所有」、すなわち自然の人間化を「生全体」観としてとらえたものであった（中村I、七一ページ）。そしてここに、絶対的な存在者をくらしの中に受容し、人間化された自然と全体的に――山の民にとってはあくまで自然実在的のかぎりに――かかわりをもたせるという実在―観念論が問われるのである。それは、山の民およびパラケルススとホッブズがくらしの中で追究した「神―人間―自然」についての、自然哲学である。山の民にとって絶対者は、女呪術師の演出をつうじて人間の自己媒介の内在性として表現されたのであった。

　直接的な自己同一化を見込むことのできる追いつめられた民の「労働」観にそってこそ、「対自的コミューン」の所在が展望される。ここに神秘主義は、なにがしかの「神」との自己同一性をとらえる一般宗教論としてよりも、実存の表現労働――生成する表現活動としての生全体化の一過程における――として魔術的な、特殊「対自的同一性」において、相対的に世界内在の自由の創発性を問う余地をもっている。かくて神秘主義は内在的自由の原態労働論として再現されねばならない。いいかえると、人間的自然の表現としての世界内在の原理的探究という迂回路のみが、つぎにみるように原始宗教・自然宗教論にそった人間の原則的自由にかかわる認知論への、結局の近道なのである。

対自的コミューンにおける世界内在の「自由の創発性」とは何かについて、参考となる貴重な発言としてわれらの友人はこう述べている。「男はただ自分のためにのみ骨身を削るのではないし、とはいってもその兄弟たちが〔単に〕腹を空かしているからといって肉を与えるのでもないことは、あたかも女がただ自分の子どものことだけを考えて粟を育てるのでもなく、他の女の子どもが〔単に〕食べ物に飢えて泣くからといって粟を育てるのでもないのと、同じことである。」このことばは、原則的自由ととらえうる「人間」としての――つまり神と自然との内にありながらしかも神と自然とからの「自由」の主体性としての――実在と観念の相対的なかかわり方がくらしという労働の本質をなすことを、言い表していた（中村V、一八五ページ）。この意識して両性に共有される内在の「自由」は、マクガバンにいわせれば山の民の間で「歳をかさねたり重篤な病いを患って働けない者がいるとき、仲間うちから助けてもらうことを恥じいらねばならないような人情のありさま」とは、じつに対極のものであった（同、一八二ページ）。したがってこの情動的自由は、二〇世紀初期におけるマクガバンのイングランドの資本主義的社会状態の価値観をうらがえしにした、理―性にもとづく、自立した主体の能力を特殊形而上学的に表していた。

今日、いわゆる認知・情動発現障害症病者が最初におちいる家事の不手際のさいの「恥」の観念ほど、彼／彼女の情動の疎外感を表したものはない。よく観察すると認知症病者にとっては、「秘事」たるくらしぶりを死守しようとすればするほど「恥」の情動がかえって自分自身への自由な自己工作・自己表現を不可能にし、

「徘徊」にみるように、自己の居場所を自分から不明なものにしている。人間の秘事は、右のわれらが友人の言うような、「他者」媒介意識を不可避のものとしている。純粋情動説によれば認知症の場合、人間本性の原罪観と、交渉的な人間関係とのふたつに規定されていることはあきらかである。その意味では自閉症と一対である。純粋情動は、人間関係を超越し、本性上、神と自然にひらかれた、人間的自然の時空間に内在するアルケウス的表現活動にその居場所をもとめている。家事にみるくらしぶりはそれほどに「世界」内在の「自由」の創発性にかかわっているが、この事態は、パラケルススとホッブズにともに通底する、神と自然の間におかれた人間の立場に、そして人間の属性としての相対的表現活動に、いまなお最も近い実在観念の「母性」のうちにみることができる。

母性は「国家」設立への方向にではなく、自己工作の自由という人間的属性を、自分自身のうちに代理的扮装的もしくは演出的に保持しえている。世界内在とは、いかにも不確実な人間の、「前兆」をともなう媒質となる「中間態《ミッテル》」をいう（中村Ⅳ、一八一ページ）。この居心地のわるい、世界内在は、それだけに自ら予兆の表象力を実在の「潜在能力《ポテンツェン》」（マルクス）とすることができた。この「潜在」の予兆概念は、くらしという shadowing ととらえられる。それは、「黒」ないし「暗影」こそが「前兆」を意味し、それ故に「庇護」を意味するからであり、このくらしの能力をもとにして自然人は鋭い感能をつちかってきた（「山に入る」という、人間的自然による主体生成の自然史的過程。第三章三）。シャドゥイングの立体的な余地は、心理学的には、聴覚と視覚にまたがる「注意」活性化の或る選択作用といえる。シャドゥイングによって呼起こされた注意作用がなければ、くらしは、立体的な対象化作用をうしない、注意障害（disorders of attention）をきたし、興奮状態の中庸値＝閾値（ゴルトシュタイン）すなわち経験値を逸脱して一種のうつ状態《ディプレッシブステイト》もしくは躁状態《マニックステイト》に移行しやすい。くらしの中の積極的な「黒の思考」法こそは呪術的な媒質作用として、情動発現に重要な意味をもっている。

不幸なことに今日の女性学はなんとかしてシャドゥイングの「家事―労働」を封印しようと躍起となってきたが、人間の自然力説に従うなら、この不確実であるが故に「自由」に自己を変化させ、情動による自己保存と自己表現を可能とする自然力発揮の「境界領域《リミナリア》」は、民の自立にむけた交歓の主体性として、つまり品性ゆたかな女性の中にとらえられてきた（中村Ⅳ、九ページ）。もちろん、この境界領域というのは一種の虚構である。いいかえると判断や説明のおよばない、たんに了解することにとどまる生の時空間である。民のくらしはこの不確実な特質ゆえに、資本の際限のない介入をゆるし、つまり自己生成的なこの表現労働を、骨の髄から資本制的原収奪の的となることをゆるしてきた。商品生産主義の人びとは闇の中の「家事労働からの解放」をうたい文句に、「公」的な賃労働市場への参加こそが唯一の合理的な自己表現の場であると信じこまされてきただけであり、そのあげくに自然力としての注意と想像の表現能力を喪失させられ、「家事」をシャドゥ・ボックスという頑丈な枠組へと虚構化してきたのである――シャドゥイングには本来、前意識的な「予知・予兆」という開かれた自由の創発力が含意されていたにもかかわらず――。

コミューンの原態である世界内在的自由の創発性の問題は、人類にとって境界期の長期にわたる「採取・狩猟・漁撈・焼畑」の半定住・半放浪の「自然の食料獲得経済」に規定される。それは、しばしば魔術的といわれるように、「神」と「自然」のさかいに生みだされる、内在の原則的自由についての一種の先行的資質の有り様を問うことにもなる（前述の「鉱石漸成」説）。この意味で「細民」の野史において、男女両性の差異による矛盾の継起的な「結合労働」が、神と自然に対するかかわり合いの条件次第で世界内在の原理たりえることに注目したい。F・ジャンソンはJ・ピァジェとの公開討論の中で、「歴史は、われわれが生活するこの世界での、現実的な矛盾を出発点としてつくられる、実在的・弁証法的な複合体である」ことを強調しているが（『心理学とマルクス主義』宇波彰訳、福村出版、一九七四年、三一ページ、強調は中村）、境界期の心理学はここに「神―観念」論を避けることはできない。この「―」には、歴史の弁証法的実在性が存する。

井上とマクガバンは、タイヤル社会が「コミューン的システム」としてとらえうることを、自ら内在の接触によって経験的に強調した（中村Ⅱ、Ⅴ）。再言すれば、人類に境界期の、内と外の「経済」概念は主格・主語の世界のものではない。内在の経済は、神に許容された、人間の自由の表現としての摂理であり、この摂理＝秩序は山の民にとって人間と神との相互的協力であった。この経済は、予知・予兆の、方向性をおびた長短のリズム的自生の秩序を機能するところの、平等の「尺度」を持ち、したがって調和、平衡、均整、統率、包括などの概念による生全体観が、実在―観念論としてとらえたものである。とくにこうした経済的力動観の中核は、人間的存在は論理によって構成されたものではなく、身体にはじまる生全体的な情動相貌に依存する「自由」の世界原理にあるといえよう。このことは、情動についての一定の興奮状態の所在を表しているが、というのも「母性」は、了解的労働に表現される、変化の平衡化というはたらきを持続しえるからである。われわれの労働は、くらしぶりとして適当な平均的興奮状態の一に還帰するはたらきをもっているが、この生体論はおおくの治療労働策――動物との協働（一種のアニマル・セラピー）、畑仕事、絵筆ごとなど――として知られ、そこでは、興奮と自制の、緊張と弛緩の、精神医学にいう「意識野の独占」の世界内在にみる「正―反」のはたらきが顕著である。こうして或る閾値の範囲内で「母性」の諸機能は、外からの刺激反応にそって、一時には一斉にこの正・反の経済的はたらきの一過程に集中するという、合理的な生物学的原則にかなっている。

境界期における心的力動の自己工作は、この民属が「神と自然の民属」として内在しうる、三つの自然的歴史的特質の想定に基礎づけられている。古俗からそれは、第一に両性の情動交換という不断の「情実」に、つまり両性相互の一対のペアリングによる「小家族形態」こそかれらの対自的世界の基礎であると同時に、この「家族」に自閉的に逃走しさえすれば、つまり小家族単位で採取・加工・狩猟の半定住をつづけるかぎり外的の困難、不安のパトスから逃れられるとする想定である。第二は、対象的に「母親」と「母族」に依存《ディペンデンス》することで同じように困難から逃れ、自己の可能的な世界内在の方向がひらかれるとする想定である。第三は、外の「敵」という心的実在と闘争《ファイト》（威嚇）するか、これから逃走《フライト》するかしなければならないという想定である。精神分析のグリンベルグらによれば、これらビオンの提起した、性的ペアリングの「家族」、対象ディペンデンスの「母性」、ファイト・アンド・フライトの「心的敵」という三種の「基底的想定《ベーシックアサンプシオン》」は「原始的な起源から生ずる強烈な情緒によって形成される」（前掲『ビオン入門』）。

人間の境界期におけるこれら三種の基底的想定は、統一的な性のリズムの表現活動とみなすことができる。この「想定」にかかわって、J・アクターバークが指摘する、周知のウィーン自然歴史博物館所蔵のヴィレンドルフのヴィーナス石「像」は、既に「死—生」を掌握する母権神であったとみられている（中村V、二三六ページ以下）。しかし、この有名な石像がいちぢるしく胸、腹、尻、大腿を豊満に強調しているのは何を意味したのか。これは、母権より以前の、より質料的に性の包括的経済的な象徴である「母性」を見たものであろう。

それは、物象的変態の表れを、とくに両性が相互の性をなによりも質料として了解的にとらえていたことの所産であり、彼女の表現する性的ペアリングの物象的可能態にむけてなされる権能こそ、無理なく人びとに事柄の「予兆《オウメン》」と「魔術」――これらは古代史の概念による「聖性と予言能力」であった（タキトゥス）――としてうけとめられ、彼女自身がそのにない手として一目をおかれた、偶像というつなぎの媒質とみなされたものであろう。人びとによって彼女の中にうけとめられた生物学的「膨らみ」に直接する「予兆」の可能態は、情動にもとづく人間的存在のあかしであるとともに、そこに「歴史」的に、述語的な性的「自由」のリズム労働の範疇が、既に性的コミューンの基礎原理として芽生え、実在―観念的に保持されてきたとみなしうる。

ヴィーナス石「像」に結集されたであろう、観念の「膨らみ」「予兆」「魔術」は、過去の追いつめられた葛藤状況を背負う心情世界がとくに自己保存の対自的性格を強めざるをえない場合、そこに、アクターバークのいう実在的「暴力」の余地がみとめられる。これは、情動による内的に長短の violence ではあっても、けっして物理的な外向けの強弱の force ではなかった。それだけにヴィーナスの「母性―像」からは、造成（forma）につうじる暴力のまえに生命（vita）の「漲り」が感得され、それが、その身体的手法の類化による葛藤に対して原初的な了解的解決法として表現されるのをみることができる。G・ヴィーコは、人間における表象力働の自然として――おそらくそのすべてをになうことができる「母性」のうちにこそ――賢慮《プルデンツィア》をはじめ、予知、洞察、英知、そして芸術までの世界を見とおしていた（中村Ⅳ、二七一ページ）。

いまや一つの思想が、個々の多者において自律したくらしぶりにみる心身連関について、これを、自然にリズム労働の経済的機能を持つものとして表現する。先哲にみる人間の「自然状態」観のながれは、一七世紀をさかいにする市民国家・資本主義の発達の過程で、かえって逆説的に、時勢にたいする伏流の自然哲学のうちに汲みとることができる。当時、マニュファクチュア段階の国際的資本主義の最先端を行ったイギリスおよびオランダに、約一世紀おくれで、土着の資本主義をプロイセン啓蒙専制主義下に蓄積しつつあったドイツが、それ故にこの哲学の掉尾をかざったのも不思議ではない。かかる近代の自然哲学は、もののとらえ方をペシミズム、つまり資本主義的近代化を遠くからにらみながらの、あるいは時流に取り残された「人間嫌い」において、「自然」を一つの「体系」視する構成化的方法から、距離をおいていたのである。なぜならわれわれの世界の「内在的自然」はこれまでに魔術的過程ととらえられたように、とうてい認識しうるものの限界には尽きず、いわゆる非合理的なものとして表現せざるをえないからであり、それは非体系的にどこまでも自然の「自由の状態」視にとどまり、問題を分析、理解、解決しようと欲することではなかったからである。

マルクス、エンゲルスは『聖家族』(一八四五)の中で、ホッブズの唯物論は「人間嫌い」となるが、この人間嫌いは「肉体をもたない精神」であると指摘した。これはホッブズの政治的社会的立場を強調するあまりの評言であった。その証拠に、マルクスはその直後、「『ライニッシャー・ベオバハター』紙の共産主義」(一八四七)の論文で、「現実の人民、すなわちプロレタリア、小農および下層民、それはホッブズのいわゆる逞しいが、たちの悪い児であって、やせた国王からもふとった国王からも、けっして愚弄されるものではないのだ」と指摘した(傍点は中村)。puer malitiosus(たちのわるい児)といわれる「民」は、どのような国王の時勢下であろうと情動的暴力の給付と反対給付からなる、「逞しい」経済的力動の自然の自由な状態から抜け出すことはできない。それだけに「細民」はこの自然状態において、自生的コミューンの可能的な主体となりえたわけである。

歴史哲学は歴史的人間学のうちに位置づけられるとすれば、それは出発点を、具体的な、たちの悪い「細民」のくらしの事実に問い、しかもこの、問題の内容において形づくる態度そのものに、おかなければならない。細民のくらしをその内面の「太古的労働・思考」の構造からとらえる作業は、精神現象の「了解世界」と、「因果分析」による「説明世界」とに分かれてすすみ、前者がすべての事象の属性を「一」に帰属させうるように「あたえられ・できうる」ものとして受容すればよかったものを、後者では、それらを際限なく離隔、散在させ、そのうえで結果の「判断」をせまるという、残酷にも「課された」ものであるからである。後者の説明世界は、問題の背後にひそむ、自存的な「自主体」には関心をもたない。つまり或る事柄についてあることをいうことによって存在または非存在を定立するという、課題形式のもとの論理的判断に徹するのであり、そのかぎり無限の課題をせまるが、民はここにおいて「市民」となる。

近代に輩出した「細民」は、こうした課題の説明世界に無関心を装って無視するか、それ以上に了解世界と説明世界の間を股にかけ、たくみにその溝をうめあわせるかしなければならず、この才覚のないものは、深い孤独の淵に自覚的に沈まなければならない。しかし他方、溝をうめあわせる才覚の必要を自覚すればするほど、かえって課題の拘束作用にとらわれて身動きがとれなくなり、自ら溝を統一しようとする「謎」にとらわれる。詳述は避けるが、近代の細民史と精神医学はともに、いわゆる「二重拘束《ダブルバインド》」の人間関係学に過半を負っている。もちろんここでは、このような問題解決に筆を染めるのではないし、にもかかわらず問題を取り扱う態度のうえで、逆説的ながら「神の形而上学の最少」にとどまることがもとめられる。というのも細民のくらしの表現労働の問題そのものにふくまれている理性的な特殊形而上学的内容をこえることなく、啓示の信仰の一般形而上学的態度をみとめながらも、単にその問題自体からとりだされるような、つまり理性によって問題自体を論議する方法こそが有効であるからである。近代の自然哲学をシェリングに代表させうる理由は、シェリングのばあいとくにこの観点が、実在と観念の交渉を、万物の、神の内在にみる動的な生成過程として理性的にとらえようとする点で注目されるからである。

既述のように「山の民」の古俗伝承は、かれらにとって情動の事態は逆に、ペアリング、ディペンデンス、ファイト・アンド・フライトにおける欠如ないし不完全に、基づいていてこそ、問題として成り立つことを物語っていた。この歴史的事例は、性的ペアリング、対象ディペンデンス、ファイト・アンド・フライト（闘争と逃走）のいずれもが、追いつめられた細民の表現学として、表現労働がくらしのうちに世界内在の原則的自由の原理を持つことをも意味した。シェリングの世界内在の「自由」論はわれわれの細民史的労働観とどこまで、どのように通底しているかを、近代の神秘主義の枠組から考察してみる意味がここにもとめられる。

くらしの中の、魔術的な「神」の原理にもとづく「原則的自由」とは、パラケルススとホッブズにおいて、人間は神と自然の間の不完全な媒介者であるとされたところにもとめられる。いいかえるとこうした相対的実在の不完全さにおいて、人間は、他にたいして優越的であった。不完全において、道徳的価値にみる観念の「自由」を可能にしえた。そしてこの自由によれば、正・反の経済的性格の価値をさまざまな程度において強制されるとみることができた。それ故にここから、強烈な情動の自由の要素を人格的に形成するものは、決意、決断の能力であることがひきだされた。決意、決断を欠いたとしてもなお自己の外にある、説明しうる事情の価値は実現されうるが、しかし、了解的に道徳的価値の世界内在を実現することはできない。そこで、この原則的自由が決意、決断によって内在的に形成されるということは、現実的にも、いわゆる道徳的自由は人間が可能的に「できうること」(können)を意味するといえる。この人間性の原理をパラケルススは「神」と「自然」を意識した「人間と業」説で、ホッブズは「内なる対話」にもとづく「自己工作」説で、それぞれ展開した。この点で、自然哲学における世界内在の「自由」は、近代の市民的政治的の、単なる人間の外的活動として「してもさしつかえない」(dürfen)「自由」とは、決定的に異なることがとらえられ、ホッブズの人間の自然状態説から社会状態説への岐路を、おそらくさいごに明示したものである。

しかし、自然哲学における決意、決断にみる内在的自由は、ほかならぬ「細民」のくらしにとってこそ有意味なのである。それは、むしろ受難の民の直面する現実的可能性を、考慮にいれ、しかもなおできるだけその心情魔術的な実在性を観念的にも洞察しなければならないところに、その予見性、予兆性が問われる態のものである。決意とか決断は、予め実有的な可能性としての注意力を、勘案していなければならず、ここにおいて問題は、この可能性というだけの本来的にあいまいな限界は、くらしという自然的歴史的環境のもとでなお観念的に問われることにあり、いいかえると人間はこのことを、神と自然とから現象的に規定されうるという特質を持っているとみなされてきた。シェリングの自然哲学はしばしば神秘的であるといわれるが、その所以をわれわれは、魔術的な民属の「神」を原理にもつ純粋情動の、内在的自由における受容の可能性の問題として、窮迫的細民のくらしの観点から具体的にとらえることができよう。くらしの中で素朴実在と観念は、とくに怨念の暗闇のなかでは一元的である。

こうした先行きのないものたちがたどる流路は、まさに「人生は万物の逆旅《げきりょ》」(李白)ということができる、観念的実在を言い当てている。「逆旅」なる人生の旅籠（inn）にはなぜ「万物」が一夜の宿をかりることができるのか、そもそも「万物」とはなにを意味するのか。この興味深い歴史的人間学は、H・パイヤーの実証的指摘によれば、太古以来の「歓待」という「ふるまい」とその類似的な「パターン」（類型）についての、根源的な表現学の問題に根差している（『異人歓待の歴史』岩井隆夫訳、ハーベスト社、一九九七年、二ページ）。するとこの逆旅は、「異人愛・遠人愛」（ニーチェ）というべき「人間」の本性的属性とのかかわりにおいて把握されるから、李白の顰《ひそ》みに倣《なら》って「人間は万物の逆旅」といいかえることができそうである。逆旅にむかえられてもよい異人・外国人は、一説の「神」の言祝《ことほ》ぎから一説の「悪」の到来まで、類型的にさまざまである。しかし、重要なのはこれらの類型観が表現するところの原理である。「異人・外国人」の類型化は、個人（個体）と体制（普遍）の中間の領域を、しかも両極の価値にあずかりうる綜合をも、表している。異人・外国人はどこまでも中間項としての「価値綜合」であるが故に、「万物」として不確実なのであり、万物として彷徨し続けて、民のうちに実在―観念の暗灯をともしつづける。

　この逆旅―表現説をなおいいかえてみよう。一つに、人間の本性上、人生は表現活動にほかならず、旅人を逆《むか》え容れることができるのも、また表現労働である。ここには旅人がどのような人物かを問う余地はない。というよりも、この旅籠は、あらかじめ「悪」なる旅人をも予知している。この事態は、すべての旅人は人間化された自然の来訪であり、かつ受容可能態であることをいわば予祝的に意味していなければならない。異人は、「北風」がはこんでくるのか、河に流されてきたのか、犬が産み落としていったのか、あるいは「竹の子」なのかである。いずれにしても境界期の人間的自然観によれば、それらのどれをも逆《あらかじめはか》るところの、「受容」の余地をもっているといわねばならない。したがって、一つに、人生にとって「万物」とは善と悪であり、神と自然である、ということになる。人間という旅籠には、一夜の宿と共食によって情動交換《コミュテーション》をはかり、内面を純粋なものにさせあい、正のヨリ高価値へと、立体的に心をひらかせうる機会が備給されている。もちろんこの反対の過程をたどるパターンもいくらでもある。人間の自然状態は「闘争」の「根本悪」もふくめて善をも容れうるであろう、無記の態度——例えば細民における「逃走」表現——にあり、これが、本性としての原則的自由の問題につながる。逆に、「山の民」にとって、追いつめられることによる、人間化された自然に対する感情喪失の「情動的無感覚《エモーショナルアパシー》」こそは、疾病もしくは死に、直結していた。

それ故、情動的無関心はかれらにとって心身連関の自由のおそるべき敵であり、魔術師はこの感情喪失を蘇生させねばならなかったが、その極性は、性の祭典である猟奇的な「首祀り」に表現された。「性」は、異性間に情動力の転移しあう「首祀り」の指示的作用によって「快感」の原理となり、この性の発現は、人間的自然への還帰として心身の佚蕩にみる表現労働となった。したがって、この環境と身心の自然力の保持である「首」をめぐる代償的なはたらきこそ、感情喪失を蘇生させる自然宗教の源基であるとみなすことができた。しかし、首祀りにみる性の表現はあくまで一つの極性である。情動的無感覚に対しては、日常的くらしの中の「万物の逆旅」であるところの、たえざる「神」と「自然」とを受容する可能的な態度が呼起こされる、自然状態にあることがもとめられた。

ここで再度、上山春平の「今日残存する少数の狩猟民は、生存競争に敗れて、寒帯の不毛地域や熱帯の森林地域のような生活条件の悪い地域に追いつめられた劣弱な集団であるから、その小家族形態は自然的・経済的な悪条件に適応するために生じた二次的な適応形態、と考えられないこともない」という指摘をとりあげよう（前掲『歴史と価値』一六八ページ。強調は中村）。この哲学者の立論は、熱帯の「森林」は人間の「生活条件」において悪く、したがって森に追いつめられた民は能力（自然力）的に「劣弱」であり、かれらがそのような自然的・経済的悪条件に小家族形態をもって適応することは人類として本来は避けなければならない事態である、とするものである。この民が果たして「劣弱な集団」であったかいなかについては、既に結論が出ているといってよい。これに対し、マクガバンはこの事態について、フォモゥサ先住民は果たして退廃的《デカデント》であるのか、それとも発達という「活力」（virility）があるものか、単に「可能力《ポテンシアリティ》」にとどまるのか、という問題となる内容についての重要な指摘をしている（中村V、一七三ページ）。じつは、ここで指摘されたすべての特徴が、追いつめられた情動表現としての小家族形態ならではの「悪条件」下の、母性主導の魔術的適応とそのコミューンのうちにみられたのであるが、それらは山の民の自然力によるくらしの表現活動のすべてなのである。

追いつめられた小家族形態のコミューン構成員は、心身の再統合を、くらしのシャドゥイングとして相互の性的な「対象関係」のうちにつなぎとめた。これについては例えば、かつて殷王朝に「婦」が、「子」階級の妻の称謂であった頃、祭祀共同体の中核にあってその身分は、寝廟の「寝」とかかわり、その分娩・育子について「貞卜」とかかわり、なお卜骨の「修祓」にかかわる聖職とみなされ、さらに重要なことに、婦某の名において「軍旅」がおこされ、戦争とかかわっていたことが指摘される。こうして「婦」（母性）は、祭祀共同体という閉鎖的な性格の主体であるのみでなく、その性的機能から政治的包容性の拡大と外延化をもはたし、民のエネルギーのためのつなぎの媒体となったとみなされる（白川静「中国古代の共同体」財団法人古代学協会編『共同体の研究・上』理想社、一九五八、所収)。しかしこの「婦」は、そのような自己の自然力のすべてを「神」と「自然」の間においてはじめて、不確実な政治力をふるうことができたとみなければならない。

いいかえると、人間的自然に基礎づけられた労働そのものは、たえず質量上の諸矛盾をあらわす「失望」観念からまぬかれえない。それはまた、原態の表現労働は、そうした矛盾する自己自身への、内在の決意と決断の自由において一つの可能態をうしなわないことを意味する。「あっという間に決心して自分自身の道を歩むようにできない人間は、永久に他人の奴隷として生きるほかはない」(托鉢僧アル・ハーフィ。『賢者ナータン』浜川祥枝訳『レッシング名作集』白水社、一九七二年、三一二ページ)。人類学がおしえるように、採取行為の境界期からくらしの主体であった母性観念は、妊娠から出産・哺乳期の育児の致死率の高さによっても、この矛盾の「失望」観念に加えて、たえざる負担力をおわせられたが、この状態からは、長期にわたる哺乳期間――ときには四、五年におよぶ――の必要にみるような、蓄積された経験によるいくつもの象徴表現と、扮装の演出者によってそれとみなされる「価値」のある認識表現とが、見いだされた。この問題発見的な態度は、彼女じしんの、身体表現として物象化された――以下にみる「竹かご」もその一つ――いくつもの自然の仮象をとおして、対自的な生命力の付与となった。われわれにとって、情動が利く、小家族形態のもとの自由の「母性―説」は、くらしの中の「死―生」に直結することによって自覚的なこの自然力の所在が、「経験的象徴」と「演出的価値」との公認によって原始的形而上学の魔術的世界を生みだしてきたことに、かえって人間化された自然の基礎をおいているのである。

採取・手工に基礎づけられた最初の人間的自然の自覚は、開かれた対自的所有においてくらしの表現的自由としての質量感を生みだし、期待という膨らみの感性によって、矛盾のくらしを展開せしめ、新たな生産関係に対応する。心理学者・神経科医のP・ジャネは「蒐集という行為」の徐々たる経験的自我の蓄積を、原初的に「かごの扱い方」に見出している（われわれは既にその実践として「竹壺」の感性をみておいた）。ジャネの本旨は、ここでいうくらしぶりの膨らみという原則的「自由」の自然哲学にある。かれは、それが人間の言語以前の知性《インテリジェンス》の最初の発現であるとみなしたが、卑見によれば「かごの役割の何であるか」という知性は、「かご」はいかにしてコミューン構成者の自然力による「受容器」となるかという、世界内在の感性的自由の最初の発現とみなされる。この感性は、端的に、単純ではあるが「かご」の「手業」（パラケルスス）による「自然」の結合労働を、文字どおり受容のはたらきをとおして、可能にすることにある。この「質量観念」の「原始的形態」を、疑いもなく最初の情動の「障害物」であり「負荷」ととらえ、心理学的意味の「類比《アナロギア》」の連続的なアナログ的労働状態において、境界期における矛盾のくらしの工夫をジャネという遠回しにではあるが示唆したのはG・バシュラールであった（『否定の哲学』中村雄二郎・遠山博雄訳、白水社、一九七四）。ただしここでバシュラールがこの最初の質量観念は、多様なアニミズム（「霊魂的存在」）的夢想の対象であるとしたのは誤りであって、それはむしろ人間の自然力の「アニマティズム」の世界内在性にあるとみなければならない。

　加工された「かご」は、まずさまざまな経験的自我を蓄積してくれる「受容器」である。と同時に、またそのような自我の可能態を受け容れる表現そのものであり、その「経験」をとおして世界内在的に他者につながるじつは母性的な媒質である。それ故、「かご」にみる自他の両義性は、過去と未来をもはらんでいる。自他と、過去と未来とをはらみ、受容するものとして「かご」は、自然から人間にむけて、くらしのシャドゥイングに由来する自由を、主体的かつ実践的たらしめる。こうして、山の民が籐や竹や木皮や麻などの自然素材を加工して、世界内在の過程の表現たりえた「かご・筒・袋」は、それ自身の主体的かつ実践的な性格において、「自然」に基礎づけられた労働的膨みという本質の「使用価値」をもっているとみなされる。「かご」の使用価値は、山の民の世界内在の、別の表現である。さらに「労働したもの」の可能性は、それによって展望される自由の可能世界は、述語的であると同時に、なおすぐれて「繋辞的」(copula)というべき象をもっていることに注目しなければならない。この「つなぎ《コープラ》」の工夫によってこそ、両性によるくらしが一つの統一体となり、小「家族」および「労働」の、結合的基礎づけとなることが見逃されてはならない。

ここに強調するのは、現相としての事実の背後におかれる、自然の人間化された加工物としての「かご」にみられる理性の辯証法的論理の所在である。「かご・筒・袋」は、主語となる或る実態にたいしてこれを規定するがごときの理性の表象ではない。むしろ「かご」の特性は、潜勢的に、過去と未来、主観と客観をつなぎうる膨みの「可能世界」を了解的に生みだす「黒の思考」法にある。今日の言語様相のうちでこうした「繋辞」そのものがいちぢるしく希薄化しているとみなすことができるとすれば(例えばbe動詞の欠如など)、それは、主語と述語の「間」がもたないことを意味し、「家族」「労働」「経済」の手工的くらしの全体が、「さかい」のあそびをいれた「統一体」をなさず、もはや膨みという使用価値が崩壊していることを意味する。人間の知恵は、自然状態のもとでこの「繋辞のはたらき」をになう、彼/彼女じしんが唯物的な「受容」実践の主体であるところの母性の「魔術」をみとめ、生みだしてきたのであった。

タイヤル語に「タウカン」というのは麻糸で編んだ「袋」であるが、これは首狩りで得た「首」を収納して運搬するために用いられることから神聖視されるが、同じことは、「首かご」を意味するブヌン語の「アアヤウ」とツォウ語の「スカユ」にも、おなじことがうかがわれる。「首級を入れるかご・袋」とは、首を狩りとった事実を目的的に規定する理性の所産として在るのではない。山の民にとって「かご・袋」は、あくまで首狩りの事実の背後にあって理性を辯証法的にはたらかせ、くらしの統一体を生みだすことのできる、「神」と「自然」のつなぎの表現にすぎない。山の民のくらしの用具は、すべてこの意味の繋辞の形而上学的はたらきにおいて、主観と客観、祖霊と旧同輩、猟獲の成果と心身の維持・成長など、過去と未来をはらみ、つなぐ、了解の世界内在へとつながっている。例えば、燃料としての「薪」なども、求婚期間における男の側からの「愛」の、「実在—観念」的「使用価値」のあかしとなった。マクガバンの験証によれば、それは、あたかも女を両の腕に抱擁するような一束ごとの、薪の山となる（中村V、一四〇ページ）。われわれは「つなぎ」の用語がながらく「性交」(copulation) を意味したことを、動物学的に自然に了解している。同じように、「かご」や「袋」や「薪の束」から両性による性的情動が「予兆・予示—予祝」的に観念されるのであって、かごや袋を手で編み、薪を切り出して山とする表現労働などは、山の民にとってくらしの中の性的表現の労働状態といわれ、じつに原則的自由の形而上学的表現労働とみなされる。

二　「事」的行為の原則的「自由」

シェリングは、こうした現実存在の世界をみとめない思惟のみのヘーゲル「消極哲学」に対して、これを補完すべく、「神」と「自然」とを相対化することによって非合理的ではあるが実定的であるところの「事《ダス》」実を、理性の根底にみとめようとする世界観として「積極哲学」を提起した。われわれのこれまでの考察によれば、「神」の相対的把握は人格神（「民属神」）となり「自然」のそれは人間的自然となり、ともに、受難の民の自然力の特殊形而上学的思考法とみなされるところに意義がある。この、われわれの実証から帰納された方法論は、じつにはじめからシェリング自然哲学のものであった（『ブルーノ』、後述）。

シェリングが、パラケルススおよびホッブズの「神」と「自然」とにかかわりながらそのさかいの中間に位置づけられる「人間」という立場を踏襲しつつ、そこに固有の属性として「自由」を論じているかぎり、それは人間的自然の世界内在論と自生的コミューン論につうじる。この特殊的な自生的コミューン論は、社会組織論の立場からでなく、コミューン構成者個人の世界内在の労働の本質面から問われうるのと、特異な「黥面・首狩り・首祀り」などの退行表現にあきらかなように、それが母性主導の魔術的過程に根差していることとに出発点をおくことができる。というのも、シェリングの「自由」論と「有神」論は、演繹的ばかりでなく帰納的の方法論にも根差しており、それ故に積極的に人類の自然史的過程にそって再評価することができるからである。そのため「後期」シェリングの主張は、むしろ「アニマティズム」説（マレット。プレアニミズムとしての、自然の「有生」観。中村V「論攷」）から理解されうるというのが、本章の企図するところである。

歴史的人間学の立場からコミューンの本質とは何かという問題意識は、コミューンとは、一人ひとりの自由の自己工作というべき自己立法・自制的「表現」労働に基礎づけられているとみるのであり、これに対して権力的な意図や設計のもとになされる社会状態としての労働の組織体ではないことを前提にしている。とくに後期シェリングの主張は「自由・神・自然」論と一括されるとみなしうるなら、その主張を原態の労働観からとらえなおしてみることはけっして無謀な試みとはいえないのではないか。なぜなら自然哲学は、とりわけ人間の「根本悪」をもいれた表現労働という生命の領域からの「歴史」的現象を探究することに躊躇することがあってはならないとおもわれ、そのうえで自生的コミューン論に積極的にかかわることができるからである。

山の民は採取・狩猟段階において、とりわけ両性の母性観念についてみれば「かご」とならんで、「掘棒」(Grabstock) とアニマティズム的夢想による呪術とによって、母性権能による質量観の発揮を経験的象徴と演出的価値にたいして基礎づけながら、人間的自然の実在―観念を育んできた。「かご」のほかになおあらためて「掘棒」をとりあげるのは、それが通説にみられるように農耕段階説をうらづける農具ではなく、かえって非農耕の非定住小家族形態をあかしする主要な手段であって、それによって非定住の世界内在を形而上学的思考のうちに深化させることができたからである。掘棒は、二〇世紀に至るまでブヌン語の「耕作《ムンクオマ》」が意味するように、手鍬による畑作、除草の主たる用具でありつづけた。しかしそれは、食料をはじめ燃料、衣料、家財などのすべての素材を採取、捕獲、加工する――叩きおとす、打ちおとす、はたく、おどす、おびきだす、から め取る、掘り起こす、脱穀する、火をおこす、長さや質量の尺度に用いる――とき、その過程で徐々に自然力の創造的表現活動を演出することができるようになる、単純で万能の道具となる。掘棒は、とくに起伏の多い山面 (oroface) での自分自身を道具活動的に効果的にすることで、自己の自然的実在の観念をつちかうことができたのである。

母性観念による自己工作のための長い間のアニマティズム的道具として、掘棒は、その用途を一本にして多面的で、しかも山の民のかぎりにおいて他の道具への分割の発達をゆるさない、むしろ心理的に混合、相似、類推、類比の豊かなパトスを完結的に備給せしめると同時に、その行為をとおして、失望から転じて満足を逆備給し、安堵のパッションを呼起こし、家族に占める統一的なる心情支配を物象化の「事」実として規定する、世界内在の表現である。そこには、女性にとっての性的な異化―同化執念を呼び起こす表象作用さえもがつちかわれた。母性観念のもとの掘棒は長い間には、先端が鋭利にされたり、薄削されたり、爪状に加工されたりして形状に変化をみるものもでたが、その質量的実質は、両性の母性的心的保存のうちに不変である。ここにあえて山の民の掘棒を、「行為―事実」のシェリング積極哲学の事例として提起する所以である。

こうして例えば、身体表現としての「手鍬」(handhoe) などは、掘棒としての最も原初の形態を維持してきた。この手鍬によって次第に、狭隘な山面の「焼畑」移動耕作が可能となった。母性権能にふさわしい掘棒は、この「事」態とほとんど同時に、狩猟、漁撈、闘争のための、いずれも重い「棍棒」(Masse)、「杵」(Keule)、「槍・銛・ヤス」(Speer) をも生みだし、個人的所有の生命の領域からの小さな歴史をひろげてきた。つまり採取・加工経済にそって生じた狩猟、漁撈、闘争などを克服しなければならなかった形態と実質の間の矛盾は、先ず、このような掘棒とそれにつづく質量観をつちかう行為において、アニマティズム的道具の諸加工によって、依然として母性権能の力の心情とその演出を表すことができた。母性がこうして採取・狩猟段階のくらしの実質の中心となったのは、比喩的にいえば母性観念による、人間的自然についての行為の述語的に「自由」な、世界内在の深化にある。

ここに世界は、「a: b ＝ b: c」の展開ととらえられ、「差異」的な世界の諸多の関係性 (a = c, d, e…) は、中心の「b」にたいして等距離の空間的存在となり、この意味で「母性」は、すべてを「受容」しつつ同時になお「造成」をもはたらく行為の中心にいる。この等式の左辺は、くらしという力動状態の可能的転移の過渡的な形態をあらわしている。ここに労働の本質としての「太古的な背景」（マルクス『資本論』、中村Ⅳ）がうかがわれる。左辺にみる「b」が「a」に対峙する原初の境界領域は、bはaそのものでないと同時に、aにたいしては「受容可能性」として類比の存在理由をもっていることをあらわし、この可能態において諸他のc, d, e…に、造成的に役立ちうる存在である。このbのaに類比的なかかわりの境界領域は、したがって一切の有限者の世界内在をその代理行為においてあらわしており、言語学的には「アル、ニル、デキル」などの「事—所」動詞として、非対格的な中間態詞の、自生的媒介的な「所—在」の性格をもっている（中村Ⅳ、一八一ページ以下）。「事—所—在」の意味の世界は、「母性」bを中心にして、相互に区別されたものの均一にかかわりあう、内在の統一体となる。母性bの事所在において受容可能性の表現を意味するaは、すべての有限者の世界内在的に「キコエル」ところの、絶対者「有」である。

この絶対者はどのような性格のものとして、つまり有限者にとってはいかなる立場で「事」的にキコエルものなのであろうか。この問いは、くらしの内在的労働論の核心の部分である。この労働観に注意するとき、この絶対者は、民のくらしの中にその自然の「有」的実存の根拠をもつことができるのであり、いまや民の自然的実在—観念のうちに「事」的に存在するといわねばならない。いいかえると絶対者は、その人間的自然の認識根拠において、くらしの中でさまざまな有限者という可能態をもっているばかりでなく、ひとりの有限者の中にも人間という「価値」的な「自由」において、つまり歴史のうちに相対的に存在する。

神父Aは、おそらく心情的な放浪者Bが、銀の食器を盗み取ったとき、それはわたしが彼に与えたものだと言った（V・ユゴー『レ・ミゼラブル』）。AがBのなかに、神の実存的の人間的自然の根拠をみていたことはいうまでもないが、ここでフランス・ロマンティカーのユゴーはそのうえでなお、Aは、かれ自身の積極哲学においてその絶対者である「神」とのかかわり合いをかれ自身の内なる「自己―審廷―批判」のはたらきのうちに、つまりこのはたらきの保存に神が協力してあそびあわせる行為境域として持ちえたことを説示している。「盗人」Bのなかの神の自然的実存の根拠というべきは、かれのくらしの表現においては「正―反」のいずれの価値をも相対的にもつことができる。このことは、おなじくらしをもつ身のAとまったく分有しうる「事」態である。しかしAは、なお「神父」として、絶対者として自己のくらしに先だって実存するものとしての「神」との保存可能的なかかわり合いにおいては、自己の銀の食器の、物象化されたパトスの「贈与」という表現のうちに、正・反両価値のさかいに、「無記」的にあそぶことのできる事実の「自由」をもっていたと、言えはしないだろうか。これは神父Aにしてみれば、Bの銀器盗みという反価値を、A自身の使用価値の膨みとして神が望んだことを意味する。これに対してBは、生涯、その銀器をもっておなじように価値的な無記の自由の「事所在」を受容しなければならず、この「原則的自由」の自覚において自己の実定存在を持続することができたのである（銀器という「自然」経済的価値の基底説については、先のM・ブロック説を参照）。ユゴーによる相対的自然神学の表明は同じように、A・クリスティーの力作「オリエント急行殺人事件」の中で、探偵ポワロという疎外された外国人の立場による、一二人の容疑者「外国人」をおなじ立場から断罪、許容するときの、神とともに分有しあえるよろこびと苦悩のパッションに主題化されている。

宗教書として「神」の絶対性そのものにせまることは、絶対的虚無を論じるのではない本書のなしうるところではない。しかしわれわれは、所与的行為としての受難の立場においては、とりわけ生の自己—工作・制作の労働過程のうちにこそ、絶対者の相対的実在の根拠をとらえることができるという自然宗教の方法論をば持ち合わせることができる。それは、絶対者は有限者のうちに、いかにして「労働」の本性とはたらきを与え、そこに「形態」ある表現行為を、合理的な非合理性のもとに了解せしめるかという問題枠となる。ここにおいて「母性—権能」とパッションの表現労働は、こうした人間的自然に規定された、絶対者のうちに、内在的に自由の対自的な秩序を保持しあう、アナロギア（類比）的摂理の一構成体であることが展望される。母性観念中心の社会化によって山の民は、採取・狩猟段階のくらしぶりを生成する行為的事態として保存し、創造することができた。

岩崎武雄はシェリングの積極的「自然哲学」とは、「自然」を、存在としてでなく事的はたらきとして、それも、いわゆる自然現象の根底に存する一つの大きな「有機体」の根源的な「力」のはたらきの表現としてとらえるべきものであって、この意味でシェリングにあって「自然」は無意識的に生成する一つの生きた「精神的原理」をもっているとしたが、ただ、このような形而上学的思弁は今日ではほとんどその意義を持っていないものであるとも、指摘した（「フィヒテとシェリングの生涯と思想」『フィヒテ　シェリング』中央公論社、一九七四、所収）。だがシェリングに対する岩崎のこの指摘は、二一世紀の今日には適当であろうか。シェリング積極哲学は、パラケルススおよびホッブズにおける「神—人間—自然」の構成化説ほど単純ではない。そこには一つの大きな有機体の「事」的な力が、対自的に、そのはたらきの精神において絶対者そのものとみなされるとき、人間はその主観と客観の両者の根底に、受難ゆえに無差別な同一性としての絶対者（「神」性）をおかざるをえないことがふくまれている。自然の主・客同一性というシェリングの生きた精神説は、岩崎のいうように今日では意義が無いどころか、例えば「性同一性―障害」説のように不当にも反社会的なまととさえなる。

人間のくらしぶりは、自然学的には、神の実存的根拠へと志向する、すなわち神の人間的自然に対峙するときの、表現行為である。近代の弛みない「自然哲学」の伏流水の一脈は、この自然的本性の表現活動が「内なる《メンタル》―対話」を軸足にして「自己工作＝表現労働」のうちに賦活され、この対自的労働が、「言葉」でないばかりでなくむしろくらしぶりの「事」的態度にみる、自然情動による世界内在の表現とその交換の様態にあることをあきらかにしていた。今日の「対話《ディスコース》」論は、岩崎のいう形而上学的思弁にそった情動の表現行為―労働説に活かされうる。

B・ウィットロックは「ディスコースは、自省の要素を含む場において初めて成立する。すなわちディスコースで展開される〔自省的な〕概念や考えは、すでに社会的に流通している概念や考えに依拠しながらも、逆に、日常的な行為に影響をおよぼしたり何ものかを付け加えたりするのである」といって、その形而上学的対話による日常的行為を主張していたが（「社会理論と知の歴史――近代の形成をめぐって」小川順子・柏岡富英訳『思想』九六一号、二〇〇四、所収、強調は中村）、この主張がくらしの中で実定的意味をもつのは、世界内在の表現行為においてでなければならない。自省的対話が、多元的な外からの強制的な影響に抗しうるのは、唯一、くらしの「事」的行為として可能となるこの内なる対話の、本態的な自然力の発現によってである。ここにおいて、神の実存的根拠は人間と自然の、主観と客観にわたる、無差別性、同一性自体が、人間の自然力の過程的表現のはたらきとしてとらえられるべきであり、この事態は、自然史的過程における境界期に特有の人間的自然観の積極哲学とみなされてもよかった。

若きシェリングは『ブルーノ』(対話篇、一八〇二、前掲『フィヒテ シェリング』所収)の中で、「もろもろの事物の神的な原理と自然的な原理とについて」の問題を考察したが(強調は原文)、われわれは同書から、あらゆる有限者の根底には共通の神性がおかれ、この神性の表現の故に有限者の同一性を、自然的「悪」の系列としても展望することができるのである。それどころかハルトマンの指摘をかりれば、このシェリングの神性は有限者の同一性にこそ表現されることになり、このことからそれは、人間のくらしの「非合理的なもの・宗教的なもの・神秘的なもの」への「衝動」説の根拠となるものであった(『ドイツ観念論の哲学——第一部フィヒテ、シェリング、ロマン主義』村岡晋一監訳、作品社、二〇〇四年、一五六ページ)。したがって有限者の神的と自然的の二つの原理といわれたものはいかにして人間に、つまり表現行為としてかかわりあうのかという問題意識は、おそらくシェリングの生涯にわたる主題となった。それは、われわれの「山の民」における「世界内在—表現労働—自生的コミューン」という主題とぴったり重ね合わせることができるであろう。

『ブルーノ』を、後期シェリングの立場から遡及してよむことができるわれわれは、まずその「序論」から同書の意図するところが、太古・古代史にもとめられるくらしの中の「密儀」(秘儀)に出発点をおいていたことに、注意することができる。この密儀のしくみが、いかにして神話との類比的なかかわりと区別とにおいてとらえられるのかという出発点は、茅野良男が指摘するように、M・キケロ(前一〇六—四三、ローマの政治家)

の『神神の自然本性について』一・四二の「わたしはあの神聖で荘厳なエレウシスの聖域〔アッティカの穀物と大地の女神ディーメーテールをまつる神殿で、秘教礼拝がおこなわれた〕については何も言わぬことにする。そこにはいちばん辺境の地方の種族のものどもも参加がもとめられているのだ」という主張に、シェリングが注意をよせていたものである。それは、ギリシア人のくらしの中で辺境の外国人、異人とその異教の存在はけっして無縁なものではなく、つまりシェリングの自然哲学にとっては、既にして農耕段階のギリシア人と未だ非農耕段階の異人との、「神々」を共通にした、価値的にして類比的差異的なかかわりが意味をもつものであったことを示唆している（前掲『フィヒテ　シェリング』五九三ページ）。「密儀」にみられるとする人間関係の類比と差異の問題こそ、諸個人に内在する自然力の魔術的過程をとおして、境界期の表現労働もしくはコミュニケーションの原始的形象の主題につながる。

「序論」ではこの主題に関連して、人間のもつ「不完全性」なり「間違い」なりこそが「自然本性」にかなうことであるとの強調がなされていた。そしてなお、神の実存の相対的根拠、すなわち神における自然は、無機的有機的なすべての自然の「類」において、さらに同類のもろもろの個体のなかでも、どのように微細にであれ「同一の基本となる形を表現し、まったく同一の素質がくりかえされている」という、情動交換《コミュニケーション》と自生的コミューンの基本となる、形而上学的の表現行為の原理が呈示されていた。それ故に「神の自然」は、太古以来、その人間に表現される自然本性のうえから必然的に秘儀的の形象となり、しかも神の自然自身において秘儀的であるが、しかし人間のくらしの中の密儀は、それ自身によってというよりも「外面的なもろもろの祭儀によって秘儀的なのだ」という、人間的自然の秘儀的表現行為としての「外面」もまた指摘されることになった（同書、二六九ページ）。

『ブルーノ』「本論」で最も注目されるのは、シェリングの「自然」哲学が「差別」のもとのコスモス的「統一態」にかかわり、逆に統一態は、差別にあずかって構成されていると主張したことは注目しておいてよい。というのも、両性によるくらしの協働という事態も、この統一態と差別との双方の間にひとつの「因果関係」をおくかぎり、この統一態は「低次の・濁ったもの」にすぎず、それとは反立的に、高次の統一態は、認識された差別によって濁らされず、この絶対的な統一態にかんしてはもともと差別に反してはいないことが、原理として主張されていたとみることができるからである（同書、二七八ページ）。高次の「差別的統一態」説は、世界内在の表現労働の過程説であると同時に、われわれのコミューン論における両性による協働とコミュニケーション説の裏づけとなる。この統一態は、観念根拠と実在根拠、思考作用と直感作用の自然本性において、それぞれの絶対的な統一の表現——「むしろ有限な認識作用というものを高くこえ出たもの・その無限なものの一つはたしかに精霊［とよばれうるもの］——であるという主張が（二九三ページ）、一種のアニマティズム概念として提起されていた。

『ブルーノ』にみる差別と統一態は、じっさい、くらしの表現行為においては本性とはたらき、形態と実質の自然的な矛盾である。ここに本性と実質は人間に与えられた神の協力であるのにたいして、形態とはたらきは人間に固有のものである。したがって形態と実質とは、相互に、とりわけ「自然人」（the green savage）や幼児においては未分離の故に、しばしば矛盾する。未だ調教されない生成過程にあるもの（the green）には、主観—客観関係における極端な未分離のはたらきが作用するからである（既述の山の民における、独楽回し、ブランコなどにみる呪的観念を参照）。今日の高齢者の認知症（広義の情動的器質痴呆 organic dementia）において、たとえば自分の「義歯」にたいしてこんなものは食えないと、目的と手段、客観と主観を、融合、転倒して観念するごとくである。逆にいえば、形態と実質――直観と実在、思考と観念――は相互につねにパラレルであり、融即的と映りがちである。これに対しては、実質の具体化によってこの映出が、自然の人格上、誤りであるか否かが、判明する。すなわち、この即物的矛盾は、唯一、労働の対自的表現である質量的実践によってのみ解消し、この実践によって事物の形態は、真にその有用性の価値（「使用価値」）が現実的であることをあかしする。

人間のアニマティズム概念は、こうした有限者による労働（形態とはたらき）に生き生きとして表現される絶対者の「ひとつの見かけ」を、「知」および「理性」ととらえたはたらきである（三〇三ページ）。この自然学的な特殊形而上学は、労働の質量的本質を世界内在化――精神の内的関与――するうえの最初の工夫であり、有意味にして有用性という価値付与のための、「演出」装置であった。ここに演出というのは、「事」態の「霊」的とみなされる力動を個人の情動の受容作用と造成・役立ちの反作用に利用し、これらを統一態化することによってくらしの実質化をはかることである。この概念の正当な評価は、それが質量化された労働可能態の現実化、すなわち事的行為の矛盾をとらえつつ、自由な情動による自己工作、自己表現をうながすはたらきを持つことが最初に「母性」をつうじてあきらかとなるとき、あたえられる。真の自由はすべての価値に対して不偏でなければならず、そのような人間の原態は母性的である。マクガバンが体験したタイヤルの、掘棒―手鍬―棍棒―杵―槍などの、労働の質料的本質を世界内在のものとする「手―細工―品」は、母性権能によって、思考上の有にむかうすべてのリズム的「儀礼」とかたく結合しており、かれらは、「死後に至るまでの生涯」の観念を呪術的儀式のもとに、事態として表現することができたのである（中村V、二三一ページ）。マレットの最原始の超自然観であるアニマティズム説は、ふかく母性主導の表現労働による質量観の対自化とかかわりを持つ点で、情動の差別的統一の事態に寄与する。

もちろんシェリングが、その事物の質量感・観を、「労働」という「見かけ」に具体化してとらえているわけではない。『ブルーノ』に先行して、フィヒテは、『人間の使命』（一八〇〇）のなかで「野蛮人や未開人は、労働によって豊かになることに未熟なために、略奪に訴えるのである」（前掲訳書、二〇六ページ）とし、ここにかれらの世界内在の端緒がかえって狭義の「労働」の原初性にあることを示唆していた。したがって、シェリングの事的の質量感については、われわれとしては十分に労働による世界内在の観点と連関して考察しうる余地を持っているわけである。

シェリングによれば、世俗的なくらしの「密儀」はすべてのコスモスのもとに「死と再生をとおして言祝《ことほ》がれている。」すなわち、この密儀の言祝ぎ説によれば、人間の「仮借なき運命」は「生―死」「身体―心」の矛盾としてとらえられるが故の、「世界」内在の予祝的性格に裏づけられている（同書、二七三ページ）。密儀が「言祝ぎ」のパッションを本質とするというこの主張は、その密儀が、ひろく内在の事的「労働」の表現となって、込められた矛盾そのものを自覚することに基礎づけられた、「実在―観念」の「予祝」的性格をおびることと不可欠となる。それ故、シェリングによれば、労働の予祝的性格には、「死」への情動がうごかしがたく結びついていてはじめて質量感の対象となることができた。死と再生との「ひとしく、混合からなる」密儀としての予祝的性格は、原初的に、よく生体としての「母性」の表現労働に表れている。何故なら母性は、差別を、心情の表現を身体とむすびつけうる「重さ」の原理によって、世界内在の高次の自由としうる、唯一の現象としているからである。

「重さというものは、差別を普遍的な無差別のなかにやむことなく受け容れ、それ自体としては分かちえないものであり、ふえもしなければ、へりもしないのだ。そのうえ重さは、空間と時間との無差別であるという自然本性をもっているために、空間と時間の双方いずれとも対立したものではありえないから、空間——これは差別の表現である——がましてもへりはせず、空間がへってもますことはない」（三一一ページ）。母性がそれ自体の無差別の質量的本質において差別を不偏的に受容しうることは、自然力の本性によるものである。かくてくらしを表現労働の本質において考察するさいに、原初的に、つまり有—無の世界において母性が不可欠となることはいうまでもない。

母性にあらわれる、労働という表現＝現象にとらえられる事的なものは、ここにおいて有限者と絶対者とをむすびつけうるものである。なぜなら、はじめに「主観的なものと客観的なものの量的な差別は一切の有限性の根拠である」し、「個別的なものは何ひとつその現存在の根拠をそれ自身のうちにもっていない」し、「これら個別的な存在、個別的な事物、量的な差別は「絶対的な［無差別ゆえの］同一性の外部」でのみ可能であり、これらの存在、事物の、ただ一つの「自体」は「絶対的な同一性」「全体性」である」からである（五九九ページ）。不完全な有限者はおのれの外部に、完全な無限なものを絶対的に魂としてもつことができるが、このとき、完全な無限なものからみると「それらにおいて有限であるもののなかに無限なものが展示されている。そこでそれらはイデア［という絶対的な認識作用の直接の様態、形相、実体］をイデア［そのもの］として表現している」

のであるから、「概念に従属しているもろもろの事物［有機的なもの］のように、依存的で制約された生をすごすのではなく、絶対的であって神的な生をすごしている」（三一一ページ）。

『ブルーノ』がこのように、不完全な有機的なものの、依存的で制約的な生について語るとき、それは、量的な差別の空間性についてのコスモス的自然にかかわる「理性」——ひとえに重力として表れる——にもとづいており、この理性は、不偏活動的な神的な原理を内包した、それ故に受動的で受容的な自然的な原理にそっていた。みられるようにこの二つの原理は対置的に捉えられたものではない。シェリング自身、この二つの原理をプラトンの『ティマイオス』からわれわれの幸福なくらしのためには必然的なものと神的なものとの二つの人間の「自然本性」を、あの無差別の質量的本質にそって探究すべきであるとの箴言から汲んで、注意している。われわれは既に三宅の『ティマイオス』論から、ロゴスのうちで最も難解とされた「生成の受容者」説の中でこれらを「乳母」と類比したプラトンの諸説にふれておいた（第三章二）。

実在—観念、形相—本質は、それぞれが分かたれず、それぞれがたがいの似姿であり、それぞれがたがいのものであるという、事柄の無差別の認識において、真理の絶対的な重心——パラケルススの錬金術にいう根源的な金属による、真であるもの——の認識にほかならなかった。「この重心は、観念論のなかでも実在論のなかでも、同じものなのである。だから、双方がおたがいに対置されているときは、どちらか一方に、もしくは双方に、この重心の認識なり完全な展示なりが欠けているにすぎない」（三八四ページ）。

ここにわれわれは、くらしの中の原態の表現労働を、合理的で必然的な「形を与える原理」と非合理的で神的な「形のない原理」とのうちにつかみとるプラトン的ロゴスの端緒の中に見いだす。『ブルーノ』でこの

「労働」はじつに原態の「芸術」ととらえられている。それは「古代の人びとが心のなかを打ち明けて言ったよう」な太古的な労働・思考法につうじうるものである。二つの原理からなる芸術的労働は、今日反立的にこのことを、見えないものをみえるように、死すべき性質を直視し、善きものを秘儀として受容することを「伏蔵」したままではすまされないという、「浄福な存在にあずかる」べきものであるという結論につうじていく。若きシェリングの世界内在説は、自然力が、人間の存在として然るべき受容の本性を表現すると同時に、創造的な――つまり造成・役立ちの――神的の本性顕現という表現活動を、原態とするものであることを、そのような「世界の自由」の対自的な本質として捉えたものであったといえよう（三五八、三八六ページ）。この主張は、既にかれの時代の「自然」の主潮が「神聖な必然性」と神聖でない機械的な必然性とに引き離されていたことに対する、反質提起であったことに一端の意義がある。『ブルーノ』をわれわれははじめから人間的自然の「労働」の本質論のもとに読み込んできたが、ここにおいて、神聖な必然性による芸術的「労働」は、じつに自生的な「自由」のミクロコスモスの「神の国」の表現活動にほかならないことが展望づけられるのである。とはいえここには、われわれの存在は、神とかかわることの絶対的必然性・観においてのみ自由でありうるのだろうか、という問題が見いだされる。

原態労働の観点は、『ブルーノ』においては「必然―自由」説にひとまず適っている。実在―観念、形相―本質の、無差別の同等性認識が真理の絶対的な重心の把捉によるものであることは、これら相互の差別の対置という構成法に、基礎づけられているからである。シェリングの「分離と統一態の方式」説においては、一方の「受容」は相対的な統一点を、他方の「創造・役立ち」はもう一つの相対的な統一点をなしている。このような受容と造成・役立ちの、分離と統一態としての、くらしの表現労働は、一方の、「追いつめられた」実在的必然の運動において「神」の自然の人間化となる端緒をなし、他方の、「人間」の神の自然化となる、ミクロコスモスの形象という「自由」のみちを展望しうることになる。問題となるのは、追いつめられた実在的必然は、神的なものを重心にすえればすえるほどどのような表現の自由の様相——山の民にみたような退行の形象——を相対的にとりえるのかという点にある。

アニマティズムの意義は、くり返すように主観—客観関係からみた家族と群の間にみる「結合」という事的行為の次元に対処しうる、純粋情動の力動にある。「アニマ」＝魂説のイグナチオ・デ・ロヨラによれば、このアニマは善と悪にわたる神の活きの場すなわち「霊動」の戦場である（『霊操』門脇佳吉訳、岩波文庫、一九九五）。この結合作用の純粋情動こそ受容にして同時の造成・役立ちであるが、この観点に立つとき、この情動は、可能態のもとの自由という労働の相対的表現様相として把握された。受容と造成・役立ちは可能性においてこそ人間の「原則的自由」の意味をもち、相対的労働表現における二つの受容可能性と造成・役立ち可能性として位置づけられた。というのも、人間的表現は、述語の欠如的形式の強弱という諸様相にほかならないからであり、『ブルーノ』の「必然性」はこの意味において、「別の様相にはありえない」ことの最高の正（肯定的）の様相として、「神」への絶対的統一態とされているからである。表現学の「様相」論的方法論が、『ブルーノ』ではこの必然性において神への「諸」統一態・説を浮上せしめたのである。しかし、これまでに考察したように「ブルーノの神」は、その「重心」説から、不完全な人間の自然的実在—観念の隅々にまでおよんでいた。神は、すべての有限者の微細な端末のなかにこそ探求することができた。

これこそ後期シェリングのいわゆる有の相対的神秘主義につながる、「芸術上の独特な、深い秘密」(三八五ページ)といわれる内在の事的「労働—自然」哲学の一端なのである。何故なら、われわれの原態としての表現労働には、偶然性の「別様にもあり得て、なお必然的でない」弱い負(否定的ないし欠如的)の様相と、可能性の「かくあり得て、なおかくあり得ない」低い正の様相とが、ともに同時に、人為として発現される機会が保存されているからである。「神」の原理は、こうした表現労働のうちに、この可能性と偶然性の人間的自然の二つの、最も曖昧で低くかつ弱い、正と負にまたがる運動の、絶対者の存在との続きの「中間領域」の様相にこそ立ち現れる。人間の表現労働は「生きられる」可能態のもとで、芸術労働にみるように「あり得る」様相と「必然的にはあり得ない」様相の二つにまたがる。この相対的原理にこそ、労働がすべからく自然の実在的観念の「魔術的・呪術的」過程を不可避とする所以である。人間的自然のうちに「生きられる」可能性と偶然性は、われわれにとっては神の存在の必然性のもつ否定と欠如の性格を失うことなく、魔術的の事的表現労働として存在する。それ故に人間的自然の諸現象は、神の存在の相対的可能態につながっている。

長倉久子は「ボナヴェントゥラの自然観」と題して、キリスト教中世の、「必—然」としての「自ずから—然るもの」として表れる、被造物自然観による「労働」に考察を加えている(上智大学中世思想研究所編『中世の自然観』創文社、一九九一、所収)。長倉によればフランシスコ会のボナヴェントゥラは、神は自然を前提にすると同時に、自然は、可能態にある有より制作するのであって、かくて人間の労働はこの自然のはたらきをもととして、そのものとしては完成されている有にはたらきかける事態の中間領域の様相をおびる。かれの労働の中間領域説は、先に指摘しておいた、類型的な「異人・外国人」を受容しうる「万物の逆旅」という相対的表現労働説に一致する。ボナヴェントゥラのこのような自然の労働観で問題となるのは、この「世界《ムンドゥス》」——人為の加わらない「清潔・端整・上品・優美」の意味の mundus ——は全体として全能なる神によって創造されたのであるから、本来、存在者全体が企投しうる善き自然であり、それ故にこそ人為の制作も与りうるという、相対的思想にある。かれはこれを、ゾロアスター教に基をおくマニ教の善悪二元説への弾劾として、論じ、人間労働のうちの「悪」の現状は人間の原罪のもたらした結果であって、自然本来の姿ではなかったとした。ここには人間そのものを神に還帰せしめる世界の自然物とする、新プラトン主義の思想が、すなわち神にたいしてのみ自由な存在として貫徹するのをみてとることができる。「自由」問題の史的発展の近代的端緒である。

これは、端緒としてのボナヴェントゥラの、全知全能の神が支配しているならば人間の自己規定の自由は何処に存しうるかという問題であるが、このことを一般宗教学でないくらしの「表現労働」論としては、かれの提起を「受容」の原則的自由のレベル——「自由の決断と意志」——で継承することができるであろう。このことは人間的自然のうちに「生きられる」可能性と偶然性という中間領域におかれた、人間の、未だ「欠如」のうちにある不完全な「仮仕事」説につうじる。労働のこの仮仕事説は、長倉によれば、自然は人間の物質的欲望のための搾取の対象としてではなく、人間への「奉仕」(servus) として存在することに意味があることにつうじている。ボナヴェントゥラが、自然界の有限者に神は内在すると主張するとき、人間は、自己の世界内在のうちに神の現存が濃くも微かにも映出され、それが、芸術労働という表現活動を「差別」のもとで自由、多彩に可能とすることを、おなじようにわれわれはシェリング『ブルーノ』のうちにみとめるのである。

三　受難における悪と高潔

シェリング「自由」論の哲学は、一般的には「善と悪との能力」についてのそれとして知られるが（強調は中村）、厳密には善・悪並列的にではなく、われわれが実証してきたように、むしろ受難の民の「悪」の反価値をもなしうる、力の自由論として自然の実在―観念論的に考察されるべきであり、われわれとしてはこれにくわえてなおボナヴェントゥラが試みたように、未だ「欠如」のうちにある不完全な人間の「仮仕事」として、世界内在の表現労働論をとらえなおさなければならない。そのさいボナヴェントゥラが否定した善悪二元説が、むしろシェリングの神秘主義のうちでは「太古的」表現労働といかにむすびつくかがわれわれの関心すべき主題である（なお『人間的自由の本質』の全体としてなんら作為的には構成化されない四九の段落のうち、その一から一〇までを自然哲学の諸原則を開示した「序論」と、それ以下の「本論」に分類するだけによってわれわれの主題にちかづけることにし、そのため、ここでは渡辺二郎の訳業（前掲、『フィヒテ　シェリング』所収）を参考にする）。

自然哲学の諸原則のうち、太古的な表現労働について最もかかわりのあるシェリングの主張を敷衍してとらえれば、①情動――「自然の高次の考察様式のなかで、また力動的なものと心情的精神的なものとの統一性のなかで、生きた基底を獲得するにいた」るもの（同書、四一八ページ）――の、受容に関する内包力の重視、すなわち内包力には主語―述語関係の実質的な――可能性と偶然性におよぶ――意味的規定が備給されていること。なおこれについては、卑俗の諸自由論のなかでもとくに「自由とは、感性的原理や欲望に対する叡知的原理のたんなる支配にその本質があるようなもの」（四一一ページ、強調は中村）とする説が、非本来的な謬見であることが注意される（この点はロヨラの霊操＝霊動説に一致する）。②汎神論のもとで、人間の精妙このうえない「自然」の生きた「精神」をとらえうること。すなわち、有機的生体は生成論的に他の生体に依存的であると同時に、なお個々に自立的でもあり、そのことは個体のなかで個別的な部分の機能は、ひとつの有機体の全体のなかでのみ可能態として――つまりスピノザ主義のような無限的な事物の決定論的にではない――自由であることと、同義である。この事態はとくに個体における活動する部分とその機能の「欠如」の場合に妥当する。③それ故に「神」は、世界内在的に実在論（自然）と観念論（心情・精神）の相互浸透のもとで、機械的に「死せるものの神」ではなく有機的に「生けるものの神」なのであって、「自己自身にもとづいて行為する自由な存在者たちのうちにおいてのみ、自らに顕わとなってくることができるのである」（四一三ページ）、の三つに要約される。

みられるようにシェリングの自然哲学としての、実在―観念論的「汎神論」にそった「人間的自由」の原則は、ここに考察に値するように、既にマクガバンや井上が「山の民」からキコエテクルものとしてわれわれに遺してくれた「われらは他人のための労働には服役せず」という、自生的コミューンにとっては不可避の、個人の「欠如」観念にそった原態の「悪」の表現労働の本質に符合するものであった。窮迫の民にとって――山の民の古俗事例にみたように或る性的存在の――欠如は、悪の表現行為に対する基礎的事態である。とはいえ渡辺が訳注（六一〇ページ以下）で整理したように、シェリングはついに「神と悪とを旨く調停できな」かったと指摘されるような困難な点が、「受容」説を中心にしてなおのこらざるをえなかった。

われわれの立場は民のくらしにおける素朴な実在―観念のあり方を表現労働説として問うのであり、悪の倫理学そのものではない。問題となるのは、善と悪の「能力」のあるのは「自由」な人のみであるというシェリングの原則が、善・悪という道徳的価値において、その方法論は、生成する歴史的＝経験的な積極哲学の次元でなされるべきであり、いいかえるとこの能力は、「神」の内在においてなされる「罪」の肯定による自己の「自由」の肯定につながり、「罪」の否定は自己の「自由」の否定につながるという、道徳の内在的根本価値の観点とかかわる点である。この観点はすぐ後にみるように、受難の民にさけられない前科学的な、非合理的歴史意識のあり方なのである。この観点を喪失した近代の価値論（例えば「功利主義」）のもとでは「神」は一種の有用性のごとくみなされるから、かえって「神」と「自由」の二律背反が意識されるのである。

経済の原理からいえば、善は、今日のわれわれが考えるような、或ることのために目的的に役立つところのよきもの（有用性）なのではないし、悪は、目的的に役立たないところの悪しきもの（非有用性）なのではない。とくに悪は、或る欠如の「事」態にそった表現行為なのである。善・悪は、パラケルスス流の「自然の子」説にそっていえば情動価値、もしくは情操価値であり、「操」的にはたらきの次元のもとにおかれている。表現労働の本質がこの情動価値論に根拠をもつことをみとめるならば、表現労働は、労働であるかぎりその「目的的活動」性を喪失はしていないが、それはくり返すように二次的である。本質はむしろ逆に、欠如の事態を結果を問うことなしに克服しようとする、「活動的目的」という心的過程の表れであり、受動的な印象を能動化する力能である。労働の目的的活動（例・賃労働）と活動的目的（くらしの表現労働）の弁別は歴史的、経験的に可能である。

「大工Aは家Bを建てる」という命題をあげてみよう。シェリングによれば、ここには、主語と述語の「単純な同一性」も、両者の「無媒介的な連関」も、みられない。A↓Bにあるのは、AのBにかかわる全体として過程的な動態であり、それが、われわれの考察によれば「必然的でない・別様にもあり得る」ところの偶然性と、「斯くあり得、または斯くあり得ない」ところの可能性とをふまえ、Bの述語の「欠如」的形式の自由（「自立性」）にそっているのである。現代建築の机上の設計士の意図に従属し、現場とは隔離された、部材とそのプレカットの規格による工法（例えば「2×4」のパネル工法）には、自然的実在のAの余地もしたがってA↓Bの世界内在も、ない。あるのは設計という理念的存在の問題である。目的的設計的建築における理念上の対象は、なんら自存者ではない。それ故、そこには、大工と自然素材と現にすまう人の現存在という自然的実在のトリアーデは、全体のうちに問題とならない。このおそるべき空疎な、たんに理念のなかの存在は歴史の経験の中にはないから、人を襲い、人を悩ませるという事的行為の余地すらもない。こうしてパトスの「悩み」は、たんに絶対的二元論から導出されるものではないだけに、シェリングの宗教論にかかわってくる。たんなる理念的存在は人の情動的＝超越的のはたらきにはなんの保証もあたえない。

　これに対して自然的実在の事態的性質には、有の欠如＝相対的虚無の「悪」、すなわち「黒」的カテゴリーとしてのはたらきがある。シェリングのことばをかりるならばそれは、生成するもののかかわり合いの様相において「依存的」であり、それ自身によっては自立する威力をもっていない。したがって、大工A↓家Bのかかわり合いは、ひとえにAの先行性（antecedence）にたいするBの帰結性（consequens）においてであり、大工Aの、たえず全体として考えられた統一性は、未だ「無＝悪」の状態の、可能態としての家Bという概念のうちに考えられた、個別的な自然の諸性質とのみかかわり、それ故、大工Aと家Bは、「包みこまれたもの」(implicitum)と「繰り拡げられたもの」(explicitum)として、全体のうちに対置しえるのみである(四〇七ページ)。問題となるのは、「包みこまれたもの」としての大工Aの内包力のあり方であり、それは、過去から現在に入り込む経験上のすべての欠如にたいする捕捉であり、受容である。Aは、この入り込む欠如に対して未だ距離をもたない。逆に、科学的歴史意識はそれらのものに対して距離をおくことからはじまる。

このとき大工Aの、あえていえば前科学的歴史意識においては、過去からの欠如の入り込みは、たんに「包みこまれたもの」としての暗黙の入り込み(伝統、風習、宗教など)によるのであろうか。もちろんそうではなく、かれは過去のものを「繰り拡げられたもの」の予示的な対自的過去のものとして、「山の民」によるところのキコエテクル入り込み(体験、物語、伝承など)として欠如を意識するのである。それは、家Bの諸性質を欠如としてキコエテクル入り込みにおいて、全体のうちに「受容」する、有にむけた生きた個人的精神ということができるであろう。シェリングは反質的に、それは「邪教の歴史」ではないと指摘していた(四〇八ページ)。ハルトマンは、このようなシェリングの主語―述語関係であるA→Bは、いかなる「差別化」のもとでも全体として一貫した主観―客観関係の体系化を特性としたものであると言っている(前掲『ドイツ観念論の哲学』一九五ページ)。われわれは以上の考察から、シェリングの主観―客観関係の理論は実践的にも、本来の労働には有の欠如を非結果的な過程において克服しようとする、「実在(ここでは素材的家Bのもつ諸力能)―観念(大工Aのもつ諸力能)」の相互に量的「均衡」という、生全体性のコスモスの原理があることを見いだすのである。この均衡の原理は、既に考察したように人間には本態的な、内部からの刺激による絶えざる興奮状態と外界との交渉過程のうちに機能する、欠如補完の中庸値への復帰ととらえることのできる、生全体説（ゴルトシュタイン）の生物学的基本原理がかさなる。

以下、シェリングの「自由」からみちびかれる問題を、受難の民の本態的な「欠如―無」観念にそった、「均衡」的に正常な生体の中庸なる緊張への復帰の原理にそって、「悪」と「高潔」にわたる自然力の基礎的価値を考察しなければならない。基礎生物学では原生動物プラナリアの再生機能原理にみるように、生成体は有の欠如の無―悪を、生体保存のための行為的事態ととらえる。このような事的価値論じたい、社会状態のもとでさまざまに分枝する特殊価値に対し、マクガバンや井上が山の民の「声」として顕かにのこしておいてくれた自然宗教のうちの道徳的根本価値についての考察なのであり、表現労働論における自然哲学としての検証である。

「人間は万物の逆旅」という異人世界観によれば、自然力は、純粋情動の深みからとらえられ、受難による欠如態における受容という力動の方向性をもちあわせている。人間が本態的に備給する自然力は、このような「無」的受容の本質のうちに一種の不可抗力性をもっている。受容の本態的な不可抗力性は、民のくらしとは何かという一見雑ぱくな主題のうちの、とりわけ欠如「悪」をめぐる「生きられるもの」の均衡的緊張の問題のひとつの核心をなす。というのも受難の民においては、悪はたんに個々人の偶然的な現実であるのではなく、全般的で普遍的な可能態として、「自然」のなかに陥入する「神」の表象であり、神に依存した不可避の自然状態であって、それがいかにしてかくらしの維持において現実態となるという問題枠をひかえているからである。

この欠如悪の可能性からみるくらし全体の価値界とはなにかという素朴な意味を問うことに、自然哲学の宗教と表現労働を、探究することの一つの意義が見いだされる。この問いは、悪の根拠とは何かを極めることではない。われわれにできることはこの自然形而上学が、パラケルススにみたように自然における暗黒（古代人の説く重力のもとの質料）と明光の類比《アナロギア》説を駆使して、まさに実質料的で事態的の哲学を前進させてきたように、若干の隠喩《メタファー》をもちいて「悪」の意義を、しかもその全体性を了解すれば足りる。人生としての「逆旅」（inn）とは、その意味で先行する万人を「受容」する態度のなかに、無＝悪的な暗黒の原理、自我性の原理をもっており、人間の悪の積極性とそれに真向かう叡知的本質の個体性を発揮する余地をもっている。この視角は、個体と普遍の中間にある、情動交換のコミューン論において不可欠である。それ故に自然哲学のなかに、このような原態の労働の本質が探究されるべきである。

　山の民の実証に見るとおり、原態としての表現労働は、神秘主義の暗い、芸術的でエロス的の倫理的価値および宗教的情動が渾然一体化したものであった。山の民は、人間的自然の受容可能性のうちに「生全体」機能としてのパッションの根拠を見いだしていた。すなわち自然力は、生理学的にも生体の「力動—生成過程」説のもとに考察しうることがみとめられる（ゴルトシュタイン）。自然力概念を自然哲学のうちに探究する視角は、目的実現のための意図・設計とその結果・効果とは何の関係もない、かえって生成したものの活動自体をいかなる表現世界としてとらえうるかという、人間生成のあり方（表現—様相）にかかわる事的行為についての問いをもっている。世界内在のあり方を無視した社会・文化環境の視点からは、労働の本質と「生きられるもの」のエロス、倫理、宗教の原初的表現労働の価値界とが、問題として浮上することはあり得ない。

シェリングによれば、はじめに人間の「受容」は、「神」が神自身の根拠である「自然」を活動させる「許容」のまえには、まったく許されない概念とされた（四四九ページ）。このような指摘は、人間による情動の外的印象に対する受動的態度からは悪の積極性、すなわち人間にとって悪の自立の主観的な意義は、生まれないとするものであった（四四四ページ）。受容は、自然哲学によれば叡知的本質の個体性のうちにみとめられるべきであり、それは、実在的の情動の趨るところである。生成者として一なる人間について、その自存性はどのようにあたえられているかと問うことがこの問題の根底にある。ここには、なによりも自存性の基体とその性質が、かれの認識と情動とくらしの一体のはたらきとしてみとめられねばならない。認識・情動・くらしは、神のうちの、善と悪、光と暗闇の間の、善・光を指向する表現行為である。

受難の民の実在—観念論は、くらしの中の一体的「労働」において、次になお情動論の、とりわけ受容にはじまる展望と自発のはたらきを視野におく。ここにおいて、シェリングが神による「許容」を厳然たるものとした意味があきらかとなり、人間による「受容」という不可避の労働が、対置される。受容としての労働は体験と受苦などによって、拒否しがたく、刻印された人間的時間《カイロス》において襲われるとともに、そこに抑制された事的活動にみられる抵抗の形をもみのがされてはならない。情動はさらに、この強要された受容を、善・光への期待や予知、用意などの積極的な展望のはたらきに結びつける。むしろこの展望の情動機能をもって、労働においては無の受容が先取りされるのであるから（先の大工A）、受容は、体験などとともにこうした予知的展望をもふくむものである。そのうえさらに、労働は、あたえられた自然的歴史的条件のもとで欲求や意志、行為などの生体の事的はたらきをも実在—観念として受容する。受容にみる純粋情動は、すぐれて事的な労働としてあたえられた実在性である。「受容—労働」は原初的に「宗教」的性質をおびている。

こうしてシェリングの神のみの「許容」説は、逆に、われわれの受容の不可抗力—純粋情動説の基礎を呈示したものといいかえられる。シェリングには、実存するものと実存の根拠であるものとの区別のうちに、悪の概念とその可能性説から最大の悪の現実性の問題へと立ち向かうことができるという、じつはわれわれの「労働」説の骨格となる実在—観念の方法論が、開示されている。この方法論は、自然力の表現様相説に一致する。自然力は、実存するかぎりの「自然」（「人間的自然」）の実質料的で事的な属性であり、この自然を統べる「神」は、たんにこの自然力において実存の根拠であるかぎりの、絶対者である。したがって神のうちなる自然の属性としての人間は、「光」の神とは区別されながらも、原初的自然という一生成者の、「暗闇」をも「光」へと指向可能とする表象＝表現労働のにない手である。この事態は人間に本態的に備給された自然力による、心—身論レベルにみる健康志向の「免疫力《インムニテート》」（経験値）について神経生体系など表現形態学にそった主題として再評価の余地をもっている。

ここから次のような注目すべき主張がとらえられる。「人間は、母胎のなかで形づくられる。そして、悟性なきものの暗黒ののうちから〔認識のすばらしい母である感情や憧憬のうちから〕こそ、はじめて、光にあふれた思想が、生い育ってくる。」原初的自然の「存在者は、神の実存のための永遠の根拠にほかならないから、この存在者は、自分自身のうちに、たとえ閉鎖的なありさまにおいてであるにせよ、神の本質を、いわば、深みの暗黒のなかにひらめく生命の閃光として、含んでいずにはおれない」（四三一、四三二ページ。強調は中村）。

このシェリングの「暗黒」の自然状態下の事的生成論は、自然力の「最内奥の紐帯」が継起的に自分自身を解きほぐしていく過程の——そこに「最内奥の中心」が立ち現れてくるまでの——「情動的自然の本質」を主張したものとみられる。しかし、ここに強調されるように、「閉鎖的様態」であるがゆえに積極的にも消極的にも「生命の閃光」の受容は人間の事的行為の労働として表現される。それ故にこの内的生成論は、たんに形而上学的な問題提起といってしまうにはあまりにも有限的で実践的現相の形而下学的性質をつかんでいる。つまりこの実在—観念論は、今日のわれわれが一見、機械的に情報を操作すればそれこそ卑俗な「世界」を際限なく拡張できる幻想としてかえって手作りの被造物である生成者の全体性を喪失していくような、非実践的なくらしに陥っている矛盾に対して、原初的自然の人間がもつことのできた、情動の世界内在の深みの特質に適ったものである。それは、まさしく科学的必然論からの人間的本質の原「形」象的な「自由」の救出論といいかえられてもよい。そしてこの意味の自由において人間は、神の本質をついには「光」として受容することにおいて、なお「悪」をもなしうる、実践的な「価値—無記」のもとの動態におかれていることが、後につづくのである。

神の被造物でありつつなお人間は、暗黒の中から、ここに述べられているように形而下学的「母胎」を介することで神の本質を間接的媒介的な協力によるなんらかの秩序あるものへと、まさに情動的「ひらめきの閃光」のなかに自己工作しなければならない。この神—人間の一見して二元論による「情動」作用の主張こそ、根底において、神と自然から自由な人間を展望し、中間領域において実践的な形態—表現労働としての「母性」論に重ね合わせることができるものである。母胎の「暗黒」の過程のなかで、つまり「閉鎖」的な「事」のなりゆきのなかで人は最初に母性の善と悪とを継承する。

容易に察せられるようにこの善と悪は並列、分別されているわけではない。それどころか両者はここでも、悪の非独立性において渾然一体となって受容されており、にもかかわらずその間の無記の中間領域におかれることによって、この母胎期における他の若干の基礎的価値とともに、嬰児は、既に一個の人格《ペルソナ》とみなされる。それ故、ここに、既に「悪」は善の「光」に指向する事柄であり、この依存性において非自立的である。ただしこのとき、なお「悪」は母胎の質料に連関しているかぎり強弱の次元におかれており、それが「光」の高低の次元への変換の可能的「事」態を不可避とするのであるから、この変換(反転)の事態こそ「自由」の余地であり、狭義の「暗闇」とされ、なお広義には「悪」をもいれて暗闇というべきである。先のシャドゥイング＝暗闇論はこの広義に属す。母性は形相的したがって観相的にシャドゥイングの情動的余地を唯一、持ちうる存在であり、ここに人類の自然史的過程における矛盾をめぐる母性衆議型コミューンの成立の原理が見いだせる。いまやわれわれは、シャドゥイング＝暗闇論の矛盾の世界内在性の探究へとすすむ。

こうして神の本質の、のぞみと協力という、秩序次元のもとの自由の立体系化について(学史的には「倫理学の範疇にふくまれる」)、シェーラーがその『実質的価値倫理学』(一九一三／一九一六。『シェーラー著作集』第一、二、三巻、白水社、二〇〇二)で強調したのは(ここでは詳述の余地をもたないが)、「歴史と生活」に基礎づけられた人格とその徳の意味の実質的《マテリアル》な、情動の「価値―倫理学」の探究であった。

くらしの中の観念論は、「神」についての、「母胎」という生きた媒介的根拠を探究するさいに発見された「自由」の質料力動説が明示しているように、何らの抽象論ではなく、「ひとつの生き生きとした実在論を基底として保有」していなければならない(四二五ページ)。実在―観念論における事態的、すなわち「重力」とみなされる実質料的で現実的な「神のうちの自然」(絶対的にみなされる「光」の神とは異なり、区別される)の相対説では、内なる自然は、「暗闇」のなかで可能的に生成する自由の内在者であることを主張する。ここにシェリングの「悪の生成の可能性」説として唯一、「悪の可能性の構造」(『人間的本質の自由』の第一六段落)のなかで具体的に呈示されるのが、有機体としての生命力の、緊張した、つまり過剰な興奮状態と、生全体のうちの或る器質要素的なものがそれ自体で独立しはじめる状態とによって、説かれる、「病気」説なのである。

シェリングによれば「病気」は、悪と同様、自然本来の生の「気」象的な現象である。にもかかわらず、肉体のなにかきわめて実質料的なものとして転倒してうけとられがちであるが、その理由は、この、神の内なる自然の生成過程のせいなのである。かれのこうした生全体観の自然哲学は、同時代のF・バーダー(一七六五—一八四一)の生体の——免疫論につうじる——自律的な運動についての「自生性」(Spontaneität)の原理に、影響されていた(伊坂清司「バーダーの自然哲学——生命エネルギーと自然の三一性構造」『ドイツ観念論と自然哲学』創風社、一九九四、所収)。ハルトマンもまた、「病気」すなわち「唯一正しい悪の概念」がバーダーによってとらえられ、そこに、悪の積極性の実在的な「力」の所在を指摘していた(前掲『ドイツ観念論の哲学』二〇八ページ)。

バーダー、シェリングのロマン主義自然哲学が、およそ一世紀の後、シェーラーの情動の価値志向性の理論、およびゴルトシュタインの生全体—神経学にもとづく世界内在という生物学的原則の主張へと継承されていったことは、異とするにあたらない。人間における緊張は、動物のように瞬間的な脅迫や不安によるものではなく、情動の意識され、対象的客観を我がものとして「カイロス」的に形象化する「気」象過程のうちに表れる。この我がものとする主観—客観の過程的形象によって「恐怖およびこれを解決すべき自由なる行動の立場、すなわち危険にもかかわらず自己を実現し、世界を形成せんとする立場が可能となる」とゴルトシュタインがいうとき、そこには、おなじようにシェリングがこの「自由」の自己実現・世界形成のための基礎づけとなる刺激・興奮状態が、どのような仕組と程度においてか「悪」ないし「病気」におちいるという、かれの主張がふまえられていたのである。ゴルトシュタインは、これにつづけて生命過程の自然現象の考察は、シェリングが既に「増殖（栄養、成長、生殖）、興奮性（刺激に対する反応）、および感覚（意識的感覚）」の三部門の分類説において提起したところを、今日、ふたたび新たな意味をもつに至ったと指摘している（前掲『生体の機能』二四〇、二四三ページ）。

伊坂は、そのバーダー論のなかでこう言っている。人間の生命過程は、自然を、精神までふくめた有機的全体としてとらえようとする「ロマン主義的な自然観の形成という歴史的文脈」のなかでとらえられるべきである。われわれはこの自然観のながれのうちに、どこまでも生体としての内発的な生命＝免疫力のもつ矛盾の世界内在性に問題を局限してみる必要性を、反資本主義的立場の表現労働説においてみとめるのである。この点に関しては、ゴルトシュタインにも、自己実現―世界形成をもってそのまま「文化」の成り立ちに結びつけるという過ちがみられる。バーダーの物質における熱の活動性説は、従来の機械論的自然把握が力の作用の無機質的で対象的外在的であるのに対して、その「力動論的自然把握」によれば、有機体の生命活動に連続する対象の「内在的」運動の理論から成り立つものである。これは「自然力」の世界内在の原理を説くことになる。「有機体は、認識対象［を可能にする構造をもつもの］であると同時に、それ自身が［自己を］認識する作用を備え、認識する作用が認識される自分自身に内在するという「認識の内在性」構造を有する」（伊坂・前掲、二〇四ページ）。しかし、この認識の内在性はいかなる事的行為原理において、受容—表現—活動として、あるいは「労働」に内在する活動—目的とみなされるのであろうか。われわれにとってはこれが「バーダー——シェリング」に一貫してつかみとられるべき、矛盾の世界内在の表現労働説とその自生的コミューンの主題となる。

原態の表現労働の構成説として、バーダーは、シェリングとおなじように諸物体の「相互浸透」（Eindringung）による変容説を用意する。ただそのさいバーダーは従来のニュートン的力学的運動論では、「受動性」を「他律的」なものとしてみなしたとしてこれを排除し、物体の運動原理は自らの内的エネルギーの「自律性」のもとの「能動性」によるものとした。そのさいかれは、情動にみられるような外部から受容される刺激は、情動そのものを自己—発現させる「誘因」であるにすぎないのであって、「行動の根拠」とはなりえないとしたにとどまり、受容—造成・役立ちの内在連関にはおよばなかった。伊坂はここで「受容」を明示的には位置づけていない。だが、受容される刺激は、情動の誘因となると同時に、シェリングのいうように反応的興奮を増殖させ、連関的に受容をかさね、そこにまさしく自律的な受容の世界内在を矛盾の運動論的にとらえることができるとしなければならない。「興奮」（Erregung）の神経生理学と精神医学は、この外からの刺激説において、当の刺激がいちど「包みこまれた」うえになお反転して情動の「繰り拡げられたもの」（シェリング）として内的にキコエテクル、生の「気」象学——すなわち決断説にみる好機と潮時からなるカイロス——的な、増殖刺激説を排除はしない。

伊坂によるバーダーの「動物的な経済性《エコノミー》の理論」の指摘は（伊坂、二〇二ページ）、本来この刺激・興奮の反転しあう矛盾状態を整序《レジストレイション》しうる世界内在説の骨格でもあることに、注目しておこう。というのもそれは、渡辺によれば、シェリングの「悪の可能性」説における具体的な「病気」説が、パラケルスス「医学」論のいう「有機体の生命力」(Archäus) は、三種の「根源」説をもつとされて、無機的有機的な自然の「大地―増殖―霊魂」からなる形成・技巧体の性格にかかわりをもつとされたことにも、由来するからである(前掲、『フィヒテ シェリング』六一六ページ)。その「悪＝病気」類比説の中でシェリングは、次のようにバーダー説を評価していたとされる。すなわち、H・フールマンスによれば、神智学のJ・ベーメをはじめパラケルスス以後の自然哲学をくんだバーダーによって「シェリングには、これまで未知であった自然の暗い根底への眼が、開けた」のである。そこから、この暗い根底の生成過程のうちに「光」ある理念的な本来の存在者が、自己を顕示(「顕存、実存」)してくると構想されたと見られている(訳注、六一二ページ、強調はフールマンス原文)。こうして「先行する暗黒なしには、被造物の実在性は存在しない。暗闇は、被造物の必然的な相続分なのである」(四三〇ページ)という、「暗黒」の余地の整序作用という経済原理についての重要な規定が、獲得された。

暗黒を人間に必然的とみる観点は従来、ロマン主義者に固有の特質とみられた。しかしそれは既に見たように、生理学の、生成する生全体―神経学説によっても裏づけられることになった。人間にはこの意味の暗黒の「基底」(Basis, 根拠、根底) が積極的に経済原理においてとらえられることになり、この基底において人間は、ちょうど無規則的な「種子」であるように、暗く不確かな法則にしたがって「神的現存在の最初の活動、すなわち、ひとつの[神自身の]内的な反省的な[つまり自己に似姿の]表象が産み出され」(四三一ページ)るという、「事」的な人間生成論が、矛盾の整序説としてとらえられる。こうしてシェリングにおいて、実在の基底にみる「暗黒」は、「悪」への単なる自然的「傾向」ではなく、つまり可能性としての悪にとどまらず、現実に悪が全般的に活動し、「まぎれもなく普遍的でいたるところで善と争いつつある原理として、〔いかに〕創造のうちから現れ出ることができたのか」(四四六ページ、強調は中村)という、まさに矛盾に立ち向かう免疫論的「自由」の、生成し活動する「業」の余地を意味していた。この「暗黒―創造―善・悪」の「自由」の本質的構成こそ、われわれがパラケルスス以来、自由な自己工作の表現労働論として探究してきた主題である。中心となる「創造」的自由の余地とは、可能性にもとづく生成過程のうちの現実化という動態であり、そこには、たえず対立者の統一が、憎しみや争いの自由のうちでこそ顕在する。

「創造」とは、たんなる善・悪などを産出することの活動のみを意味するものではない。つまりわれわれはここで、この「自由」は、さまざまな純粋情動の「事」的行為の「余地」そのものにほかならないことをみとめるのである。原態の表現労働は「自然」宗教として、エロスの倫理的側面を不可欠とするが、つまり倫理的エロスの原理は、善・悪産出論のうちにはない。表現労働説から明示されうるのは、シェリングの「暗黒―創造」説は、憎しみや争いのような抗体による自由の余地のうちに、或る「事情」のもとにおいてのみ情動の余地そのものが構築されることであり、それ故、芸術などの表現労働は、その基底のうちに生産的活動に先行しうる、神の「受容」という「生成―創造」的活動をもっていなければならない。まさしくシェリングが「創造」は対立者の統一とその現実化であるとするとき、人間は、「神」による「愛の啓示」を尽くすことなく「創造」するという、現実性の自然的歴史的条件のもとでのみ、その深淵(暗闇)において、神を無限に受け容れうる可能性、すなわち「神」的「受容」可能性の自由をもっているのである。

ここには「神」の普遍的な存在の、可能的にも現実的にも存在するという仮設がある。自然的歴史的な事情のもとに現実の生成―創造は、「愛の啓示」をも取りこまざるを得ない。なぜなら、受難の民のおかれた特殊事情は、われわれは状況についての完全な知をもつことはできないといわれるほどに、将来のものがいかにして現在のものになるか、可能性はたんにそれ自体、独立してあるものではないなどの視角にみられるように、暗黒のなかの創造に連関しているからである。「悪」は「善」とのまったき対立の統一のうちにしか現象しえないが、それは、追いつめられた民が、神のはたらきの余地をみとめることにおいて「善―光」との、相対的虚無のもとで、はじめて了解的世界としての情動交換のうちに存し得ることである。

神の普遍的な常在性は、民にとって、「失業者も、はたらくことができなければならないであろう」といわれるときの、本来は矛盾の論理を包含するにもかかわらずその現実性のゆえに可能性をもちうる主張のなかに、みとめられる。それ故、「神」への飽くなき「依存」の実存的関係には、われわれが忘れかけた「労働」の、本質がとらえられるべきである。通説の生産行為としてのみとらえられる労働論に対して、こうしてむしろ先行すべき、「生成―創造」の事的表現行為が用意されていなければならない。マルクスとエンゲルスが初期の著作『ドイツ・イデオロギー』において主張した「共産主義社会では原則的に可能性と現実性は一致する」という規定は、ここに、コミューンの現実態においては表現労働とその情動交換をとおして受容と造成・役立ちの、二つの「事」的可能性の内実を持つ、といいかえることができる。

そのさい労働そのものが力動であるとしたマルクスとエンゲルスの規定には、この力動表現は常に既に「労働の現物形態」(マルクス)を軸足としているのであり、すなわち労働は、実在者を「現実の可能世界」のうちにとらえる。しかし逆に、可能とみなしえるものが、労働過程のうちにすべて現実態を構成するわけではない。

したがって、本来、労働は一種のあやうい「冒険」的な交換である。この矛盾の世界地平は人間の観念の持つひとつの謎とされてきたが、シェリングにみてきたようにそれは、可能世界としての「暗黒」の自由の事態として生成的に表現労働論に絞って考察することができる。詳細な検討の余地はないが、J・ボードリヤールが今日の厳密なる等価交換の不可能性を強調したのも、反質的に無記の中間領域にみる過剰／過少の交換可能態説の余地を示したものと解される（『不可能な交換』塚原史訳、紀伊國屋書店、二〇〇二）。

人間の「事」的行為は、生全体の継続的創造のもとに規定される、有限者の本質にそっている。この自由は、したがって決定（決断）という規制を避けられず、シェリングのいう「創造」は一にここに掛かっている。労働過程は、決断の契機を将来の表現世界にもつ。だがそこには、不決断の契機もまた避けられない。生体学的には「事」的行為としての労働過程は、決断の未決定のうちにとどまることができない。この創造的冒険はシェリングによれば、必然的に自己を啓示しなければならない「神」の、「愛」のはたらきである。したがって「労働の現物形態」といわれるとき、そこには労働のにない手におけるみえないものについての価値論を避けてはとおれないことになる。

「パンとワイン」はイエスの「肉と血」であり、これを何らの予断なく――つまりイスカリオテのユダのごとく自ら進んでイエスを「財」価値の見返りにおくのでないかぎり――決定＝決断的に摂取することは、有限者による「受肉」において、神の啓示を得ることである。ところでまた、その決定事態の有り様は、生体内における「消化―分解（腐敗）―醗酵（燃焼）」の、生成体内「反転」の原理にそったものである。つまりパンもワインも、それが神の啓示として受容されるかぎり、その行為自体或る実在の――「罪の赦し」となる

（「マタイ二六―二八」）――可能態でなければならない。宗教的情動は、はじめユダのごとく「等価」交換の現実的な摂取から、別様の可能的世界にみる内在の「醗酵」過程によってこそ呼起こされる。このパンもワインも、単なる食品としてではなく、醗酵過程で悪にも善にもなりうる、暗黒と光の二つの原理を活かしうる「創造」的目的という一種の免疫論的表現労働である。というのも、シェリングによればこのパンとワインは受肉によって生体内で一旦、「無」に帰せしめられ、分解の「分岐点」に立つことによって、悪＝「腐敗」にか善＝「醗酵」にかに、「自由」に転換させうるものであるからである。人間の、事にのぞんでの行為が表現労働であるというのは、この「自由」の、すなわち動態無記の格闘ぶり（ringen）とその醗酵ぶり（gerungen）によく表れている。

「善と悪はおなじく実在的であり、善の可能性は悪の現実性に基づいている。力というものは、その反対物においてのみ示されうる」（ハルトマン、前掲二〇九ページ）。物事の消費（consumo）のはたらきとは、このように積極的にも消極的にも現実の悪の受容にもとづく「労働―力」の使用、行使であり、そのさい、現実態から可能態にむかう過程において古来、なによりも存在者をいったん「無」に帰せしめることであった。人間の「自由」は、悪の現実態をまえにして善の可能態に向かうとき、この「無」の余地を得るのであり、この分岐点に立つことから発揮される、問題となる。J・ベーメ以来、自然宗教の「無―底」（Un-grund）にみる、自由の反質的性格説の根拠はここにある。必死にのどの渇きをうったえる、半存在者の「生きられる」ものの前に、水の入った皿と肉の皿の二つを差し出せば、かれは、真っ先に水の入った皿に手を出すであろう。この「水」がかれにとっては「無」なのであって、そこからはじめて、半存在者は全存在者へとむかう。いいかえると、われわれが「自然宗教」とよぶものは、人間の「自由」に先行する、「無」における「神」の可能態において成り立つことをみとめ、そこにかえって——半存在者に肉の皿をあたえて死に追いやるごとき——「悪の現実態」を「自我」すなわち「真の自己」のものにするのである。

辻村公一はシェリングの『自由論』と『シュトゥツガルト私的講義』(一八一〇)のなかに「無底」を探究して、人間は、神と自然との両者の「中間底」にたつことによって、一切のものに依らず、一切のものから「無依」の究極にたちうる存在だとし、この無依は、悪をもなしうる能力の「神からの自由」の生きた実在論と、その叡知的本質にもとづく「自然からの自由」の観念論との、連関にもとづくものであることを指摘している(「無底」上田閑照編『ドイツ神秘主義研究』創文社、一九八二、所収)。そのうえで、辻村は明示こそしていないが、「実在的なるもの」(das Reale)と「観念的なるもの」(das Ideale)の両原理のかかわり合いのうちに——例えば「自然と歴史との両界」におよぶいとなみに——「意欲」にそって、労働の本質が呈示されうることを暗に示している(同書、六〇八ページ)。さらに彼は、『自由論』の深部に実在的なものの先行性と悪の根拠があるとし、この暗闇の原理のうちには、被造物としての人間の「我性」(Selbstheit, Eigenheit, Egoität)が「自己保存」の衝動ないし欲望として、それも神の内にも人間の内にも存することを、見いだしている。重要なことは、こうした「我性の死滅」についてシェリングが、「生そのものの不安」のパトスに駆られた受難の人間が、我性の安らいをもとめて実際の「死」を必然とする態度と、人間がそのうちへと創り出されたところの「最内奥の中心(「無底」)に生き得る」途とがあるとしたことであり、それは、受難を課されたすべての我性に「死に切る」(absterben)態度であり、とくにこの後者の「底無き生を生きる」ことで、我性から自由となる可能性を、模索したものとみられている（同書、六三一ページ）。

すべての我性に死に切ることは人間にとって困難ではあるが、しかし、それはなお悪の可能性として、のこされている。これは、自己自身のうちに閉じこもり、真の自己自身のための特殊的意志を固守するところの「収縮する原理」として、いわゆる「高次の闇の原理」といわれた。すなわち、シェリングによればこの原理は「神の根拠」の顕現であり、そのかぎりそれは、神が「許容」することであって、人間にとってはただ神の「愛の普遍的意志」が啓示されるためにのみ、「ひとつの反抗者」として受容されうるのである。いいかえると「我性」の僭越な「高まりのみが悪なのである。」「根拠や我意の刺激じたいは、悪ではなく、生命の活動に必須のものとして是認される」と渡辺が注意したように（訳書、六二〇ページ）、シェリングの、我性の無底に自由に生きる可能性としての途の主張は、われわれにとって、生全体観のもとの情動の興奮状態の均衡説に生きているとともに、この均衡説は、シェリングのなお自然力による免疫論的の「原初的創造」説をとらえてやまないことへと深化し、ここに、自然の宗教的情動の原理（ホッブズ）の端緒がつかみとられる。

『自由論』では「悪」が、歴史の全自然の必然的な光景のなかに自由、精神、我意などと一緒に、非合理的かつ偶然的なものとして表れ、欲望、衝動として被造物の創造とともに表れ、そしてそれらは、悪の威力の「前兆」が暗闇の自然根拠の刺激によってあらわれることのうちに、把握される。シェリングの特異な「暗闇前兆」の歴史観がここにある。すなわち、最初の無垢の時代、すなわち罪に関する無意識の時代があり、この「太古の時代」は、「善も悪もなかったような至福の未決定の時代」つまり「黄金の世界時代」である。それに続いたのは「神々と英雄たちの支配する時代」もしくは「自然の全威力の時代・最高の自然賛美の時代」であり、それとともにそのうちに、悪しき精神の本性が顕わになる。すなわち、最後に、その前兆は、「神々への信仰が消え失せ、偽りの魔術が、呪文や妖術的形式をともなって、消え去った神々を呼びもどし、悪しき精神を鎮めようとつとめる。［ここに］ますます明確に、根拠の凝縮激化作用（――生体論における免疫作用――）が現れて、高次の善と悪の対立が決定的となる」時代がくる（四五三、四五四ページ、強調は中村）。

二〇世紀前半までのフォモゥサの山の民が、ここに指摘されたような三つの時代を一身に背負って、とりわけ日帝の「理蕃」植民地主義による、現人神天皇制の「偽りの魔術」でもって統治された状態に、拘束されたことは、マクガバンによって、かれらの母権制にもとづく「黄金の時代」の回顧とともに批判的に考察されたところである（中村V、第一四章「先住民における文明とその利点」）。そのさい、シェリングの「根拠の凝縮激化作用」の現れという、善と悪の高次の対立と闘争の状態こそが、あらたな「第二の創造」の前兆であったのであり、渡辺は、この「凝縮激化」（Anziehen）の「事」態をハイデガーの指摘を受けて、例えば「北海道などで、寒いことを「しばれる」というのと似ている」とし、「何かが凝縮して激しくなり、他のものとの対立が際立ってき、こうして曖昧なものが鮮明にされて、一定方向に向かわせられること」であると注釈した（六二一ページ）。

人間における神という根拠が、高次の善と悪の対立と闘争となって表現される、根拠の「凝縮激化作用」は、あらたな価値の系列表を浮彫りにするといいかえられるであろう。そのさい、神の根拠と倫理的価値とのかかわり合いが問題となるのでなければならない。つまり人間において、根拠となる神と価値とはいかに結びつくのであろうか。ここに、民の小さな歴史のなかに埋め込まれた「自然民属《ナトゥールフェルカー》における高潔（chastity）と厳律一夫一婦主義（strict monogamy）」の、新に発達した魔術的過程の「人格」解放が問われる、自然哲学・自然宗教の根拠がある（中村V、一〇七、二五三ページ）。すなわち「善」の高みは「悪」の強力に基礎づけられていて、それは、神の意志のまえに自我を結びつけることである。民のひらかれた個人的所有、事的行為の「自制」(refrain)、コミューン的システムなどもまた、価値論的にはマクガバンの強調したように、追いつめられて「有害な首狩り・首祀り」（マレット）を習俗化してきたかれらの、広義の「高潔」の健康的くらしぶりへと総括される。高次の善と悪の対立とは、主体の正価値の高低のなかに反価値の力の強弱が内在することであり、それは、後者の前者への依存性に矛盾しない。

新に発達した人格解放の段階は、神に反する「罪」とそれへの赦しをもとめるような類のものではない。自然宗教では神も罪も自然的歴史的に規定され、それ故、その「神」も「罪」も「伝承型」といわれるべきである（中村V、第七章）。その特徴は、一つには対象投射の信念は他者ももっているであろうとする「投射」型の、つまり従来の盲目的な原始的軽信――シェリング流によれば「いぜんとして閉鎖されかつ制限された状態」――から一段、「発達した魔術」を生みだすとともに、いま一つ、諸価値の根源にはある種の「神」を克服し、神からの「自由」になった人格がいることにある。そしてそのさい、とりわけ「性」的な人格のあり方が「危険」を秘めた神聖視される事態が、問われるのでなければならなかった。そうした人格的「罪」のあり方は一面では「神聖冒瀆」(sacrilege)といわれる。この冒瀆者こそ、自然人においては、かれの自我性において神の「暗黒」の部分とかさなる。自然人のコスモス的秩序は悪そのものの本質によって保証されている。

シェリングは、悪の決定的な出現は、善の決定的な出現と並列しており、この精神的「光」の新たな「気」象的本性の誕生は、人格的かつ精神的な悪に対抗するためであり、それは、同じく人格的、人間的形態のもとで「仲介者」として「より高次の・明察への状態」への「創造─回復─治癒─救済」の可能性があたえられる段階のものとした（四五四ページ）。この「悪と善」の対立の自然的免疫論的な傾向説は、追いつめられた世界歴史をになう民にとっては「自然的歴史的傾向」説へと敷衍される。シェリングによれば善・悪の能力は人間的自由のあかしであるが、一九世紀の初頭、既にこの意味において「無能」な「自由」なき、「情熱」のない者の、十分な例がみられた。「適正な節度と有機的平衡においては、情熱は、徳そのものの強さであり、徳の直接的な道具なのである」（四八一ページ）といわれるとき、道徳的価値は、歴史的情動「生成」観のもとに把握されうる。自然宗教とは何かという主題に関するシェリングの立場の考察は、なお後述のとおりであるが、神と罪をめぐる宗教性は、原初的な伝承型、すなわち道徳的価値の歴史的＝経験的性格にもとめることができる。シェリングの自由論の根底には、この意味の価値の歴史観が伏在している。ホッブズの宗教的情動説は、ここでその情動の伝承のあり方説へとどのように展開をみるのであろうか。ここにおいて問題の根源は、事にのぞんで神の自己啓示のあり方とかかわる。

シェリングにおける悪と善の相互浸透説は、いいかえれば、生命の根拠にみる凝縮激化作用のうちの、「緊張」状態説をひきだす。それは「ちょうど、病気のうちにも健康がなおも働きつづけるのと同じであるし、また、たとえこのうえもなく極度に錯乱し偽造された生命でさえも、神が実存の根拠であるかぎりは、あくまでも、なおも神のうちにあって、神のうちを動くものである」（四八四ページ、強調は中村）。生命のもとの神と人間の同一説が、さらにはすべてのアルケウス的内在の創造的生成体説が、ここにみえる。ゴルトシュタインも「われわれは常に、生体全体を包括する反応形態を考えなければならぬ。その中に、形と背景という二つの部分が、ある程度抽象化されたものとしてではあるが区別されるのである」と、生体の神経―表現形態学に関する理論の検証のなかで強調している（前掲『生体の機能』一一一ページ）。ゴルトシュタインがここで神を潜勢的にとらえているのと同じように、シェリングの神の生成論においては、人間が潜勢的にとらえられている。それが、かれの神の人格的生成説である（『自由論』第四一段落）。神の啓示は「霊性」における力働の行《ぎょう》にあるという奉仕説の根拠がここにある。

四　情動の価値表現と黒の思考法

シェリングの神の人格的生成説は、神と人間の間のコスモス的全「生体」を視野にいれた「歴史」観となる。ここに創造の歴史における目的とは、とりわけ世界の「終局目的」とはいかなるものであるのか。フールマンスは、原初のキリスト教世界にいう終局目的は「この堕落した世界」がおわり、「新しい大地」が始まるという意味であり、プラトニズム以来歪曲された、眼にみえる世界一般の絶滅などということではないと注釈した。「新しい大地」では、神が一切の歴史的生成物の「果実」をとりあつめ、それをおのれへと最終的に結びつけるのであり、それが神の啓示としての「身体性―姿かたち」(Leiblichkeit) の表現学といわれる所以だと分析した（六二六ページ）。この世界終局の「神の姿相」説は、シェリングがF・エティンガー（一七〇二―一七八二）の神智学から摂取したといわれるが、ここに、無機的有機的自然とその「身体―心―精神」の一切が、「光と闇の諸力」のうちに統合され、神に帰るとされる生成―過程説がうかがわれる。それは、人間的活動をしてそれ自体を目的とするところに「表現」される、ミクロコスモス形成の「労働史」観でもあった。「人間は万物の逆旅」説は、うらがえせばそこに神自身によってなされる統合の「生成―目的」過程説がとらえられる。

全ての生命は、神が光の世界と暗闇の世界とを区分したとき、「受難と生成」に服する運命のもとにある。シェリングによって全歴史は「人間的に受難する神」の概念によってささえられると説かれるとき、ここには「太古の一切の秘教と精神的宗教」をつらぬく原理が主張されている（四八四ページ）。山の民から実証されたように、フールマンスによれば神の人間的な「受難」(Leiden) とは、一切を「許容する」(zulassen) することであるが（六二七ページ）、シェリング「受難」説は、人間的「自由の本質」として、価値的志向の意味における「予知」の、受容の表現―姿相に重ね合わせることができるものであった。この主張は、渡辺によれば、シェリングによる過てる神の擬人論として、のちにハイデガーから厳しく誡められたものという（六二七ページ）。しかし、それはむしろ「太古の一切の秘教と精神的宗教」ともいわれるシェリング自然宗教論における、歴史世界説を構成する特質をあきらかにするものであった。自然宗教のこの「受難―受容」という特質を見失わないところに、高潔にして健康という山の民「自然人」の、「悪」に反質的両立の善の価値が特殊形而上学的にとらえられるといわねばならない。

自然宗教は、シェリングが強調したように「自由」の悪と善の情動的価値説を基礎におく。「活動」的目的の能力あるものが、事にあたり価値にたいするどのような表現をとるかというかかわり方が「善」または「悪」であって、善・悪は、意図や設計の目的的活動の質料そのものには存しない。したがって善・悪のこうした事的特質は、価値とそのはたらきの多様のみを予想、予知しているから、原初的にくらしのなかの「理」

法にかなう全一的労働の過程性と表現法にかかわる問題としてとらえられる。くりかえすように太古的労働・思考法は、目的的活動として志向されるのでなく、活動的目的の善・悪の価値へと志向される。活動的目的の核心はアルケウス的「霊魂」の力強さにある。霊魂のはたらきは、活動的目的の価値に直結しているが、その直結の根拠を「自然」のリズムに負っているから、このリズムに同調すればするほど力強い。すなわち、霊魂のはたらきはこの力がつよい程、はたらきとして「悪」へと志向しかつそこから反転して、「善」に止揚される。ここからは受難にもとづく表現労働の特殊立体的構成について考察しなければならない。

魔術を「悪魔」とよんで、その力の強さを畏怖することがあるのもこの理由によるのであるが、しかしそれだけに悪魔の力強さを「善」に振り向けることもできる。すなわち、善・悪は、このようにそれぞれ正、反の高低、強弱の価値的立体において「自由」の力をふるう余地があるのであって、弁証法的にいえば、常におなじ価値系列下――例えば「愛―憎」「高潔―卑俗」――において内的背反の論理を備えている。これはいうまでもなく、最高の力をもつものは最強に危険なものであるということであるが、この危険性こそ道徳性の基礎であった。「自然から出発した全自然は、一つのつながりあった線を形成し、この線全体の中では、単に主観的なもののみが、あるいは単に客観的なもののみが存するような点は存在しない。それはちょうど、透明な物体のうちにあっても、その物体が透明であるからといって暗い物質が消失してしまったのではなく、単に明るさに変じているにすぎないのと同様である。」全自然の連関性ということの「単に事実に対する洞察」の自然哲学は、「客観的なものから主観的なものへの発展」の運動の叙述という点においてあらゆる学問の基礎におかれる（『哲学的経験論の叙述』五〇七―五一〇ページ）。

ここに、或る追いつめられた状態にある民は既に一定の道徳的に進んだ状態にあることが想定され、それ故にかれのになう価値は、万人にたいして要求されるようなものではない。一般に道徳は、万人に志向される普遍価値であるが、そのため、低いところにむかう、下劣な正義、名誉のような「卑俗」もまたふくまれる。これに対して、自然的歴史的に「受難」によって「追いつめられた」民は、卑俗におちいらず、卑俗に優越した、そこから新しく生成した高い価値の指向のうちにある。この自然の一見矛盾とみえる優越価値は、万人の事柄ではない。つまり、各人一人ひとりを内的に主観―客観関係において「区分け」する価値である。受難の民によってこそ、情動・情操の根本態度によって人を区別できるものではない。われわれはこの情動的価値を「高潔」の名でよび、その反価値は「卑俗」である。

「受難《ライデン》」自体がもつ道徳的価値世界は、それが無機的有機的「自然」に根拠をもって高次の「精神」にまでおよぶだけに、深浅の立体構成が生まれる。渡辺は、「受難」概念が他動詞として、耐え忍び、許容し、認め、ときにはそれを「厭わずに好む」という卓説をのこしているが（六二七ページ）、しかしそこに反立的に、自動詞として「悩み」や病苦や困難の受容のうちに自己を内在せしめるはたらきの意味をもつことが含意されている。受容に端緒をあたえられる、自己の内なる強い受難があってはじめて他者への高い愛情という外化の気遣いが生まれる。問題となるのはこの「高潔」価値は、「より劣った種類の存在者」（シェリング）からの攻撃にはきわめて無防備な性格をもつことにある。自然哲学はこの点で、強い自然と高い精神との内的同一性が認識され、打ち立てられることの自己「転回点」を用意するものとして意味を持つと考えたい（五一三ページ）。

人間の「活動」過程自体が事の「気」象として目的となるような、くらしの表現―姿相の世界内在がここに凝縮激化される。というのもくらしの活動は、そのときどきの他者に規定されずとも、他者に無頓着な自己価値をもっているからであり、むしろ対象の如何にかかわらず情動的「自己」に受動的態度をとることを否定はしない。それ故に高潔とか純潔という価値は、受難に基礎づけられるかぎり、この活動の自己価値をもちながらも自己価値に超越する余地をもつ、そこに神の生成的な「身体性―姿相」をもちうるものである。

シェリング『自由論』では、人間の「所業」や「労苦」は、原初性の故に、人間が生まれながらにもつところの「根源悪」であると同時に、この暗闇の原理のうちから神的な変化によって善が光として創造されるところの、自分を積極的には閉鎖しない、「良心性」への契機そのものであるとみなされていた。たしかに宗教的情動が、とくに高潔の一方的な表現労働とみなされる根拠がここにある。シェリングはこの宗教性を、「志操」のもつ、決断、厳格さ、無情、苛酷の故に「自然のうちの生命の厳格さと同様に、そこからはじめて真の優美や神々しさが、花盛りとなって開花するゆえんの、萌芽なのである」と強調した(四七〇ページ)。われわれはここに、悪の原理をふまえて善の原理へと、開花の生成過程にみる、すくなくとも「悩み」と「高貴」の二つの基礎的価値論を用意する。結論的に、高い優越価値は、いかにして強い「悪」の価値との間に立体的構成のアルケウス的原理としてとらえうるかを見いだす。自然哲学は生命の領域、生全体説と不可分であったことはこれまで主張されてきた。地中にひろく深い根をはり得た自然物は、それだけ多くかつ高みへと上る、生成過程として、自然的実在なのである。

山の民では両性の間の求愛において、「悩み」は、限界性あるものと同時に、「愛」の表現労働の一方的な事的過程性としてはじめて価値がみとめられた。自然人にとって、「性」本能もまた同様である(中村V、一三八ページ以下、および一八〇ページ)。宗教論的には悩みはふかい道徳的能力のめざめにつうじるが、自然宗教においては、「悩み」は――「自由」と同様――一方的という限界をこえるとき、悪の反価値とみなされ、それ故に消極的禁忌《タブー》とされる。それだけでなく、とくに愛の悩みは、内向の人格性にそうところの、「受苦―受難」という表現労働の過程性にかえってよろこびという積極的なパッションの価値をあたえた。われわれはこのことを、原始キリスト教と同類の、「母性」による「子ども」への一方的であるがゆえのふかい関与のうちにみとめねばならず、それは、今日の、「賃労働」にではなく、家事―労働の基底説としても活かされるはずである。交換論における、情動交換のうちの矛盾とみなされうる、一方交通的で円環的な往復説がここに成り立つ。

それ故、「家事」からの解放の憧憬がとくに他律的にからめとられるときには、それは人格の内的破産への第一歩である。「生きられる」ものの事的くらしは、とくに家事においては、既に目的論的に実現されるべき、あらかじめ決定されたところの世界であろうか。もしこのことがみとめられるならば、くらしに、多様かつ高みへと上る自由はなくなり、未来と、未来を予知する、予定という力動的奉仕の自由もない。家事には、追求されるべき目的は決定されないし、その活動自体が目的的自由であるという本性からして、本来活動の方向性は出てこない。われわれはすでにこのことをシャドゥイングとして説くところがあった。「暗闇―シャドゥイング―家事」という一種の煩わしさ、故障、不便さを否認することは、シェリング流にいえば「いわば[全自然の]契約と協定に違反するものである」(五一二ページ)。ここで問われるべきは、くらしの家事が機械的にではなく、つまり正確無比につとめる「人間」においてではなく、一般的「生命」現象における「人間的自然」の生きた、アニマ的あそびのリズム的属性であることにある。端的にはくらしのリズムにのって現れる、情動・

情操の一連の価値がここにある。この価値に盲目であることは、つまり善をなす自由も悪をなす自由も不在の、「母親としての能力」の不在ゆえに、「力強い子どもをそだてることができない」（中村Ⅴ、一八二ページ）。

「力強い子どもの育成」という、山の民の主張は、くらしの活動的目的の本質が「表現労働」の実現にあることを物語っている。ここには、自己立法的自己審廷をともなう、「悪」に対する絶対的な自制の活動的目的さえもが可能であった。「魔術師」は、非現実的な事情をも目的として実現せしむるから、かれの正価値・反価値に向かう「自由」の態度・表現のなかに「善」もしくは「悪」が生まれるのである。それと同様に、原態の「労働」もまた、そのはたらき自体、価値の自由を表現しうるから、はたらきの価値、労働価値は、善のうちにあって価値の至高を、悪のうちにあって反価値の強力をそれぞれ自由に表現する。それ故、情動的価値の「高潔」は、自己の発展を偶然、すなわち盲目的な必然にまかせず、「予兆」的にはたらきかける、歴史的活動にまで届きうる高い力をふるうことができる。その力は、自存する理想の超越的な力を自覚的にふるうものであり、一種の美的な創作に通じており、小泉鐵がするどく感得した、両性からなる「首祀り」の猟奇性などがそれである（中村Ⅳ）。高潔なかれらは、集団的群居を好まず、その表現世界において孤高にあまんじ、非凡となり、それ故、外界との交渉においては自我の節度を心得ている。

神の「気」象的本性すなわち宗教性は、シェリングの根源的な把握によれば、「高潔」にみるようなおそらく特殊な受難の民の、良心性の実践的意義にある。渡辺はこのシェリングの根源的な「宗教」観を穿鑿して、シェリングの religio（宗教）は、キケロの「取り集め、考慮する」とラクタンティウスの「結びつけ、固定させる」ことに由来することに注意している（六二三ページ）。しかし、そのような神聖なものに「結び上げられる」まえに、神という実存の根拠にたいして素朴にいだかれる「疑念」もしくは「不安」のパトスから「畏怖・畏敬」「よろこび」のパッションへの過程こそ、「ひとが〔暗闇の中で〕認識の光に矛盾しない行為」（シェリング、四七〇ページ）としての宗教性・良心性そのものであるといえるであろう。シェリングはこの文脈において、神の気象的本性と人間の情動との根源的な、それ故に選択の余地のない交換を、人間の側からの「最高の決断〔ある〕のみ」と言い表しており、しかもこの道徳的事態は人間が、「許容する」ものとされた。この表現をよく吟味するときわれわれは、シェリングはいくつかの「志操」のもつ一々の特殊性に、注意をはらうべきであることを説示していることに気づく。「最高のものは、それが最高のものであるというまさにその理由からして、必ずしもつねに、普遍妥当的なものであるとはかぎらない。」これに対して「精神的に放埒な振るまいをする種族」は「真剣な志操」の良心性を発揮することはできない（四七一ページ）。

ここには、自然宗教の中核に、人間の情動とくらべられる「中間的自然」観がよこたわることが開示される。神自身は、その創造の実在性にかかわって、はじめ自分自身についての根拠の意志を自己啓示し、次いで、自分自身を人格的な愛の意志として啓示するという、等しくも、永遠的な二つの自己啓示の始原をもっている。この場合、根拠の意志は「欲望や欲情のような中間的自然と較べられるもの、生成する自然の美しい衝動と較べられるもの」である。ここには、神の人格的生成説をふまえた人類の自然史的過程の把握にせまることのできる擬人的な主張がみられ、この思想をわれわれは「自然宗教的労働」観ととらえねばならない。その場合、まず人間と神の間の、神は分け与え、人間は受容（許容）しなければならないところの、情動交換とさえいいうる「神」の協力という普遍的諸法則のもつ、中間的自然の性格を与えられた自生的な情動価値・情操価値の宗教的性格をシェリングのなかに見極めなければならず、その後に、自然宗教的労働観を概括しなければならない。こうした方法的展望は、コミューンの基礎的原理のひとつが、主知主義に対する情動のこの中間的自然観にもとめられねばならないことによっている。

シェリングは、被造物という生命の領域は、生成する「全自然」であり、その生成過程は、途中でやめられることのない、「自由」な「自己開展」の表現活動であると強調している。「自然の内的運動」は「自分が強制されているとは感じない・愛の意志」といえる。それは、パラケルススにならって、人格による「所―業」なのである。「創造は、自分に対する自然の非合理的な関係を認識せざるをえないところの、ひとつの所業である。」この神の人格的法則にそった全自然の世界内在のあり方こそ、シェリングが引用した、G・ライプニッツの、幾何学的必然においてでもなければたんに恣意的でもない、「中間」的自然の姿相―表現なのであって、このとき人間の内的力動を説明するためにはらわれるべき「最高の努力は、自然諸法則を」情動へと還元してみることにある。何故なら、神自身が「自由」だからである(『人間的自由の本質』第三四、三五段落)。

悪をも自己の活性化された所業とみるからには、生命の世界内在の鋭さのうちに、その所業は、たえざる牽引と反撥、引力と斥力からなる表現労働というべきである。というのもそれらは、相互を対象とすることで「自然―身体―心情」の表現労働となるからである。善と悪とは、この弁証法的な表現において、おなじ一つの表現労働を構成している。これらの所業の力は、闘いに向かい、憎悪に燃え、激しく怒るなどといわれるように、すべて道徳と愛に、共通の深い根をもっている。シェリングは、このようにおのれを表現するものは、自分自身の「心情の最内奥の中心において、傷つけられ、興奮させられた平安な気持ちにすぎない。適正な節度と有機的平衡においては、情熱〔情動〕は、徳そのものの強さであり、徳の直接的な道具なのである」（四八一ページ）と、基礎生理学・生体論にも通用する指摘をなしている。この、自己を表現する情動が徳の直接的な道具であるというのは、もしそうでなければ人間は「嘘と虚偽の精神に身をひらき、ただちにそれによって魅惑されて、原初的な自由を喪失するにいたる」からである（四六八ページ、強調は中村）。

　それ故に情動表現行為としての労働は、「非存在者に準拠する認識」によってはならず、道徳的「存在者」が「ひとつの神的魔術によってのみ、直接的に現在することによってのみ」生じる。「精神と心情は、それら自身の法則によってのみ拘束されながら、だから自発的〔自生的〕に、必然的であるものを肯定する」（四六九ページ）。それら自身の法則とは、神と人間はひとしく「生命」の領域にあるということであり、したがってここから、人間の人格性（善）や自我性（悪）は、ともに、けっして完全な境域にまで高まることはできない。くり返すように人格性のうちには、受難の生命のみがもつひとつの「暗黒」の根拠があり、それ故、ここには全自然に基礎づけられた宗教性のもつ打ちこわしがたい「憂愁」が、由来する。こうして人格性への途には衝動をも内含した、情動の無数の漠然とした道徳的価値の、「有生観」(animatism) にもとづく「畏敬主義《テラティズム》」が横たわることになる。

　このことをシェリングは、『自由論』第四七段落「哲学のあるべき姿」において、バーダーを引いてこう記している。表現労働にもとづくコミューン原論のために、あえて引用しておこう。「フランツ・バーダーの卓越した見解によれば、認識衝動は生殖衝動と最大の類比をもったものなのだが、そうだとすれば、認識においても、貞潔や羞恥に類比したものが存在するとともに、逆に、淫奔や無恥も存在し、……淫欲も存在するのである。……精神的感激はそれぞれがみな、或る特定の仕方で自分を外化表出する。それで、弁証法的な技巧衝動をとおして自分を〔特殊的に〕外化表出するような、精神的感激もあるわけで、これが、本来的に学問的な精神的感激である」（四九八ページ、強調は中村）。アニマティズムのもとの畏敬の表現は、まさしく魔術師という経験的な伝承型宗教の、生体技巧を媒介にした精神的感激の情動を基礎としている。

『哲学的経験論の叙述』においてシェリングが強調したことは、まさにこの、自然哲学のカテゴリーにおいて世界内在の、「生きた中間的自然」として対極しあうもの相互――バーダーの例にいう「貞潔・羞恥」と「淫奔・無恥・淫欲」など――の弁証法的な技巧衝動についてであり、すぐれて「生命ある動物的自然」の客観的事実にたいする洞察は、主観本位の、主意主義をとおしてはじめて学問的になしえられることについてであった。人間の生きた精神、死んだ精神というようなとらえ方も、はじめに経験という自然から出発するのであり、この全自然観によって外面的なものにとどまることのない「精神的な豊かさ」に満てる一個の連続体、という意味をあたえられるのである。

われわれはここから積極的に、世界内在の表現行為を自己の「生全体」（ゴルトシュタイン）のもとの新たな価値の地平としてつかみとり、この宗教的動態をくらしの表現労働説として提起しなければならない。この動態を「宗教性」原理としてのみ固執してとらえると、くらしとその「労働」観が見失われるであろう。あらためてシェリングのくらしに生きる宗教の実践性説が、よく吟味されるべきである。われわれの「太古的労働」論は、シェリングのいう「本来的に学問的な精神的感激」の活性化された「所業」が、できるだけ客観的諸事実を主観のもとに引き寄せ、免疫論・経験論的に生全体のうちに情動的価値の「危険」な平衡をもたらし、それがための悩みの憂愁を帯びつつも、そのうえになお道徳的価値とエロス的美学とを日常的に、つまり実践的に実現せしめる、自生的コミューンとして成り立ちゆくことを見とおすことにある。価値と美学と宗教は、われわれのくらしを全自然的原態においてささえる、その意味ですぐれて今日に至るまで、一体として統合化されてきた「表現労働」なのである。

この「所業」は、既にみてきたように「神」の気象《アニマ》において、暗黒の基底から、その基底との対応関係において、神自身のうちに、真に内在的にも神の生命の閃光として差し込めるものであった。人間のくらしぶりは、この神の所業をただ受容（許容）するところにのみ、そして、この受容そのものを原態の自由の自己工作＝労働として、正価値的反価値的にも、いっさいの人工を加味しないところの美的にも渾然一体として発揮し、燃焼させ、両性労働を成り立たせることである。このことを要約して、「生きた有機体のうちで、個々の部分や組織が、全体から逸脱するやいなや、それがそれと対立するにいたる統一や共同活動をば、火〔つまり熱〕と感じ、こうして内的な炎熱によって炎症を起こすようになるのと、似ているのである」と、シェリングは指摘する（『人間的自由の本質』四六八ページ）。それ故にこうした「原初的な自由」を「神的所業―受容―表現労働」説にとらえたシェリングは、事態の実践的な神秘主義のうちに、世界内在の受容にもとづく洞察という積極的性格をとらえていたというべきである。この人間は、くり返すように欠如、不完全、不確実、障害、危険、悪の、「生命ある動物的自然」（「いわゆる死せる自然」ではない。シェリング）のにない手ゆえの積極性において、はじめて、動物的な中間的自然（「アニマ」）というくらしの神秘主義を前景に押し出すことができたのである。

多種多様な価値の中でも、ここには純粋情動の「受容」を中間的自然の不完全かつ不確かな積極性において、つまりバーダーが「生殖」衝動に例示したように、同じものの対極的な正・反価値の結びつきの、それも完全に一方的とはならない、いくらかでも相互に「動揺」して引きあう免疫症候群的状態においてとらえることがもとめられる。この二つは「真なる自由」と「聖なる必然性」とであって、それは神秘主義の経済的「調和」のもとで実践的となる。これ以外の「偽りの妄想」や「非存在者」への準拠などに己が身をひらくことは、原初的な自由の喪失をまねくだけである。シェリングは、こうして生成論的に「真の善はただ、「動揺しあうものの間に存する」ひとつの神的魔術によってのみ生じさせられうる」と結論したのである（四六八、五一二ページ）。

「神的魔術」は情動表現学によれば、受容は他方の許容であり、許容は他方の受容であり、しかも、この純粋の主観—客観関係において二つの対立しあう情動的価値を、動揺する「自由」にゆるく確保することが、人間という生きられる自然の表現となるのである。シェリングは、自然哲学はこのことを、「磁石」のNとSの対極性《ポラリテート》のあいだの磁力線を譬喩とすることで説明しうる、といっている（『哲学的経験論の叙述』五〇八ページ以下）。ここには、人間的自然の立場において、相互に対立しあう情動的価値に参与することが人生の意義でもあることが示されている。この自然の参与は、「人間の意識」にほかならないともシェリングは指摘するのであるが、それはつまり、人をして価値観の意識的所有に至らしめることである。ただ、既に考察したようにシェリングの「磁性」説は、高低と強弱という相互に異なる価値位相を提起するには不十分であるが、ここにかれもみとめる生全体説の、生命の領域にかかわるアルケウス的生成原理が加味されねばならなかった。

われわれは経験からこのことを、例えば勤労と寡欲、競争と平和、活動と観照など、「無知の知」の不知不識のうちに、既に存する多なる道徳的価値をただ発見的に意識し、それを徳性として、表現的に実践しているのである。重要なことはこのとき、人間的自然に対する意識、情動、態度のなかに諸価値の原則があり、他方、理性的事実に対する意識、情動、態度のなかにいわば拒否と承認のような、対立しあう二次的な価値感情というものが生じ、こうして最後に、意識・情動・態度をつうじてあらわれる《プレゼンティーレン》ところのいわば価値の客観的存在の、三現相をみとめることである。自然哲学が学問として認識せられるのは、とりわけ自然とかかわる前二点に関してである。おなじ「のなかに」も、前者は人間的自然によって予知的に情動の価値原則を積み上げていくのに対し、後者は、或る決断や情操がおこったさいにその善悪を理性において判断するような、いわば原則の表現というべきものである。その結果、情動とは乖離した、物質になわれていわば独り歩きする価値に満てる先験的《アプリオリ》な、対象＝客体形象化的の領域が生みだされる。われわれの山の民に特異な「黥面」や「顔・首」は、前二点の情動的価値に依存してはじめて「交感」現相を獲得し、歴史のくらしのにない手となるのであるから、三現相はすべて、相互に補足し合ってくらしの精神世界をつくりだしていた。

　先に人間は、観念を素朴実在性――人間的自然の現実的な存在――のものととらえねばならないことを指摘してきたが、シェリングの自然哲学はこのことを「自然と精神との［対極的に対立し合う］内的同一性の認識」として主張し、この「対立」の「同一」点において、スピノザと相違する（五一三ページ）。すなわち、ここに情動的価値と財価値の、相克と補足の問題枠がつかみとられる。自然哲学の自然と精神にわたる価値観は、現代の「法」価値・経済価値の万能とみえる傾向に、警鐘をならす。それらが時代のなかに与えられた価値を受け取るだけのもの、つまり諸価値の関係とその結果を問うだけの「結果倫理」学であるのに対して、自然哲学では、自然観を支配する活動的目的の動態のなかに価値の高低、強弱の原則的自由の領域と、理性のうちの対立的な二次的価値感情との、情動の生成過程そのものを取り扱うからである。「結果」は、情動に依存せず、それ故に基礎的価値に左右されない。

「首狩り」の結果と幸福感とは相互にかならずしも随伴しなかったが、それは、かれら山の民の幸福の感情が、ただ「狩り」の過程において徹底した自己審廷に晒《さら》されるとき、そのとき既に、幸福価値を破壊しているからである。次に、では結果としての「首」にいかなる価値があるのかという問いがくる。それは、一つの財価値において、死せる「他者」(還帰せる祖霊)との交感に役立つ、それ自体としては個人の情動と乖離し、実在の客体からはたんに物質として生みだされた、死んだ精神においてである。この財価値の、死んだ精神と、生きた精神とからなる価値世界の秩序と相克＝葛藤は、最も強く自然宗教の領域であらわれることになる。シェーラーの「実質的価値倫理」学は、この秩序と相克の先験性(「先取性」)の絶対的理念的存在を打ち出していたが、それだけに、固定的なカトリック的「信仰」と、個人の「自由」の教養との葛藤として、すなわち逆に、生きた個人的精神に対して、自己でない形象のうちに自己の新しい形態を見いだすことが可能となる。

人間における何らかの価値(正価値)の実現は「道徳」といわれる。自然哲学において「悪」の道徳的価値が問われうるのも、悪という「反価値」を目的にするものはいないことの反質、すなわち、われわれの概念によれば中間的自然の領域においてである。悪魔でないかぎり人は、悪を悪としてはもとめない。それ故、自然と精神、質料と形式などの対立項は、自然哲学においては相互に相対的な領域、すなわち相対的虚無という感情作用の情動的価値のうちにある。自然哲学における「労働」観はこの点を確立しておかねばならない。というのもこの労働には、情動の高い諸価値が一体となって、例えば高潔なども、美というそれ自らのために美たり得るのであり、同様の性格をもった気品とか愛らしさそのものまでが、ここに根拠として凝集激化してくる。真に根拠としてそれ自ら価値を有するものは自生的であり、自律的で、しかも一つに凝集結果する。この「有用」性のゆえに「受容―造成・役立ち」の、生成する自生的労働であるといえるのである。ここに注意すべきは、「有用」の価値である。みられるように根拠にみる自生・自律・凝集的な高い価値はそれ自らの自存、すなわち非依嘱性において、生の活動すなわち「生命」価値にたいして、おのずと部分として「有用」価値を構成することにある。今日の経済社会の原理として有用性が問われるのはあくまで「物」の「財」価値について、しかもその有用価値は、逆に高い価値に基礎づけられるとしているから、例えば、それによるときの「気品」などは何ほどの自生的なものではないことになるのは当然である。

B・トゥガリノフが、価値の有用性は、人間のくらしの諸評価のうちの部分的な「徴表」であるといっているのは正しいとおもわれる。しかし翻って、社会と時代が異なればその概念にも評価において相違するものがあるという注意のもとにおいてではあるが、くらしに「無用」なものすなわち「不必要で有害なもの」があるという規定は、人間学としては言い過ぎの感がある。それはともかくトゥガリノフは、価値の徴表は、個々の人格レベルでみられ、そのさい「個別的なものは一般的なもののなかに完全にはいってしまいはしない。人格がかれの時代とかれの社会的状況との子であるのは疑う余地がないとはいえ、しかし、人格とかれの生活上の諸価値は、社会のうちに完全に埋没してしまうわけではない。それは、小舟が水中に完全に没しているわけではないのと同様である」として、社会による個人への、とくに情動や「精神的生活」にたいして「規則」をもって指示することはできず、心―身連関にみるミクロコスモスの「無限の多様性」の事実は否定しえない、とまで指摘している。ただし、かれによれば、人格はなお、過去からの先入見や遺物のためにさまざまな「偽価値」に規定されるとともに、時代と社会が提供する、新たな諸価値にたいする「無関心」と「鈍感」のままである。それ故に人格にみる価値観には、社会の諸価値とは「驚くほど［の］矛盾」がみられるとし、この事情を正しく把握しないかぎり「教育」の意味はない、と指摘している（岩崎允胤編『価値とはなにか』「I」平子友長訳、大月書店、一九七九年、一六一―一二三ページ）。

そのためにもわれわれは、トゥガリノフが、マルクスとエンゲルスが『ドイツ・イデオロギー』で指摘した人間の生物学的本性（「自然力」（中村））である個人と自然のかかわり合いに、注意すべきであるとしたことに（二一八ページ）、もう一度立ち返らねばならない。すなわち、「人」は物とおなじく、相互に実在の様相を呈するが、かれの人格的「徴表」の動作―態度―表現もまた、実在様相（「実相」）を有する。というのも相互の一次的実在意識は、くらしの事情におうじて何らかの一次的情動の態度をとるべきであるが、この意識から態度までの事的過程は、外的知覚、内的反省に尽きることはなく、両者の中間的自然の「さかい」の域をなす「動作」のうちに、一次的に把握しうる。事にのぞむかぎり「人」は「動作」であり、行の動作において存在である。この意味で「人」は事実において、対象であり、しかもかれ自身「態度」であり、その能動的で超越的な情動そのものが価値判断の対象である。それは、知覚や反省にくらべて、はるかに自然的実在として本態であり、かくて「人」は本態的に「理」的「表現」なのである。

久野昭は、西周の「理の字の説」（一八八九）の全文引証において、西の、人の「理性」徴表説を指摘する。「理」はひとつの事物のなかにあるのではない。事物と事物の「さかい」において「虚体」として実在し、「両性相遇う際《きわ》に立」ち、その「中間に必ず一定の理即ち関係の存せざること莫《なか》し」。しかもこの「虚」は、おのおの「性」をもつ二つの事物の「断割両段と成るの関係」に「消滅—継承」の生成的動態をみるごとく、たえず一種の「中間的自然」の倫理の表現世界をもっている。さらに西の「尚白劄記」（一八八二）に既に、「理」継承説が、「発途《はず》」説として、「初頭を証して後継を兆する語也」とされていたことに、われわれの注意をむけている（『倫理学の概念と形成』以文社、一九七七年、一〇ページ以下）。久野はこれらの特質を総括的に、理の隠蔽性とならぶ非隠蔽性において感得し、それは、西のいう「諦視」のもとに自生せざるをえないことであり、理の自ずからなるこの顕勢は「矢の筈」に同じく、「発機力」といわれうるものだとして、自然力の趨勢説を示している（一二ページ）。西の「諦視—発機」にみるとされる、このような虚体としての理の表現説は、原態の労働の、相対的虚無の「受容—造成・役立ち」の表現活動にみる発機説をうらづけている。ここに、自然人のいう神的気象の世界が、委ね、かつ許容されうる、力動過程において軌を一にするのをみる。

「労働」の価値はくらしの生の過程そのものにある。ただ、いかなるくらし方かが、つまり没主観的にも主観的にも、自然力の一次的価値意識に照らして問われるのである。ここでは活動の目的自体に、労働とその価値をみとめる立場の是非が問われている。本来、労働における目的は、未経験であり、非現実的たり得ると同時に、なお可能態を表していた。さきに説示した自己審廷としての「首狩り」の過程的な幸福価値におけるように、目的は、現実として実現されたときは目的であることをやめるからである。逆にいえば、「首狩り」の命令には、その内容（質料）が自己目的的であり、命令者の意志自体が、自己価値を、ひとつの「信仰」として先験的にもっている。先験的な価値意識がはじめから自己の中に——一つの理想のように——存在しているのでなければ、活動的目的としての労働は成り立たない――矢の敵にまで到達しうるか否かについての、気象的発機力に準《なぞら》えられた「神の業《わざ》」的思考法（第一章三）――。

このような労働は、自然力が労働という自己顕勢の特質として見いだされるものであって、外部から任意に変化せしめられるものではない。すなわち労働の価値は人の価値であり、徴表の事的行為および情動の価値であって、それ故に狭義の高い道徳的価値の一つといえる。ここに活動的目的における労働が、高潔、克己、犠牲、奉仕などの精神価値としてつかみとられる理由が見いだせる。それらは、他人に対して価値（「財」）があるものではなく、或る人のその価値をもっていること自体に意味のある、純粋に自存かつ自生的なものである。山の民における徳とは、井上伊之助が、かれらの倫理価値の所在を悩み抜いたあげくにその本態的な生きる力として理解したように、あるいはマクガバンに山の母親衆が力説したように、自己に対して「財」であるのであって、それ故にかれらの人間としての力強さが主張されたのである。

自然人が、かりに井上やマクガバンが指摘するような「幼稚」な世界観をもつものとすれば、かえってそれだけ、かれらにとっては世界の価値的規定において「人間」が中心となるのである。そこでは、人が理念と現実において真に自由であり、この自由において非合理的なものへと趨り、かつ道徳的価値の支持者であることがみとめられている。「何かの概念を既に知っている人は、はじめてそれを学ぼうとする人よりも無限に多くのことを古代人のうちに見出す」（シェリング『哲学的経験論の叙述』五二四ページ）。

さらにこの労働には、目的の矛盾と価値の葛藤とがともない、いいかえるとこの労働は、その内なる過程において互いに矛盾する諸目的を同時に追求することができる。さきのトゥガリノフなどは、「怠惰」は労働説にくみしないというが（一八ページ）、この誤解は、こうした自生的原態の表現労働説を理解しないことに由因する。これとは別に、フランスのブルジョワ自由主義の政治家、歴史家のA・ティエール（一七九七―一八七七。パリ・コミューン（一八七一年三―五月）の徹底的な弾圧者）などは、聖職者に、人間が「快―楽」をもとめる哲学を期待してはならず、「苦しみ」の「良き哲学」の権限を絶対的なものにすべきだと、一八四九年の「初等教育委員会」の席上で述べたといわれる（P・ラファルグ『怠ける権利』田淵晋也訳、人文書院、一九七二。なお中村Ⅳ）。ここにも、自然力説からみるときの、誤解がある。というのも原態の表現労働には、伝承的の予見ないし予定、民属の自然的歴史的条件、宗教の指導者による規定などの、外部の葛藤とは別に、内在の指導原理、すなわち内的な価値相互の矛盾による制限からは免れることはできず、価値の理念的自存における情動の自生は、活動的目的にたいして不断の矛盾の拮抗しあう交互作用として表現されるからである。このことが、この労働のきわめて危うい理由でもある。これに対して他律的な、因果的規定による労働がはるかに集合主義の力能を発揮することはいうまでもない。危うくも、頼りない原態労働に、自存的かぎりの「リズム」が加えられるときの意味づけの問題は、それゆえにかえって興味のあるところである。なおいいかえると、諸価値の矛盾にもとづく原態労働にたいしては倫理的規定が――自己審廷のごとく――弁護をつとめるのみである。

「活動」自体を目的とする原態労働は、その予見、予定じたいに、目的との葛藤の根源がみとめられる。したがってその世界過程は、さきの西の「諦視―発機」説に従えば価値の実現は一種の「神」の擬人説にそっており、その意味の人格の相対的虚無説であるともいえる。原態労働における価値の実現は、あくまで人間の自然力にそった表現の価値についていえることであるから、それは生命と死、善と悪の、価値と反価値にかかわり、この両者の際において、人格的の活動価値のうちに「諦視」のはいる余地がある。相対的虚無の労働の世界生成に、「神」的「虚体」の理がはいり、「受容」心理が先行する特殊形而上学の余地がある。原初的な「活動」価値は受容、すなわち「死」の「悪」的反価値の実現をも容れうるところに、人格としての意義があり、自然力の情動的活動＝原態労働は、生成的存在の流れの過程に身を委ねることである。ここに狭義の活動だけではその性質を徴表しえない、自己価値といわれるべき――高潔や悩みのごとき――高くて強い価値の表現労働のあり方を、われわれはマクガバンが験証したように、山の民の「母性」から習得したことである。もしこのことが、「聖母マリア」が「キリストの名のために悩む」ことはイエスという「人」そのものに深く関与することであるのとおなじく、共通の生命力《アルケウス》的原態を意味するとすれば、母性にみる情動的活動そのものに原初的な相対的虚無のコミューンの原理をとらえることができた、井上やマクガバンの労苦は再評価に値する。

それはともかく、生と死、善と悪の、際、さかいにおける何がしかの動態としての「理」の所在こそ、「神」を生みだす魔術心理的な先行過程であった。そのことをマクガバンの師のマレットが『宗教の識域』（一九〇九、初版）の「序」において、このような先行的心理は「未開心惟の光と陰の交錯する境界に充満する幻想であり、部族のかがり火の光明と暗黒の境地におどる幻想である」といっているのは（『宗教と呪術』竹中信常訳、誠信書房、一九六四）、ホッブズの宗教的情動説ないしシェリングの光と闇の二原理説とおなじ、自然の存在における、創造の過程説のアニマティズムとして自然哲学の系譜に属するものといえよう。この「序」においてマレットは、自著の宗教論は、人間の「思惟・情緒・行動など全体的な有機的複合体をあつかうもの」だと強調しているが、このことは、われわれの原態労働観が宗教・倫理・美的の一体的なくらしの構成原理の考察であることに適い、そして西の、人の理性徴表説にみる両性相遇う際に立つ、倫理的くらしの「暗黒」の中間的自然説とも符合し、なおゴルトシュタイン生理学における生全体観とも一致するものといえよう。

シェリング自然哲学においてはその神秘主義をつうじて、人間における本態の労働とはなにかという主題は、自己価値としての理の徴表にみる、事物と事物の境、両性の際にみるごとき、引力と斥力、主観と客観、悪の現実性と善の可能性、宗教的には「神」と「罪」などの、対立物の間の中間的自然の力動において、究極的には道徳的価値の高低・強弱の表現活動において、生成論的に世界内在のあり方を問うことにあるといえた。くり返すようにこの問題枠は、たんに理念的な範疇にとどまるものではなく、われわれとしては受難の「山の民」の実証に特殊的なる出発点をもち、商品生産的賃労働の行き詰まり状態の先に見とおすべき自生的コミューンの骨格を呈示することに寄与しうるとともに、賃労働形態の基底におかれうる――宗教・倫理・美的に全一化した――原生的労働形態（「太古的労働」）とその原理につながるものである。

人間の境界期の思考構造には、神的魔術が積極的に主観―客観関係として、つまり主・客の動揺する未分離のうちにさまざまにくらしぶりとして工夫されてきたのであって、ただその工夫が、「死」に直接する自己完結性を「黒の思考」法のうちに特徴とするところに母性とそのうちの自然の人格主義的な態度＝表現として、問われるべき余地を持っている。こうして自然との交渉・交通は情動表現労働といいかえられ、そこに「情動」そのものを分有し合い、相互に受容し、新に造成し役立てあう交感の労働過程が想定されねばならない。境界期には、群ないし家族の間の生産物交換が共同体間におけるのとおなじようにみられたが（マルクス『資本論』第一巻第一二章第四節、全集二三、四六一ページ）、しかし、そこでは、生産物交換と並んで、あるいはヨリ原生的な意味で「造成・役立ちの情動交換」とでもいうべき、自分自身の自然力表現にみる労働の現物形態が不可欠であった。形態と実質の間の矛盾による観念の不一致と、それ故にこそ情動の受容的で造成・役立ち的な矛盾の労働・交換が不可欠とみなされる点こそ、最初の「家族」関係を基礎づける最も基本的な契機であった。

というのも第一に、人間の初期において「生産物を生みだすいろいろな労働はその現物形態のままで社会的な［家族の］諸機能である」からである（マルクス、同書、全集二三、一〇四ページ）。第二に、矛盾のくらしぶりはマルクスの同書によれば、群の基本的な細胞である家族とその構成員相互のあいだに、①性、②年齢・世代、③自然条件によって変化する、三つの労働の「自然発生的な分業」にもとづく「共同的労働力」に表れるとされた。このマルクスの主張の真意は「分業」そのものにあるのではなく、「共同」の労働表現の主張にあった。人間の本質力による表現の観点からは現物形態ならではの心身相関的性格の故に、受容および造成・役立ちのアナログ的表現労働を主導する「母性」によって、労働過程はむしろ情動統合的に進行する。

人間の労働の現相を、経済学において発生論的《ジェネティック》に「厚意《グッドウィル》」の表象であるとしたのは、ホイトであった。女史によれば古来、民属がかかえる「厚意」と「賤し」の要因は、人間にとって最も始原的な贈り物《ギフト》と、「性的な関係のある個人的な諸サービス」(intimate personal services) とのうちに、生かされる。この高低と強弱の価値にわたる「サービス」説は、C・ギルマンすなわちステッツォンの「女性学」の核心となり（第七章）、私的所有制下の「賤し」は、まさにこの意味の両性の間の造成・役立ち表現にほかならないのである。「サービス」（経済学では「用役」ともいわれる）の「供給能力」(ability to serve) は、性的関係のある家族集団の間で、賤しい者の性的な給付において、主要な共通の「一定の作業量」(certain tasks) として「評価《バリュー》」されたからである。すなわち、現物形態の共同的労働力（マルクス）は、「自然人」の間では「かれらの公正さ、適合性、純粋性、道徳観念などの情動《センス》の一表象」であった（前掲『交換のアンスロポロジー』一二三ページ。ただし一部を改訳）。

受容と造成・役立ち二つの可能性の表現労働において、受難の人間は、はじめて理性の特殊形而上学的「可能世界」を了解的に観念し、そこに一種の「演出―遊戯―祀り」の空間を、そしてその「伝承」をば、「黒の思考」としてわがものとすることができた。大沢正道は「遊戯と労働の辯証法」という主題を正面からとりあげた数少ない社会哲学者の一人であるが、経済の原理論からみるとき、「遊戯」と「労働」のかかわりにとどまり、既述のように人間は古来、これらがくらしぶりにおいて一つの「表現」として融即しあい、歴史的身体的な演出において実存してきたことを、したがって可能態と現実態の辯証法を構成しえる歴史的人間の学を展望するところにまでは、その問題論を提示しえなかった（『遊戯と労働の辯証法』新装版、紀伊國屋書店、一九七九）。

「表現―労働」という、経済学では耳慣れぬ用語は、客観の立場からの「説明」的現実態の謂ではない。それは、主観の立場に引き寄せられた「了解」的可能態そのものである。この自然力は、相互に主観的に「受け容れうる」状態と「造成し役に立ちうる」状態との両極性におよぶ流動的な過程を持っていた。既述のようにハートランドは、この危うい流動的過程からなる「黒の思考」法は、キングズリィ女史による人間の人格姿相の、死―生観にもとづく「形状変化」(shape-shifting) 説や、いわゆる「再生・転生」の母体機能説に発端をみるとし、自然人の黒の思考法は、母性中心の環境活動としての変態のはたらきにあることを見抜いていた。そのうえでこの事態は、経済学の通説にいわゆる「再生産」機能とは似て非なる、受難の民の且且の生成活動であることを主張していた（前掲『原始民族の宗教と呪術』一二、六二ページ以下、参照）。

第七章　相対的虚無のコミューン原理——ステッツォン「女性と経済学」説をめぐって

一　くらしと虚無

これまでの考察によれば、古タイヤルにとって「黥面・首狩り・首祀り」のさいの、くらしの中の「顔・首」にみる自然情動の表現世界は、かれらの能力や独特の素質を過去から未来にむけて伝承させていくうえでの、十分な源基であった。ここには、個人としての身体、心、精神、そして主観の足許にひろがる無機的自然の存在までの人間的自然の階層的カテゴリーにおいて、上部のより高い存在は、下部のより強い存在に制限されつつ、自由な創造の余地をもっている事的行為の世界内在性が注目された。採取・狩猟・漁撈・焼畑の経済段階にとどまって単位小家族ごとの「放浪」のくらしぶりにみるように（中村I、七〇ページ、第三図「カラ社における自然生的循環構成」）、下部構造の制限のうちの個人の自立性は、精神内界においてすぐれて宗教・倫理・美的な個性として、価値転換的な「つなぎ」を機能させる方向で「自律」的性格を涵養した。

個人的特質が、民属の「神々」の習俗のなかでいかに自律へと契機づけられ、「死—生」世界の保存にむけた表現の創造的なはたらきをもっていたかという問題は、古俗伝承にみたように母性観念に収結される両性の間の協働の「つなぎ」にその端緒を持っている。一種の集落地理学的な方法論において一九世紀のアイヌ社会を考察した遠藤匡俊は、「和人」との交易ないし労働力の提供が盛んになった当時のアイヌでは、かえって漁撈・狩猟・採取の生業活動を活発にしていた可能性が大であることを主張しつつ、集落ないし家族構成員の「移動生活」と「高い離婚率」が、平行的にみられたことを結論づけている（『アイヌと狩猟採集社会——集団の流動性に関する地理学的研究』大明堂、一九九七）。遠藤はこの事実についての歴史存在論を不問にしているが、ここには「母性」中心の民属と、「移動」性によって規定される単婚小家族の性的「つなぎ」の情動交換とが、アイヌの歴史的内実であることが洞察されうる。

定着農耕段階のはじまるはるか以前に、人類は圧倒的長期にわたる入手・獲得経済の放浪型のくらしのうちに、家族単位の利害にかかわる情動の矛盾闘争を経てきた。自然情動というこの大きな問題は「低—狩猟」という労働形態が、その不確定性のゆえに男子の専門的分業へと特化はしないところに生まれる。この労働形態は、母性主導の両性のつなぎの表現労働に基礎づけられ、この事態は「厳格な習俗との結合・労働」（ルクセンブルク）として、強固なくらしの性的表現労働を生みだした。異色の習俗として永続した黥面・首狩り・首祀りこそ、自律的な協働のくらしを支えることのできた繫辞的源基であるとみなされ、この習俗を呪術的儀式として掌握したものが母性権能であり、とくに「女呪術師」であった。人間的自然の生成の地勢的条件が、この呪術的世界の物理的背景をなした。

「未開と文明」の項でエンゲルスは、氏族制度のアメリカ・インディアン、とくにイロクォイ族からの帰納的検証のうちに、タイヤルとは逆の地勢条件を定式化していた。すなわちエンゲルスによると、稠密な部族の居住地のまわりには広い円周をなして、まず狩猟地域があり、つぎに、この部族を他の諸部族から隔てる中立の「防衛森林」がある。かくて「男は森林で、女は家で」原生的な分業がはじまり、この「世帯は……共産的世帯である」と（『家族、私有財産および国家の起原』全集二一、一五九ページ）。ここには、居住地に隣接する狩猟地域という男性本位の規定をもって、はじめに女性（その実は「母親衆」）を「家」に封殺してしまうという、「共産的世帯」論にとって決定的な誤りがある。山地民であるタイヤルには、これとは逆に、まず居住地の周囲には共同所有の森林があり、その背後の海抜高度のより高い地域が他部族とのさかいの「共同猟区」であって（中村I、第三図）、はじめに森林とその中のまばらな空き地こそがたがいに「自然の光」を指向してやまない「共産的コミューン」の土台であった。具体的には、森の中の空き地という、一条の、すべての生きられるもののためにある性の「ぬた場」（中村I）が、母性観念の表現活動をあかしする「神―心」的空間なのであった（第三章三のトロック蓄の伝説）。山の民にとって、森の中のこのような「神―心」自然力の世界内在をつちかうことのできる思考上の「有」は、エンゲルスの主張とは逆に、人間的自然説においてはるかに普遍的な事実であったのではないだろうか。

わたくしの考察では、アメリカ・インディアンのイロクォイ諸部族を構成する、セネカ、カユーガ、オノンダガ、オネイダ、モホークには、前三者に八「氏族」が、後二者には三「氏族」がそれぞれ女系氏族として、部族どうし、村どうしをつなげる思考上の有として「呪術」的役割を果たした。のちに一七二二年、これにタスカローラが加わってイロクォイ六部族連合となる。イロクォイ諸部族は、そのうえ複数の頭目制をしいたが、このとき、ふつう氏族中の、最年長かヨリ年配の「氏族の母」(the clan mother) が同族中の他の女性たちと協議したうえで、一人の男子を頭目の地位に指名し、他の頭目らは、この選択に対して賛同もしくは拒否をするのみであった。こうした頭目の「再生」に「氏族の母」が中心的な役割を果たす、母系制下の頭目制社会は、女系によって類縁づけられる拡大家族が占拠する「共同長屋」(long house)とともに、おなじ針葉樹の大森林地帯＝タイガの経済圏にくらす、部族民に共通するところであった。すなわちR・ラスティゲ女史は、一九八三年から一九八五年にかけて、最東部のティエンディナガ・モホークの古老たちから聴き取った民話のうち一九篇を、一書にまとめて公刊したが、その多くに、女性を主格とした口承文芸体系の片々が豊かに登場する。とりわけこの体系が、モホークの間に思考上の有を情動交換によって構成していることに、注意しておきたい(中村訳・解説「グレート・スピリットの贈りもの――ティエンディナガ・モホーク族の民話より」名古屋学院大学論集(人文・自然科学篇)三六―一、一九九九年、所収)。

ここに一点、マクガバンの所説から敷衍された「母性権能」という用語について、検証しておこう。採取・狩猟民にみられるのは、「女性」ではない、両性に不偏的な「母性」の支配観念なのである。それはリヴァースのいう「結婚」階級の表象としてである。われわれは「人間社会の初期状態を、父権または母権のどちらかに片付けてしまう単一なるものとは解しえられない」のであって、「もし採拾時代に、人は、粗漫に規定されたる小群で放浪した、という推定が正しければ、われらが系譜、相続、継承と呼ぶところの社会過程は、漠然たり不明確なるもので、多くの場合は、あるともいへないほどのものであろう」(リヴァース『社会体制』井上吉次郎訳、育英書院、一九四四年、一二一ページ)。小家族の群、社会状態としての父権をも母権をも、あたまから規定してかからない自然状態の導入、ここにすぐれてリヴァースの自然史的過程の視角をいれた採取・狩猟民についての史眼がうかがわれる。「社会」以前の自然状態において、母性が、自己の変態の自然力をもって採取・加工の表現行為にのぞむところには、権力的な母権というよりは、このように採取経済構成員の観念にみる「母性権能」の用語が適当なのである。

自・他の「顔・首」の身体表象は、精神内界を、いわば免疫論的に自己のうちに「つなぐ」はたらきのうえでたしかに「異様」な現相である。人間の死者をめぐる「仮面」づくりは、デスマスク（死面）のごとく世界の各地でみられたが、タイヤルにとって「顔・首」には、祖霊歓待とともに、とくに労働力としての、それによっていまは平地民と化したかつての仲間の還帰を願う、群の経済共同態的な、唯物的情動と、その願得の宗教的情動の交感が表象されていた（中村Ⅳ、第一部、第四・五章）。ここに、祖霊と旧同朋を呼び寄せ、それを契機に諸個人に「オットフ」神を反省的に考えさせる契機となるとともに、同時に、たえず旧同朋とのコミュテーションにみるつなぎの内的経験を蓄積せしめることになる。この口誦伝承は、生産力のとぼしい採取・狩猟民にとって過剰な人口は絶えず「群」の外へ移住せしめざるを得ず、このようにして群として発展すること自体、きわめて困難かつ限界のあったことを表していた。すなわち、この生の欠如の事実が伝承されて、群の外の人間はかつて自分たちと同じ祖の系譜を持つ旧同朋であるという内的経験となるのであって、このための「首狩り」表象は、それゆえにあるべき「有」の完全性の不在、欠如にもとづく、相対的虚無の表明であったとみなされた（中村Ⅳ、一〇一ページ）。

労働力の、平地民への余儀ない「割譲」という矛盾は、それを補完すべく労働行為における手工と手道具としての著しい複雑化を経て、各自に表現活動を介しての個性の「可能世界」へのみちを取らせざるを得ない。

採取・手工の任務は、いまやより複雑化した狩猟をとおして共同の利害と矛盾を自然情動の個性的表現活動へと浮彫りにせずにはおかず、それらはおそらく、三つの側面からなる新たな辯証法的構成の心身連関の世界をむかえたのである。すなわち、①狩猟の成果を一層確実ならしめる捕獲具の効率の精密化、罠などの多様化、かご・袋・筒・あみ・ひも・おびなどの猟獲具と運搬具の必要などにみる手工技術の発達は、それを使いこなす人間に、「事」実にそくした判断作用とその自決の情動表象をうながし、主観—客観関係の高度化、すなわち価値的思考の有の「高次」化をもとめる。ヤミ人には、既に「マナウィ」とよばれる「投網」が共同漁撈の道具として神聖視せられていた。②この情動交換の物象への内在化は、とくに狩猟行為をとおしての猟獲物と人間の間に、「死ととなりあわせの生」の欠如的所在を意識化せしめ、「闘争《ファイト》—防衛《ディフェンス》—逃避《フライト》」の連合観念をつちかい、なお彼我の「生の惨酷さ」を辯証法的対自的に世界化する、アニマティズムを普遍化せしめた。③これらの主観—客観関係の高度化と価値的思考の有の高次化という世界のアニマティズム化は、心に投射された現実「態」の「可能・了解世界」をゆたかにひろげ、心的力動作用の外延と内包の両価性《アンビヴァレンス》を、それぞれ現実態(形相)と可能態(質料)として情動交換の内実にむかわせるのである。

　こうした原始的採取・狩猟段階における世界の内在化とその基本的矛盾の現相は、呪術的儀式、黥面・首狩り・首祀りによる「成人」化と性的の「歓楽の絶境」(小泉、中村Ⅳ、三四〇ページ)、結婚階級(リヴァース)としての観念の「母性権能」の発揮と承認などに、包括的に表れる。この包括的現相は、いわゆる「オゥメン—シャマン」論とかかわりがある。M・エリアーデは、C・アグノエルの「アルタイ型シャーマニズム」説に関連して、古代日本の女妖術師は朝鮮のムーダン(巫党)などとの関連があること、彼女らは「聖なる柱」へ

「魂」を「降ろす」ことなどに注意をうながしており、あわせてシャマンの天界に「上がる」「飛翔する」はたらきについても一考をうながしている（『シャーマニズム』堀一郎訳、冬樹社、一九七四年、五七九ページほか）。ただしエリアーデは同書において、シャーマニズムは古来、「母権制」とかかわりがあるとの見解をいくつか寄せているが、この見解はわれわれのみてきたような前母権段階説からみるとき、はなはだ皮相的な感を抱かせるし、その内容も「母権」自体の考察も、加えていない憾みがある。

先走っていえば、「呪術師・呪師」が文字通り「母権」（「父権」）という政治的権力を掌握し利得を恣にするようなことは、本質論的にありえない。というのも彼／彼女の権能はくりかえすようにあくまで自己変態、演戯の内在の可能世界にかぎられ、「子ども―母親」的了解の演出型であるからである。とはいえ、エリアーデによる女シャマンの「聖なる柱」説は、本書の「呪術」の情動交換・説を側面から具体的に支持しうるといえる。折口信夫にも、古来の「松」の木の依代《よりしろ》説があるが、動態としての依代（憑代）こそ、古来、母性の「自己―変態」的受容可能性をともなった、情動交換である。台湾先住民であるブヌンの「呪師」をあらわす「イスアミアミナン」および「イスヌルサン」の用語には、「呪術の道具」である「口」をもって何事かをなす人、という意味がある（学士院『語彙』）。もちろん「口」とは別に、「イスパシア」という「呪療《マシア》」のための呪具および呪薬はある。

呪術という情動交換は、現実性と非現実性の間を、経済の原理にそってあれこれ調整をとりながら、事柄の或る可能性を前もって全身のうちに受容していなければならない。事柄の可能性は前もって受容されなければならず、前もって可能性が容れられないものにはついに現実性は与えられず、それ故、われわれにとって現実的なものは前もって可能的であるという、人間の自然力の現実的な半面の動態が古来、「呪術」として口伝されてきたのである。しかし、もう半面の動態がうかがわれねばならない。われわれは、コトにあたって前もって、いちおうそのものに対しての受容可能性を用意しなければならないが、しかしそれだけでは済まない。先の、可能性は前もって受容されなければならないという、大工Aの態度は、くらしの中で、前もって自己をして自己の受け容れうる、予祝の了解的状態となっていなければならない。この内在の交換の動態に古来の哲学は、転換＝変態にまつわる謎と神秘性をみとめてきた。ここに「受容―交換」の内在論が展望される。

くらしていくということは自己自身を、前もって受け容れうる了解的状態においておくという態度の連続である。この態度は、既述のように「くらす」という自動詞から中動詞にまたがる了解という中間領域（潜在的な中間態）の所在を意味した。それは、主体にとって即自的な存在が反照して対自的な存在となることを意味するのであるから、この即自―対自の間の往復は結局、情動的了解の「対自的交換」といっても差し支えないであろう。それだけにこの往復・交換そのものには、受容可能性には避けることのできない予期せぬ現実が、はいってくる。シャマンのいくつかの「はたらき」は、予期せぬ現実を「快」へと転換せしめる内在の対自的交換・説から理解される。すなわち、個人の「労働」（「はたらき」）はじつに対自的交換の「快」にむかう動的あらわれそのものであって、この間にみられる自然力の質料的な動態にこそ、最後まで可能態《デュナーミス》としての「祈り」的力動をいれる了解の余地があるといえよう。「祈り」とは、内在する交換了解的「労働」そのものである。「祈りと労働」（ora et labora）を宗教の教義とする場合（厳律シトー会）、そこには対自的な受容と役立ちの情動可能性に基礎づけられた、呪術的にして理性的自然神学の「自己了解」という快へのみちのりがある。「呪術」

は、現実性と非現実性の間の調整と、現実態にたいする可能態を予見（予言、予兆）するという、転換の「つなぎ」の「労働の祈り・祈りの労働」である。

労働の本性は、自然力の内在する了解・可能的にしてなお「自律」の快的な動態であった。祈りの原態労働は、とりわけ受容から造成・役立ちへのエロス的「つなぎ」の力のはたらきにおいて対自への境域を用意したが、このことは即自—対自の間を「無—我」の暗闇において転換することであり、この立体構成は生成論的存在論的には、価値的に無記の態度といわれた（ハルトマン）。これは、「神」を必要としない、機械論的必然性のもとの拒否的態度の、存在論ではない。「祈り」にたいする民属の立場は、ここまで指摘したように「欠如—自己了解」への対自化の、快の生成的動態としてのはたらきにある。その意味では祈りは、いわゆる感謝、誓願、讃美などの対象化的な現実態ではない。そのような祈りにとっての労働の現実、そのような祈りのためにする労働ということではない。祈りは、本態的に内在する労働状態が可能から現実の快となるための、自存の事的行為に属する。ここに労働じたいの重荷・受苦が祈りによって快となる途がひらかれるのをみる。

労働はここにおいて、「自己—演出」のまま自己了解をパッションのよろこびに収結せしめる、対自的な情動交換となる。俗にいう「面白い仕事・好きな労働」であり、「何かに憑かれたような仕事ぶり」であり、そこに自己の存在をゆるし、自己を了解する快のみちがひらかれている類のものである。要するに情動交換の世界は、他の情動とは異なってとくに両「性」に自然に課せられた表現活動の矛盾の労働・交換をあらわしている。両性のコミュテーションは人間の本性（自然）にかなった快としてとらえられ、古来、「呪術」論においては「掟《コード》」とも、キリスト教義のうえでは「正義《ユスティーチア》」ともいいかえられてきた。このくらしの中の情動交換について、よくある事例を文学作品からあげておこう。

J・スタインベック（一九〇二―一九六八）は、短編 The chrysanthemum（「菊」）で、性的な「張り合い」がらみの情動交換の、自己完結的な対自的性格を浮彫りにしている。三五歳になる野性美あふれる妻女のイザイラは、行きずりの大男の鋳掛け職人の甘言にのって、自己の性の主観的表象と交換に二つのシチュー鍋を五〇セントもで修理してもらったうえ、さらに別れ際にみごとな一鉢の「菊」をもたせる。この一見、人の良さを地でいく自己演出の満足こそ、情動の快的コミュテーションである。ところがイザイラが、あとで町に出掛けたとき、道に「菊」が捨てられ、ぴかぴかの新しい赤い植木鉢だけは男に持ち去られているのをみる。道に捨てられた「菊」は妻女自身でもあったから、見まいとしても目はいうことをきかなかった。目だけではない。思えばこの「菊」の発芽から開花に至るまで、イザイラの「手」は植木屋のごとく、指の触覚を介して「菊」と一体となり、官能の享受するままに思考上の有としてうごいてきたのだ。長い間の手業によって「菊」は官能的に妻女自身につながれている。

こうしてこの作品は先ず、くらしの性的情動が手細工に凝縮されることを強烈に印象づける。ところがそういう「菊」がいまや無惨にも投げ捨てられているのを知ったとき、イザイラはおそらくはじめて、日頃の官能にささえられた「自己了解」の快の世界に何か不足した、「欠如」があることを視認したのだ。さきほどまでの逞しさは、老婆のように弱々しく泣き出さんばかりに、変わった。あの身体の熱っぽさは、「菊」が投げ捨てられたことによる失墜によって、彼女にとって、どこか性の不完全さゆえの羞恥から陵虐にも等しい情動へと変わったのだ（西村千稔訳、スタインベック全集5、大阪教育図書、二〇〇〇）。

短編「菊」にみる情動交換は、冬の谷間にある牧場のうそ寒いくらしの中の矛盾の一齣であり、ひとりの妻女にとって、異界からの幌馬車は、それだけで明るく耀いてみえたが、この出だしからして既にイライザの性の不足の日常状態が暗示されていた。イザイラの中のくらしのせまい現実は、湯浴みするとき、自己の身体の性的魅力を主観的に外に押し出す余地とみえたものがじつは客観的にはかえって不足あるものであったことを、生みだしていたのだ。世間ずれした鋳掛け職人が、こうしたただ「自己了解」の矛盾からなる性の不足による情動交換を、妻女の中に予想し、そこにつけこんで利を恣にしたのは見易いことである。その意味で妻女にとっては、自分の落とし前は自分でつけざるを得ない情動の対自的交換は、それがどんなにはげしく起伏にとんだものであろうとも、否、結果的に無惨な思いを招こうとも、コミュテーションそのものは、自己演出的に完結し、社会状態にある鋳掛け職人に対してそれだけなおつぎの「自己了解」につながるものを見出さざるをえなかったといわざるを得ない。

　スタインベックの世界は、荒涼たる西部に追いつめられた、孤独な牧畜業者を舞台にしており、表面的にみれば、それ自体が共同態をはずれた自閉的な異界であり、鋳掛け職人の幌馬車は、異人そのものであった。この短編は一見、共同体間の利欲《ウスラ》がらみの交換の典型であるともみられるだろう。しかし、牛追いの牧畜業者も幌馬車の鋳掛け職人も同じ漂泊者《ウエイファーラー》であるとしても、果たしてこの世界は、ウスラ型の交換に尽きるものであろうか。スタインベックの主張するところは、鋳掛け職人はたしかにそのようなタイプの人間として描かれるが、作品は、むしろイライザの内的環境の矛盾の情動に重心がおかれていて、それが「菊」に表象される、自己の手指の官能的なまでに享受しえたくらしのエロス的表現活動をとおして、つまり「菊」という物象化による代償の対自的交換がはたらく、欠如型「性」の内的世界を描いたのである。

この豊かな情動交換の世界は、鋳掛け職人の社会状態そのものであるのに対比して、矛盾を対自的ににない、妻女の自然状態のものであるというのが作者の主張するところではあるまいか。いうまでもなくイライザの一鉢の「菊」に寄せることで表された性的情動の、結果的な無惨さは、夫との間にみる二人共同態の中のささやかな性的欠如という矛盾の表象でもあった。いいかえると、イライザが味わった欠如的虚無感は、くらしという現実に根拠をもつ思考上の有に由来しているだけに、受難の民の避けがたい、一種とらえどころのない深淵につうじている。

古来、サービス(servio)の語には「身体を提供する―奴隷化」の原義のあることを考えあわせるならば、それが母性の自然力の「給付―反対給付」などの心身連関の経済動態のうちに、再生する未来の可能態を了解的に受け容れうるという快の情動交換型が、想定される。この間の「交換」のことをマルクスは、未だ様式化されないpermutation(互換、交替)といっていた(「父への手紙」一八三七・一一・一〇、全集四〇)。「家族」にむかう表現労働の観点に立つなら、くり返すように、これは、直接的交換としてのcommutation――二つの極性の間に方向づけられた情動の乗り換え、交換、転移――といいかえられるであろう。受難の古タイヤルにおいて、「事」物の保存にそった、くらしの中の「オットフ」神の影響のもとの秩序化という黒の思考は、「万物」(トロック蓄の傳説)の主宰をば善・快にむかうべく定置された「摂理」とみなしうる原理につうじていた。古タイヤルの中にあって、マクガバンが「部族グループの年配の女性たちによる集会《コンボケーション》」に注目したことが、ここでおおきな意味をおびてくる(中村V、一〇八ページ)。

山の民に、現実にたいする「予見」の了解的な可能性がないわけではなく、それどころかたえず客観を、主観の対自的にとらえようとする、われわれのことばでいえば自己「変態」の表現活動の快にむかう「黒の思考」が俟っていることはこれまでに指摘することができた。すなわち、主観―客観関係のもとで演じられる変態は、身心的表象の、それもとりわけ母性の事的行為にみる表現労働に明示される。母性は、たえず前在する自己似像（胎児・育児という自己「仮象」）との間に、対自的な対象関係を快として持っているからであり、採取と育児の統合的な表現労働のうちに、自分自身を前もって造成し役立ちうることにおいて受け容れうる、という転換（転成）の態度を課されていて、それを堅持しなければならないからである。それ故にこそ人間は「社会の子」であると同時に、課せられた「自然の子」でもあるという、心身医学の池見西次郎の問題提起を（「東西の心身医学の統合」久保千春編『心身医学標準テキスト』第三版、医学書院、二〇〇九、所収）、「心的存在」としての快の矛盾の在り方において探究すべき余地が見いだされた（中村Ⅳ、第三部を参照）。こうして人間的自然のもとでは分割されることができない、生成的存在を秩序づける着想（黒の思考法）にそったくらしの表現「労働」自体に、可能性と現実性の覚束ない、価値的にも矛盾の了解的様相が自己完結的に内在する。個人の世界内在のこのような有り様があかるみのもとに引き出されたならば、そのような表現行為を秩序づける民属の「神」的摂理のもとのコミューンの原理がさいごに考察されなければならない。

　この作業もまたここでは山の民の実証を下敷きにするかぎり、この原理は、既に主権者は眼に見えない「神」のほかにはおらず、そのため「原民主主義」のシステムを浮彫りにすることが提起されてきた（中村Ⅳ、Ⅴ）。いいかえるとそれは、受難の民はくらしのコミューン原理として「神」のみを善・快へと定置された唯一の「有」(「有一般」)とする、相対的虚無の表現世界をつちかってきたことをものがたる。いまや、民の生成論的意味としてのコミューンは、その個人のくらしをして自然的歴史的条件のもとに受難の状態に至らしめ、人間的自然についてのくらしは、普遍的な有に対置されたヨリ下位の了解的に一なるものとしてしか、つまり無において「悪」への傾動も避けられない、事的行為に快として立体的に構成せしめざるを得ないものとした。

くらしの中の普遍的な有を相対的にみとめるかぎりにおいてわれわれは、ゆるい相対的虚無の、自生的原理によるコミューンをもみとめることができるのである。この意味で仮に、日常的な家事のくらしそのものを、自己不在の故に、つまり快としてみとめないとするなら、そこには、一切の有の不在になる絶対的虚無というくらし自体の非存在にむかうことになる状況が、俟っている。いまや問題は、このおそるべき人間的自然の有の不在の状況が、つまりくらしの非存在という状況がいかに問われるべきかという次元にある。このための以下にみる論証は、資本制社会のくらしの基底になおこの人間的自然の原理が息づいている若干の現相について、現代女性学への反証として試みられる。

二　サービスと母性(一)——ギルマン「歴史的倫理の三段階」説について

人類の「母性」情動について、おそらく近代(ここではいわゆるヴィクトリア時代末期)に最初に男女の性的関係からその経済的機能を集中的に考察したものに、シャーロット・パーキンス・ステッツォン(一八六〇―一九三五、ステッツォン姓はのち「ギルマン」夫人となる)の著作、Charlotte Perkins Stetson, Women and Economics,

A study of the Economic Relation between Men and Women as a Factor in Social Evolution, London and Boston, 1900, pp.358 がある。この原著は、一八九八年の初版に対しては二年後の増補版である。このような注意は、初版にはない新たに追記された「緒論」をとおして、初期の「自然状態」からいわゆる社会状態への進展にともなってこの性的関係のうえで、それまでの経済関係の「調和」(両性による「協働」)から男性偏重への大きな変化が生じたと指摘する重要な思想が、見えるからである。この点に注目することこそ女史の「母性論」について今日、あらためて再評価を下すことの意義があるのであって、管見のかぎり同書についてのわが国での研究はいずれも初版にかぎられ、そのため、真に女史の再評価にはつながっていない憾みがある。ステッツォン女史における「女性経済学」の意義を概括することは、性的関係における葛藤状態としての差別と統一の両面性向が、本来、群と家族の発達史のうえで衆議型「母性権能制」によってパッション型労働の呪術による統整がはかられるというわれわれの仮設の論証に寄与し、なお学史的には、政治的な「母権・父権」論を経済学の視点から相対化する点において、有意味とおもわれるからである。なお余談ながら、従来の研究はいずれも「ギルマン」著としているが、同書にかぎっては旧姓による「ステッツォン」著とするのが正しい。

はじめに、掛川典子が翻訳・解題したC・P・ギルマン著の小冊子「女性と社会サービス」(一九〇七)を、批判的に継承することから始めよう(昭和女子大学女性文化研究所紀要・二〇、一九九七、所収)。これによってギルマンのいわゆる「母性」観念論が端的に「労働」の方法論から大きな意味をもちうることがあきらかになり、男女の性的関係と経済関係の核心が簡明となるのである。ギルマン(旧ステッツォン)はここで、はじめに「サービス」とは「政府」であり、女性がこれに参加することによって真に民主主義の理念が「新しい政府論」のもとに出発するとした。これに対置されたギルマンの「古い政府論」は、上からの統治、秩序づけ、法制定、管理、命令などにおいて、下からの「コミューン」論とは対抗的である。いいかえると現代の女性労働は、進展する歴史時代のもとに性的にも経済的にも「賤し」い性格のものとされてきた（前掲、ホイトおよびヘーシオドスを参照）。この講演冊子でギルマンは、「政府」や「公共」が資本主義による資本主義のための、つまり私的所有制維持のための制度であるとは一言も批判していない。しかし、だからといって彼女のこの「新しい政府論」が資本主義擁護のためのものであったときめつけるのは、早計にすぎる。むしろその内実は逆に、資本主義を超越した人間的自然の「有」の生成的存在論的な、キリスト者としての「コミュニォン」（共同統一体）を想定しており、そこから家父長制下の、私的所有制を批判していたとみることができるものである。

そのような論述は、人類の境界期の共同・個人的所有制から今日の私的所有制への歴史を批判的に「三段階の倫理」説にまとめたところにみとめられる。第一段階は、今日のわれわれの基底におかれるべき「最も低次で最も古いもの、すなわち個人［的］倫理」であり、しかもそれは、今日においてもなお自己責任のつとめを負うという点では「まだ完全［な状態］ではありません」。第二段階は「はるかに最近のもの」で「ひとりの男性が家長である」ところの「家族倫理」であって、「最も野蛮で原始的な部族」にみられる。それは、①父親または長男が倫理の指導者であり、②妻・子ども・使用人・親族はこの指導者の支配下におかれ、③財産は私的にその家長に属し、④そのような「家族」は徐々に「国家」へと成長した。これに対して第三段階の倫理は、キリスト教のもとに「サービスの新しい方針」として、今日ようやく台頭しようとしている。それは従来の「王と国に奉仕する義務」を相対化し、「私たち自身の偏見」から脱し、「ハンディキャップを課せられた民主主義」を止揚することに、つうじる。その一例をギルマンは、「幸せで、有用な、清潔な良心を持つ、良い家庭、良い家族」のなかの「子守り」や「使用人」の存在が、生命の低次から高次への成長過程を一身に負わねばならない子どもにたいする甚大な影響をおよぼす事実について、提起する。すなわち、子どもにとって「自分の世話をするために雇われた成人が［家庭内に］いることは、［それだけ子どもの自尊心という］重要さの感情をどれほど増加させるにちがいないか」というふうに、広義の母性（継母、乳母、介護者）による個人の世界内在の有り様を問題視していた。この問題意識は、「私たち女性は組織のための能力を「未だ」人間の心のなかで発達させることに参加していません」、かえって「私たちは男性を作る者なのです」という、両性の「協働」にもとづく母性型「民主主義」の観点からの批判的問題提起につながる。

ギルマンのサービス労働による母性権能の発揮論は、人間はたえず思考し、片時も個人的に考えることを中断しないという、内在の対自的性格の視座にもとづいている。このことは、キリスト教徒としてのつとめを主張すること以上に、われわれに期せずして「人間的自然」の所在とは何であり、人間の心の中で母性権能の発達の余地のあることが「子ども」と「男性」にとっていかに必要であるかを説いているのである。女史の母性論は、個人的倫理のもとのコミューン的母性論である。「子ども」と「男性」にとっての、拡大され、合議された「母性」が据えられているのである。

ギルマンは結論として、「サービス」労働のもとにこそ「愛」がつちかわれる、という重要な問題枠を提示した。それは、われわれが考察してきた純粋情動の受容と造成・役立ちに基礎づけられた「可能態の労働」から「祈りの労働」の快の説へと、つながる。情動心理学的には、事的行為としての「合一」のためにこそ純粋に「受容」が基底におかれた。ギルマンもまたこの冊子の中で、この受容にこそ「愛」の源基がおかれ、自然状態の内と外の「愛」へと昇華されるべき動態がみとめられ、そのようなにない手こそ真の「母親」であることを、次のように主張することができた。

「子どもたちはいつか〔は〕家庭を去らなければなりません。子どもたちは出ることを欲するのです。彼らには家庭に対すると同様に世界に対して権利があります。彼らは〔国家や家族の〕財産の一部ではありません。彼らは個人です。世界は彼らの世界なのです」と位置づけたうえで、なお「母親たちは集まって世界を子どもたちにふさわしい場所にするようつとめるべきなのです。そして世界を彼ら〔子どもたち〕にふさわしい場所にするのは私たちのビジネスなのです。私たちは公共の事柄や必要性について個人的に考えることを〔から〕始めなければなりません」。「母親」だからこそ「子ども」にサービスし「家族」にサービスし「社会」にサービスし、こうしてたくさんの「サービスがあればあるほどたくさんの愛もあるのです。私たちが互いのために働くことを学ぶときに、私たちは頭をあげることができ、キリスト者であるといえるのです」（強調は中村）。

ここにみる最後の「協働」説こそは、キリスト者でなくても「頭をあげる」くらしにつながるという主張につうじることはいうまでもない。ギルマンの「協働」説は、「母親」による「衆議」への呼びかけであるばかりではない。ここには、両性の母性観念による「協働」とそれにふさわしい人間的自然の有の存在の「愛」のあり方が、性的・経済関係のうちの個人的倫理として、すなわち人間の自然状態において説かれている。たんに女性のみがそれまでの隷従のくらしから止揚されることを説いたというよりも、積極的に両性による協働の倫理問題としてとらえることが、結局は「衆議型母性権能制」によってこそ「男性が創出される」という開かれた問題提起へと集約されることになるであろう。したがって、このギルマン協働説による新「母性論」は新「男性論」の提起でもあった。

くり返すようにマクガバンもまた「古タイヤル」のくらしの秩序（「倫理」）が、「母親衆」による、「民主主義的な集会」によって成り立つことをその著作（一九二二）中で指摘していたが（中村V）、行動派人類学の女史が既にギルマン（ステッツォン）のこうした主張を了解的に体得していたと推測することは、女性史学において無理なことでもなければ無意味なことでもない。このようにマクガバンとギルマン（ステッツォン）によって提起されたとみなしてもよい「衆議型母性権能制」については、政治論としての意味のほかに、ここでは「協働」について、とくに倫理学と経済学の問題枠が考察されるべきである。

すなわち、倫理とは受難の民のくらしの中でいかに事的行為の標準が獲得されうるか、このくらしにおいて標準となる「価値あるもの」は何かという、二面の具体的な問題意識にほかならず、経済とは、おなじ世界内在における心身連関の力動的「調和」をめぐる様相論であるからであり、それ故に両女史の、標準をめぐってなされる「母親―衆議」という第一次的協働のもとの、両性による第二次的「協働」説が注目せざるをえないことになる。両女史はこのことを、倫理・経済・政治論のうちに「原民主主義」として把捉していたのであって、宗教的な神の間接的協力による摂理説をふまえていたとみることができる。両女史の間のちがいは、表面上は人類学対都市論、原始先住民対現代「文化人」にあるのみである。とはいえギルマンには、その「三段階の倫理」説にみたように既に人類に最古の「個人的倫理」観がいれられており、それが今日なお未完の状態にあるという、歴史的洞察力をもつふところの深さがみられ、ここに二人の思想に共通の視座がうかがわれる。

それがギルマンにおいては、母親衆の社会的に開放された個人主義的ビジネス労働を重視した主説となったとみられる。それは期せずして、マクガバンの古タイヤルにみた「母親衆」による「衆議型母性権能制」のいわば現代的再版の提起であった。

訳者の掛川が、その「解題」において「ギルマンの独創的な母性主義」説を従来の「密室の母子関係とは全く異質の母性主義」として定置しえたことは、逆に、たんなる女性の社会的領域への参加を主張する立場をも克服するものとして、おそらく画期的なことといえるであろう。掛川の指摘する「独創性」は、たしかにギルマンの提起のように女性とりわけ「母性」の「サービス」労働に注目したことによるのであり、その意味でむしろ掛川が、ギルマンの膨大なコレクションのなかからこの資料に焦点をあてたことに、驚かされる。ただ、「サービス（「役立ち」）」には、われわれがこれまで考察してきたように、重荷の「受容」とともに純粋情動として人間の自然状態における原態労働の契機となり、構成要因となるという、快的リビドー経済原論の視角がはいる余地がある。

この視角をいれるならば、そこにこそギルマンのキリスト者による、「愛」へとつながる「祈り」という労働の動的本性による、性的倫理についてのおおきな世界が展望されることになる。この点で掛川が、ギルマンの「サービス」概念は独特のものであると指摘しているのは、わが国マルクス主義経済学の底の浅さに顧みてあまりあるものがある。「愛」という、人間相互の根源的なつなぎあい（合一）を純粋情動の受容とサービスの、とりわけ母性権能による労働と「その祈り」とに等置することは、なにもキリスト者や心理学者の専売特許などではないと同時に、そこに、反資本主義へと志向する家事＝労働の共働自然状態説が浮上する。

以上、ギルマン著「女性と社会サービス」の掛川訳・解題から、マクガバンの古タイヤル験証からみちびかれる人間の自然状態説と宗教・倫理・美的表現労働説の妥当性を、確認することができたといえよう。だが、古タイヤルにはマクガバンや井上、小泉らが発見した「厳律一夫一婦主義」や猟奇的なまでのくらしの性的開放の現相がみられ、なおこの問題とギルマンの女性論・母性主義説はどのようにかかわりあうのか、というのこされた主題が可能となる。これこそ本書が、ステッツォン（ギルマン）著『女性と経済学』増補版（一九〇〇）の検討を必要とする最大の理由なのである。そしてここでも、掛川が、ギルマンの「サービス」労働説について両性による「協働」説にそって彼女が「性的役割分業を批判している」と総括していることが、重要な橋堡の役目をはたしてくれていることを指摘しておかなければならない。

二　サービスと母性(二)——ステッツォン「女性と経済学」説について

本来、内的環境の重要な基礎づけとなる性本能、性的気質は、理論的に社会の現相とかかわりを持たざるをえなくなると思考される場合でも、たんに見当違いの社会状態一般論にもとめられるべきではない。ここに個人の性の問題とその社会化が、くらしという「自己保存」と「表現行為」の快のかかわりにおいて固有の問題論として把握される所以がある。この二つの現相は、受難の民の純粋情動の事的な問題として「健康な興奮状態」が「中庸値」へと回復し、自律しうる心身連関の調和にまでもたらすはたらきとしてとらえられ、したがって境界期において、この重要な性の本能と気質は、代理的に一種の演出の役目を負う「指導者」によってになわれてきた。この二つの現相は境界期においてすぐれて「母性」観念のうちに一体化して集約してもとめられねばならなかった。

　この事態は心理学、精神医学、性科学分析の骨格につながるが、もちろんギルマン自体にその解明の方法論をもとめるわけにはいかない。いいかえると、母性観念＝母固着《マザー・フィクゼーション》をめぐる性本能、性的気質の環境は「最も低次で最も古い個人的倫理」（ギルマン）レベルの問題としてとらえられるとみてよい。たしかにギルマンは、これについてはただ「大雑把で楽天的な」（掛川、前掲稿）観点をもっていただけかもしれない。しかし、はじめに形而上学的な倫理から問うのではなく、日常のくらしの観点に立つなら、ここには「性的共同労働」の視角においてこそステッツォン「母性論」を検証する根拠がみとめられるのであって、そのためには一連の「性的開放―不安―受容―労働の分割―不安―自己保存―性的解放」という、人間の自然の「開放」状態から社会の「解放」状態への唯物的情動の「快」的成り立ちが、女史のなかにいかに用意されているかを問わねばならない。ここには、境界期の種的保存とのちの自己保存とにかかわる二種の「不安―快」のパトスが、労働の「分割」を介して定置されていることに注意しておこう。

　「かつての不明の時代《ダークエイジ》、［男と女の］二部門から成る人類は、おそらく「原始林」のなかを放浪《フェアリング》しながら、
　先史時代の暗闇の中で、「魂」(the soul) が輝き出すまえに、平等であった。
　かれらはこみ上げ《デアリング》てくるよろこびを交わしながら、
　自然《ワイルド》に気儘にくらした。

魂がうまれ、「良心」(consciousness) がゆっくり《スロウリー》と芽生えるまえに、
そう、男にも女にも魂がうまれるまえに、
男は知識という、あの畏敬すべきも聖《ホウリー》なる木々を見出すまえに、
情動《フィール》ということを、そしてそういう自分自身を知るということを、知るまえに。

こうして彼は「不安《ペイン》」に向っていう、「こんなにも賢《ラスト》くなったのだから、おまえのことは知っているぞ！
力と賢慮がつづくかぎり、もう何ものもわたしを苦しめはしない」と。
こうして彼は「快楽《プレジュア》」に向かっていう、「わたしは強いし、そうだ、やろうとおもえば人間の意志次第で、
おまえをつかみとることも、そうだ、おまえをしっかり《ファスト》と抱いてやることも、できるのだ！」と。

快楽のために彼は食い、よろこびのために飲む。
では女は？　おゝ、女よ！　あらゆる歓喜《ディライト》の女王よ！
いまでは彼のものだということを、彼は知っている！　彼はその強さのあまり狂気になった、
先史時代の闇《ナイト》が過ぎた、あの薄明の中に。

彼のもの、永遠に彼のもの！　それは、なんと輝かしき甘美と感じやすさよ！

あゝ、彼が彼女を愛することといったら！　それだけに彼女もまた彼《ヒム》だけを愛するのだ！
彼は彼女のために働き、闘い《ストラッグル》、彼女を保護し、守る。
彼女は彼をけっして離しはしない、かれらの眼が今際のきわにおぼろげ《ディム》になるまでは、けっして。

ぴったりと、彼は彼女に付き従い、彼女ももはや彼から離れられない、
彼は、彼女が強くて逃げ出さない《フリー》かとおもいながらも、彼女をうまくつかむ術を心得ていないけれど。
それだけに彼は、熱情《パッシオン》の失神するほどの炎《ほむら》を、いつまでも絶やさない、
あらゆる土と空と海《シー》の、手管と力能とを用いて。

それからが、あゝなんと長いみちのりであったことか！　あの遅々としてはいるが畏敬にみちた《オーフル》時代を、
かれらは見通しもないまま、びっこをひきひき、道に迷い《アストレイ》ながらも一緒に、ここまで登りつめてきた！
それは、羞恥にみちた無数の歴史的《ページ》事件を経て、どんなにか力量（mighty volume）の要ったことか、
かれらは、睦まじくも互いに挑発《デアリング》し合う、仲間どおしであって、あの原始林での、あの「自然状態」
（the freedom）から、現代《トゥディ》の「無数の牢獄」（the prisons）へと！

今や彼は、快楽のために食い、そして病いに斃れる！
彼はよろこびのために飲み、そして罪《クライム》へのみちを辿る。

では女については？　彼は彼女を「もの」に（hold）しようとし、自分の快楽の瞬間にのみ彼女を抱くが、先史時代《タイム》の後、彼は、いちどたりとも自然に、女というものを理解したことはなかったのだ。

いのちが短《ヤン》かった当時《ガー》の、「真の友や仲間」（the friend and comrade）はもう見当たらず、頼みとし慰めてくれるような彼女も、手を差伸べ、消耗しないように配慮してくれる彼女も「もういない」。それでも彼のほうは、果てることなき渇望《ハンガー》のままに、未だむなしく彼女をさがし求める、ただ自分自身の暴君の下でのみ、ただ自分自身の奴隷の下でのみ。


骨おって働くだけはたらき、自分が生み出した重荷で腰は曲がり、疲れ果てている君よ！

哀しくも淋しき君には、すべてが、いたずらに虚しい《ベイン》にはちがいないのだ！

快楽を我がものとしようとし、ひたすら彼女をものにしようとする者は、いまや快楽だけが、あの苦痛《ペイン》という別の名に値することを、悟ったのだ。


自然《ネイチュア》は、これまで君を、その侵奪（dispossession）を許してまで、矯正してきたのに！

神は、ひとがいままではすっかり忘れた《フォゲット》といっても、忘れてはいない！

「女性の魂」（the woman-soul）が、君の罪（transgression）にもかかわらず、いま立ち上がることを。

だからすぐにでも彼女を解放《ルース》し、そして彼女に期待《トラスト》せよ！　彼女はいまでも《イエット》なお君を愛している筈だ！

いまでも愛しているですって？　彼女は、ただ自然《フリーダム》を知るかぎり、君を愛するつもりだ！

いまでも愛しているですって？　彼女は、愛そのものを手にするかぎり、君を愛するつもりだ！

そうした女性の「心情」(the heart) を怖れるな！　それは、君にとってなにも辛いことなどではない！

これまでの哀《ソロウ》しみは、ただ彼女に、許《フォギブ》しを容れることだけを教えてきたのだから！」


ステッツォンの詩人としての、先史時代の自然状態から今日の社会状態における、性本能、性的気質の力動経済と個人的倫理についての発展と方法論は、はじめに、脚韻をふんだこの「緒言」(proem) 全文のうちによく見出される。全一二連のうち前半の第六連までは、人類にとっての「原始林」(the primal forests) のなかを「放浪」する最初の採取の獲得経済のうちに、両性による類的共同存在が、身体的、心的、精神的、および無機的有機的自然の、相互に力づくで「挑戦し合う」ような一つの構成体としてとらえられる。ここには、先述のコシークと同様、根源的に種的保存の「不安」のパトスから「快」のパッションへとつながる「生の力動」の自然状態観がみられる。すなわち両性の間の種的保存にかかわる基本的矛盾が、例えば不安と快楽、闘いと保護などにみる、相互の主観—客観関係による情動の経済的調和の表現形式としてとらえられていた。それは、暗闇のなかにうかびでる薄明とともに、一種の「畏敬感《テラティズム》」による極限状態によってもたらされ、かくて先史時代の性的情動の「経済」は知識、自己意識、良心、そして魂などの様相とともに、極めて徐々に労働分割のうちに、骨折りにみる男性じしんの暴君と奴隷のもとで、快楽表象がつちかわれる動的過程そのものであった。

人間の思考上の「有」は、こうして両性相互による力動の「強さ」と「狂気」という一個の人格もしくは自我の「獲得」を出発点において、男性本位の社会状態化の中で、複雑な「牢獄」状態をもたらしてきた。しかし、それだけにまたこの矛盾が、はじめから熱情《パッシオン》の炎という「愛」によって、加速もされ、やがては自然状態のかぎり、女性の心情と「魂」の再起を期待されもしてよいのだという、女史に特有の、矛盾の辯証法的情動の自然状態観が、注目されねばならない。

この、原始林の中を放浪する「真の友と仲間」どおしによる、薄明下の「不安」にたいする、労働と闘争の矛盾の自然状態観が、現代の「無数の牢獄」とみなされる社会状態観へと、とりわけ「自然」の「愛」をたずさえてきた女性のかわらぬ態度のうちに、とらえられるとするのが後半の六連である。すなわち、いまや「羞恥」にみちた「歴史」の社会状態では、なるほど彼自身、骨折って働くだけの分業にあまんじることにおいて自己に対して暴君でもありなお奴隷でもある男は、もはや一度も、「自然」に女を「理解《シー》」も信じる（see）ことさえもないという新たな人工的な「不安」が、女との間に深い深淵を生み出してきた。というのも、先史時代のあの性的開放にもかかわらず、いまや新に労働の分割にもとづく経験的自我による、男による「羞恥」にみちた「侵奪」の「罪」が、分業下に犯されてきたからである。罪を犯してきたにもかかわらず、またただそのことによってのみ男は「歴史的事件」に、われとわが身を、科学主義の名においてみずから「投獄」してきたのであったからである。

これに対して女の地位は、最後の二連にみるように、「女性の魂」と「心情」においていまなお「愛」に通じるその受容可能性と、いま立ち上がる「役立ち《サービス》」の可能性とによってのみ、つまり本性的に労働の対自的な可能世界が提示されるかぎり、女性解放による女性への「期待」が了解されるべきであるという、自然情動論としての対比的な形而上学的主張がこめられている。ここに女性の「何もの」かである「有」の、主体の本質とこの本質の実在との二契機があることが説示され、それは「神」の普遍にして不変の主体であることが、自然史的過程の一部門において主張されていたのである。

人間の性的関係《セックスリレーション》は同時に経済的関係《エコノミックリレーション》であり、両者はたがいに内在的に結合している。このことは、人類に境界期の性的共同のあかしとして、一つの命題であった。性と経済のこの相関性は、現代の社会状態においてもなお女性が「愛」によってのみ自己保存と表現行為の快を調和的にかけることができるとみることによって、はじめて意味をもたされる。ここに、社会状態のもとで男性が専横的にその活動の領域を拡張すればするほど、女性は、男性に経済的に依存する事態をむかえざるをえないことになる。すなわち、はじめ原初的に身体で結合されている共同においてのみ、女性は、性的な調和の経済の過程に「歓喜の女王」として情動の活動主体であったが、それをのぞけば、その後の両性の関係経済的進歩は、ほとんど排他的に彼自身が暴君であり奴隷でもあるところの男性によるものであった。すなわち境界期の「経済」は平等な性的関係のもとの「共同」とその情動交換であったが、その後、女は、男に従属することによってのみ社会的進歩の分け前にあずかってきた。くらしの外向きの社会化は、一層の性と「経済」の分化と、女の男への依存とをみることになる。

この事態は、資本制「生産」のレベルでみるときその全体がより明確になる。今日人びとは個人的に、それぞれに何の可能性《ポシビリティ》もなくただ互いにちりぢりに、他人から「商品」生産されるものを寄せ集めては、自己保存のための消費的生産を、資本によって他律的に行うのみで、そのことはなにほどの快にもつながってはいない。

他方、その「生産」は「生殖」的再生産にたいしてさえも、いまや自律的にはつながれていない。「生産」はもっぱら農耕段階初期においてはなお性的にも経済的にも両性の共同であり、つまりその間の情動的「分化」はなかったが、社会状態の進展とともに「性」と「経済」はそれぞれ両性に分割された。両性の間の、性の支配と寄生、経済の専横と従属がそこにみられる。ここでは「再・生産」は、資本主義下の際限なき利潤めあての私的所有活動として独走するとともに、「生殖」の意味自体を分離させ、むしろ性的「文化」産業として私的資本制の餌食と化している。

今日の女性学は、経済学にいう再生産概念のうちから「生殖」概念を自ら排除し、人間的自然のカテゴリーから断絶をきわめたところで、むしろそれを科学の手にゆだねている実態があり、そして「セックス」と「ジェンダー」を当然のごとくに別物にあつかうことで自ら科学であり「文化」であると誇示するがごときは、人間の自然状態を抛棄し、ギルマン（ステッツォン）のいう、今日なお未完の「個人的倫理」段階の達成を、すっかり忘れたものといわざるをえない。これに対して、今日でもくらしの基底においては、個人的倫理のもとの性の関係経済的つながりがうかがわれる。それは個人はその入手するものに対して支払い、そのためにはたらき、また、他者が彼に与えるものに「ふさわしいもの」(equivalent) を労働の現物形態でお返しするという、「受容―交換」を意味する。

これについてステッツォンは、端的に言っている。自分の履く靴は靴の作り手に依存し、自分が着る上衣は、自分に合わせて作ってくれる仕立屋（tailor）に依存しはする。しかし、どうであろうか、もしわたしが靴の作り手や上衣の仕立屋に、ちょうど大工が、靴屋や仕立屋に靴や上衣にたいして自分の原態の労働で支払うように、わたしも同じだけの量のわたし自身による労働《レーバー》でかれらに支払いをするとするなら、それによって、われわれはまさしく相互に個人的な独立性（personal independence）を保持しうるのである。わたしは、この原態労働によって、一つたりとも彼の生産物《プロダクト》を収奪したのではない。逆にわたしは、一つたりともわたしの所有物を与えたわけではない。わたしが或るものを手にいれるという行為は、わたしが「努力して《オブティン》」与えるものによって獲得されるかぎり、「共同労働」のもとに、わたしは性的関係において経済的に独立しているのである（前掲、ステッツォン『女性と経済学』増補版、原著一一ページ）。こうした交換行為の核心は、「自分に合わせて」つくられ、「自分が努力して」つくったもの、相互に使用価値的に受容しうる交換の様式ということにある。

　この事態は、相互に依存を否定したたんなる両性独立論を、意味するものではない。人間の自然状態論においては、obtinere（努力する）とは、自己の自然力を原態の自前で発揮すること（自己工作・自己表現活動。ホッブズ）であり、それはきわめて自生的にして対自的な労働において快である。それ自体すでに、彼とわたしの間の、お互いに対自的労働の交換、すなわち根源的に性のよろこびの交換を果たすことに、つながる。いうまでもなくそれは、性のための労働でもなければ愛のための労働でもない。いわんやたんに情動それ自体によるものでもない。受容可能性と役立ち可能性のもとの有無の危うい暗闇の中からの、了解的現物形態の労働そのものに、性的情動の昂揚がみとめられうるものがあったのである。このような自己保存と表現行為のための、事的関係の経済的独立を、人間の性的関係とのかかわり合いにおいて論究しなければならないという視角は、既に個人的倫理のもとの性の事的行為の必要性にもとづいている。

　放浪する森の民は、自由な性的関係のうちに世界内在の調和の経済的関係をむすんできたのであって、ここには「生殖」と「摂食・採食」とはおなじ自前の労働による努力という一つの原態的「生成」的行為であった。ただこの行為は両性の自然発生的な差異を持つ一つの統一体そのものであった。この統一体という思想こそ、ステッツォンにとっては結婚とはひとつの「パートナーシップ」といわれるべき源基となった（同、一〇ページ）。

男と女の調和という性的経済の関係の視角からは、「先史」時代における性的差異という平等にもとづく「こみ上げてくるよろこび」の自然情動の世界がとらえられ、対自的な世界過程にみる独立の自然状態が、想定されねばならない。ステッツォンによると、その後、労働の分割の採用とともに、男の権威尽くの侵奪という「罪」が累犯するようになったことで「歴史」時代が位置づけられ、今日にまで男に対する女の、性から分離せられた経済的のみの従属が一貫してうかがえるとした。その従属とは、性と労働の分断によって、たんに経済的関係に対する性的関係の従属がみられるようになり、したがってそれは、生産のための「労働」の「暴君」でもあり「奴隷」でもある男への「女らしさ」という性的羞恥にみちた身体的提供である。歴史時代は、資本制生産にむけての秩序も自制の摂理もなく、ただひたすら利欲《ウスラ》のためにのみ無軌道に突っ走り、男にとって、また結果的に女にとっても、羞恥さえもが資本の現実のまえにひざまずく。そこには性的経済的関係の表現労働による、ふかい可能・了解世界を展望せしめえないという特色がある。それどころか果てしなき侵奪（原収奪）をつづける――例えば「営業用の笑い」にみるような――犯罪者には、心的に、何ほどの有を後景にもたない絶対的虚無の「無数の牢獄」が用意されるという、社会状態の大きな矛盾が俟っている。

結果的には女もまた同罪であるというのは、すべての女について言えることではない。「自然を知るかぎり」

の女、「愛そのものを手にするかぎり」の女は、そうではない。なぜなら「自然」は、「愛」は、人間の無軌道の侵奪を、唯一、許容してくれるものだから。だが「自然」と「愛」とは、たがいに別ものではないのか。唯一、などというのは、単なることばのあやに過ぎないのではないか。ここにステッツォン説の「自然状態」の核心の部分が、積極的にうかがわれねばならない。「自然」と「愛」とは、それぞれ、コトに前もって予め、自「他」を受け容れうる態度、自「他」の哀しみのパトスをこえて、自「他」に「罪」の許しを容れる可能的態度において、共通に、予祝的に共有しあう。それ故、女を知ること、了解することは、「自然」を知り、「愛」を手にすることによって基礎づけられる。しかしここに、不可避の矛盾がある。「謎」の一節がある。

　男は、快楽という侵奪のかぎりで女を抱くが、そのようにして女を知るかぎり、そのようにしてただひたすら女を「もの」にしようとするかぎり、快楽は、又の名を「苦痛」とよばれることを、悟る。なんのことはない、快楽も苦痛も対自的な情動交換であり、矛盾の自然状態である。ここには、コトに前もって予め、「可能」世界のうちに現実とその矛盾を受容しうるか否か、という問題がみられた。女史によればこの受容可能性は、「自分自身の暴君」「自分自身の奴隷」を、覚悟し、おなじような奴隷の女を「解放」し、女の「魂」に「期待」することと、平行している。この態度は、かつて先史時代の原始林を放浪した採取・捕獲的くらしの中に、互いに挑発し合う「仲間どおし」であったことを、再度、期待するものにつうじる。期待、信頼、希望は、いずれもコトに予め、何はさておき可能世界を前に押し出す（trudo）言祝ぎの態度であり、非社会的な、対自的交換の世界なのである。

　このようにステッツォン『女性と経済学』増補版の「緒言」の意味するところをとらえたうえで、小冊子

「女性と社会サービス」(前掲、掛川訳)をも視野にいれながらその「母性論」を簡約的に提起しなければならない。人間の自然状態のもとの「快楽」は、自然発生的な種的「不安」のパトスを受容し、そこに「快」への役立ちへと辯証法的に反転、転生しうる、力と賢慮の昂揚と自制をともなう、対自的なよろこびのパッションである。この対自的性格ゆえになおそれは「狂気」の部分を維持するのである。しかも、採取のもとの放浪は、くらしの「神―心」的主体において一層、自己保存の表現的不安―快につながる危険因子の増大とともに、徐々に「母性」本位の半定住とその根拠地化による狩猟の導入へと進まざるえない。そこに労働と闘争に基礎づけられた、男女に自他の「愛」が見いだせはじめた。狩猟が男性に特化するにつれて、なお採取に依存する死―生のくらしはここで「母性」観念を際立たせることになった。ここでは、先に述べた人類学的見地とは異なった意味での、両性にとって女性はすべて母性であるという規定を、見いだすことができる。

真に調和のある性的経済的関係(sexo-economic relation)にかかわる母性とコミューンという視座は、ステッツォンが「序言《プレフィス》」のはじめに、「本書は人間のくらしの最もふつうでしかも最も面倒な問題について、単純で自然の了解がなされることを提示するために記述される」といわれるとき、その「単純で自然の了解《シンプルアンドナチュラルイクスプラネイション》」という軸足は、「緒言」における前六連の自然状態観と、あの「第一段階」の未完の「個人的倫理」説とに、確と据えられていることが判明する。

ステッツォン『女性と経済学』はかつて大多和たけ、小山順子、小出貞子の共訳によって大日本文明協会から一九一一年(明治四四)二月に『婦人と経済』の書名で刊行された(総三六〇ページ)。原著初版の翻訳である『婦人と経済』には、こうした緒言と序言はなく、原著にはない全一五の「章」名が訳者らによって意訳して付されるかわりに、原著にはあった「節」名が除かれている。この点、くり返しになるが緒言と序言の欠如は遺憾なことながら、章・節の異同についてはステッツォンの思想を理解するうえでとくに差し障りがあるものではない。ここでは『婦人と経済』の女性史学上の位置づけにかかわっている余裕はないが、ステッツォンの内在的「母性」論をえぐりだす視角から大多和・小山・小出三女史の業績を多としたい。

ステッツォンの『女性と経済学』にみる唯物的経済学は、マルクス主義と軌を一にして、人間に固有の食料獲得の様式に基礎をおくことから出発する。しかし、ステッツォンはそれを、人間に対する「食料供給《フードサプライ》」という、正しくも内外の環境の作用・反作用、給付・反対給付の、人間的自然の内在的調和の関係経済説による視点からとらえる。ここには人間の内的および外的な環境に対してとくに第三の社会的環境が重視されるけれども、問題をたんに外向けの「獲得」概念で済ましてはいないことに注意すべきである。この点は例えば、「われわれに対しては［外から］何がなされるのかと同様に、われわれが［内から］なすことによってわれわれの存在じたいが生みだされる」(「［人類は］自ら己が所業の影響を受け、其活動の如何により人格に相異を生ず」前掲、大多和訳)という、客観と主観にわたる努力という人格生成的態度にかかわる弁証法的な強調にみられるごとくである。人間の自然力にもとづく内的および外的の環境生成においてはじめて食料が「供給」されるという思想は、いうまでもなく「受容」と「役立ち」の情動の世界内在的力動経済説の表れである。

このことをステッツォンは一般化してこういう。「動物の食物供給はその発達にとって最大の受動要因《パッシブファクター》であり、かれがかれの食物供給を獲得する方法はその発達にとって最大の能動要因《アクティブファクター》なのである」(『女性と経済学』三ページ、強調は中村)。この「受動—能動」要因を、単純に「採取—狩猟」活動におきかえることは許されない。

既述のように自然力の内的環境・外的環境の辯証法的動態の視点は採取にも狩猟にも対応しなければならず、それでなければ、人間の食物供給は絶え間のない「骨折り」(exertions) のくり返しであるという指摘(同)は、採取・狩猟段階の「母性権能」制説にはおよびえないからである。

こうした人間に備給された自然力の内包と外延の動態観は、ステッツォン「経済学」の骨格である。このことから両性の性的関係論に数章がさかれるところに、ステッツォン思想の真骨頂をみる。その第二章(「不自然なる両性経済関係」大多和訳)では「一夫一婦の結婚制」(monogamous marriage) が「一夫多妻」(polygamy) や「雑婚」(promiscuity) とともに人間の自然状態の帰結であるとされたのに対して、これを、かえって「人為の法律にて強制し造りなせる人工的事情にはあらぬ事なり」(大多和訳書、二五ページ) と主張された。社会進化上、必然的な自然発達の性的関係として挙げられたこの三例のほかに、なお「一妻多夫」(polyandry) もまた、しばしば受難の自然状態の趨勢であることはいうまでもない。そしてこれらの自然状態の性的関係を「恐るべき罪悪《イーブル》の源」とみなし、これを法的強制による人工的作為によって歪めてきた「不自然な一過程」(an unnatural process) が社会状態の「結婚」制度として是認されてきたことこそ「奇怪極まる一病的行為そのもの」(an erratic and morbid action) なのである(『女性と経済学』二六ページ)。いわゆる「売春・売色」が「社会の必要《ソシアルネセシティ》」視においてゆるされてきたのもその表れとみなされる。

これに対して一夫一婦制《モノガミー》は、上からの社会制度として必要視されてきたものではない。かえって人びとのくらしの現実の必要にもとづき、「自然の秩序を逐って」(an orderly process, 大多和・二六ページ) 発達し来たり、真の快楽と福利《プレザントアドバンテージ》をもたらすものであった。にもかかわらず「正当なる社会進化の過程に逆らう」「強制《エンフォース》」の社会制度としての「一夫一婦の結婚制」という「此病的行為は、今日に至るまで尚根治し得ざりき」状態にある（同、二七ページ）。

　人間の自然状態を基底にした社会状態の進展という一連の思想は、病的社会制度とは異なる、根源的に男女の性的関係の自然／不自然観へと進まなければならない。自然の性的関係は、長期にわたる自然状態の弁証法的な進展であり、このことを無視した、資本制国家による逆向きの法律、宗教、教育、習慣という強制によって不自然に歪められるべきものではない。そのさい、ステッツォンによれば自然の性的関係は――雌雄もしくは男女の性的に二つに相分かれた――「有機体の創造」と「差別」との現相に基礎づけられる。くだいていえば両性というそれぞれ欠如態としての片割れ的有機体は、その間の「差別」において弁証法的に「創造《エスタブリッシュメント》」される。このとき、いわゆる雌雄、男女の第一次的性徴（primary sexual characteristics）である生物学的な「性差《セックスディファレンス》」は、ステッツォンにおいては「両性の間の差異」（the distinction of the sexes）とされ、この「性的差異」は経済的社会的な活用とともにいわゆる第二次的性徴をともなう「心理学的性差《サイコロジカルセックスディファレンス》」へとすすむ。注意すべきは、くり返すように「差異《ディスティンクション》」という静的な用語に対してステッツォンは明確に「差別《ディファレンシエイション》」を性的活用の力動学的に弁別していた。つまり不自然な片割れの性的関係というのは、女史によれば自然状態として「活用」もままならない、文字通りぎごちない、「やっかいな差異」（an enviable distinction）の状態、すなわち「性的機能の或る病的な過剰行使」（a morbid excess in the exercise of this function）を招くものであった（『女性と経済学』三〇ページ）。

　性差という概念は、心身連関的自然の、発展的な「程度性差」のカテゴリーをふまえるとき

「性度《ディグリーオブセックスディファレンス》」の動態としてとらえうるのである。ステッツォンは、心身保健の観点からこの「過剰行使」を説くのであって、それがけっして法や宗教の不自然な強制による禁圧によってではなく、あくまで生体の興奮状態として、内的環境の「止みがたき欲求」(imperative desire)にそった「自然の機能」を基底におく個人的倫理の視角から、主張した。女史によれば、初期の再生産《リプロダクション》（生殖）に必要とされる性的エネルギーにおいて男性は既に過剰であり、この過剰欲求（inordinate demand）こそ過剰な性的差異であって、それは男性に種としてのくらしの「健康にかなった諸活動《ヘルスフルアクティビティズ》」によって抑止《チェック》され、埋め合わ《オフセット》されてきた。男性の「諸活動」としてここで女史は、欲求調和説的に「工業、商業、科学、製造業、政治、芸術、宗教」を挙げているが（同、四三ページ）、これは、境界期においてはむしろ主たる「狩猟」活動というべきであった。男性の過剰な性的欲求が「狩猟」によって性的情動のうえで経済的調和がたもたれるとみることは、心身連関の健康の点において合理的であり、そこに呪術のはたらきがあったとみなされる。

　そもそもこの過剰な性的欲求は、受難の「追いつめられ情動」に随伴したものとみることができたし、狩猟が男性に特化して「分業化」し、あわせて男性が群の「指導者」となることでも、埋め合わされてきたとみることができる。とはいえ、この性的エネルギーにおける経済的過剰―調和の「健康」の観点は、必ずしもその「情動」的、「分業」的、「指導者」的のすべての活動用件をもっぱら男性のために用意したものとみなすわけではない。ここに、くり返すように「性度」をめぐる境界期の、補完しあう両性による「母性」主導の呪術的思考の観点が浮上する余地がある。

　ステッツォンは、まず身体論において、女性に対する「か弱き性」(feminine delicacy)の代名詞は「文明化」

の帰結にすぎず、逆に、例えば、さまざまな「移動」のくらしの「重圧にたえうる」(burden-bearing) 逞しく、自由で活動的な自然人《サビッジ》の女性は、人類の優点からみるとき既に「良き母性」たりえていたのであって、これに対して文明化された、過剰に性的表象をもってむかえられる女性はむしろ「劣等なる母性」である、と指摘した（同、四六ページ）。次に心理学的には、両性の間の性的情動の力動的過剰さは男性よりも、むしろ女性により強いものがあるという。このとき、この情動《エモーション》について「情熱の制御」にかなう場合とそうでない場合とを区別しうるような作業がいかに困難であるかを、女史は強調するのを忘れなかった。いいかえると、たんに性的現相に特化するのではなく、女性の権能《ファカルティーズ》がひろく自己を快的表現的に実現できるような「自分に合わせ」た労働において、その「個性」(the indivisual) が活用されるときこそ、やっかいな性的差異の過剰さから解放されるとする展望がえられるとしていた。

　こうした自然情動説において女史は、それまでの性的差異論から人間的属性 (human attributes) の領域へとすすみ、女性の内なる「個人的差異」(personal distinction) に論点の軸足を移す。すなわち、人間的属性としての、種の保存にかかわる属性と自己保存にかかわる属性とにおいて、とくに経済、政治、宗教、科学といった後者は本来、両性に共通であるべきであるにもかかわらず、男性偏重を来してきた。この種の人間的属性こそ、根源の性にみる自動の延長と思惟である。ここにおいて女史は、「この両性の差別《ディファレンス》がすべての両性の自然の範囲《ナチュラルバウンダリーズ》を当然のごとくのみこんでいる」と強調している。そしてこの差別が、とくに経済上の諸活動に規定されることを特記している（同、五二ページ）。

　ステッツォンによれば女性は、性的関係経済上の自己保存という「労働」属性によって、あの情熱の制御を、自己原因による延長的な思惟のもとで可能にしうるのである。つまりそれは、鳥のさえずりのごとき単純なる「絶え間のない反復労働」(ceaseless reiterance) でよいわけのものではなく、根源的な「個性」(個体) の発現につうじるものでなければならない。こうした情動の労働「快」説にそうなら、ここで女史が注目するのは「いわゆる保護本能」(the protective instinct, 五六ページ) である。男児のころから、女子を「保護」すべしと教育するのは結局は女子の性的過剰傾向をあおり立てるだけのものでありつづけてきた。しかし、「もし女子が男子以上に強健であるなら、彼女は男子を保護してもよい筈であり、たしかに保護本能は常態の種《ノーマルレイス》ではじめから女子に固有のものなのである」(同)。いわゆる保護本能を、ここでも、たんに女性に生得的固有の原因に由来するものとみなしてはならなかった。この本能と気質は、これまで本書全体で検証してきたように、長期の採取・狩猟段階の「母性権能」として両性間に延長と統整の内在経済的に、つちかわれてきたからである。「保護」(protego) は、元来自己においてなすべきことを他者にあずけることにたいする償いの、給付―反対給付の経済的意味を含んでおり、両性相互に延長して共有されねばならない本有的な特質である。境界期における採取・狩猟段階以後の人間の経済的環境を論ずるさいに、この相互に延長しあう保護の情動機能は「分業」論とかかわりのあることはいうまでもない。

　こうしてステッツォンが性的経済的関係論を展開するとき、女子による保護機能の一層の分析が問われる。キリスト者の彼女にとってこの事態は母性による神への協力につうじた。それは両性の間に、自然力の発揮に差異がなく、「力の相互作用が調和《バランス》と折り合い《コンプロマイズ》を表象」するという相互扶助の「サービス労働」原理が提示されるとき (五九、六〇、七四ページ)、おのずと「労働形態上の専門分化」(specialize any form of labor, 六七ページ) の現相におよび、かかる「分業」とその「組織化」に女子、とりわけ「母性」による、生全体にかかわる保護機能が浮彫りにされねばならないからである。長期の採取・狩猟段階をつうじて、保護本能は女史が強調するように生全体におよぶ強健な女子の双肩に発達してきたものである。

ステッツォンは「分業」を二種に分かって、論じることをわすれていない。それは種類《カインド》にわかれた労働と等級《クラス》にわかれた労働であり（六七ページ）、このことをわれわれは既に、労働の分業と仕事の分割の文脈にみてきた。すなわち女史は、これを「パン屋」と「家庭料理人」(the house-cook) の例にもとめているが、専門職種としてのパン屋という労働の分業（じつは労働の分断）にくみするのにたいして、家庭料理人では、パンの製造労働について幾クラスかの作業の分割——原料粉の調達、醗酵素材（種菌）と甘味・苦みの調合、捏ね役、整形、燃料と水の調達、火加減役など——がもとめられる。「組織化」は両者に必要であるが、女史によれば、重要なのはあくまで人間の自然状態におけるそれであって、ここに通説の「性的分業」論に対する批判の余地がうまれる。というのも「家庭料理」としてのパン製造に必要不可欠な、自分に合わせた作業の諸分割には、まさに常態の種では両性による「協働」がもとめられ、両性は、相互扶助のサービス労働に集中するのであるからである。このとき全工程の組織化はじつに保護機能を発揮する「母性」にあづけられるが、この事態をも、果たして通説のように「性的分業」ということができるであろうか。

社会状態における労働の分業に対して自然状態における作業の分割という対比は、自生的コミューン論にとってきわめて重要である。それは既にして組織された上からの「共同体」を前提するのと、それ以前の、母性主導の情動交換《コミュニテーション》に基礎づけられた生の原態的労働状態の、差別をもつ一つの統一体に注目するのとの方法論的な違いである。後者の自然状態においては、両性労働の原結合——協働の原形象——が基本でなければならず、それは、われわれが強調してきた主観—客観関係の未分離、未分化の真の自己の原理に従うものであった。これに対して共同体説には、両性関係経済説とそこに生じる個人的倫理の問題枠の生じる余地がない。

人間の自然状態から生みだされる「組織集団」についてステッツォンは、それは「朋友《フレンド》・仲間《コムレイド》・協同者《パートナー》からなる人間的類属《ヒューマンレラティブ》」であると言つているが（七四ページ）、それこそコミューンというべきである。コミューンにおける作業の分割には、構成員による相互の主観的了解の世界内在性が、「相互保護」の原理によって形成されており、そこに、自己にかかわる他者への「償い」のはたらきがまさしく友愛の情動交換として「原民主主義」的にあらわれるからである。そして、こうした本来「受難」のもとの償いのはたらきこそ、その対自的性格においてすぐれて自律の個人的倫理の現相といわれうるのである。女史もまた「自然状態における経済の活動はまったく個人的である」とし、「極めて高度に熟達した、微妙で複雑な労働の現物形態による互換性《インターチェンジ》」が有機体のくらしに特有の「協働体」(the collectivity of human labor) としてみられることを、強調している（一〇一ページ）。自然状態の作業は自発的自律の、労働しようとする、受容と役立ちの情動交換の快的原態的表れにほかならなかった。

ステッツォン「経済学」における「母性」と「原民主主義」の主張は、情動の力動説にそった両性の自然状態的「協働」説をふまえてはじめて浮上した。すなわち第七章（訳者小山順子によって「社会進化と両性関係の変遷」と、大きな目の粗いタイトルが被せられた）は、境界期の「協同一致」(co-ordination) の有機体における、統一体としての活動の源基は、経済的な「共通の関心《コモンインタレスト》」に規定された「共通の意識」(common consciousness) にもとめられるとした（一二四ページ）。これについて学史的には、「関心」は、心因的な相互信頼（psychical mutual confidence）への過程においてみられる「価値概念《コンセプトオブヴァリュー》」の生成過程を基礎づけているとされ（前掲、ホイト『交換』五ページ）、「意識」は、複数のひとの間で、同じことがらを「共に知ること」（「共知、conscience」）に源をもち、さまざまな気質についての「比喩」的論法として「民の精神的機縁」を集合させるさいに自己の「秘思・秘考」を代償的かつ演出的に顕現する、宗教の端緒となる「呪術師」へと集約されることがホッブズによって指摘されていた。ステッツォンにおいても、「意識」の社会的共通化には「媒介物」（vehicles）が必要であり、それは最大の共通の手段である「言語」にほかならず、昂じては「文学」となり、「語り《スピーチ》」の伝承であるといわれるとき（一二四ページ）、境界期の代償的演出家に母性とその「呪術師」が主張されることを妨げてはいない。

人類の最初の共通の意識は「母と子の間の関係」であり、「人柄上の個性の生成に影響をおよぼしあうこと」にある。「母性《マターナル》」エネルギーは、じつに「情愛と勤勉」(love and industry) の世界生成にあずかってあまりある力能（the force）――それは原初の手工芸《アーツアンドクラフツ》にはじまる「サービス労働」に表れる――だからである。ここでステッツォンは、狩猟・闘争《ハンターアンドファイター》の段階の「男性」エネルギーはもっぱら「異化作用的力能」(the katabolic force) としてとらえられ、これに対して母性は、逆に同化的に、衣食住のくらしの全体に心身連関の「保護作用的力能」(the conserving force) を本旨とすることを、指摘する（一二六ページ）。なおここで二つの力能をフォースという同じ用語で統一的に表現していることは、宗教的情動説からいえば無理のあることを、指摘しておこう。そして、con-serve とは、人間の自然状態においては元来、相互のサービス労働の償い的交換に基礎づけられた、個性の保護と涵養を意味した用語である。母性のこの力能は、女史によれば、この点において彼女のすぐれた唯物的情動観をみることができるのであるが、両性間の協働の結合作業（co-operative work）をとおして二つの力能を結束《コンバイン》するから、とりわけ男性の「情欲《セックスパッション》」は変じて人間らしく情愛とサービス労働の拡張へと寄与することになる。本来、中庸的な母性権能は、男性をはじめて人間的に創出せしめる。

いまやステッツォンは、こう見とおしていた。We needed most the quality of co-ordination, the facility in union, the power to make and to serve rather than to spend and to destroy. These were female qualities.「〔人類の発展にとっては〕協同一致の性質、すなわち個体相互の間には比較的に結合状態が容易であり、消尽や破壊よりは加工と役立ちの力をわれわれは最も必要とするのであって、これらはみな女性の特質である。」そして、この特質は既に「母性」という「最初の優点」(the initial superiority) に属する豊かな経験的知識のたまものであって、この事態は、境界期には男性の女性への付随的存在（母固着）を意味したから、人類はむしろ「両性同体現象」(hermaphroditism) なり「処女生殖・単性発生」(parthenogenesis) とみなされるほどであった（一二九―一三一ページ）。

キリスト教徒の女史がこの指摘を、「大工ヨゼフ」とその妻の「処女マリア受胎」の物語の伝承として新約聖書から得たものとみることは見易いが、事態は、既に「母性」のもとの「原民主主義」の世界生成を意味していた。すなわち、女史のみるところ、「処女生殖」は食物の豊かな外的環境のうちにみられ、これに対する「生殖の両性関与」(the dual method of reproduction) は、苛酷な外的環境のうちに男性の力能が発達することによって持ち出されたものである。これを要するに、「性的関係経済の力動」という事実は、女史の指摘とは反対の現相をも包含しながら、むしろ両性の「協働」のもとに、内的および外的の情動環境のうちに或る了解的可能世界を生みだしてきたとみなされるのである。すなわち、受難の外的環境に原初的身体論的に抗いうるものはかえって、生物学的にいえば欠如態としての両性が具有する「母性」であるといわざるをえないのは、この伝承例でいえば「処女受胎」ののちおよそ三〇年の間、ヨゼフとともに母たるマリアによる、イエスにたいする強権的なヘロデの迫害からの協働の保護のはたらきに、見るべきものがあるからである。

以上、ステッツォン「経済学」の方法的特徴は生物学的であるとともに、心理内在的かつ歴史遡及的であるところに、その特徴がある。一九世紀から二〇世紀の転換期のアメリカ北東部は独占資本主義の興隆期であったが、それだけに女性の性的差異と性的差別を動的にとらえることができたのであって、この立場は、発展期アメリカの資本主義と民主主義の功罪を自ら思想化しうる、源基であった。それだけに女史の先史・古代史への「回帰」の眼差しは、既に人類学の成果を知る者としては合理的である。それ故、全編にわたってその「母性」史観に、性の両傾動のあることが注意される。人間の精励の域をこえるほどの巨大な「有」の展望を持つとき、あらたな知識の獲得に奔走すること以上に、むしろわれわれには必然的に何が欠落しているか、すなわち欠如を自覚する先史・古代人はかえって現代人にはとらえきれていないおおくの知恵と工夫をどれほど知っていたことかを考えてみることは、かのF・ベーコン（一五六一—一六二六）の自然学を引きながらヴィーコ（一六六八—一七四四）が、その著『学問の方法』（一七〇九）巻頭で必要視したことであった。

ステッツォンの一見、「回帰」的な「母性」論にたいしてわれわれは、母性の生得的ともみえる特質を、今日のわれわれには省みることのできない自己完結的な領域で発揮しうる、その自然状態の豊かな権能としてとらえ返し、むしろわれわれと自然人の間の優点と欠点とを批判的に比較する女史の方法論を理解することができる。女史の「経済学」には、後世の、アメリカ生まれのイギリスの詩人、T・S・エリオットのいう二〇世紀の資本主義的「進歩」観に対する歴史的感覚にそった「伝統」の同時的存在の視角が、先取りされていた（ホイト『交換』二九六ページ、参照）。

この軸足のうちには「民主主義」の問題が伏流していた。このことをステッツォンが先史・古代人の中に、最初の女性の権能を発揮しえた「母性」を中心に、「類属《レラティブ》」の間に最小限度の情動交換と同意の統一を発見するような知恵と工夫が生みだされたことに注目していたことは、とりもなおさず「原民主主義」の所在の探究を意味したのである。女史は、女性に完全な個人的な自由と活動があたえられるような男性に対する優位のくらしは、そこに両性によって「定常―持続」(remaining stationary)の状態を保ちうる特徴がみられるといっているが（一三二ページ）、この指摘は、多分に台湾高地先住民にあてはめて考える余地がある。先住民に多い「母権制」は、マクガバンによれば、アミ人にみられるごとく「最も民主主義的な部族」を構成するが、それは同世代の両性に平等な特権が心―身の免疫論につうじる情動のホメオスターシス（恒常性）として配慮されていたからである（中村V、一一八ページ）。マクガバンが古タイヤルをしてコミューン的システムとし、そこに、くらしにおける世界内在の心身連関の「定常持続」を発見したことは、ステッツォンの言と軌を一にする。

母性主導の定常持続型のくらしを、両性の協働による「原民主主義」と位置づけることは、今日的視点からも再評価に値する。というのも心身の定常持続の反面には、ステッツォンのいう労働の分業の発達と、したがってまた「社会を分裂させる生産者と消費者の間の不自然な経済関係」(the strained economic relation between producer and consumer which breaks society in two)を招来せざるをえない、とりわけ世界経済にみる独占資本主義の弊害の側面があるからである。ステッツォンはこの経済史の今日的限界をみきわめたうえで、両性的協働を、「人類相互の情愛という精神状態」と置き換えている（一四二ページ）。そのうえで、個人とりわけ女性の自由な社会的活動にもとづく「民主主義」は「協同生産主義」（小山、collective industry）の実現によるものであるとまで、主張した（一四五ページ）。とはいえこの民主主義には、独占資本主義と官僚主義行政による、生過程の細部におよぶ限界のなさという弊害の矛盾が胚胎することは否めない。

ニコライは『戦争の生物学』（改版、一九一八）の中で、生物の生長には三段階の「限界」原則があり、第一に単細胞では、その粘質のために栄養物の摂取にたいして「浸透的」限界をもっており、この限界をこえて生長するためには、第二に、個々の細胞が類的に集合して、細胞群（「個体」）をつくることの途のみがある。この個体もまた生長を無限に可能とするわけではなく、個体の食物摂取のための行動にとって巨大化はかえって障害となり、古生物学上にも、ここに巨体化にともなう「力学的」限界が見いだされる。細胞および個体に内在する生長の本質は、第三に、個体の類的集合によるつながりの、緩急ある社会という一団の有機体を発生せしめる。しかし、この特定の社会的集団にも食物摂取に「勢力学的」限界がつきまとう。この限界がなければ、つまり他集団との「競争」の余地がなければ、これも古生物学に知られるように集団の大数維持に必要な食物はたちまちに枯渇し、かくて類的「差別」は人類の競争上、不可避となる。「差別」の制約状況の渦中にこそ精神の自由な活動の余地があたえられる。ニコライの生存競争原理にいう「限界」原則は、生長にともなう「自由」には、限界と、個体の間の相互依存、すなわち協働とをただしく規定する必要のあることを開示している（山本宣治訳『戦争進化之生物学的批判』内外出版、一九二二年、四八―五八ページ）。

心身定常持続型のくらしは、ニコライのいう長期におよぶ「浸透・力学・勢力」の三限界原則、すなわち人間の自然状態の競争的な差別のもとの経済的調和・依存の原則の表れである。この生存のための差別的動態の持続は、世界内在の環境に基礎づけられた人間の性的協働のための原因であり、かつ結果である。ステッツォンは、このような両性協働による定常持続にはなお、最も原初的な「自然人《サビッジ》」の家族とその「聚群」（二一五ページ）に、食物獲得上、「家事分業の必要」（第一一章、小出）の余地をみとめ、その間に、多様な労働力が、作業の分担と協同に従事せざるをえないことを主張していた。そのうえでなおわれわれは、母性本位の、未だゆるい自生的コミューン論には、「物体の分割」と結合による生殖＝再生産の、自由と制約による内的環境の生成説をも、追加しなければならないであろう。

「家事分業の必要」の主張は、世紀の転換期にはやくも食品産業資本の独占化の矛盾が人びとの食物摂取をつうじて「健康」の問題を惹起し、日常的に資本化された「食物供給」の複雑で長い過程は、もはやたんに台所をひとりで預かる女性のみの労働によっては、手に余ることになり、アメリカの人民はこれによって「品性の純化」（小出）にまで影響されるとみなされるほど、いまや「生ける病気のかたまり」と化したという認識に裏づけられていたことが、注意される（二二六ページ）。ここに新しい両性的共同労働を新しい「母性主義」のもとで導入することで、すくなくとも新しい「食の事態」(the matter of eating) の一大革新をむかえるべきことが提起されていたのである。実際、「食」をめぐる矛盾は、第一次大戦後の中部のアイオワ州で、人工のオレイン酸マーガリンの規制如何をめぐる「消費者問題」などに、深化していったが（ホイト『交換』三〇七ページ）、ステッツォンはこの事態は、既に、食品のなかの「混ぜもの《アダルタレイション》」、無益な多数出回る料理本、医師と母親の無駄な勧告の数々など、じつは本来の人間のサービス労働の中にいかに「詐欺と瞞着」(deceit and imposition）としてはびこっているかを、既述のように「女性をいかに非生産的な［孤立した］消費者として仕立て上げてきたかに理由がある」ものと指摘し、経済学的になお「百人の貧なる女性に小売り《ディーラー》する商人は、その同量を一人の買付け人《パーチェイサー》に売るものよりもはるかに劣質な食品を売ることができるし、現にそうしている」と、商業・流通資本による商品生産の矛盾顕現を暴露していた（二二七―二二八ページ）。

ここにみられるようにステッツォンの「コミューン」論は、食をはじめとする、生全体の秩序・摂理にかかわる実体の生成的存在論から、個人主義の住民協同型をめざすものであり、そこには、単なる「主婦《ハウスワイフ》」の解放にとどまらない、せまい「家族」至上主義を超越しようとする展望がこめられていた。問題は、「協働」によるくらしの「協同」にみる個人的情動の世界内在の環境がいかに整えられるかという点にある。しかし、そのまえに女史には、まず「百人の貧なる女性」ごとの個人的な自由なくらしを本位とした協同生活体が、構想されていた。購買、調理、食事、清掃、洗濯、入浴、育児、教育、娯楽その他の労働は社会的公的に分業化され、例えば、食事などは、家族構成員の定時の集合をもってするよりも専門家した料理人による「共同食堂」にて銘々がいつでも自由にとることが提示された。それはまた、くらしの「組合主義《コオペラティズム》」を否定する主張につながった。なぜなら組合主義の根本は、逆に個々の「家事《ハウスキーピング》」機能を一層良く遂行《パフォーマンス》して、そのうえで諸家族の一致《ユニオン》を企図するという矛盾にあるからというのである（二四〇ページ）。

ただちに判明するように、この「家事分業の必要」説には二つの克服すべき問題があり、論理上、これらの家事労働の細部の世界内在――例えば情報、慰安、信仰など――にまで独占資本と官僚行政は食い込んでくるのであり、現実にも、この国家独占資本に対して「百人の貧民」が一つとなって、どこまで経済的にも情動的にも解放されうるのかという矛盾がある。例えば「詐欺と瞞着」に陥らないための情報は、資本による「百とおり」の情報によらざるをえないあいだは経済的解放はあり得ず、つまり、この百とおりの情報は資本主義の利欲と合理主義の一点において、かえって「民主主義」という思想の「全体主義」への途として、用意されているのである。第二の問題は、まさにこの思想の全体主義化にかかわって、個人的情動の世界内在的環境について、ステッツォンのいうように「家族主義」がいかに克服されるべきかという点にある。例えば、女史はいう。「一枚のテーブルクロスに集合させられるだけの家族の結合体というようなものに果たしてどれだけの価値《バリユウ》があるのだろうか」と（二四四ページ）。この問題は今日、世界的に、受難の民の「子ども―共同食堂」運動の実践の中に止揚されつつある。

　そのカギは、いわれるような基礎的「価値」をめぐって定置される、特殊形而上学的な「神―心」領域の「役立ち《サービス》」的情動の有り様にある。「サービス労働」とは、人間的自然のもとの、ヨリ大きな有への一種の畏敬観をぬきにしては成り立たなかったからである。サービス労働の概念は、家事労働の分割、分担において、はじめて一日の時間的節約に向けた、「神」との素朴実在的関係のもとの協力にむけた、少数の両性労働で事足りるという限界原則の点で、意味があった。「経済的に生産者として立つ女性は自然に母性と矛盾しない知的職業《プロフェッション》を身につけていくものであり、家事サービスにこだわる以上にもっと良く母性のはたらきにふさわしいおおくの知的職業があるものです」（二四五ページ、強調は中村）。

　この主張には、女性にとって「母性」は縁のない、不慮の事ではなく、むしろ女性たること（womanhood）

において本望の、光栄にして共通の義務となりさえするものであるという自然情動観がすえられていた。母性と矛盾しない知的職業は、本質的に「物体の分割」と再生、転換、結合による生成過程に、寄与することである。そこで、「一枚のテーブルクロス」は、おおくのサービス労働の「作業の分割」と再結合の表象ととらえなおされ、そのうちには母性サービスが寄与しうるコミューン原理が活かされ、新たな「愛」もまた必ず結合し、このことによってそこに、特殊形而上学的の価値的品位が生じるものとみなされる。

「食」を共にすることは、そこからはじめて「愛」の情動を生みだすものではない。かえって共食には、協働が前提、不可欠であり、協働のさいの両性間に生じる愛の情動交換こそが「食」を豊かにし、神の愛のまえでは「絶食」をもよろこびの分有となるほどに価値的品位をたかめるのであって、けっしてその逆ではない。なぜなら「食」のまわりに、神と人間の協力し合う自然情動の世界内在が生まれるのであるからである。われわれが既に労働とは「祈り」そのものであり、ステッツォンが労働は、愛の基礎づけであると強調したのはこのことであった。協働にもとづく価値の愛について、女史はなお、「われわれはこれまで飲食と共にあるような愛をしてむしろ下劣かつ品位を貶めてきたのであった」と、喝破してさえいる（二三五ページ、強調は中村）。今日、資本によって提供され、あるいは政治的配慮によるところの、形骸化した「食」は、真に労働と愛の情動交換の成果でないかぎりそれ自体、品位のないものであり、かえってそこに労働による愛の所在を疎外するものである。仮に外から「食」を共にすることを請じられたとき、そこに込められたであろう過去のおおくの労働とその蓄積に想いをはせ、新たな個体の再生をおもんぱかる情動こそ、自分に合わせた品位につながる自然状態としての心身連関的な人格主義的態度といわねばならない。

結論的に、くらしぶりの「神―心」的全一化の中で、例えばこのように「食」をつうじて人間はカイロスという「心の時計」をもつことができ、過去をして未来への「つなぎ」の機能を了解的に果たすことができるといわねばならない。だがこの了解的なはたらきそのものによって窮迫的に生まれでる緊張という矛盾に対し、かえってそこに、免疫力による価値的な「自由」がくらしのうちにつちかわれ、そのような自然状態の或る力能の属性においてわれわれは「実体」の自然的実在を、つまりステッツォンのいう神的「愛」を探究することができるとみなしたい。

「神」は普くくらしの細部に宿るという思想は、キリスト者ならずとも受難の民の「自己―享受」のための知恵であり、そのことをわれわれは別に、相対的虚無説と「予兆《オゥメン》」機能説のうちに主張してきた。両性に共有の母性のサービス労働こそが、神―心の相対的虚無による、愛のオゥメンによって定常的生成の緊張の興奮状態をになうことができた。「あらゆる生成変化において真に本質的なのは、魂のなかに見られる熱烈な緊張状態である」(G・ソレル『プロレタリアートの理論のために』上山忠男他訳、未来社、二〇一四年、一四五ページ)。「母性とコミューン」論の展望のために、このアナキズムにつうじる原理だけはステッツォンから継承し、自然情動の交感論として発展させていく余地がある。

民の「自然力」は呼起こされねばならない。なぜなら生物の類縁性《ラポール》(rapport)を最も明瞭に示すものは、原理的に、生命の内部体制＝中枢神経系にみる保存と、その結実のための生殖《ラポール》であり、それらに最も全般的なはたらきこそ「情動」の体制であるからである(ラマルク)。ラマルクは一八〇二年、はじめて生物学という用語を用いたことで知られるが、このことは生命原理一般への形而上学的洞察をまって提起されたのである。あえてこう言うのも、爾来二世紀を閲して今日われわれの情動は、グローバル独占資本主義のための巧妙なマインドコントロールにむけた、広汎な「教育的強制」(ステッツォン)の政策、行政によって呪縛されているからである。ここでどうしても問うておかなければならない事例は、序章にもふれた「ヒバク」という、いまや絶対的に追いつめられた世界内在の問題である。国家の政策や行政の資本主義的謀略としか言いようのない、空疎な意図や設計から(例えば「集団的自衛権」「マイナンバー制度」「一億総活躍―包摂社会」をみよ)、現実の新たな内と外の植民地主義が生みだされる。

わたくし年来の「自然力」説は山の民からその端緒を機能的に獲得し、マルクスの「太古的労働」説を裏づける有力なはしらとみなし、精神医学の諸学説のなかで心身連関の力動論として支持されてきたことを、あきらかにした(中村Ⅳ)。マルクス自身は、その「力」についてMachtとKraftの両様があることを示唆したにとどまった。この示唆はいつしかわたくしの中で、内包力すなわち受容可能性と外延力すなわち造成・役立ち《サービス》可能性とによる内在の心身世界の動的構成へと止揚されていった。そのマルクスが唯物論者と定置したホッブズは、「内なる対話」と「自己工作」および「宗教的情動」の内在性を、国家・社会状態説の基底においたが、この人間の自然状態説は近代の「自然哲学」の礎となった。シェリングにおいてこの主題は、今日の「失自然症」観に対応するものであることは、改めて強調するまでもないであろう。ラマルク（一七四四―一八二九）は『動物哲学』（一八〇九）において、生ける流動体はその「内部の力の存在」において感情《エモーション》激動なる直観のもとで「生理学的なものと精神的なもの」の両者の共通性があることを指摘し、植物に顕著なごとく「ただ彼等が外界から受ける刺激の助けによって生活する」という「受容」の創造説を強調していたのである（小泉丹・山田吉彦訳、岩波文庫）。

森のなかのわが家にある時、田中千佳さんが訪ねてこられ、平井憲夫著の小冊子「原発がどんなものか知ってほしい」（全二六ページ）をぜひ読んでほしいと、手渡された。平井さんは既に二〇年ちかくまえの一九九七年から、原子力発電所の現場に二〇年以上、配管作業工として従事してきたことから癌を発症して、逝去された人である。読後、わたしはまず、原発現場の犠牲になった貴重な民の経験が「プラント配管」という職人工作の原態として、細々ながらこのように人づてに伝承されている実態に、感動させられた。いいかえると原発現場は、一級建築士や工学博士や国家の高級官吏やときどきの政権与党の議員らの原発誘致、原発建設、原発再稼働、それによる「地域開発・創生」などという、限度を知らぬ、軽薄で、無責任な机上プランとはまったく異なった次元において、維持されてきたのであった。ということは「原発」の運用、管理は、こうした現場を知らない／知ろうとしない一級建築士や名誉教授らによる現場に対する利得本位の原収奪、すなわち現場にはたらくものやその住民の心身連関の世界内在性を破壊することによって成り立っているということである。

配管工の平井さんが主張するように、日本の原発の歴史は創設以来、大規模な欠陥、事故の連続であったが、国家総資本の側はこの事実を公表することなく、現場にはたらくもの、住まうもの、汚染まみれの食にたよらざるをえないすべての民のくらしを、犠牲にし、今日いくつものかくれた「差別」と「放縦」の態度を民に生みつづけてくるという、愚民政策に耽ってきた。民は愚弄され、収奪され、いよいよ追いつめられてきた。というのも、人工的な「国家」というリヴァイアサンがつくりだした「原子力」は、とくにプルサーマル型原子炉からうみだされるプルトニウムは半減期が二万四千年という、永久に人間の手には負えない無法のしろものであるからである。国家とグローバル独占資本と社会・学校「教育」がこの無法のくらしを強要しつづけている。民は、そういう教育の欺瞞には気づいている。ただ気づくだけで、受難の民が真に体制教育に抗うことができないのは、歴史上母親衆によって訴求されてきたような、自分が相対的虚無的「自由」の、あやうい不完全な、それにもかかわらず受容と役立ちによる「生きられる」可能態であることにまでは気づいていないからである。「商品」に囲繞された資本主義の矛盾をとらえ、脱資本主義の、自然情動、自然宗教による自由のくらしに踏み込む勇気を持たないからである。のみならず人間の不完全さ、欠損、欠如態そのものが悪であるというナチズムのホロコースト思潮が既成のくらしの主流を占める現実がある（二〇一六年七月、相模原市での知的障害者大量殺戮）。

この矛盾を最もするどく感得しえるものは、平井さんによれば中学生、高校生の、それも「女子」である。もちろん男子とておなじであるという反論があがるであろうが、平井さんの体験報告によれば、どの講演会場でもきまって泣きながら、原子力にとりかこまれた自分の居たたまれなさを、声をあげて訴えるのはかならず女子であった。この「叫ぶ―声」による表現世界が、根源的に男子と違うのである。原子力という無法のしろものを前にしたとき、「叫び」をあげるのは、自然情動の状態にちかい女子である。男子は放縦の「後は野となれ山となれ」式の、自暴自棄の「犯罪」の予備役にはしるのもいっこうに不思議ではないし（一般に今日、自暴自棄の風潮がさまざまな犯罪をうんでいる）、そうでなければ公認の「よい子」として、国家＝資本に盲従するだけの官僚然の一旗組となるかである。つまり、女子のようには原態の表現活動にでず、自分自身への自由のみちにふみだす勇気がないのである。何故か。ここに本書の、人間的自然と情動の自生的な原態表現の主題を探究する作業に多少の意味があるといわねばならない。

二つの錯誤がある。第一、人類学はこれまでまともな女性学を取りあげてこなかったが、端的には「母性」についての自然力の解読をめざしてこなかった。というのも人類学は、そのフィールドの女性は自然史的過程のうちの原則的に両性に共有される「母性」が主体であることにほとんど盲目であったからである。この学問は、「文化」人類学に趨ればはしるほどたんに女性の社会、文化、諸体制のうちの「地位」としたがって女性の「権威―権利―権力」の探究にむかうのみであったから、母性に固有の、不偏的な世界内在のはたらきについては見のがし、直ちに、わずかに母権制のみの考察にはしったのである（cf.E.E.Evans-Pritchard, The Position of Women in Primitive Societies and Other Essays in Social Anthropology, 1965）。今日のフェミニズム女性学が巨大な権力欲めあてのものであることの所以である。問題となるのはここで、太古の母性についての自然力にかかわる歴史的事実と、この事実にみる自然的実在の母性本位のもののとらえ方、すなわち固有の世界内在的な「黒の思考」

法についての哲学、すなわち理性にもとづく特殊形而上学的の方法論とはいかに噛みあうのかという自然哲学である。第二の錯誤というのは、この、歴史をめぐる実証主義と特殊形而上学の噛みあわせ的方法論にかかわる自然哲学は、ほぼ一七世紀をさかいに機械論的科学主義のあおりをくって、ほとんど暗闇に葬られてきたということにある。その原因は、巨大科学主義による、予め技術の対象として意図し、設計されたものとしての「自然」観にある。

本書で考察したように、人類の境界期に導入された狩猟の行為は、分業の程度におうじて細心の意図や設計とその成果とから構成されており、ときには相手を欺罔するような「罠」を仕掛け、冷酷なあらゆる手練手管で結果を産まなければならない。これが狩猟にみられる、「御料場」で「一旗」をあげる（「武家文化」にみる「巻狩り」の風俗をみよ）という政治経済学的の意味なのである。この長期にわたる男性本位の遺産によれば、男性の行動は、たんに両性協働による情動の表現活動に委ねるだけの自生的性格のものではないことが判明する。こうして狩猟が男性に特化したときから、つまり男性も、子どもの養育やくらしぶりへの「自己—練習」に女性と共同であたるというそれまでの採取・加工段階の原態から変化した瞬間に、情動による表現活動から自分自身を疎外してきた。冷酷なことに、狩猟行為に、情動本位の快的な表現活動はゆるされない。しかし、問題はその後の女性のたどる生き方にこそある。

今日既に女性は、男性の「狩猟」行為に従属するだけの地位に甘んじるというとらえ方ではすまされない存在とみている。おおくの女性学、フェミニズムの観点はこの非従属の肯定を前提にしている。問題はその先の現実に、かえって女性への自由のみちをたどりうる方法論を見失っていること、すなわち、純粋情動説にみる

「受容―合一」の法則性の探究にそった「女性学」の存在理由《レゾンデートール》に、気づかないのである。それ故に単純に女性もまた、あるかなきかの「国家」社会のうちで男性に伍して、「フルタイム労働―賃金奴隷」として公認された成果をあげうるような「一億総活躍―一旗」組をめざして当然である、という主張をふりかざす。必要なのは一日の糧のためだけの労働に制限し、そこに生まれた余地、余裕によって自然の生成主義のもとに両性による生全体への共同参加に満足すべきである。近代の女性学の二重にあやまった論理は、たんに成果主義に耽って、備給された自然力をもとに、人間の本性とはなにかを提唱する必要はまったくない男性・学に無知であることに根差している。それ故、両性ともに、マスコミにおどる体制内有識者を批判さえできない。

今日の女性学は、非従属の肯定の先にひかえる、冷酷な資本主義の「生産・成長」路線に追随していることさえ自覚も批判もできないでいる。ナオミ・クライン『貧困と不正を生む資本主義を潰せ――企業によるグローバル化の悪を糾弾する人々の記録』(松島聖子訳、はまの出版、二〇〇三)には、かえって今日、いかに男性との共同の原態表現活動が必要であるかという論旨がうかがえる。それにもかかわらずフェミニストのだれが、例えば、鉄道資本による「女性専用車両」の運行という愚策に、反対の声をあげたことがあるであろうか。資本に奉仕するだけの産業心理学によれば、一メートル以内に他人がいるだけでひとはストレスを覚え、このストレスが「産業能率」に差し障るということが強調される。しかし、むしろ生理生体学によれば、一定の閾値をもって原態の興奮状態を神経代謝的に保存しているのが人間の本性=自然力である。満員電車のなかの異性との触接のおおくは、この生の自然状態にある。快なる接触は真面目でない、軽微なものでなくてはならない(ダーウィン、前掲『表情』二三四ページ)。

歴史的人間学の立場からは、長い間人間的活動としての生き方、くらし方は、或る目的や成果を実現するための実用本位のものであったのではない。この観点に立つなら、狩猟型結果主義の男性の生き方は、片寄った、人間としては変則の類のものである。生物学的原則にもとるようなこの生き方こそ、「ヒバク」社会という取り返しのつかない、科学主義の無法状態をまねいてきたのである。中学・高校の女子が、居並ぶ大人にむけて泣き叫んでまで訴えた、まさにそうした原態の表現・学にこそ女性学・母性学はその基礎をすえなければならない。ここで、女生徒は、反原発運動とは無縁なのである。彼女の訴求するものは、原発の仕組みや危険の程度、その回避の工夫などの科学的な説明にあるのではない。それは、もはや恋愛におちたときでも妊娠して、まともな子どもをうめる自信の無さと、そのようにして相手を傷つけたくないとするまでの、愛情の、直感的で可能的な有無を、問うているのである。それはまた、生体の神経免疫の本質論からいえば、そのような不安と恐怖のパトスを身体で受容し、その身体で自己の霊魂を呼起こし、霊操的に表現したものであり、そのような身体で行的に了解したものを外化し、投射しただけの、原態表現――表現活動それ自体の過程に目的をおいた生き方――に人間の事的行為がもつ「有」の意味性を訴えていたのである。このことは現場の一職工として、自分はけっして原発反対運動家ではないと強調した、人間平井憲夫さんの遺志でもある。

女性学者と教育（学）者にべつの視角から――もしかれらが、人間はそれでもなお「生きられる」可能態として生物学的自然的実在である観点を抛棄しないとしてであるが――、世界内在の思考上の有にかかわる方法論が呈示されねばならない。男・女はたがいに片割れであるかぎり、本態的に環境（自然）への適応が不完全な生きものである。この欠如の本態の故に自然力が、まず内包力・受容力としてみとめられうる。受容された自然力の蓄積が、「備給《カテクシス》」ということの情動的経済機能の本態である。まず備給しうる有がなければ発現できる有もない。そのさい第一義的に、「受容」とは自分自身への自由のみちをあゆむための可能態における、本態的内発の自生的な、純粋情動であった。人間が生まれながらに、というよりは母胎のなかで成熟しはじめたときに備給された状態は、本態といわれる。重要なことは、この備給の本態性に既に有無にまつわる不完全さが胚胎しているということであって、そのため古来、人は、生まれおちたときからかえって或る個性を表現しているというもののとらえ方が、的確にも人格主義のもとの「黒の思考」法といわれるべきであった（本書。及川およびハートランド）。

自然力の備給において人は、肉体的にも精神的にも善きものも悪しきものも最初、それらを母体から受容し、それをなによりも両性の片割れとして自分自身への自由に造成し、役立てなければならない。このとき世界への適応の不完全性は、「有」の完全性からみればある種の「欠如態」であり、生物としては「欠損」を意味した。人間的には身体・精神医学的に「疾病・異常」を意味し、教育学的には「問題」を意味するような欠如態であり、この点で男／女の有り様はすべからく相対的虚無である。ところでこの不完全性は、自然的歴史的条件のもとの「受難」といいかえられるとともに、人間に、「必要」と全一的「有」への指向性に由来する、「期待」という快をあたえた。諸個人に固有の本態的な自然力は、それ故に必要な有の目的以外に使われてはならない。なぜなら生きられる力能は、かれに本態的な「欠如的虚無」のかぎりで生じる必要な期待においてこそ、ふるわれるべきであるからであり、そこに個性としての「創発」的性格があたえられる。

「体制」学的にはここに、欠如観を抛棄した「文化」という必要の枠に容れなければならないという、「教育」の過てる方法論が生まれた。「教育史・教育哲学」はこの原理を問題論として、むしろ体制批判的とならねばならない。なぜなら人間における不完全性は、逆に、芸術労働説としてみてきたように、そのことをみえるように直視する、個体ごとに自然に備給された人間性の表現活動に情動面で寄与するものであるからである。人間の受容力は、そのような不完全性を体験として支持し、自己を生全体の必要のかぎりに造成し役立てるためにこそ存在し、発揮される。「教育」はほとんどといってよいほど、個体の身体と心の一部分のみを「問題」としてとりだし、なおこの自由な「欠如」者を、孤立状態にしたうえ、ついには環境の一部分のみとの条件反射的な結合を強迫する。この社会状態に本位の、個性としての受容力をみていない三重に過てる教育は、一種の大衆ファディズム（fadism，いわゆるミー・ハー的流行追随主義）である。

われわれは本書でランツマンの「ショア」を考察した。「ショア」は、ランツマン自身みとめるように「無―情」な作品であるかも知れない。しかしそれは、自然的実在に根拠をあたえながらも、外部からのいかなる強要ともかかわらずに、個人が自己の知性によってその存在に迫りうる、もっぱら思考上の内的類比による有にかかわる欠如の生全体観の思想に、つらぬかれているとする主張なのである。自己にせまってやまないこの或る欠如感こそ、この時代の、相対的虚無の無情の根基である。「ホロコースト」に生涯、真向かわざるをえないものにむけて、果たして文化の名の下の――「映像・映画」もふくめ――、あらゆる部分的で強迫的の、教育的「啓蒙」の措置が必要であるのであろうか。「ヒバク」というホロコーストには、身体をはった、内発による「有」に向けた受容的態度こそがもとめられるのであって、「教育」にみる三重の部分的孤立状態の導入は、ヒバクを、かえってある特定の不自由さをもたらす、資本主義的ファディズム状況の人工的人間において生みだすだけである。これこそ体制内の科学的官僚主義の好餌となる。女性学の意義は、女性こそが、未だ実用的でない、生体としての表現創発的な、人間的活動に節度ある中庸の本態を発揮しうる自己発見的な情動的存在であることを主張することにある。

いまや第二の自然哲学をめぐる錯誤について、簡単にふれておこう。この歴史をめぐる実証主義と特殊形而上学の、有への、理性にもとづくかかわり合いの問題は、本書に考察した宗教・倫理・美的に全一化した原態の創造的表現労働説の核心にせまるものである。既にわれらが山の民は、理性を超越した絶対的な宗教とはいえないであろうが、たしかに一つの民属風土としての「宗教」を持っていた。ひとは邪教とはいわないまでもこれを「異教」というであろう。この異教といえども、自然的歴史的に或る受難という条件のもとに顕わとなる、くらしの実在の根基を持っていた。本書が生命の領域のうちにパッションとパトスの実証主義と形而上学にまたがる労働本質論の構成をとった所以である。宗教という――「信仰」ではない――一見科学とはみなされない分野は、その形而上学的方法においてこそかえって科学的なのである。この形而上学は、その思弁性において具体的で可変的な物質の不確実さをのりこえ、生成論的にヨリ確実な自然的有に、特殊に可知的にせまりうるものであるからである。実証主義歴史学がかえって有の不可知論に陥ってきたのはこの意味で、非科学的であった。「民」の歴史学というときそれが現実態として形而上学的世界にまでおよばざるをえないのは、この方法論が、神の絶対的な「有」如何にではなく、歴史的特殊に「内なる有」の相対的存在の可知性を探究するのにふさわしいからである。

一般的な「受難の民」の歴史には、それぞれに一見みえにくい素朴具体の実在の様相が――黥面・首狩り・

首祀りのように――或る性的な表現実相のうちに普遍化してとらえられる。この情動の表現学的原理こそ、実証と形而上学の橋渡しのはたらきをしている。この意味で母性にみる原初の習俗はいかなる世界内在の「神―心」的本性の表現であるのかという問題意識は、くらしの表現労働考に不可避の方法論を呈示する。われわれの思弁科学はこの先にはじめて、欠如と受難の民の歴史哲学をもうけることができる。

一九九四年に台湾の山の民にであってから、既に二二年が経った。この間山の民自身にも、世界資本主義の浸潤に心身ともに犯されていく原収奪の実状があるが、自分の心と身体は、死と生の間に「生きられる」対自的な世界内在の原態としてあたえられたものであることは、かれら自身がよく知っている。山の民は、伝承された「オットフ」神を理知的に、つまり内と外の「環境」自体の表現活動という原態にそって活かすことによって、これまで、自分を自由に投射することのできるくらしを保存してきたのである。九歳の松雅各くんの一幅の絵（本書の扉）は、資本制社会だけが自分の有り様だとおもっている者にはなかなか見えてこない、或る全一的な生の有を訴えているようにおもわれる。

小著の刊行にあたり、被抑圧的な立場の民の歴史を解明する途のあることを、日頃から哲学上の問題意識として鼓舞されている歴史学の岩井隆夫氏の学恩に、ここであらためて深く感謝の意を表したい。その岩井氏は、恩師の寺尾誠慶應義塾大学名誉教授の遺稿ともいうべき膨大な書簡を『歴史哲学への誘い――哲学者花崎皋平との対話』と題して、近々公にするという大きな仕事にとりくんでおられ、地味ながら真摯な学者としてわたくしの尊敬するところである。さらに岩井氏からは漢学者の佐久協氏を紹介していただき、佐久氏からはわたくしの方法論が「マルクス理論によって裏打ちされるものではなく、マルクス理論を裏打ちするものであるべき」との貴重な御批判をいただいた。この間、微力ながら山の民の太古的労働・思考カテゴリーに主題をしぼって取り組んでこられたのも、こうした両氏のご高配によるものである。

ハーベスト社の小林達也さんには、この主題研究の総括にのぞんで、組版から校閲、装丁、出版に至る細部まで前著につづいて御世話になりました。今日、われわれは歴史のおおきな転換期に立たされているという認識を小林氏と共有しえていることにあらためて感謝したい。神経生理学・医師の三浦孝顕氏、口腔歯科学・医師の高橋敬人氏、およびシスター豊田順子氏をはじめ、洪金珠、沼田文宏、塚本義孝、時枝宏旦、岩井隆夫、岩井真理子、野沢修、野沢圭子、高木信実のみなさま、そしてラブのサクラ（一二歳）にも、三年の間森の中のひとりぐらしを支えていただきここに感謝の意を表したい。最後にこの台湾高地先住民史研究の全六冊を、日帝の植民主義的暴虐のまえに露命を曝されたすべての先住民――その中には貴重な経験を直接、わたくしに世界内在の有り様として托して逝った、同朋がいる――と、かつて本研究のマイノリティによせるべき平和の思想的端緒をあたえてくれた亡き父と母の御霊にささげる。

二〇一六・八　那須にて

歴史的自然　90
——伝承　146
歴史の構成　217
——の内的生命　217, 219, 222, 276, 294
——表象論　218
朗唱のどよめき　122
労働者にとっての持続的な困窮状態　232
労働対象　48, 49, 84
労働というモラリズム（内面性）　18, 226
——の個人的所有　46, 247
——の内的世界　173, 229
——の内発性　174
——表象（論）　17, 33, 49, 50-52, 55, 70, 80, 84, 155, 180, 233, 266, 354
労働力の価値規定　9, 21, 192, 229, 233, 260, 267, 287
論理的客観主義　34, 217, 219

ワ

わたし自身の多数化　348, 349

［追記］初版の「人名索引」に追記

（笠井利一）　277
（当麻近子）　131

［訂正］『自然力の世界』初版の正誤表

p.7　ℓ.3　豆酸──→豆豉
p.8　ℓ.9　豆酸──→豆豉
p.54　ℓ.15　戴國輝→戴國煇
p.98　ℓ.9　前記　──→　前期
p.106　ℓ.1　所──→所在
p.108　ℓ.1　そぞれ──→それぞれ
p.112　ℓ.6　劣勢──→劣性
p.115　ℓ17　素雑──→粗雑
p.179　ℓ.9　そ交換──→その交換
p.192　ℓ.8　なくされる（　──→なくされる」（
p.307　ℓ.14　あられて──→あらわれて
p.332　ℓ.10　離立つすることが──→離立つが
p.333　ℓ.19　基づ合理──→基づく合理
p.370　ℓ.15　299-331 ──→ 299, 331
p.373　ℓ.7　戴國輝→戴國煇
p.373　ℓ.35　雅牙→雅基

——的あそび　354
——表象（ボルツァーノ）　91, 118, 124, 129, 132, 133, 144, 185, 274, 279, 335, 336, 348, 358, 363
冥罰（ネーメジス，神の審判、オーディール）　24, 74, 145, 151, 332, 333
目的論的統一の美　52
モシュニネ（ルーマニアの個別的土地所有制）　43
ムラゴー（モッコアス，首祀りの踊り）　340
妄想　332
模像　14, 16, 28, 29, 53, 58, 60, 62, 63, 67-70, 84, 92, 137, 237, 266, 306, 307, 332, 358
物の自然的価値（ロック）　193
モラリズム（内面性）　24, 30, 43, 44, 221, 236, 241, 261-263, 267, 289, 290, 294, 310, 361
モラル的なもの（——の構成体）　214, 294
モルゲン　364

ヤ－ヨ

やまあらしのディレンマ　35
唯物史　206
有機力動説（心身の——）　33, 294, 296
有罪感　31
融即的な他者同態（の思想）　7, 10, 12, 79, 117, 128, 265, 282, 286, 363
誘発作用（力学上の——）　301
豊かな創造的内面性　25
——内閉的世界（リッチオーティズム）　13, 94, 358
ゆるい民属論　323
与件伝承　78
予見の自然力の辯証法　210
予見の認識　210

ラ－ロ

ラファルグの自然力労働観　238
量的価値判断　120
両面感情（アンビバレンス）　25
倫理（伝承の論理にかなう——）　105, 195, 196
倫理的価値　197, 198
類意識　29, 30, 34, 46, 61
——概念　27, 28, 313
——精神（類的精神力動，プリコイド）　31, 42, 54, 87
類属（人間という——）　195
類的価値　198
——形式　16
——交換　252
——構成　32, 40, 46, 218, 231
——作用　31
——自己（表象）　322, 335
——実在性　96
——主体の形成　322
——身体　322
——存在（ガットゥングスヴェーゼン）　13, 16, 21, 25, 56, 57, 83, 97, 120, 138, 146, 165, 195, 197, 229-231, 242, 249, 253, 283, 292, 312, 322, 362
——対象（——としての性）　30, 248
——統覚　88
——な仲間のカテゴリー　126
——の気分（エンゲルス）　332
——表象（論）　31, 34, 50, 53, 75, 76, 81, 142
——本質（ガットゥングスヴェーゼン）　13, 15, 16, 25, 46, 70, 75, 169, 197, 230, 231, 248, 252, 266, 292, 312, 322, 348
——未分化　32, 33
——労働（性としての——）　248, 249
類の辨かち合い（分有）　123
ルウネ歌謡（クローン）　279
流氓（るぼう）　64, 367
霊的類似性（スピリチュアリズム）　363
レインの心身分裂説　302
——の反精神医学論　235, 297
——の無（nothing）　305
レーニンの自然観　198
歴史（的）実在　10, 17, 69, 224, 233, 236, 245, 352, 353

——主体　27, 32, 87, 321
——としての語り合い　92
平等の思想と危機回避　126
品格（エートス，風采，態度）　359
貧弱な自然力　165
不安意識の表象　28
フィンランド主義　275
——民間伝承論（クローン）　278
部族　25
部族病（部落病）　20
フッサールの原始的直観的自然観と歴史観　200-203
物物交換の性的即物性　252
不等価交換の原理　166
不等価発展の交換形態　28
プルードン主義（者）　244, 245, 250
プロクロニズム説（生物形態説の——）　299
ブロンデルの精神生理学的自然力説　314
分裂（スプリッティング，自己防衛としての——）　11-14, 17, 61, 140, 169, 266, 297
分裂移住　145
ベルジャーエフの近代観　223
——の自然観　224
——のミクロコスモス論　224, 225
辯証法的反立の官能　124
変身（フェアヴァンドルンク，自己形態の——，自我変容）　10, 278, 280, 304, 307, 310, 313
変身する動物（交換人，ホモムタートル）　15, 59
ポシビリスト（日和見主義の——）　227
捕囚（——伝説，——の原体験）　51, 54, 62, 78, 84, 121, 327
本態的自然の認識　120

マーモ

魔術的儀式（魔術性）　42, 52, 137, 167, 286
またいだ経済（ピアッティ）　44
マハトとクラフトの交換　164
——の述語的内包量　92
マラカム精神　22, 41, 144, 151, 261, 351
マルクス主義経済原論（——経済学）　34, 48, 185, 267
——主義社会構成史（論）　86
——主義生産様式論　300
——主義哲学　17, 27, 35
——主義認識論　68, 156, 357, 358
——主義のカテゴリー　229
——主義労働力観　15, 154
——におけるカント　209
——の使用価値内的表象説　156, 158, 159
——の生産力観　246
未開的思考形態の交換　330
ミジュイ（猟奇的な踊り）　340
未分化の自然諸力　163
民間伝承様態（フォークウェイズ）　270
民衆収奪　93
——文芸の伝承　276
民俗（論）　69, 206, 207
民属観念（民種）　132, 136, 139
——コミューン（論）　50, 53-55, 69, 117, 362
——的伝承の教育　49, 312
——の形質群（村田）　323
——の社会構成体　118, 332
——の内因的進化　352
——の内面的世界（モラリズム）　235, 269
——の美感論（美習観）　319, 334, 339
——の表象　28, 35, 111
——の法的感情（増田）　343, 365
——の歴史記述　218
——の労働表象　228
民蕃公界（民蕃雑処）　42
無意識　16, 23, 27, 258
無記（の間柄，——の中間領域）　119, 124, 358
——の自由　354
無主辞世界　56
無主辞的対象　57, 95
無対象的実在　120

ない手としての――）　127, 128, 134, 136, 146, 343
トーテム（同属者）　61, 254
トランス状態の化身　97

ナーノ

内界表象（伝承の――）　63, 100
内向的世界　294, 295
内向的遡行（の歴史観 , 世界観）　206, 214, 215, 217, 222
内向の感情的退行　308
内在化された対象　190
内社会（サムナー）　270, 272, 273, 278, 294, 307, 338
内的宇宙（ミクロコスモス）　57, 322, 323
――交換（の）世界　198, 203, 216, 324
――自然（の変更）　70, 71, 264, 347
――自然の神　221
――自然の経済的交換　221
――自然力の辯証法的連関　93
内（向）的世界（インターナルワールド）　16, 20, 21, 25, 26, 36, 39, 48, 49, 79, 80, 95, 189, 236, 252, 261, 273, 296, 305, 315, 318, 342
内的存在感（インビーイングネス）　28
――対象（関係 , インナーオブジェクト）　61, 62, 68-71, 77, 109, 137, 197, 203, 210, 213, 216, 217, 220, 221, 265, 315, 319
――対象化の観念世界　222
――歴史（内的生命の歴史的なもの）　17, 126, 218, 222
内発的自己規定の自由の表象（シラー）　349
内部化された自治　338
内包化された神　340
内包する自然観　79
内面史（台湾先住民の――）　339
流れの哲学　26
二等分の価値の感情　80
二等分・反立の連続律（思考法）　79, 98, 106
――有機体の化身　102
人間という自然素材　162, 164
――という自然の存在　161
――の宇宙的自然の秩序　211
――の感情的接触（ミンコフスキー）　324
――の教育　296
――の経済　22
――の自己媒介性　162
――の存立（マルクス）　18, 25, 92, 117, 267, 272, 290, 296, 356, 360
――美（ハルトマン）　354
認識論（――の範例的性格）　16, 120

ハーホ

媒質（メディウム）　9, 11, 14, 25, 28, 32, 49, 81, 125, 181, 205, 213, 262, 271, 304, 332
パタン認識論（ベイトソンの―― , 渡辺の――）299, 301
発展と逆発展　219, 300
バルディトゥス楯歌　122, 125
反偶像破壊（アンタイイコノクラスム）　62
反自然の「公共の凡庸」　93
反立的転移の自然力の動態　104
美学（作用としての――）　35, 69, 133, 275, 290, 348, 353
美感（エステーティク）　52, 58, 60, 76, 84, 249, 258, 265, 299, 332, 347, 348, 359
美感的判断力（カント）　210
非個人的な心性　330
被恤救的賤民（ポーパー）　56
被生産的な存在　121
美的仮象（の世界）　53, 63, 75, 77, 180
――教育論（シラー）　367
――存在　352
人食い（人肉食）　211-213, 219
美の全体主義　99
非有機的な媒質性　249
表象自体（ボルツァーノ）　19, 27, 29, 30, 32, 52, 53, 61, 80, 216, 217, 272, 281, 288, 300

334
声気　122
性・教育・歴史・モラル（マルクス）　318, 319, 348
生産的思考　12, 16, 24, 58, 59, 61, 65, 67, 72, 74, 77, 90, 93, 94, 180, 202, 213, 228, 230, 261, 265, 266, 280, 325, 364, 365
成熟危機　331
精神医療の囲い込み（今日的な——）　235
精神的願望における価値（パーボン）　193
——自己（メンタルセルフ）　273
——実在　7, 10, 213, 214, 224, 225, 228, 233, 236, 245, 269, 278, 283, 291, 294, 296, 332, 336, 342, 352, 366
——進化と身体的退行の原理　166
精神（的）内界　14, 15, 275, 276
精神の客観化　366
精神のコスモロジー論（ミンコフスキー）　320
性的開放のモラリズム　331
——本質の人間　249
——労働　254
性と教育（マルクス）　248, 295, 296, 310, 312, 318, 319, 331
——における生と死の継起性　241
——の置き換えへ　119
——の交換体系　112
——の再生産的行為　230, 236
——の自然の自己表象　117, 237
——の自然の制作的態度　254
——の自然力（称揚）　102, 103, 105
——の秩序　340
——のとりかへばや物語り　112
——の人間的進化　318
——の分有　119
——の労働表象　249
——表象の共産主義　229
生の内閉性（ミンコフスキー）　326
生命・有機体の展開　216, 217, 222, 224, 229, 232, 255, 256, 262
精霊崇拝（アニミズム）　223
説話表象　97
潜在的空間の世界（——のゲシュタルト化）　70, 82, 83, 87, 109, 181, 202
先天的認識　209
戦闘と歓待　123, 124
賎民（学・属）　66, 69, 70, 91, 94, 95, 98, 118, 124, 135, 140, 280, 289, 337
賎民の民属（エンゲルス）　278
相姦の普遍化（願望衝動）　103, 137
蒼古型の思考法　11, 16, 261, 307
相互性（ゲマインシャフト）　77
相称的思考の美（美の相称性原理）　121, 351
創造的退化　112
属—化の労働　176
属（ゲシュレヒト）概念　27, 92
遡行的表象（主体の——）　217
——と退行　202, 204, 217, 218
——の表象法　206, 208
素朴実在（性）（ナイーヴポジティヴィティ）　10, 14, 18, 22, 29, 31, 35, 56-58, 63, 64, 66, 68, 70, 71, 75, 76, 78, 80, 82, 86, 87, 89-91, 93, 115, 206, 224, 229, 237, 240-243, 332
存在の精神的機縁　208

タート

太古的思考（アルケーイックシンキング）　12, 261
太古的労働　12, 25, 33, 84, 175, 178, 179, 185, 195, 265
対自的教育　21
——な類　230
——労働　229
対象圧縮　128
対象関係（論）　13-15, 19, 20, 25, 26, 28, 30, 44, 61, 62, 66, 70, 80, 232, 233, 256, 261, 285, 288, 294, 314, 315, 319, 352
対象所有　26, 282, 287, 288, 294
——喪失　62, 138, 213, 232, 316, 319
——的自分　188
——との内的関係性　221
——なき無差別の襲殺　147
——のない思考　277-279

資本主義的労働の死重　56
社会の自然史的過程　204
従順な民属　73
習俗のポジティヴィティー（論 , 佐藤）　24, 62, 270, 352
集団精神力動（ビオン）　319, 320
集団表象　23, 46, 61, 86
集団病態論　20
自由な個性　92
住民の統合（フォーク・ユニティ , ピアッティ）　42
主観主義　346
主観的客観・客観的主観　189, 190
主観的実在　69, 81-84, 116, 346
——主体　127, 221, 222, 271
——世界　242
——存在　217
——分類（馬淵）　346
——唯物の前在　127
主観の価値的ゲシュタルト　125
主観—類—対象　28
主・従の差別関係　107
呪術的思考（表象）　20, 122, 261, 306, 317
主体的自然　240
主体の主観的存在　217, 219
——の内面性備給（ヘラー）　294
述語主観的な原論理的思考　121, 290
述語的意識　88
——共同体　293
——思考（プレディカティヴシンキング）11, 13, 15-17, 33, 83, 290
——（な）自己転移（性）　80, 90, 94
——実在（前科学的実在）　66
——主観的記述　129
——精神　66
——世界　8, 16, 32, 45, 74, 75, 77, 80, 82, 191, 290, 310, 335, 348, 354
——素朴実在　99
——転移　90
——な自己同一化　332
——二等分　75
——類化　295
シュティーラーの自然観　171
純粋な思考労働　59
使用価値すなわち作用価値　159
——的な表象　17
——と自然素材　192, 193
消極的禁忌　62, 139, 333
——対象　57
傷痕習俗　129
使用属性　197
情緒的無感情（アパティー）　135, 151, 266, 298
情動的無感覚（アパティー）　41, 42, 50, 51, 144, 312
女性祈祷師　116, 117
所有の類的交換　29
シラーの自然観　349
心気症　330
身具（捕虜奴隷）　212, 213
信仰の内的世界　222
心身医学（サイコソマティックメディシン）　297
心身の内的伝承　365
心身論的実在の世界　335
身体—生命—精神・心（心身医学）　216, 217
身体的自我（ボディリーエゴ）　31, 116, 304, 327
——実在の主観・主体　127
——主体　234, 236
——素材　233
——同等性　196, 197
——な価値実体　193
身体（に直接する退行）的表象　140, 221
身体にやどる霊力　119
——の媒質性　195
身体表象における遠近の力学（奥野）　94
心的内界の自然力表象　216
真の自己と偽りの自己　303
神秘的生命論　223
真らしきもの（ヴェリシミリス , ヴィーコ）　74, 127, 167, 271, 272, 313
神話的世界　80
ストレッサー・コントロール機能　51, 166
性格の発達（形成）　208, 264, 298, 330,

——喪失　31, 32, 41, 50, 51, 69, 89, 135, 138, 265, 266, 288
——存在（の是認，セルフビーイング）　14, 57-59, 61
——対象（セルフオブジェクト）　221
——同一感（セルフイメージ）　330, 363
——同一性（イッヒイデンティテート）　13, 186
——と語り合う（人びと・主体）70, 74, 92, 95
——認知（アイデンティティ）　31
——媒質　180, 338
——発展（自発的な開放の——，ガントリップ）　322
自己表象の変身機能　306
自己への気づき（心身医学）　225
——立法的（シラー，——な原態表象）　10, 350, 351, 352
思考権（自然の——）　60, 164
思考と幻想（スィーガル）　316, 317
——の経済（という合理化，マッハ）　76, 331, 339
——の個人的所有　111
——の自発性（カント，マルクス）209, 210
自然（の）教育　22, 92
——経済（自然の秩序の経済性）　25, 34, 39, 40, 42, 52, 53, 56, 63, 221
——啓示　92
——刑制（論，教育伝承としての——）　54, 74, 229, 289, 331, 333, 334, 343, 350
自然―自己・関係化　28, 161, 178
自然宗教　24, 30, 32, 48, 65, 79, 86, 87, 92, 99, 149, 151, 202, 221, 222, 250, 251, 275, 289, 333, 334343
——主義的主体　162
——主義的態度（カント）　35, 92, 160, 196, 240, 283
自然人（ホモナトゥーラ）の表象　94, 216
自然生的循環の獲得経済　85
自然素材（——の価値的属性）　192, 197, 234, 322, 323
——的アナキズム（大澤）　87, 241
——的自我　199
——的世界―生（フッサール）　238
——的態度（カント）　71, 35, 36, 63, 88, 161, 196, 246, 253, 260, 273, 357, 365
——的歴史主義　199, 203
——に与えられた共同体（ヘラー）　293, 294
——の拮抗力　41, 298, 320
——の心の内なるリズム　7
——の自己教育　23
——の自己表象　123
——の制作的態度（オートポイエーシス）　8, 17, 21, 33, 47, 49, 59, 78, 80, 85, 89, 146, 174, 199, 205, 229, 230, 238, 260, 265, 266, 269, 283, 309, 323, 327, 354, 367
——の秩序（心身一体の——）　54, 56, 71, 86, 99, 112, 156, 159, 164, 178, 198, 203, 211, 220-222, 224, 261, 294, 310
——魔術（マギアナトゥラーリス）　116
——融即的　173
自然力としての労働観　241
——による労働表象　252
——の外化（異化）　51
——の価値規定　236
——の逆進性の表象　210
——の性的開放　333
——の層的カテゴリー的原理　323
——の内化（同化）　51
——の表現主義　348
氏族（クラン）　25, 206, 207
実在的主体による実在的客体　127
実在的世界論（ハルトマン）　323, 347, 356
疾病表象論　297
質料代謝の内的状態　161
事物認識の世界　7, 18, 31
自分自身との語らい　30
——の自然（マルクス）　163
——の対位的重ね合い　94

53, 60, 68, 71, 88, 89-91, 92, 128, 195, 231, 277, 286
——的分かち合い　97
化身（インカネーション）　75
権威主義的教育の人間改造論　162
原幻想（スィーガル）　317, 322
原始共産制（社会）　242, 254, 344
——キリスト教の生成史　30
——刑法　332
——史（ウァゲシヒテ）　54, 63
——相貌性　53
——反応（情動の——）　188, 362
——法（プリミティヴロウ）　54, 74, 99
——民属　242
現実との生ける接触（ミンコフスキー）　324, 326
原受動性　88, 89
原収奪　22, 73
現相（フェノーメン）　198
幻想（ファンタジー，——の自己防衛機能）　315, 316, 339, 344, 345
原体験　10, 322
原対象　59, 60
原態の思考法　7, 9-11
原態表象　14, 25, 53, 54, 56, 60-62, 156, 203, 221, 250, 258, 261, 285, 290, 332, 340-343, 355, 367
原不安　10, 14, 17, 24, 30, 256, 258, 287, 288, 300, 315, 322, 331
原民主主義　85
原論理的思考　（諸処）
行為的世界　18, 35, 42, 57, 71, 90, 94, 96, 108, 117, 118, 121, 134, 136, 138, 187, 195, 202, 242, 248, 321, 346, 347, 362, 365
交換価値の社会的現象形態　194
——の心的力動　326, 327
交換可能性　195
厚遇歓待論　242
交叉領域　45, 264
交渉　325
口誦伝承　208
口承文学　214
構成化（エコノミー）のカテゴリー　174, 238, 322
構成のあいまいな課題集団（ビオン）　323
声—化身傳説　97
国際共産主義（運動）　15, 117, 226, 227, 235,242, 250, 251, 362
乞食道徳としての労働思想（賃労働者の——）　241
個人的所有　25-27, 30, 32, 34, 39, 40, 51, 58, 63, 72, 75, 83, 84, 86, 207, 242, 252, 341, 358
個人と集団の同一化　321
古態型思考（アリエティ）　13, 16, 57, 117, 261, 330, 331
——労働　238
古代人（——的発想）　19, 91, 129, 214-216, 223, 243, 261, 265, 278, 354
御呼びたき（当麻）　97, 119
コミューン（論）　15, 42, 46, 48, 50, 85, 270
——構成体　13, 45
古論理（パレオロジック）　331, 332
コンミュタビリティ（相互交換能性）　15, 28, 165

サ―ソ

錯覚（イルージョン，創造の——）　14, 189, 205, 224, 229, 289, 291, 292, 342
雑処交歓地帯　42
嬙某嫺（ざぼかん，家内奴隷）　344
山脚部（——にみる民蕃雑処）　42-44, 134
三層低賃金構造　56
自我同一性（エゴイデンティテート）　22, 265, 293
——防衛　298
自決　53, 55
自己—意識（セルフコンシャンス）　358
自己からの自由　54
——客観化　337, 348
——形態表象　25, 276, 277-282, 284, 285, 290, 297
——自身の主体　165

——の客体化　294
価値表（判断の系列化）　293, 296, 347, 354
カテゴリー的なもののとらえ方（交換論・構成論）　22, 165, 322
——の階層性　352
——の訴訟法　229, 291, 306, 347, 352
仮面（による前在）　109, 111, 336, 337, 358
乾いた客観主義　67
カテクシス（備給）理論　109, 240
感覚的対象　88
感覚の明確化（アパセプション）　135
——与件（ゼンセダトゥーム）　67, 69, 78, 189
感情価　78
——圏　324, 335, 348, 358
——的接触の態度（ミンコフスキー）　324, 326, 327
——転移（移入）　51, 53, 125, 348
——鈍麻（アパティー）　138
——の不等価交換　325
——表象　12
——抑制　298
感情表出障害論（柏瀬）　298
感性的活動（の人間）　250, 255, 262, 266
——的自然　236
——的実在　76
——的内界　233
——的認識（の素朴実在 , 世界）107, 132, 183, 187
歓待（の両価性）　21, 207, 336, 337
カントの自然観　71
観念自我（イデアルエゴ）　164
——的実在　240
観念の自然権　90
官僚主義（戦争という——）　8, 201, 361
儀式　23
気質（ムート、テンパラメント）　92, 93, 157, 244, 245
——の属的存在　92
基底的仮設集団　321
祈祷による自然的自我の蘇生　116
気の類　360
——風（習俗）　359
——分　332, 348
——力　291, 294
客観・主観主義　67
客観主義的主意主義　60
救済のメシア思想　306
教育自然（論）　49
共感（心的類化の——）　324, 325
共属（の内的世界）　29, 263, 270, 271, 282
協同感情論（増田）　333
共同教育論（ラファルグ）　242
共同国家（パラージュ）　46
巨石分割　61, 100
儀礼　23
禁忌の意識化　103
禁忌表象　61
近親相姦（——伝説、——禁忌）　51, 54, 61, 104-106
——の願望衝動　112
空間近接学（プロキシミクス , 上田）　207
愚と貪と敗（の）者　139, 143, 145
グノーシス哲学　299, 302
首狩りの衒奇性と意志の両立傾向性（アンビテンデンス）　308, 309
——の呪術性　308
——の出草判決論（小泉）　345
軍事警察的理蕃行政　83
経済観（力能の—— , 前在の——）　198
啓示（ヌーメノン）　10, 11, 14, 16, 17, 221
形質群（民属の—— , 村田）　26, 27, 29, 43, 46, 49, 91, 138, 207, 238, 245, 248, 261, 273, 278, 280, 283, 291, 306, 347, 351
芸術的ファシズム（長谷川）　87
芸術の植民化　341
黥面伝承　108
——における美的仮象　111
下向的超越（動態心身論）　65, 80, 83, 85, 87, 90, 91, 117, 167, 198, 297, 305
ゲシュタルト（相貌性 , 前在像）　14,

［追補］　　　　　　中村　勝 著『自然力の世界』
東京・れんが書房新社、2012年12月、初版

事項索引

アーオ

阿頼耶識（アーラヤシキ，土田）　48
アイルランドのさまよい歩く歌い手たち（エンゲルス）　278
悪　21, 33, 220, 225, 261, 268, 292
——をいれた美の習俗観　141
あそび（シュピール，自然力の自由な営み）　94, 176, 177, 240.290.331, 351
アラン（タイヤルのくらしの単位）　343, 344
アレキシサイミア論（失感情症、小牧）　298
異界・異人をつくり出すせめぎ合い　107
異化作用と同化作用（のメタボリズム）　168, 181, 189, 197, 203, 204, 243, 255, 257
意気　9, 122, 124
生きた声（ヴィーヴァボックス，——の口頭伝承）　302
生きた接触の理論（ミンコフスキー）　325
生きられる可能的存在　180, 185, 189
移行対象（ウィニコット）　70, 73
意識の作用面（ノエシス）　31, 48, 50
——の対象面（ノエマ）　30, 50
意志と表象としての世界　151, 247, 250, 306
異常体験反応　23
異端審問　79
逸脱の異常変異の表象　107
意味作用（シニフィカチォン）　11, 30, 47
意味されるもの（シニフィエ）　31
イン・アンド・アウト・ディレンマ（コンフリクト）　17, 51, 61, 137
詩ごころ　258, 354
宇宙的啓示　54
宇宙論（コスモロジー）　13, 34, 65, 112, 291, 312, 346, 365
海の生理的リズム　105
叡智の世界　136
エコロギー（生態学）　221
オットフの神（——の人格化）　86, 128, 138, 334, 339-341

カーコ

外婚（制）の掟　44, 52, 112
外的自然に対して自分を下に立たせる　96
外的自然の先在性　48, 169
ガガァ（慣習の掟）　143, 146, 149, 341, 343, 344
科学的（物理的）実在　14, 66, 68, 178, 198, 229, 231, 286, 290, 332
隔絶河谷　44
革命的実践　240
仮象（シャイン、——の化相）　51, 57, 58, 66, 67, 76, 80, 81, 110, 111, 205, 210, 282, 306, 337, 350, 351, 358, 359
家族精神医学（におけるダブルバインド説）　301
家族構成体　27
家族単位（の）自治制　44, 85, 143
語らいの伝承　31
語り型の傳説　96
語りの個人的所有（自己表象）　97
価値の基体　124

わ

和合 226
業 37, 43, 266, 283, 285, 286, 288, 289, 323, 391
業的行為 16
業＝労働 233, 269, 281, 284, 291
業＝労働」説 269, 281
業—労働説 275
わたし自身による労働 454
罠 430

流氓 14, 218

れ

霊 127, 276, 285, 287, 294
霊感 111, 112, 127
霊魂 65, 161, 267, 288, 323, 325, 326, 402
霊・魂（Geist） 287
霊魂観 161, 162, 285
霊魂の実体 324
霊魂表現 289
霊魂・亡霊観 325
霊性 400
霊操＝霊動説 377
霊動 373
霊の超自然 128
礼拝（cultus） 308
labor 105
Leben und Tod 84
Lebenskraff（情熱） 112
歴史観 400
歴史記述 288, 289, 323, 491, 493
歴史主義 139
歴史心性学 141
歴史心理学 43, 48, 53, 79, 85, 127, 134, 142, 147, 155, 167
歴史世界説 401
歴史地理学 141
歴史共同体 282
歴史的情動「生成」観 399
歴史的人間学 38, 43, 78, 113, 167, 194, 282, 283, 291, 292, 336, 338, 348, 351, 358, 423, 483
歴史的風土説 147
歴史哲学 38, 48, 78, 123, 250, 348, 487
歴史・伝承 126
「歴史と情動的風土」説 135
歴史認識 337
歴史の演出・上演 169
歴史の価値 324
歴史の自然的実在性 123
歴史の終焉」説 24
歴史の上演 217
レスポンデント反応 232
劣等なる母性 462
錬金術 2, 7, 36, 246, 271, 275, 281, 289, 371
錬金術的「業」説 246
連合構想 251

ろ

牢獄状態 451
労働＝意図説 65
労働価値 406
労働史観 401
労働者の精神論 66
労働地代形態 328
「労働知」人間学 114
労働的道具表現 155
労働的膨み 356
労働の解放 159
労働の原初形態 23, 103, 105, 173
労働の原態 249
労働の現物形態 196, 392, 393, 422, 453, 465
労働の構成論 202
労働の自然宗教論 285
労働の正価値説 57
労働の中間領域説 374
労働の内在的環境 45
労働のパトス 75, 103
労働のパトス的本質論 103
労働の日々 192
労働の表現形態 280
労働の分割 92, 171, 224, 233, 446, 451, 455, 473
労働の分業 464, 469
労働の本質 24, 30, 41, 43, 60, 154, 168, 175, 182, 183, 184, 185, 187, 192, 195, 249, 265, 286, 296, 327, 341, 358, 361, 370, 377, 378, 382, 395
労働の本質論 42, 372
労働の目的—非目的論 44
労働用具 94, 100
炉火 122, 123
ロゴスの受肉化 32
ロマン主義的自然観 388
ロマン主義的態度 140
ロマン主義自然哲学 2, 387

力動経済論 169
「理」継承説 417
リズム 182, 284, 327, 405, 419
リズム運動 46
リズム性 190, 199, 200, 218, 235
リズム的儀礼 368
リズム的契機 118
リズム的自己運動 143
リズム的心情 35
リズム的な原則的「自由 43
リズムの習俗説 143
リズム表現 46, 143, 208, 232, 261
リズム表現労働 208
リズム労働 92, 199, 232, 264, 291, 346
理 性 40, 60, 83, 211, 234, 244, 307, 313, 318, 341, 356, 357, 368, 371, 413, 423
理性徴表説 416
理性的思考 313
理性的自然神学 432
理性的宗教の特殊形而上学 268
理性的な特殊形而上学 348
理性の受肉化 128
理性の力 40
理智人（homo rationalis） 75
理知的偽善の俳優 130
理知的な「身ー心」一如 128
利得（usura） 83, 104
理念 154, 418
理念的 421
理念のあそぶ力 146
「理」の原義 83
理の字の説 416
理の徴表 421
リビドー経済 151, 159, 232, 235, 444
リビドー経済的「情操」 235
リビドー的な原態的情動 99
「理」法 233, 235, 401
略奪 369
了解 109, 159, 160, 179, 188, 193, 197, 200, 213, 214, 226, 230, 237, 243, 244, 294, 301, 312, 344, 356, 363, 382, 392, 423, 432, 437, 456
了解可能性の世界説 32
了解可能性の世界像 32
了解自然人 188
了解世界（comprehensive world） 145, 200
了解的可能世界 468
了解的現物形態の労働 454
猟獲具 430
猟獲物 430
猟奇的 445
良心（consciousness） 318, 319, 447
良心性 404, 406, 407
両性からなる祀り 93
両性関係経済説 465
両性協働 164, 172, 471, 481
両性的協働 470
両性的「母性」論 172
両性同体現象（hermaphroditism） 467
両性に協働の母性 168, 206
両性に共有の「母性」 121
両性にまたがる「母性」論 75
両性による協働 195, 236, 367, 442
両性の協働 92, 93, 96, 98, 167, 203, 441, 468, 469
両「性」の共同労働 99
両性の結合労働 198
両性の情動交換 345
両性のつなぎの表現労働 426
両性の母性観念 359, 442
両性労働 411, 465, 473
両性による「分業」説 98
両面感情併存 307
料理法 82, 92
利欲 435
隣人愛 48
理念的特殊形而上学 333
倫理 70
倫理学 28, 41, 145, 443
倫理学的労働価値説 44
倫理観の撤廃 17
倫理的エロスの原理 391
倫理的暴力の発生論 170

る

類 19, 20, 29
類的情動 93
類的な予兆 102
ルサンチマン（ressentiment） 124

「有」(being, 生成的領域) 3, 4, 65, 89, 98, 122, 141, 173, 176, 207, 209, 226, 229, 231, 238, 244, 245, 250, 267, 275, 361, 374, 438, 440, 468, 473
友愛 465
優越価値 106, 403, 404
優越性（eminence） 126
有機組織体 123, 190, 214, 327
有機組織的な生命 109
有機体的生の全体観 29
有機体の生命力 35, 390
遊戯と労働の辯証法 423
憂愁 409
有生観（animatism） 409
有的実相 209
有的特殊形而上学的 242
有的な生成的存在 143
「有―転換」の内的動態 22
有と虚無 334
有の可知性 18
有の欠如 380
有の欠如＝相対的虚無 379
有の生成的領域 249
有の絶対的否定 58, 228
有の相対的神秘主義 374
有の相対的不在 209
有の存在の「愛」 442
有の人間 43
有の非完結性 45
有への止揚 270
有用価値 415
有用性 368, 378
有用性の価値（「使用価値」） 368
有―用的な労働―使用―価値 62
委ねる自由 111
ユダヤ教 156
ユダヤ人大量虐殺 228
弓楽器 203
弓矢 94
夢占い 87, 104

よ

良い乳房―容器 233
用役 422
妖術 287, 313, 397
様相論 178, 222, 237, 284, 443
ヨーロッパ的精神 77
良き母性 462
抑圧の外的環境 212
欲情 407
抑制 147
欲動 47, 97, 99, 126, 170
欲動の経済力動的調和説 40
欲望 152
予見 88
予見意識 117
予見の力能 74
予祝 357, 432, 456
予断 393
予知力 245
予兆 43, 76, 79, 89, 90, 91, 97, 101, 102, 104, 105, 114, 117, 121, 150, 159, 177, 194, 198, 223, 226, 241, 286, 289, 295, 301, 303, 311, 326, 327, 340, 342, 343, 344, 346, 350, 357, 406, 433, 475
予兆世界 90
予兆的「幻想」の観念世界 97
予兆的生命情態 295
予兆の表現労働 295
夜と昼 61
よろこび 15, 19, 24, 34, 35, 70, 81, 269, 288, 289, 290, 306, 309, 405, 407, 433, 446, 449, 455, 457
よろこびのリズム 92
よろこびへの転換 19
弱い人間 264
四層構成的な内在の環境論 114

ら

ラーゲル 230
Landschaft（景観）説 102

り

理 416, 420
理解社会人 188
力動経済 170
力動経済説 185, 458

民属の美的原形象 205
民属の風土 146
民属風土 179, 274, 337, 486
民俗歴史学 263

む

無 46, 209, 228, 271, 273, 276, 394, 438
無為―無我―無記 210
ムーダン（巫覚）430
無依 395
無―我 433
無我 14, 128, 129, 145
無我のばか 130
無記 7, 14, 32, 61, 74, 75, 111, 144, 148, 210, 240, 285, 362, 386, 393, 433
無記的原理 243
無記的動態 105
無機的有機的自然 3, 26, 35, 60, 120, 134, 144, 175, 262, 282, 286, 293, 310, 330, 400, 450
無機的有機的自然―身体―心―精神 26
無機的有機的自然観 35
無記の相対的虚無 7, 45
無記の態度 109
無垢の時代 396
無形の実在 325
無形の表現活動 325
無限 179
無産者的コミューン的心情論 66
矛盾の世界地平 393
無数の牢獄 448, 451, 455
無政府主義 170
夢躁的分裂型 23
無恥 409
無知の知 179, 182, 184, 194, 412
無底（Un-grund）394, 395, 396
無能 399
無能力者 334
無の中間領域 209, 251

め

明・暗二元論 191
明光 382
迷信（superstition）317, 329
メタモルフォーゼ 281
メルジーナ（melusina）284
免疫症候群的状態 412
免疫力 6, 384, 388, 475
免疫論 387, 396, 410, 429, 469
免疫論的「自由」391
免疫論的表現労働 394

も

もうろう状態 179
目的的価値 28
目的的活動 18, 41, 44, 57, 115, 116, 378, 401, 402
模写 232
模写映発 62
モホーク 427, 428
森の中の空き地 15, 213, 427

や

焼畑移動耕作 360
焼畑耕作 96
焼畑の輪作交替 96
役立ち 142, 452
役立ち可能性 103, 141, 166, 226, 232, 237, 239, 265, 295, 373, 454, 477
役立ち労働 56
野史 165, 188, 216, 218, 343
矢の筈 417
野蛮人 97, 188
闇 447
ヤミ人 157
槍・銛・ヤス（Speer）360

ゆ

唯神論 38
唯物的観念 169, 187, 204, 209, 218, 224, 225, 238
唯物的情動 159, 163, 429, 446, 467
唯物論的観念 70
唯物的観念論 169
唯物論的情動 313

発機説 417
発機力 417
ホッブズ国家哲学 244
骨折り（exertions） 459
心火 122
polyandry（一妻多夫制） 218
掘棒 96, 97, 98, 99, 164, 359, 360, 368
掘棒（Grabstock） 96, 359
掘棒―手鍬―棍棒―杵―槍 368
ホロコースト（holocaust） 39, 228, 229, 231, 479, 485
本質顕現 38, 238, 242, 268
本質顕現説 238
本質力 126, 183, 265
本態的な倫理 18
本態の家事―労働 57

ま

薪つくり 70
マクロコスモス 35, 46, 61, 186, 190, 286
魔術 33, 287, 313
魔術師 45, 95, 288, 289, 313, 316, 317, 318, 320, 323, 330, 352, 406, 410
魔術師・呪術師 45, 289
魔術師論 313, 316, 330
「魔術・神秘」的世界観 7
魔術的過程 126
魔術的観念論 188
魔術的コスモス 266, 276, 283, 290
魔術的コスモス説 276, 290
魔術的思考 43
魔術的情動説 330
魔術的世界 326, 329, 354
魔術的適応 353
魔術的表現労働 253
魔女 95
魔神的属性 153
マトリツェス（母たち） 281
マトリックス（matrix, mater, 源質、子宮、母胎、母性、原母、母獣、女） 271
マトリックス（matrix, 母系列、母源） 33
マトリックス（母性―観念） 273
マトリックス 275, 277, 282
マトリックス説 271, 272, 278, 280
マトリックス的霊魂 292
マニ教の善悪二元説 375
マヤ帝国 329
マラカム 5, 19, 104, 203, 492
マルクス主義経済学・哲学 30
マルクス主義哲学 52, 137, 183
マルクスの「労働形態」規定 62

み

見えざる神 17, 24
未開心惟の光と陰 420
未開人 21
未完成の手業 273
ミクロコスモス 26, 29, 34, 44, 46, 186, 189, 190, 212, 267, 272, 277, 280, 281, 285, 288, 289, 338, 340, 372, 373, 401, 415, 492, 493
ミクロストリア（微視的歴史） 7
ミジュイ 101, 492
未分離の時空認識法 78
民間宗教 130
民聚 179
民聚的コミューン 100
民主主義的コミューン 19
民主主義的な集会 443
民主主義の危険性 315
民属 123, 141, 187, 244, 251, 345, 419, 422, 426
民俗学 22, 43
民族学 243
民族化する精神状況の地獄 77
民属カテゴリー 151
民属「神」的自然宗教 176
民族―精神 202
民属的コミューン 7
民属としての「オットフ」神 23
民族認定運動 204
民属の異教世界 276
民属の神 38, 251, 295, 350, 425, 437
民属の「神々」 295, 425
民属の「神」観 38
民族の「種」的生存主義 84
民属のなかの神 34
民属のパトス的表現 212

防衛森林 427
法価値 413
方向性 257, 258
奉仕（servus）100, 375, 400, 405, 418
奉仕型オゥメン 100
奉仕型のオゥメン 101
暴力 166
放浪 425, 446, 450, 455, 457
捕獲具 430
母系制下の頭目制社会 428
母系列 195
母権 207, 428, 429, 431, 439
母源 282
母権神 345
母権制 95, 160, 218, 227, 235, 310, 397, 431, 469, 480
母権論 172
保護（protego）463
保護機能 464
保護作用的力能（the conserving force）466
保護本能 463
母─子関係 213
母子相姦 208, 209, 213
捕囚説 336
母神的展望 54
ポスト・モダン論 24
ポスト・モダン論争 53
母性 3, 6, 19, 23, 47, 56, 58, 60, 62, 63, 71, 75, 82, 87, 91, 92, 94, 98, 99, 100, 104, 105, 108, 109, 111, 112, 113, 114, 116, 119, 121, 122, 123, 131, 132, 134, 135, 141, 145, 147, 149, 153, 160, 161, 163, 164, 165, 166, 167, 168, 170, 172, 192, 193, 194, 195, 197, 198, 199, 200, 201, 202, 204, 205, 206, 207, 208, 209, 215, 219, 220, 221, 222, 223, 225, 226, 227, 231, 233, 234, 235, 238, 240, 241, 260, 266, 267, 271, 272, 273, 283, 294, 295, 299, 301, 307, 308, 309, 310, 311, 312, 314, 318, 322, 326, 327, 330, 342, 344, 345, 346, 353, 354, 355, 356, 358, 359, 360, 361, 363, 368, 369, 370, 385, 386, 405, 420, 421, 422, 423, 425, 426, 427, 428, 429, 430, 431, 436, 437, 438, 439, 441, 442, 443, 444, 445, 446, 457, 458, 459, 461, 462, 463, 464, 465, 466, 467, 468, 469, 471, 473, 474, 475, 480, 483, 487
母性愛 219
母性型自然情動 163
母性型実在観念 110
母性型受容性 201
母性型表現労働 168
母性型民主主義 441
母性観念 19, 119, 439, 446, 457
母性の権能 19, 43
母性権能 104, 149, 153, 160, 164, 165, 198, 200, 206, 207, 219, 220, 222, 223, 225, 227, 294, 295, 307, 309, 310, 326, 359, 360, 363, 368, 426, 428, 429, 430, 439, 441, 443, 444, 459, 463, 467
母性権能制 160, 439, 443, 444
母性権能説 294
母性衆議型 56
母性衆議型コミューン 6, 91, 145, 386
母性主義 444
母性主導 56, 87, 92, 99, 165, 240, 353, 358, 369, 426, 464, 469
母性主導の呪術的思考 7, 461
母性─像 346
母性的原理 113
母性的自然情動 201
母性的主体性 135
母性的受容の労働 200
母性的情動 118
母性的「生成」主義 131
母性的「人間的自然」132
母性に主導されたコミューン 145
母性の自己運動 108
母性の衆議 100
母性の本質 199
母性の優越的地位説 172
母性論 113, 119, 149, 163, 194, 439, 441, 443, 446, 457
母族 93, 123, 161, 165, 206, 236, 345
ホソバタイセイ（細葉大青）218
保存 6, 7, 250
保存する創造過程 273
母胎 384, 385, 386
母体機能説 423

不安のパトス　144, 190, 199, 300, 317, 324, 345, 395, 407, 450, 457
不安や恐怖のパトス　294
フィクション　228
風葬　165
風土　124, 132, 138, 139, 141, 261
風土「環境」説　146
風土的「神」 250
風土的実在論的医学　37
風土的実践医学　36
風土リズム　244
賦役労働者　95
フェティシズム　245
フェノメン　32
フォモゥサの山の民　35, 397
vorrat（貯え、用意、予定） 35
不可抗力　384
不可抗力性　381
不完全　411
不完全かつ不確かな積極性　411
不完全さ　43, 136, 190, 226, 273
不完全性　316, 366
不完全な生の過程的人間説　272
不完全な人間の「仮仕事」 376
複婚（polygamy） 279
膨み　356
膨らみ　346, 355
膨らみ（可能態） 339
不決断の契機　393
父権　195, 428, 431, 439
父権制　87, 95, 160, 163, 165
不自然な経済関係　469
不条理　315, 326
婦人の優越的地位　172
父性　99, 308
父性権能　222
物神崇拝　123, 143, 245
物物交換　243, 492, 494
物理学的自然学　305
仏領スダン　94
不道徳的能力　334
ブヌン　59, 164, 165
腐敗　271, 272, 276, 285
腐敗過程　270
普遍神学　38
ブランコ（鞦韆） 236, 367
ブリタニア　188
ブリタニア人　218
ブルジョワ自由主義　419
ブルンジ　95
プレアニミズム　51, 144, 358
プレアニミズム―畏敬　144
プロレタリア無産者　66
文化　133
分解の分岐点　394
文化史観　217
文化先行主義　131
分業（労働の分割） 171
分業と「家事」の問題論　192
文身（黥） 149
分析哲学　340
分節（Einteilung） 46
分別（die Entfremdung） 89
分裂病医学　251

へ

平均的興奮状態　183, 185, 344
平均的中庸値　40
平衡化原理　177
平衡的興奮状態　182
平衡的中庸値　182
平衡と調和の経済的動態　121
平衡の恒常性　150
ヘーシオドス的労働　252
ペシミズム　347
ペルソナ（人格） 159
変換　386
便宜婚　220
辯証法的形而上学　141
変身（Verwandlung） 83
変相　213, 216, 217, 221, 223
変相の仮象法　218
変態　220, 222, 223, 226, 252, 281, 429, 432
遍歴　274, 275, 277, 289
遍歴の所産　37

ほ

方位　141, 142

非個人の集合心理 135
非随意的運動 110
被造物自然観 374
卑俗 403
必然の自由の余地 111
非定住 188
否定的要求の態度 334
美的芸術 70
美的労働過程 94
一つの火 93
一つの炉 93
人の摂理 141, 142
人の理性徴表説 421
ヒバク（HIBAKU, 被曝） 39
ヒバク 39, 477, 483, 485
病気 387, 388, 399
病気説 387, 390
病気の平癒 87
病苦 403
表現 152
表現運動 101
表現・学 107, 483
表現―学 32
表現学 4, 23, 32, 65, 71, 102, 138, 187, 190, 208, 222, 287, 291, 349, 351, 373, 400, 412, 487
表現活動 30, 237, 353
表現活動学 243
表現活動の「原態」理論 41
表現可能性 193
表現形式 237, 238
表現形態 30, 33, 68, 252, 254, 266, 280, 384, 400
表現行為 452, 454
表現―姿相 401, 403
表現主義 5, 38, 39, 76, 79, 82, 89, 91, 102, 124, 159, 161, 337, 497
表現主義運動 5
表現世界 42, 81, 98, 102, 189
表現相貌（様相） 154
表現的自由 354
表現的「労働」 143
表現の価値 419
表現の自由 373
表現の様相論 74
表現の労働過程 182
表現様相 384
表現力 81, 83
表現―労働 4, 6, 7, 16, 17, 30, 41, 52, 65, 76, 83, 214, 235, 244, 252, 253, 265, 423, 437
表現労働 1, 6, 11, 15, 18, 23, 37, 39, 40, 45, 46, 47, 48, 53, 57, 58, 59, 61, 62, 64, 68, 70, 77, 79, 89, 91, 92, 93, 94, 100, 127, 141, 142, 149, 150, 152, 153, 158, 162, 163, 165, 167, 168, 169, 170, 171, 172, 173, 175, 176, 185, 187, 191, 193, 195, 196, 197, 201, 202, 203, 205, 206, 207, 208, 209, 211, 212, 214, 215, 216, 217, 218, 220, 221, 222, 223, 226, 227, 230, 234, 235, 236, 238, 239, 241, 245, 249, 253, 254, 255, 256, 257, 259, 260, 261, 262, 263, 264, 265, 266, 268, 270, 272, 273, 275, 285, 287, 289, 292, 293, 294, 295, 296, 300, 301, 306, 307, 322, 323, 325, 326, 327, 328, 330, 333, 336, 339, 340, 343, 348, 349, 351, 352, 354, 357, 359, 363, 364, 365, 366, 367, 369, 370, 371, 373, 374, 375, 376, 377, 378, 381, 382, 384, 385, 388, 389, 391, 392, 393, 394, 402, 404, 405, 406, 408, 409, 410, 411, 419, 420, 421, 422, 423, 426, 436, 437, 445, 455, 486, 487
表現労働観 247, 264, 339
表現―労働の周期性 43
表現労働の対自的本質 203
表現労働の特殊立体的構成 402
拍子説 310
表出の造成可能性 91
表象 230, 239
表象自体 31
病的社会制度 460
漂泊者 435
開かれた対自的所有 354
ピレネー 103

ふ

不安 447
「不安―快」のパトス 446
不安―対処―実践の自然認識 300
不安とよろこび 20

286, 295, 298, 301, 302, 305, 329, 331, 360, 362, 363, 369, 405, 407, 433
パッシォン（passion, 受難・よろこび・情動）3
パッシォン型表現労働 285, 295
パッシォン型労働 251, 439
パッシォン工作説 218
パッシォン的表現労働 211, 322
パッション 112
発生論 422
発生論的経済心理学（genetic economic psychology）170
発達した魔術 397, 398
発達障害 42
発達心理学 147, 149
発揚情性型 80
発揚情性説 80
パトス 7, 88, 90, 92, 101, 109, 112, 113, 114, 118, 119, 126, 140, 141, 149, 150, 153, 154, 156, 159, 161, 162, 164, 165, 167, 168, 169, 173, 174, 176, 177, 189, 192, 197, 200, 201, 202, 204, 212, 214, 217, 220, 225, 226, 227, 236, 237, 245, 257, 261, 262, 266, 277, 283, 299, 300, 307, 360, 379, 395
パトス（pathos, 哀しみ・不安・死・受容）3
パトス的重荷 110
パトス的「協」225
パトス的虚無 78
パトス的幻想 103
パトス的中間領域 206
パトス表現 251
パトリックス（「父型」）282
パトレス（父たち）281
「話しかけられる」現相 144
話しぶり 332
鼻笛 203
歯の原質性 155
母（mater）114
母親 92, 118, 213, 234, 236
母親型コミューン的システム 279
母固着（mother fixation）222, 446, 467
母と子の間の関係 466
母なるマリア 112
母の有 58
パプアニューギニア人 21
パリ・コミューン 66, 419
パリコミューン（一八七一）159
反価値 44, 45, 57, 63, 75, 83, 95, 105, 109, 125, 126, 231, 252, 256, 266, 274, 275, 287, 334, 362, 376, 398, 403, 405, 406, 411, 412, 414, 419, 420
反価値（悪）44
反価値的水準の零点 75
反価値の克服 125
反主知主義 55
汎神説 253
汎神論 38, 377
半存在者 394
反体制的 145
反対世界の像 112
判断力 321
半定住 160, 161, 164, 296, 343, 345, 457
反転 30, 42, 389, 393, 402
反転—表出 110
パンドラ 61, 109, 191
反ナチズム 180
反日帝「一九三〇年闘争」（通説の「霧社事件」）55
反応的興奮 389
反撥と牽引 107
反復 235
反復のリズム労働 232
万物の逆旅 14, 350, 351, 352, 374, 381, 401

ひ

火 238
火入れ 96
秘奥心情 165
火おこし 100
火おこし占い 104
美学 101
光 276, 277, 384, 385, 386, 394, 401
光と暗闇 383
光と闇 400
光と闇の二原理説 420
非言語的なくらしぶり 107
庇護 342

人間的選択 106
人間的「表現 85
人間的労働の内なる神的な生成説 88
人間と業 268, 280
人間の我性 395
人間の貫徹された自然主義 131
人間の経済 238
人間の欠如・不完全さ 127
人間の原則的自由 341
人間の自然化 58, 120, 176, 192, 200, 208, 215
人間の自然化（自然的人間） 120
人間の自然状態 152, 206, 250, 282, 293, 296, 297, 304, 305, 308, 314, 329, 330, 336, 350, 352, 442, 444, 445, 453, 454, 457, 459, 460, 464, 465, 466, 471, 478
人間の自由 105
人間の摂理 88
人間の不完全 479, 479–488
人間の不完全さ 25, 45, 54, 74, 479
人間の不完全性 16
人間の腐敗—醗酵—成熟 269
人間の未完成説 290
人間の弱さ 101
人間は万物の逆旅 351, 381, 401
人間は万物の逆旅説 401
認識現相 254
認識根拠 186, 187, 189, 304, 361
認識衝動 409
認識対象 256
認識の根拠 298
認識の根拠としての主観性 64
認識の進歩 300
認識の内在性構造 388
認知活動 70, 103, 114, 119, 147
認知症 342, 368
認知障害 70
認知・情動発現障害症病者 341
認知の世界 76
認知—表現活動 70
認知法 103

ぬ

ぬた場 213, 427

ね

ネオナチズム 338
熱情 448
熱の活動性説 388
粘液質 148

の

農業経済史 98
脳生理学 147
農村コミューン 67
能動因 19, 33, 82, 88, 190
能動性 52, 57, 174
能動態 127
能動要因 458
農奴解放令 67
農民的人格 129
能力（potentia） 241
のぞみ 386
呪い 64

は

パーソナリティー 132, 133
パーソナリティー適応説 47
パートナーシップ 455
ハープ 69, 81, 99, 287
媒介者 125, 126
俳優のひとり相撲 144
パイワン人 160
ハエドゥイー族 219
博物学 6
覇権主義 165
場所的辯証法 201, 202, 209
発途説 417
旅籠（inn） 351, 352
醗酵 270, 272, 394
醗酵の思想 271
醗酵ぶり（gerungen） 394
パッション 7, 113, 114, 119, 120, 124, 127, 133, 135, 141, 142, 150, 158, 163, 168, 173, 197, 200, 211, 218, 226, 230, 232, 234, 236, 237, 239, 245, 249, 261, 262, 266, 267, 273,

内的情動 332
内的生成論 385
内的世界 65, 90, 120, 146, 211, 303, 436, 490, 496, 499
内的対話 53, 262, 311
内的力動の工作体 59
内的転移 120
内的同一性 413
内的動因 28
内的「統合」説 133
内的な炎熱 411
内的ヌーメン 112
内的の背反の論理 402
内的秘儀 197
内的類比 23, 485
内発的情動の魔術的転換 43
内発的自律の表現 18
内発的な自己運動 45
内発的な生成過程 36
内発的な生命＝免疫力 388
内発的表現 270
内発の受容性の問題 47
内包化 149
内包過程 150
内包的自己運動 177
内包と外延の「環境」形成 46
内包の人間的自然 177
内包力 46, 50, 54, 73, 74, 76, 77, 82, 89, 90, 91, 100, 105, 116, 117, 118, 119, 120, 121, 138, 139, 142, 173, 174, 178, 180, 197, 202, 228, 376, 380, 477, 483
内面的自由の世界 312
内面的な真の体験 106
内—歴史 28
ナチズム 5, 39, 134, 180, 338, 479
生全体の価値論 30
悩み 57, 403, 404, 420
悩みの力 58
悩みの憂愁 411
成り行き労働 255
南北戦争 67

に

二次的価値感情 414
二次的な価値感情 413
二重拘束の人間関係学 348
偽の魔術 288
日常的自然情動 130
日帝の「理蕃」植民地主義 397
煮処 238
日本資本主義 131
日本資本主義の天皇制 336
煮屋 238
入手・獲得経済 118, 234, 240, 426
人間悪 294, 335
人間イエス 42
人間学 146, 415
人間各人の内にある力 39
人間化された自然（人間的自然） 29, 35, 49, 53, 72, 91, 132, 188, 199, 211, 214, 259, 260, 261, 263, 265, 267, 293, 327, 340, 351, 352, 354
人間化された対象的世界 126
人間化される自然 175, 176, 200, 201, 215
人間嫌い 347
人間主義 214, 216, 235
人間進化の唯物的標準 157
人間そのものの自然 68
人間的時間 215, 255, 383
人間的自然 23, 26, 27, 29, 35, 48, 53, 54, 58, 59, 60, 62, 65, 66, 68, 79, 89, 93, 104, 120, 132, 141, 143, 146, 163, 173, 175, 176, 177, 187, 189, 190, 192, 193, 198, 199, 200, 201, 202, 208, 210, 212, 213, 216, 220, 221, 226, 227, 230, 232, 233, 234, 235, 236, 237, 239, 241, 243, 244, 245, 252, 260, 262, 264, 268, 270, 274, 275, 278, 280, 293, 294, 297, 298, 300, 302, 307, 309, 312, 327, 331, 332, 333, 334, 335, 336, 337, 338, 339, 340, 342, 351, 352, 354, 358, 359, 360, 361, 362, 363, 364, 365, 366, 372, 374, 375, 382, 384, 405, 412, 413, 425, 426, 427, 437, 438, 440, 441, 442, 453, 458, 473, 480
人間的自然の情動交換 327
人間的自然の特殊主体化 193
人間的収奪 26
「人間的自由」の原則 377

道徳的根本価値 80, 381
道徳的自由 350
動物的運動 329
動物的偽装 149
動物的な経済性の理論 389
同母族の者 236
頭目制 427
東洋思想 40
土器 236
土器の製作法 82
徳 409
特殊形而上学 7, 112, 163, 166, 173, 174, 175, 176, 208, 224, 226, 230, 238, 242, 244, 246, 250, 253, 266, 268, 285, 302, 312, 333, 340, 341, 348, 358, 368, 401, 420, 423, 473, 474, 477, 481, 486
特殊的に形而上学 37
特殊形而上学的思考 358
特殊形而上学的世界観 166
特殊自然学 175
特殊有の「人間的自然」 176
毒性的 275
独立小生産者 67
都市コミューン 66
土製の壺 157
土壺 158
共に関与せらるべき（communicated）「事的―表現」 6
鳥占い 104
とりかへばや物語 208, 495
努力 52, 240, 286, 306, 313, 316, 325, 454, 455, 458
鳥予兆 194

な

内・外の環境 42
内感―外感 187
内観主義 5, 136, 304
内感と外感 213
内刻の受容可能性 91
内国植民主義 5
内婚制（endogamy） 219
内在観 253
内在主義 304
内在的運動の理論 388
内在的環境 36, 45, 46, 136, 252, 266, 473
内在的共同性 262, 263
内在的経済 53, 171, 189, 207, 244, 333
内在的経済的構成説 171
内在的結合 452
内在的合一の構成体 107
内在的交渉世界 293
内在的作用 4, 19
内在的思考法 330
内在的自由 340, 343, 350
内在的情動説 134
内在の世界志向 114
内在的創発性 91
内在的調和の関係経済説 458
内在的転移説 118
内在的に反立 33
内在的「母性」論 458
内在の「階層」理論 60
内在の経済 41, 85, 243, 344
内在の経済力動的な生過程 41
内在の原則的自由 343, 349
内在の個性 259
内在の自己工夫 121
内在の自由 22, 105, 113, 122, 130, 340, 341, 342, 349, 350
内在の情動表現 7, 72
内在の対自的性格 441
内在の哲学 298
内在の未完成 273
内在の力動経済 300
内在連関 389
内心の声 64
内的エネルギー 389
内的環境 72, 76, 79, 91, 99, 101, 114, 118, 119, 120, 121, 122, 149, 152, 153, 155, 156, 163, 164, 165, 169, 187, 196, 198, 200, 202, 213, 219, 232, 235, 239, 244, 259, 294, 435, 445, 459, 461, 471
内的環境形成 72
内的環境の力動経済 169
内的経験 429
内的自然 277
内的自然の運動 38
内的自然の現相 57

356, 425, 426, 429, 433, 475
つなぎあい（合一） 444
つなぎの論理 214
つなぎ役 210
つなぎ労働 223, 224
つなぐ 429
妻方居住婚 172
罪 334, 449, 451, 455
罪の肯定 378
罪の否定 378
罪は古いほどその影を長くする 140
強い自然と高い精神との内的同一性 403
吊り橋 161, 162

て

手 434
ティエンディナガ・モホーク 428
低価値 334
貞潔 409
抵抗 151, 383
諦視 420
諦視―発機 417
「諦視―発機」説 419
低―狩猟 426
低狩猟―小集団 79
低狩猟民 98, 141, 163, 167, 168, 171, 200, 225, 235, 252
定常―持続 469
定常持続 469
定常状態＝恒常性 196
程度性差 461
適応（adjustment） 42, 119, 146, 149, 168, 182, 187, 195, 232, 331, 353
適応型労働 18
適合 185
手鍬 97, 98, 359
手鍬（handhoe） 360
手細工 322, 434
手職人（artisan, craftsworker） 66, 243
デスマスク（死面） 429
哲学の京都学派 202
手前工作 217
手業 37, 38, 259, 267, 273, 355
転移 46
転移儀礼 214
天啓 253
伝承 140, 147, 149, 150, 157, 179, 211, 213, 214, 218, 219, 222, 223, 260, 295, 301, 319, 380, 399, 410, 419, 425, 429, 466
伝承（Kabbala） 252
伝承方法論 263
天皇制の内部構造 147
天の啓示 128

と

投網 430
ドイツ観念論 188, 335, 336, 339, 365, 380, 387
ドイツ心理学 106, 137
ドイツロマン主義 114, 139
同一性の理論 181
同化 147, 233
等価交換の不可能性 393
道具活動 69, 89, 94, 100, 122, 140, 141, 142, 143, 153, 156, 157, 158, 168, 171, 208, 230, 265, 359
道具活動・身体表現 89
道具活動・道具表現 69, 157, 171
道具活動・道具表現説 157
道具活動労働 140
道具・環境活動 193
道具・環境表現説 157
道具習俗説 142
道具表現 69, 154, 155, 157, 161, 171
統合失調者 133
東西心身医学 3, 338
洞察力 194
統整 439
逃走 345
闘争 51, 294, 296, 305, 345, 397
闘争状態 321, 335
闘争の生物史 52
闘争―防衛―逃避 430
動態無記の格闘ぶり（ringen） 394
道徳 414
道徳的価値 26, 60, 63, 161, 332, 349, 378, 399, 403, 409, 411, 412, 414, 418, 421, 493
道徳的価値の世界内在 26, 349

多情多感 148
多神教（several deities） 201
闘い 408
竪琴 94
旅ガラス 50
魂（the soul）20, 53, 290, 338, 447, 446, 451
魂の形態・論 112
魂の情動 24
魂の裸役者 128
「賜物―種子―個性」の生成説 277
民の安全（salus populi） 320, 321
民の感能の歴史（「自然史」） 324
民の声は神の声 136
民の受動の歴史 324
民の受難 117
民の精神的機縁 466
民の小さな歴史 80, 225, 263, 286, 397
ダヤク 203, 204
ダヤク人 22
他律的 3, 6, 17, 18, 134, 389, 405, 419, 453
タロコ人（the Taruko） 151, 205
たわむれ 284, 287
戯れの演出説 300
単位小家族 425
単婚小家族 426
胆汁質 148
男女の同一性原理 235
たんなる両性独立論 454

ち

小さな歴史 38, 80, 225, 232, 258, 259, 263, 286, 289, 360, 397
力（terror） 119
地上の自然 274, 275
地上の自然説 275
致死率 118
地層 52, 140
注意障害（disorders of attention） 342
注意力 4, 47, 107, 109, 112, 240, 241, 251, 306, 350
中間的自然 407, 408, 410, 411, 414, 416, 417, 421
中間的自然観 407
中間領域 207, 210, 216, 280, 284, 374, 375, 385, 386, 393, 432
中間領域作用説 284
中間領域論 209
中世自治都市のコムニタス 66
中動詞 239
中庸値 40, 177, 182, 184, 342, 381, 445
中庸なる緊張への復帰 381
中間的自然（「アニマ」） 411
超現実的作風 337
超自然―オットフ 102
超自然宗教 163
超自然状態 99, 111
超自然的現象 127
超自然的代償 101
超自然的なものの情的範疇 21
調整 146
鳥葬 165
調和 4, 28, 33, 56, 70, 72, 83, 91, 101, 121, 125, 127, 132, 133, 150, 151, 153, 159, 171, 173, 198, 202, 206, 208, 219, 222, 226, 234, 245, 267, 272, 331, 344, 412, 439, 443, 445, 450, 452, 455, 457, 458, 461, 463, 471
調和的労働の経済原理 125
調和の経済的情動力能 74
調和のリビドー経済 159
直接交換 78
直接的交換 72, 74, 100, 108, 436, 494
直接的「交換」理論 72
直覚的注意 48, 59
直覚的注意の労働 57
直覚的注意力 50, 57
直覚 127
直覚力 15
直感 42
直観 368, 478
沈黙交易 63, 104, 154, 213
チンワト（chinvat） 162
チンワトの吊り橋 162

つ

ツァラトゥストラ（Zarathustra, 162
つなぎ 215, 216, 222, 223, 227, 232, 353,

25
ゾロアスター教 84, 161, 162, 375
存在の様相論 73, 237

た

大覇尖山 121, 161
第一インター 66, 67
退化（「退行」） 147
大逆罪 217
大逆謀反 216
対偶婚 220
体型と気質の連関説 102, 155
退行的心性史
心性史、退行的 337
退行的リビドー 155
対抗同一性説 181
退行の感覚 309
退行の現相 49
退行表現 149
太古的思考 139
太古的思考法 29, 295
太古的労働 20, 23, 24, 25, 29, 52, 75, 117, 173, 175, 176, 188, 293, 294, 335, 336, 348, 402, 410, 421, 477, 488, 495
太古的労働・思考 20, 52, 75, 117, 175, 293, 335, 336, 348, 402, 488
太古的労働・思考法 335, 372, 402
対自 91
対自化 314, 433
対自性 60, 196, 203
対自的（fürsich） 195, 196, 198, 215, 227, 235, 239, 241, 245, 264, 296, 297, 300, 304, 305, 309, 323, 326, 346, 354, 363, 372, 380, 430, 432, 433, 437, 452, 454, 455, 456, 457
対自的交換 432, 435, 436, 456
対自的コミューン 66, 203, 204, 206, 227, 296, 320, 340, 341
対自的コミューン論 66
対自的世界 99, 139, 201, 230, 345
対自的世界観 201
対自的同一性 181, 340
対自的な祈り 223
対自的な可能世界と了解世界 197
対自的表現 203, 246, 264, 368
対自的表現活動説 246
対自的表現主義 159
対自的力動観 221
対自的労働 183, 364, 454
対自的労働の交換 454
対象化 255, 256, 265
対象痕跡 263
代償的な有 58
代償的表現活動 185
大青（virtum） 218
胎生学 125
怠惰 418
大タイヤル主義 204
大地からの話しかけ（die Erdkunde） 99
態度（Wesen） 85
体得（actualization, Erlebnis） 82, 124
体得の表現主義 82
「態度」形態化 184
大母 54, 58, 135, 213, 221
大母的世界表現 54
大母的観念 213
タイヤル 6, 22, 23, 34, 59, 69, 87, 88, 90, 91, 92, 93, 95, 96, 97, 99, 100, 101, 104, 118, 121, 122, 123, 124, 125, 145, 152, 158, 159, 160, 161, 162, 164, 165, 167, 168, 176, 179, 180, 181, 193, 201, 202, 203, 213, 214, 215, 219, 222, 225, 227, 241, 295, 320, 328, 344, 356, 368, 426, 427, 429
タイヤル人 160, 264
タイヤル的変身（黒色「身体毀工」） 252
タイヤル・トロック蕃 207, 213, 219
タイヤル・トロック蕃の傳説 207
タイヤル北勢蕃 81, 124, 197, 260, 266
タイヤル北勢蕃ローブゴー社 124
タイロロク人 205
対話論 364
タウカン 356
高い価値 115
高い離婚率 426
タガログ人 204
竹かご 354
多血質 148
竹壺 158, 159, 161
他者感情 124

全受容的マトリックス　277
戦争状態（war condition）329
全存在者　394
全体主義　4, 337, 338, 473, 492
洗濯女　66
選択的協働　91
選択的差異　116
前兆　311, 326, 342, 396
善と悪　33, 45, 112, 383, 394, 397, 398, 408, 419
善の可能性　73, 394, 421
善の可能態　394
善の神アフラ・マズダー（Ahura Mazda）161
善―光　392
前母権段階説　431
専門工　31
前論理的な神秘的思考法　21

そ

創意の才（ingenuity）162
造形力（Gestaltenskraft）108, 158
相互依存　470
層構成　26
蒼古型　23
相互主観性　319
相互浸透（Eindringung）389
相互扶助　102, 463, 464
相互扶助と相互歓待　95
相互保護の原理　465
創作力　77
装飾意匠　82
造成（Wirken）の表現活動　65
造成・役立ち可能性（serviceability）103, 141, 166, 226, 232, 239, 265, 295, 373, 477, 103
造成力　118
創造　43, 265, 392, 393, 394, 396, 408, 425, 460
想像　329
創造因　270
想像作用　316
創造性　159, 172
創造的可能態　222
創造的自由　3
創造的「情」事　217
創造的生成体説　399
創造的生の囲い込み　250
創造的統覚の原理　42
創造的表現労働　222, 486
創造的冒険　393
創造的労働　224
創造の実在性　407
創造の「造成力」108
創造の表現労働　223
想像力　4, 107, 108, 112, 229, 230, 240, 241, 251, 260, 282, 306, 309, 315, 316, 317, 320, 321, 329, 330, 332, 335
相対的価値　30
相対的虚無（nihilum relativum）4, 45, 49, 51, 54, 58, 61, 63, 65, 75, 80, 86, 101, 110, 209, 211, 231, 250, 339, 379, 392, 414, 417, 419, 420, 425, 429, 438, 475, 479, 484, 485
相対的自然神学　362
相対的実在　330, 349, 363
相対的表現労働説　374
創発　201, 242
創発主義（emergentismus）209
創発性（affordability）186
創発的行為（創造的構想力）186
創発的世界（affordable world）79
創発的表現（affordable expression）91
相貌　263
相貌形態　185
相貌的（physiognomic）63
贈与の交換表現　219
即自的　196, 432
即自―対自　432, 433
祖先崇拝　100, 123
外なる母　276
外なる光　277
素朴実在　15, 36, 46, 62, 63, 65, 79, 117, 127, 142, 145, 274, 313, 318, 336, 337, 338, 339, 340, 350, 413, 473, 495, 496, 499
祖霊歓待　429
祖霊崇拝　143
それ自ら一体（unum per se）となる「有」

生物学的原理 85, 340, 381
生物学的差異の表現 86
生物学的自然哲学 272, 334
生物史的段階 22, 41, 220
生物の類縁性（rapport） 477
聖母様 110
性本能 404, 445, 446, 450
生命価値 62, 415
生命情態 264, 295
生命統一体 114
生命と死 419
生命の基礎的価値 24
生命の根拠にみる凝縮激化作用 399
生命（vita）の漲り 346
生命の領域 48, 68, 202, 291, 298, 359, 360, 404, 408, 409, 412, 486
生命力 41, 46, 235, 354, 387
生命力的原態 420
生命力的自然 44
生命論 300
性欲（lust） 331
生理学（physiology） 32, 40, 41, 183, 282
生理―経済 51
生理的な興奮状態 41
生理的リズム 28
精霊 123
聖霊 289, 290
世界 375
世界形成 388
世界生成 14, 24, 42, 45, 64, 91, 129, 177, 282, 420, 466, 467
世界生成の内在的価値論 29
世界内在 3, 4, 5, 6, 7, 15, 16, 19, 20, 28, 29, 31, 32, 42, 44, 54, 55, 66, 80, 89, 104, 117, 123, 127, 131, 132, 133, 141, 142, 159, 167, 176, 188, 207, 208, 210, 226, 228, 230, 232, 235, 243, 250, 267, 270, 289, 290, 295, 303, 325, 331, 332, 333, 334, 335, 336, 337, 338, 339, 340, 341, 342, 343, 344, 345, 349, 350, 355, 356, 357, 358, 359, 360, 361, 364, 365, 367, 368, 369, 370, 372, 375, 376, 377, 379, 382, 385, 386, 387, 388, 389, 403, 408, 410, 411, 421, 425, 427, 437, 441, 443, 455, 458, 465, 469, 471, 472, 473, 474, 477, 479, 480, 483, 487, 488
世界内在的力動経済説 458
世界内在の原理 127, 332, 333, 335, 339, 340, 344, 388
世界内在の「自然―身体―心―精神」の四層構成 331
世界内在の自由 341, 349, 350
世界の終局目的 400
世界の内在性 241
世界―表現 7, 25
世界表現 3, 6, 15, 24, 42, 54, 55, 60, 61, 63, 64, 65, 79, 83, 88, 89, 91, 93, 97, 98, 100, 102, 103, 107, 152, 174, 224, 232, 246, 249
世界表現学 138
世界表現観 102
世界歴史 399
世界連関 147, 148
斥力 147, 233
積極哲学 358, 360, 362, 363, 365, 378
セックスとジェンダー 453
節制（temperance） 234
絶対知（absolute knowledge） 323
絶対的虚無（nihilum absolutum） 65, 98, 228, 363, 438, 455
節度 75, 308, 486
説明 230
セデック（Sedeq） 204
セルフ・インタレスト 234
善 83, 130, 161, 231, 287, 316, 317, 334, 352, 385, 386, 392, 398
善・悪 29, 103, 144, 162, 286, 378, 391, 401
善―悪 256
善悪感 318
善悪二元説 376
善・悪の能力 63, 399
善・悪の分岐点 5
前科学的な、非合理的歴史意識 378
前科学的歴史意識 380
全共闘運動 131
全形象 62, 190
先史・古代倫理学 109, 111
全自然 20, 27, 30, 61, 64, 68, 92, 154, 156, 167, 176, 396, 402, 405, 408, 409, 410, 411

生成論的形而上学　4
生成論的「原生」説　68
生成論的対象化　32, 47, 119, 267
生成論的な内在的法則　17
生成論的労働・思考　6
生全体　28, 29, 42, 43, 59, 387, 410
生全体観　36, 41, 42, 43, 53, 54, 62, 70, 85, 120, 205, 232, 240, 289, 338, 340, 344, 387, 396, 421, 485
生全体観の生物学的原則　41
生全体—神経学　387, 390
生全体性　187, 221, 380
生全体説　180, 183, 381, 404, 412
生そのものの不安　395
生存競争　157, 352
生存競争原理　470
生体学的対抗力　174
生体技巧　410
生体機能の内在説　40
生体機能の内在的本質　34
生体的自然観　127
生体の全体論　179
生体の態度分析　47
生体の表現観　39
生体の本質説　185
生体論　409
生体論における免疫作用　397
性的エネルギー　461
性的演技　179
性的可能世界　209, 210, 211, 213, 214, 215, 216, 221, 224
性的関係　452, 454
性的関係論　459
性的気質　445, 446, 450
性的協働　238, 471
性的共同労働　446, 471
性的・経済関係　442
性的経済的関係（sexo-economic relation）166, 457
性的欠如　436
性的行為のかくれた感能的用意　118
性的「自由」のリズム労働　346
性的情動　93, 96, 101, 239, 357, 434, 436, 450, 454, 461, 462
性的つなぎ　426
性的転換　209
性的な緩衝帯（buffer zone）119
性的な「風土的変化」262
性的表現　99, 170, 192, 195, 220, 240, 244, 245, 357, 426
性的表現の世界　99
性的表現労働　170, 426
性的表現—労働説　244
性的「文化」産業　453
性的分業　171, 225, 464
性的役割分業　445
性的力動説　40
性的リビドー　165, 232, 241
性的倫理　444
性度　461
性的同一性　272
性同一性障害　364
性と経済の相関性　452
聖なる着火式　264
生の可能態　144
生の環境適応　184
生の「気」象　387
生の「気」象学　389
生の原態的労働状態　465
生の自然（natura）91
生の実存　30
性の情動主導　100
性の自律説　99
生の全体観　29, 45
生の全体性　149, 200
生の内面的な連鎖　134
性のぬた場　213, 427
性の表現世界　220
性の不完全さ　434
性の不足　435
生の「有」18
性のよろこびの交換　454
性のリズム　345
生のリズム　17
生のリズム運動　125
性表現の協働　219
成巫型の女性教祖　32
生物学　16
生物学的原則　32, 41, 50, 86, 151, 269, 270, 345, 387, 483

心理学的性差（psychological sex difference） 115
神慮 311, 314
人類の「労働」史 28
心霊 107
神話的思考 109

す

随意（Will-kür） 32
吹奏弓 94
スターリニズム 5, 39, 337
砂にかかれた三角形 154
スピノザ主義 377
スペルマ（sperma, 精子、種子） 271
スミス経済論 234

せ

性 40, 417, 446
性科学分析 446
性格 86, 87, 99, 102, 140, 148
性格学 148
性格—表出 89
正価値 45, 63, 125, 162, 231, 324, 334, 398, 406, 411, 414
正価値の実現 414
生活力 81
生過程 18, 26, 38, 40, 41, 54, 55, 72, 79, 89, 92, 95, 140, 141, 150, 156, 157, 175, 176, 180, 186, 190, 226, 263, 265, 272, 280, 288, 289, 305, 334, 470
生過程としての全体論 180
正義 433
生業活動 426
性交（copulation） 357
性差 115, 118
制作的態度 235, 495, 497
生産経済 167
生産主義 5, 15, 28, 29, 41, 53, 65, 131, 215, 219, 233, 343
生産主義「共同体」社会 5
生産的消費 271
生産的労働 27, 267
生産物交換 421
生—死 299
静寂主義→クィエティズム
整序 389, 390
性情（Wesen, 気象—気性、気質、態度） 102, 118, 121, 142, 144, 155, 259, 260, 262, 268, 282
生殖 453
生殖衝動 409, 412
生殖の両性関与（the dual method of reproduction） 467
精神 76, 133, 156, 192, 259, 266, 277, 319, 320, 338
精神医学 138
精神圏 156, 294
精神圏学説 163
精神錯乱の態 77
精神世界 413
精神的感激 14, 410
精神的強制 73
精神的交通 196
精神的動力学一般 112
精神的光 398
精神的風土 132
精神の組織化 132, 133
精神病質人 80, 97
精神分析 16, 18, 169
精神分析家 101
精神分裂病的個性 188
精神力動説 137, 172
生成—過程説 400
生成経済 245
生成主義 41, 90, 131, 207, 215, 244
生成する自生的労働 415
「生成—善」の価値 28
生成—創造 391, 392
生成—創造的活動 391
生成体 26, 37
生成的実在的な対象 265
生成的目的論 28
生成の生体論 340
生成—表現論 42
生成—目的過程説 401
生成力 60
生成—労働説 17
生成論的可能態 289

心身力動 165
心一身連関 3, 26, 41, 73, 122, 134, 144, 151, 415
心身連関 4, 6, 35, 50, 52, 59, 60, 80, 88, 146, 150, 151, 152, 153, 154, 156, 157, 171, 173, 180, 184, 186, 187, 196, 198, 202, 241, 265, 267, 270, 273, 287, 290, 291, 293, 304, 326, 327, 338, 346, 352, 430, 436, 443, 445, 461, 466, 469, 475, 477, 479
心身連関の力動論 477
身心論 4
心性 113, 121, 142
神性 365
神政 325
心性 325
心性史 48, 53, 147, 337
心性の有 50
人生は万物の逆旅（李白） 350
心性表現 158
神聖冒瀆（sacrilege） 398
心像（mental image） 109, 113, 114, 115, 305
身体我（bodily ego, Körper Ich） 115, 116
身体毀工 59, 82, 90, 149, 150, 151, 218, 220, 223, 224, 242, 252, 261
身体上の表現主義 89
身体図式（body schema） 97, 115
身体性—姿相 404
身体・精神医学 3, 39, 484
身体性—姿かたち（Leiblichkeit） 400
身体像 115
身体的苦行 240, 242
身体的苦行（受苦） 242
身体的形態 286
身体的交渉の伝達行為 72
身体的主観 316
身体的適応 142
身体的伝承 42
身体的有機体 39, 147
身体的有機体的実在の全体説 39
身体表象 429
身体—労働—異様 220, 222
身体論 462
死んだ客観的精神 133
死んだ精神 113, 133, 134, 259, 338, 410, 414
侵奪（dispossession） 449, 451, 455, 456
侵奪（原収奪） 455
神智学 400
心的外傷の浄化 103
神的気象の世界 417
心的機能 257
心的健康 148
心的興奮 262
心的作能 186
神的自然 35, 36, 37, 51, 54, 69, 122
「神的自然」観 35, 36, 37
心的実在 104, 145, 147, 162, 197, 218, 220, 229, 232, 301, 305, 345
心的実在の観念表現 104
神的「受容」可能性 391
心的情態 148
神的人格 129
心的存在 156, 165
心的敵 345
心的特性 154
心的努力 306, 309, 313, 315, 316, 317, 326, 330
心的内在 60
神的な必然の自由 37, 111
神的魔術 48, 409, 412, 421
心的力動 65, 325, 345, 430, 498
心的力動のもとの受容説 65
心的労働過程 258
神秘 28, 271
神秘主義 28, 178, 179, 246, 250, 335, 336, 337, 338, 339, 340, 349, 374, 376, 382, 395, 411, 412, 421
神秘的な力能 51
人文地理学 102
身辺の「数」合わせ 104
信用経済 51
心理学 16, 18, 27, 39, 47, 73, 78, 132, 134, 135, 142, 169, 342, 344, 446
心理学的性差 115, 460
心理学の経済的力動説 136
心理経済 167
心理経済学 166
心理生理学 48

女性の魔術的様相 295
女性パンドラ 61
織機 97, 100
耨耕作業 322
初夜権 218
自律 36, 44, 63, 80, 99, 121, 126, 155, 156, 159, 314, 346, 387, 389, 415, 425, 426, 433, 445, 453, 465
自律性（autonomy） 155, 389
自立性 379, 425
自律的 415
自律的道徳性 134
自立と依存 74
自律の情動的価値 26
白魔術 95
心意 152
人為人格（artificial person） 327
心因的な相互信頼 466
深淵 28, 391
進化 132, 147
人格（personalitas） 86, 91, 97, 98, 99, 100, 102, 103, 105, 110, 111, 121, 128, 140, 149, 186, 256, 265, 304, 326, 330, 386, 398, 408, 415, 416
人格解放 397, 398
人格権 255
人格主義 304
人格主義的 177
人格神（「民属神」） 358
人格性 133, 409
人格生成 149, 159, 290, 458
人格像 143
人格づけ 125
人格的コミューン論 101
人格的自然 102
人格的表現 113
人格的表現労働 153
神学的労働観 34
人格の全体論 137
人格の内的破産 405
人格の「表現学」（Ausdruckskunde） 102
人格表現学 102
進化説 132
進化論的心理学 126
神経学的自発運動 176
神経学的生体の表現活動 40
神経学的対象 177
神経系 155
神経素 42
神経細胞の網状組織説 180
神経情動説 177
神経生体学 59
神経生体系 384
神経生理学 4, 39, 177, 184, 257, 389, 488
神経—表現形態学 400
神経表現説 180
信仰 417
信仰共同体 328
人工的人間（コモンウェルス） 4, 322
人工的人間＝国家 235
人工人間 320
人工のくらし 243
新左翼 131
新社会 66
心象 112
心像 124
心情 25, 34, 41, 59, 97, 124, 127, 133, 143, 146, 150, 152, 156, 161, 164, 168, 191, 238, 239, 245, 253, 254, 257, 261, 263, 265, 267, 280, 286, 288, 289, 290, 295, 308, 317, 319, 320, 323, 339, 346, 360, 450, 451
心情（Herz） 253
心情（the heart） 450
心情圏 163, 164, 173, 294, 295
心情世界 161
心情的個性 80, 97
心情発現 47
心情表現 167, 228, 251
信心（fides） 308
心身医学 3, 41, 76, 165, 169, 338, 437, 496, 497
心身症（psychosomatic disorder） 197
心身相関 422
「神—心」的空間 427
心—身の調和的経済 267
心身の定常持続 469
心身の平衡 150, 151, 152, 173
心身の病 76
心身保健 461

情動相貌 49, 50, 51, 81, 94, 100, 251, 344
情動退行 340
情動的価値 26, 33, 104, 401, 403, 406, 410, 412, 413, 414
情動的価値説 401
情動的可能態 75
情動的器質痴呆（organic dementia） 368
情動的サービス労働 55
情動的サービス労働型コミューン 56
情動的自然の本質 385
情動的自由 341
情動的退行表現 101
情動的表現労働 171, 206
情動的標準 60
情動的無感覚 352, 496
情動的予見 43
情動的了解 432
情動統合 422
情動動詞 260
情動の可視的転換 127
情動の価値原則 413
情動の価値志向 41, 387
情動の価値―倫理学 386
情動の可能態 238
情動の感能的自己運動 130
情動の形而上学的世界 127
情動の原態 47, 69, 82, 93, 129, 143
情動の原態楽器 69
情動の原態表現 47, 82, 93, 143
情動の志向的価値 33
情動の実在的観念 64
情動の受容 79, 118, 120, 127, 166, 175, 176, 210, 251, 258, 273, 278, 295, 368, 422, 444
情動の純粋表現 140
情動の生成過程 414
情動の生物学的生成論 25
情動の対自的交換 435
情動の内在的経済的性格 189
情動の「内的統一性」 332
情動の表現活動 81, 108, 139, 141, 481
情動の表現的労働 41
情動の表現労働 158, 187, 202, 205, 235, 238, 253, 254, 339
情動の平衡状態 45
情動の「平衡」的態度表現 56
情動の平衡的標準 59
情動のホメオスターシス（恒常性） 469
情動の無産者的霊感運動 67
情動の「予見・予知・予兆」 43
情動の霊魂説 65
情動発現 341, 343
情動表現 7, 25, 51, 56, 59, 65, 72, 79, 89, 90, 113, 120, 126, 155, 157, 158, 197, 212, 213, 324, 353, 409, 412, 421
情動表現学 412
情動表現行為 409
情動表現―労働・思考史 7
情動平衡化 56
情動リズム 40, 43, 69
情動リズムの原態論 43
情動リズムの平衡 40
情動理論 127
情動論 16, 383
情熱 399, 409
情念 41, 60, 298, 303, 304, 318, 320, 321, 324, 325
小農民（peasantry） 243
消費（consumo） 394
消費的生産 453
消費的労働 267
商品生産 452, 472
商品生産主義 343
商品生産的賃労働 6, 178, 250, 254, 421
商品生産的労働 27
商品生産の局限状態 293
情報集団主義 4
所業 408, 410, 411
食餌環境 153
食餌の「採取」活動 119
女系氏族 427
処刑の山 42
女子による保護機能 463
処女生殖・単性発生（parthenogenesis） 467
処女マリア受胎説 111
女性学 4, 112, 163, 232, 322, 325, 343, 422, 438, 453, 480, 481, 482, 483, 486
女性共有制（hetairism） 160
女性の情動表現 158
女性の魂（the woman-soul） 449, 451

受容可能態 226, 276, 351
受容器 183, 355
受容型の情動表現 157
受容—合一可能性 90
受容—合一の可能性 90
受容—交換 432, 453
受容作用 180
受容情態 146, 166
受容性 53, 201
受容態度 144
受容的活動 6
受容的態度 256, 257, 270, 283, 284, 309, 310, 311, 314, 485
受容的労働 267, 278
受容の可能態 27
受容の創造説 478
受容のパトス説 268
受容の「表現」活動 42
受容反応型 185
受容—表現 33, 41, 253, 389, 411
受容—表現活動 41
受容表現活動 120
受容表現の虚無的生成 60
受容力 22, 51, 178
受容労働 68
受容労働 27, 28, 68, 176, 384, 446
受容—労働説 27
狩猟 430
呪療 431
狩猟型結果主義 483
狩猟地域 427
種類にわかれた労働 464
純潔 140, 334, 404
純粋受容情動 173, 174
純粋情動 13, 14, 16, 27, 34, 47, 53, 54, 65, 71, 73, 75, 76, 80, 90, 103, 107, 118, 120, 128, 137, 139, 145, 163, 167, 176, 201, 208, 210, 222, 239, 251, 252, 253, 265, 278, 295, 342, 350, 373, 381, 383, 384, 391, 411, 441, 444, 445, 481, 484
純粋情動説 481
純粋の主観—客観関係 412
ショア 39, 227, 228, 229, 230, 485
上演 228, 230
障害 19
障害の局所・局在論 180
小家族 352, 353, 354, 356
使用—価値 33,
使用価値（value in use） 33, 62, 226, 255, 356, 357, 362, 454
使用—価値
消化—分解（腐敗）—醗酵（燃焼） 393
情感 97, 216
情感発生論 92
消極的禁忌 405, 496
消極哲学 357
小群放浪 428
情事 202, 203, 209
常識 231
情実 345
小商品生産段階 160
情勢の実在性 333
招請労働 95
小世界 45
情操 105, 150, 403, 406, 413
情操価値 378, 407
情態 100, 127, 144, 184, 250, 267
使用対象 256
情態の呼起し（「口寄せ」） 126
情調（Stimmung, 情緒、気分） 150
情緒的要素 21
衝動 119, 365, 396, 407, 409
情動 14, 24, 43, 65, 99, 127, 132, 166, 171, 221, 298, 317, 333, 335, 346, 376, 383, 385, 391, 403, 405, 407, 409, 413, 415, 416, 419, 420, 423, 426, 430, 434, 447, 458
情動（「情念、衝動」） 298
情動価値 378, 407
情動交換 29, 32, 34, 45, 52, 78, 79, 108, 125, 127, 150, 197, 198, 215, 219, 224, 230, 245, 251, 295, 303, 304, 319, 327, 345, 352, 366, 382, 392, 405, 407, 422, 426, 428, 430, 431, 433, 434, 435, 436, 452, 456, 465, 469, 474
情動・情意の実践的性格 62
情動・心情（Seele） 65
情動・心情の交渉論 227
情動性（matters） 221
情動生成説 117

集落地理学 426
自由論 399
主・客の相補的性格 138
主・客の内的転移 210
主観 28, 29, 73, 402, 410
主観—客観関係 4, 33, 203, 241, 252, 272, 302, 367, 373, 380, 403, 412, 421, 430, 437, 450, 465
主観主義 325
主観的価値 119
主観的現象界 115
主観的主体 194
主観的信念 318
主観的了解の表現世界 169
主観的表象 108, 119, 434
主観的分別 89
主観と客観の未分離 126, 145, 152
主観の主体性 244
主・客未分離 198, 294, 296
受苦 314
呪具 431
受苦—受難 405
受苦・受忍 53, 69
縮小再生産 58
受苦的実践 300
受苦的な実在 174
手工業者 283
手工芸 466
手工職人 234
種子（Same）270, 276, 277, 281, 284, 390
呪術 33, 45, 56, 59, 89, 97, 123, 167, 179, 196, 200, 232, 359, 431, 432, 433
呪術師 19, 87, 90, 93, 117, 230, 240, 264, 289, 431, 466
呪術者 90
呪術的思考 7, 59, 56, 99, 143, 461, 496
呪術的世界 42, 104, 123, 143, 167, 197, 226, 227, 236, 426
呪術的予兆 89
呪詛の排斥 87
受胎 118
主体化 190
主体性 208, 214, 232, 240, 241
主体生成 342
主体性の欠如 315
主体的自然 8, 235, 241, 337, 496
主体的自然の神々 337
主体的自存 181
主体的主観 119
主体的心情 36, 46, 68, 127, 258
主体的性情 258, 259
主体と客体の間 181
主体とその客体化 140
主体の自由の余地 129
主知主義 55, 303, 408
述語的世界 179
述語類型（カテゴリー）33
呪的歌謡 261
種的保存 450
呪的ルウネ歌謡 260
受容型注意 110, 112, 119
受動的実践 53, 103, 337
受動的な形の注意 109
受動的注意説 110
受動—能動の「生成主義 29
受動要因 458
受難（Leiden）58, 401, 403, 423
受難概念 403
受難情動型 57
受難と生成 401
受難とよろこび 142
受難の民 7, 22, 53, 112, 137, 141, 142, 143, 170, 218, 233, 269, 294, 336, 376, 378, 381, 383, 392, 403, 406, 436, 437, 443, 445, 473, 475
受難の表現過程 140
受難の歴史 28
主婦 233
呪物崇拝 241
主婦の解放 472
呪法 127, 146, 261
受容 27, 32
受容運動 108
受容型自然情動 257
受容活動説 177
受容可能性 17, 22, 26, 53, 54, 71, 75, 76, 79, 91, 103, 140, 141, 143, 166, 176, 221, 226, 232, 237, 239, 265, 295, 361, 373, 382, 391, 431, 432, 452, 454, 456, 477

自発的運動 260
しばれる 397
至福 252, 289, 298, 329, 330, 331, 396
自分自身の不完全への自由 68
自分自身への「工作」 330
自分自身への工作的自由 336
自分自身への自由 71, 186, 193, 208, 215, 225, 237, 245, 250, 252, 253, 264, 267, 268, 275, 306, 309, 327, 341, 480, 484
自分に合わせた作業 464
自分に合わせた品位 474
自分に合わせた労働 462
自分の原態の労働 454
自閉 131
自閉症 342
自閉的 435
思弁科学 145, 487
資本主義的精神 259
自前の労働 455
社（band） 160
シャーマニズム 129
社会史（civil history） 323
社会史的段階 22, 25
社会状態 253, 439, 455
社会心性史 48
社会心理学 48, 135
邪教の歴史 380
シャドゥイング 342, 343, 353, 355, 386, 405
シャマン 54, 198, 226, 430, 431, 432
主意主義 299, 323, 410, 499
自由 103
自由・神・自然論 359
衆議型母性権能制 439
衆議型母性権能制 443, 444
衆議制 279
宗教 317
宗教学 41
宗教・教育・医療崩壊 17
宗教・教育・芸術活動 41
宗教心理の原初形態 21, 22
宗教性 399, 406, 407, 409
宗教的・呪術的情動 81
宗教的情動 22, 51, 53, 59, 64, 65, 70, 93, 121, 122, 129, 208, 223, 295, 296, 324, 330, 333, 382, 394, 396, 399, 404, 420, 429, 466, 478
宗教的情動・心情 295, 296
宗教的情動の交感 429
宗教的動態 410
宗教的・倫理的・美的表現労働 93
宗教と表現労働 382
宗教の原初性 51
宗教の実践性 410
宗教の情動的根源性 59
宗教・倫理・美的に統一されたその原初形態 105
宗教・倫理・美的パッション 211
宗教・倫理・美的表現労働 1, 6, 294, 445, 559
宗教・倫理・美的表現労働説 445
宗教・倫理・美的労働 208
宗教論 379, 405
聚合 107
集合主義 419
集合的情動状態 136
集合的な情動の状態 135
自由人 67, 255
集団異常心理学 80
集団型からの個人的偏差 86
集団感受性 48
集団感情 137
集団主義 134
集団心理 48, 49, 132
羞恥 409, 434, 448, 455
自由な決断 255, 265
自由な自己表現 268
自由な零細農民 67
自由の決断と意志 275, 375
自由の自己限界 20
自由の質料的性格 29
自由の質料力動説 386
自由の主体性 341
自由の創発性 340, 341, 342, 343
自由の創発力 343
自由の表現 344
自由の余地 5, 44, 111, 113, 129, 391
自由の境域 111
周辺環境の風土 102
終末論 162

自然の人間主義　52, 59, 175, 189, 190, 191, 293
自然の光（Licht der Natur）　15, 37, 47, 174, 231, 251, 427
自然の膨らみ　269
自然の本質顕現　268
自然のリズム　142, 402
自然発生的な分業　422
自然発生的分業　171
自然表現学　40
自然物　404
自然法　308
自然本性　366, 367, 370, 371
自然民属（the savage people）8, 331, 397
自然民族　98, 143
自然融即性　232
自然理性　305, 320
自然力の表現活動　60, 104, 264, 278
志操　404, 407
姿相―表現　408
氏族の母（the clan mother）　427, 428
自存　415, 418, 433
自存性　383
自存的　419
自存的な客体　181
自体存在性　31
自他的対話関係　129
質料的「原態　108
漆喰壁　159
実在　28, 148, 149, 380
実在意識　150, 416
実在―観念　20, 28, 35, 45, 64, 110, 188, 206, 207, 217, 232, 234, 272, 311, 326, 333, 335, 339, 340, 342, 344, 346, 351, 357, 359, 361, 369, 371, 372, 373, 376, 377, 378, 380, 383, 384, 385, 386
実在―観念論　340
実在性　339
実在的観念　35, 64, 85, 209, 374
実在的観念（実在→観念）　35
実在的な態度＝表現活動　38
実在的表現　144
実在と観念　147, 341, 349, 350
実在と観念の交渉　349
実在の観念　14, 61, 302, 359
実在の本性　20
実在有　23
実在様相（「実相」）　416
実在論（自然）　377
失自然症　478
実践　159, 161, 187, 190, 199, 200, 222, 244, 301, 356, 385, 406, 412
実践的現相の形而下学的性質　385
実践的な神秘主義　411
実存　14, 20, 25, 72, 120, 122, 250, 340
自存者　379
実存的表現　29
実母　194
実用的な労働　41
実用的労働説　41
実用の労働　252
質料（materius）　114
質量感　171
質料的活動　115
質料的身体我　119
質料的に内在的備給　113
質料的表現法　116
質料的「母性」の価値　141
質料的唯物の観念世界　207
質料と形式　414
詩的旋律　112
事的表現労働　325
事的「労働―自然」哲学　374
死という悪の価値合理性　101
死と再生　271, 369
死と生　112
死と生にまたがる中間領域　206
自然における生　232
死の実在　218
死の実在―観念下の交換原理　100
死の創発的世界　100
死のパトス　151, 228
死のパトス的労働説　214
死の不安のパトス　75
磁場　27, 58
自発　258
自発運動（spontaneous movement）　47, 102, 110, 111, 149, 176, 177, 199, 201, 202, 259, 293
自発運動の表現　102, 149

426, 430, 452, 455, 462, 474, 475, 479, 480, 559
自然情動・情念説 329
自然情動・情念論 298
自然情動＝心理力動説 40
自然情動の風土的様相 265
自然情念個性説 303
自然人 50, 52, 60, 63, 84, 141, 142, 145, 146, 154, 160, 196, 197, 199, 241, 302, 320, 321, 322, 326, 342, 398, 401, 404, 418, 423, 469, 471
自然人（savage） 114
自然人（the green savage） 367
自然神学 234, 253, 362, 432
自然人格 18, 327, 328
自然―神観 253
自然―身体―心―精神 26, 293, 331, 338
自然―身体―心情の表現労働 408
自然人の価値観 63
自然人の女性 462
自然人の内面性 147
自然神秘主義（Naturmystik） 178, 179
自然生的循環構成 201, 425
自然生来 314, 315
自然素材 302, 356, 379, 493, 496, 497
自然的実在 23, 27, 35, 61, 88, 102, 122, 123, 145, 149, 150, 151, 154, 155, 156, 157, 158, 161, 167, 169, 170, 173, 176, 177, 189, 190, 193, 195, 207, 209, 213, 214, 215, 217, 218, 232, 237, 244, 249, 251, 258, 262, 268, 269, 302, 311, 326, 333, 335, 336, 339, 359, 361, 373, 379, 404, 416, 475, 480, 483, 485
自然的実在―観念 207, 217, 232, 311, 326, 339, 361, 373
自然的実在性 123, 149, 155, 176, 213
自然的実在性（原質性） 155
自然的実在の観念 61, 302, 359
自然的種子 325
自然的情念・情動 313
自然的人間 48, 176, 294
自然的免疫論 399
自然哲学 2, 6, 7, 24, 27, 29, 33, 35, 36, 37, 38, 42, 51, 64, 77, 102, 111, 127, 141, 176, 188, 244, 246, 249, 252, 253, 272, 292, 296, 298, 304, 305, 312, 331, 333, 334, 335, 336, 338, 339, 340, 347, 349, 350, 355, 358, 359, 363, 364, 366, 376, 377, 381, 382, 383, 387, 390, 397, 402, 403, 404, 410, 412, 413, 414, 420, 421, 478, 481, 486
自然哲学の諸原則 376
自然と神の間（「さかい」） 35
自然としての女性・女性としての自然 55
自然と精神 413, 414
自然と人間関係 26
自然との交感 131
自然との交渉 52, 72, 126, 202, 264, 293, 421
自然との融即的適応関係 264
自然に内在する自由 20
自然の暗黒 14
自然の考え＝リズム 144
自然の貫徹された人間主義 48, 53, 58, 131, 144, 208, 293, 297
自然力の基礎的価値 381
自然の暗さ（Schwarz der Natur） 209
自然の経済 244
自然の経済学 243
自然の経済説 146
自然の子 14, 15, 37, 38, 47, 51, 127, 258, 279, 289, 290, 291, 292, 378, 437
自然の参与 412
自然の実在的観念 374
自然の周期性 46
自然の自由な状態 347
自然の自由の状態 347
自然の種子 324
自然の主体性説 71
自然の受容の労働観 269
自然の消費在庫（Konsumtionsvorrat der Natur） 35
自然の人格的所有 340
自然の心性史（Naturgeschichte der Seele） 337
自然の性的関係 460
自然の代理人 327
自然の同一化（人間的自然） 300
自然の内的運動 408
自然の人間化 58, 60, 207, 265, 340, 356, 373

刺青 216
死一生 6, 45, 55, 60, 73, 84, 85, 88, 101, 142, 150, 151, 162, 163, 168, 170, 171, 195, 198, 199, 201, 206, 215, 241, 250, 268, 271, 276, 291, 295, 327, 345, 354, 423, 425, 457
自省 364
自制（refrain） 14, 43, 80, 99, 104, 150, 170, 199, 213, 215, 216, 234, 242, 278, 279, 280, 325, 344, 398, 406, 455, 457
自生 415, 419
死一生観 45, 55, 84, 101, 250
自制主義 234
自生性（spontaneity） 30
「死一生」世界 425
自生的 372, 415, 418, 438, 454, 480, 481
自生的原態の表現労働説 419
自生的コミューン 25, 34, 49, 58, 61, 65, 67, 68, 93, 243, 245, 280, 336, 347, 358, 359, 365, 366, 377, 389, 411, 421, 464, 471
自生的世界 31
自省的対話 364
自生的労働 70, 184, 415
「死一生」の交替 101
「死一生」の世界観 84, 85
死せる資本主義 145
死せる「精神 332
自然 20, 27
自然改造 200
自然学 174, 284, 338, 364, 368, 468
自然化された人間 91
自然からの自由 395
自然観 35, 36, 42, 77, 127, 180, 244, 271, 285, 312, 407, 481
自然観 77, 134
自然教 49, 93, 295
自然経済 50, 243, 362
自然形而上学 382
自然権 305, 307
自然権思想 296, 297, 298, 312
自然賛美の時代 396
自然史 23, 53, 106, 323
自然実在 177, 178, 231, 250
自然史的過程 4, 6, 22, 25, 34, 36, 40, 41, 42, 45, 49, 67, 68, 77, 86, 127, 132, 134, 139, 175, 185, 215, 277, 293, 294, 331, 338, 339, 340, 342, 358, 365, 386, 407, 428, 452, 480, 496
自然史的環境 120
自然史的人間学 127, 137
自然史的人間学の方法論 127
自然史的発展 52
自然社会 23
自然宗教 21, 24, 37, 38, 49, 51, 55, 59, 79, 93, 97, 99, 123, 127, 129, 130, 147, 163, 176, 193, 198, 201, 244, 253, 264, 268, 269, 279, 280, 285, 294, 295, 306, 307, 312, 315, 317, 320, 325, 334, 338, 339, 341, 352, 363, 381, 391, 394, 395, 397, 398, 399, 401, 405, 407, 408, 414, 479, 497
自然宗教説 21, 339
自然宗教的労働観 407, 408
自然宗教の労働 268
自然宗教論 130
自然主権 296
自然状態（natural status quo） 51, 52, 85, 108, 140, 146, 191, 193, 206, 216, 227, 244, 250, 252, 261, 274, 279, 285, 293, 294, 297, 298, 305, 307, 309, 312, 318, 320, 321, 322, 324, 325, 327, 328, 330, 332, 333, 352, 381, 428, 429, 436, 439, 442, 448, 450, 451, 453, 455, 457, 460, 465, 468, 475
自然状態説 52, 246, 279, 293, 296, 297, 298, 299, 301, 303, 304, 306, 307, 308, 310, 312, 313, 314, 316, 329, 330, 350, 445, 478
自然状態の思考法 19
自然状態の世界観 85
自然衝動 18
自然情動 1, 4, 5, 16, 23, 24, 27, 48, 54, 58, 73, 76, 107, 130, 136, 137, 138, 141, 142, 147, 149, 155, 159, 163, 172, 173, 176, 199, 200, 201, 202, 203, 204, 205, 216, 224, 231, 232, 234, 235, 236, 237, 238, 245, 249, 251, 252, 253, 257, 262, 265, 271, 273, 274, 295, 298, 303, 322, 327, 329, 332, 333, 335, 339, 364, 425,

歯形（歯の形象）153
歯形表現説 153
志向された「受け容れ」型注意 111
志向された・価値的受容 105
志向された受容型注意力 112
思考上の有（ens rationis） 23, 25, 50, 51, 64, 75, 79, 173, 368, 427, 428, 434, 436, 451, 483
志向性（intentionality）244
思考的非実在 174
思考的有 28
自己運動 3, 44, 45, 52, 55, 56, 61, 68, 71, 105, 107, 108, 110, 116, 120, 123, 126, 127, 129, 130, 137, 138, 139, 140, 143, 146, 149, 158, 175, 177, 182, 189, 190, 199, 200, 202, 208, 214, 220, 223, 224, 237, 238, 239, 240, 242, 243, 244, 245, 258, 259, 266, 279, 295, 298, 308, 309, 312, 327, 332
自己運動態 143
自己─演出 300, 303, 379, 433, 434, 435
自己臆断 122
自己改造 303, 304
自己開展 408
自己解放 307
自己仮象 437
自己価値 404, 420
自己感能 124
自己─客体形象化 332
自己啓示 407
自己限界 24, 55
自己工作 16, 17, 26, 44, 45, 53, 60, 76, 183, 193, 194, 203, 208, 217, 223, 235, 237, 240, 246, 252, 254, 256, 260, 262, 265, 266, 293, 300, 304, 305, 317, 322, 325, 328, 330, 331, 341, 342, 345, 350, 358, 359, 363, 364, 368, 385, 391, 411, 454, 478
自己工作概念 330
自己自身の本質顕現 268
自己自身への自由 308
自己自然 268
自己実現 388
自己自由の表現労働 266
自己審廷 5, 19, 60, 63, 64, 80, 159, 161, 279, 327, 406, 414, 417, 419
自己素材 300, 304
自己中心 306
自己転移 242
自己転回点 403
自己同一性 4, 183, 340
自己統制 18, 104
自己との合一 126
仕事の分割 464
仕事の分担 224
仕事場 285
自己似像 437
自己「人間」観 106
死後のくらし観 201
自己の実在所与 333
自己の自由の肯定 333
自己の表現─仮象 127
自己の不完全さ 3, 4, 69
自己媒介 72, 120, 139, 143, 190, 199, 239, 265, 295, 340
自己破壊 241, 242
自己批判 5, 18, 63, 104
自己表現 3, 57, 151, 241, 244, 256, 288, 289, 290, 331, 341, 343
自己変革 232
自己変相 220
自己─変態 431, 437
自己保存 29, 43, 48, 56, 59, 67, 68, 184, 185, 208, 241, 250, 304, 306, 307, 329, 332, 343, 346, 395, 445, 446, 452, 454, 457, 462, 463
自己矛盾 53, 55, 68, 99, 116, 120, 139, 184, 197, 199, 200, 202, 209
自己立法 5, 18, 19, 60, 79, 80, 104, 161, 358, 406
自己了解 432, 433, 434, 435
自殺傾向 187
自死 101, 151, 215, 336
自死的総括 55
磁石 412
磁性説 412
自主体 348
事象（Sache）258, 260, 263
市場史 162
「事─所」動詞 361

子ども―母性民属 198
コナートス（conatus, 努力） 240
独楽回し 236, 367
コミュート（commuto） 227
コミューン（communitas） 34, 55, 56, 57, 60, 70, 79, 93, 95, 99, 100, 104, 141, 145, 166, 216, 242, 249, 254, 278, 280, 296, 332, 343, 353, 358, 392, 408, 409, 420, 437, 438, 457
コミューン的システム 23, 49, 56, 64, 160, 163, 198, 204, 279, 344, 398, 469
コミューン的社会組織 87
コミューン的心情 66
コミューン的母性論 441
コミューン民属説 205
コミューン論 170, 181, 339, 367, 472
コミュテーション（commutation） 34, 79, 227, 228, 303, 429, 433, 435
コミュニケーション 66, 70, 85, 139, 366
コモンウェルス 306, 316, 317, 321, 322, 323, 324, 326
婚姻 278
根拠の凝縮激化作用 397
根拠律説 187
根源悪 404
根菜キクニガナ 286
コンシャンス 318
婚前交遊 236
梶棒（Masse） 360
根本悪 359

さ

サービス 57, 422, 439, 440, 442, 444
サービス―宗教の原初性 51
サービスの情動相貌 51
サービス労働 16, 65, 166, 441, 444, 445, 463, 464, 466, 467, 472, 473, 474, 475
サービス労働観 166
財 418
財―価値 16, 51, 62, 63, 393, 413, 414
祭祀共同体 353
採取・獲得・加工経済 92
採取・獲得の略奪形態 96
採取経済 225, 234, 299, 308
採取行為 269
採取・手工 354, 430
採取労働 234
最上位の「精神」の統合的性質 60
最少の受容 114, 174
最少の内包 74, 174, 176
サイセット 219
最大の外延 176
最適リズムの労働 186
細民 336, 349
さかい 20, 58, 84, 109, 138, 285, 356, 416, 420, 421
さかいの思考上の関係 107
サガキタス（sagacitas, 洞察力） 314
詐欺と瞞着 472, 473
作業の分割 464, 465
作能 180, 182, 183, 186
錯乱 87
サテュリオンの根 285
砂漠の民 105, 106
作用因 71
作用痕跡 263
作用動因 28
産業恐慌 67
斬殺される児童の叫び 78
残像 109
三段階の倫理 440, 443
山地コミューン 61, 67
山地の自生的コミューン 67
山中他界説 217
山面（oroface） 56
山面居住 81
山面傾斜地 96
山面耕作（orofacialhusbandry） 97
山面労働 58

し

死 100, 101
椎の葉 2, 216, 217, 218, 220
自我 242
自我性 398, 409
識閾 263
嘴琴 69, 70
歯型 153, 154, 155, 156

興奮状態の平衡化　102, 177
興奮性　388
興奮性の周期　32
興奮の中庸状態　43
興奮の平衡状態説　43
興奮―労働表現説　184
ゴウラ　94
功利主義　378
互換性　465
古期ストア哲学　29
国際労働者協会（Internationale Arbeiterassoziation）　65
黒色術　221
黒色的コスモス　289
黒色的な矛盾の業　283
黒色的表現行為説　7
国民史　258
国民主義　258
心　77, 92, 114, 156, 289, 372
こころ―精神・共同体論　55
心―精神の構成　338
心と精神　76
こころの仮想　310
心の経済主義　146
心の声　64, 70
心の錯乱状態　77
心の自生的表現　106
心の時計　475
心の努力（endeavour of the heart）　306
孤児　87
互酬　95, 138
互酬関係論　139
個人史　229
個人主義　444, 472
個人的差異　79, 80, 86, 87, 90, 462
個人的所有　398
個人的精神　134
個人的な独立性（personal independence）　454
個人的倫理　160, 440, 441, 442, 443, 446, 450, 453, 454, 457, 461, 465
個人の内にある力　40
個人の生物学的差異説　88
個人の内世界　298
個人崩壊　28
コスモス　380
コスモス概念　272
コスモス観　267, 281
コスモス的自然　371
個性　3, 6, 7, 18, 42, 45, 47, 49, 52, 55, 59, 66, 69, 80, 102, 133, 134, 135, 151, 152, 163, 188, 215, 232, 243, 244, 245, 249, 255, 259, 264, 267, 268, 276, 277, 279, 287, 294, 295, 296, 298, 303, 304, 305, 306, 325, 326, 331, 425, 429, 430, 462, 463, 466, 484
個性の表現活動　306, 430
古生物学　470
古代アテナイ共同体　134
古態型思考　251
古態型　23
古代人　418
古代天皇制　216
個体の間の差異の法則　86
古タイヤル　7, 13, 157, 160, 161, 163, 168, 194, 197, 203, 208, 214, 219, 221, 222, 329, 425, 436, 443, 444, 445, 469
木霊　260, 261, 263
国家・国民精神　134
国家的紐つき教育　18
克己　26, 418
事　23
事柄の様相論　169
事的行為　23, 106, 116, 122, 141, 222, 263, 357, 364, 368, 373, 379, 382, 385, 389, 391, 393, 398, 418, 425, 433, 437, 438, 442, 443, 454, 483
事的表現労働　325
事的「労働―自然」哲学　374
言葉の仕事　106
言祝ぎ　369
言祝ぎの態度　456
子ども―共同食堂　193, 473
子どもの精神医学　284
子どもの保護者　82, 92
子ども―母親的了解　431
子ども―母性　47, 199
子ども―母性型　201, 205
子ども―母性型自然情動　199, 202
子ども―母性家事観　194

現代女性学 438
原態的パトス 155
現代の女性労働 440
原態の「生体的自然」観 35
原態の表現 6, 19, 58, 92, 95, 140, 270, 289, 291, 292, 354, 371, 389, 391, 419, 480, 483
原態の表現労働 6, 58, 95, 270, 289, 292, 354, 371, 389, 391, 419
原態の労働 3, 38, 62, 252, 256, 259, 359, 382, 417, 454
原態の業・工作・労働 38
原態ハープ 70
原態表現 42, 47, 59, 82, 93, 102, 103, 104, 115, 119, 142, 143, 252, 268, 281, 282, 283, 284, 287, 290, 292, 294, 323, 339, 480, 482, 483
原態表現労働 268, 339
原態表現論 115
原態労働 6, 17, 27, 150, 151, 154, 155, 174, 195, 203, 207, 249, 250, 251, 256, 262, 266, 267, 268, 280, 309, 340, 372, 419, 420, 433, 444, 454
原態論 42
原動因 314
見当識 115
原発—被曝 41
現物 62
現物貨幣 50
現物形態の共同的労働力 423
現物形態の表現の現相学 32
原民主主義 159, 165, 172, 437, 443, 465, 467, 469
原民主主義的コミューン 159
厳律一夫一婦主義 160, 219, 397, 445
厳律シトー会 432
原律動 69
権力支配欲説 115
原論理的 145
原論理的思考 62, 143, 145, 178, 185, 243, 311, 338

こ

興 262
厚意 422
合一（incorporation） 27
行為的個性 325, 326
高価値 334, 352
交感 20, 24, 46, 48, 101, 108, 122, 126, 129, 130, 133, 175, 179, 189, 193, 262, 263, 267, 294, 295, 303, 319, 320, 413, 414, 421, 475
交換（commutation） 108, 407
交歓 168
交感能力 101
交換の情動相貌 100
交換不可能な存在 45
交換論 405
広義の母性（継母、乳母、介護者） 441
口琴 69, 81, 167
高潔 14, 26, 80, 124, 140, 167, 170, 198, 270, 376, 381, 397, 398, 401, 402, 403, 404, 406, 414, 418, 420
高潔—卑俗 402
工作者 304
工作人（homo faber） 53, 75, 237
高次の闇の原理 396
交渉 52, 53, 72, 126, 150, 175, 180, 181, 183, 184, 185, 197, 201, 202, 227, 232, 264, 293, 298, 306, 327, 406, 421
交渉過程 380
口誦伝承 429
口承文芸体系 428
口唇期表現説 155
鉱石漸成説 286, 343
抗体 391
高地帯の住民 67
高地ダヤク人（hill Dyaks） 203
高・低の正価値 125
高踏性（eminentia） 226
坑夫 284, 285
幸福価値 414, 417
興奮 147
興奮形態説 182
興奮—自制の閾値 150
興奮状態 40, 41, 42, 48, 102, 142, 149, 150, 151, 169, 177, 179, 180, 182, 183, 184, 185, 189, 197, 240, 265, 342, 344, 380, 387, 388, 396, 445, 461, 475, 482

欠如悪 381, 382
欠如型「性」 436
欠如—自己了解 433
欠如態 55, 88, 127, 144, 198, 460, 479
欠如態における受容 381
欠如態の相対的虚無 61
欠如的虚無 56, 209, 436, 484
欠如的形式の自由 379
欠如—無観念 381
決断 255, 256, 276, 317, 349, 350, 389, 393, 404, 413
ゲルマニア 188
牽引と反撥 124, 408
幻覚 109
謙虚 59, 308, 309, 311, 314, 334
原経験の記憶 102
原形象 3, 65, 71, 72, 77, 82, 94, 109, 117, 141, 142, 143, 145, 205, 295, 465
健康 4, 6, 42, 43, 77, 86, 101, 127, 146, 148, 150, 151, 159, 164, 168, 171, 197, 202, 203, 267, 274, 295, 320, 321, 384, 398, 399, 401, 445, 461, 471
原交換説 104
言語による人間の表現 107
原始共産体論 96
原始キリスト教 405
原始宗教 341
現実 117
現実概念 146
原質性（Stofflichkeit） 153, 154, 155, 162
現実性 339, 392, 431
現実性と可能性 17, 27
現実性と可能性の様相論（範疇論） 17
現実存在者 117, 146
現実態 17, 26, 28, 72, 73, 74, 75, 94, 117, 146, 148, 170, 184, 196, 222, 223, 224, 225, 226, 237, 238, 241, 256, 265, 270, 276, 289, 381, 392, 394, 395, 423, 430, 433, 486
現実態（形相） 430
現実有 23
原始的観念 262
原始的形而上学 53, 301, 354
原始的形象 366
原始的軽信 398
原始的な内部感情 109
原始的な変形 281
原始的連合構想 251
原収奪 18, 26, 28, 218, 233, 250, 296, 343, 455, 478, 487
原受動性 108, 109, 110, 114, 120, 121, 143, 498
原受動的心性 141
現象 31, 45, 46, 89, 113, 156, 255, 258
原初性カテゴリー 243
原初的交換 45
原初的自然 384, 385
原初的創造説 396
原初的な自由 409, 411, 412
原初的な手鍬 171
原初的なまとまり 107
原初的「労働」観 41
原初のキリスト教世界 400
原生的共有 62
原生的形象 55, 59, 60, 61, 62, 298, 307
原生的形態にある共同労働 68
原生的自然の霊魂 42
原生的な分業 427
原生的表現労働 296
原生的労働 152, 300, 303, 421
幻想 98, 101, 102, 104, 109, 113, 115, 196, 385, 420
現相 4, 31, 32, 34, 39, 62, 76, 92, 101, 113, 118, 131, 136, 144, 149, 154, 158, 159, 172, 176, 182, 189, 194, 197, 203, 208, 221, 237, 252, 254, 255, 262, 263, 265, 267, 273, 286, 287, 288, 294, 295, 310, 356, 385, 413, 422, 429, 430, 438, 445, 446, 460, 462, 464, 465, 468
現—相（Phänomen） 31
現相的膨らみ 154
現相の表現学 32
原則的自由 335, 341, 349, 355, 357, 362, 373, 375, 413
原則的自由の原理 349
原素材 275, 281
現存在 379, 390
原態 41, 42, 82, 144, 372, 377
原態工作—労働 64
原態コミューン 328

黒の思考法　6, 20, 21, 22, 89, 117, 207, 211, 216, 231, 282, 334, 336, 343, 356, 421, 423, 437, 480, 484
黒の思考力　83
黒―無　289
耙　95
鍬農耕　97, 98
鍬農耕文化説　97
軍事的大量殺戮　84

け

黥―黒　221
経験　309, 311, 316, 321
経験科学　141
経験主義　20, 315
経験値　150, 343, 384
経験論　410
経済　54, 237, 242, 244, 431
経済共同態　429
経済原理　390
経済原論　138
経済情操論　234
経済的「価値」理論　104
経済的関係　452
経済的現相　136
経済的情動力動　194
経済的精神力動　137, 187, 188
経済的倫理的情動　166
経済の表出説　169
経済―表現説　242
経済力動的　103
啓示　271
繋辞　357, 426
形而下学的母胎　385
形式化した既成宗教　128
形而上学　169
形而上学的因果原理　80, 82
形而上学的学習過程　125
形而上学的三分野　251
形而上学的情動認知　100
形而上学的心身表現　101
形而上学的世界観　145
形而上学的世界内在　159
形而上学的内在論　120
形而上学的表現労働　357
形而上学的様相　237
形而上学的の論理構造　106
形質人類学　102
繋辞的（copula）356
啓示的信仰　268
啓示の一般的信仰労働観　268
啓示の信仰の一般形而上学　348
芸術　391
芸術労働　372, 374, 375
形状変化（shape-shifting）説　423
形成体　271
形相　32, 386
形相―本質　371, 372
継続的創造　6, 100, 111, 226, 234, 250, 271, 272, 273, 276, 284, 290, 393
形態　112, 153, 251, 368
形態化　182, 257, 258
形態学　36, 252
形態的属性　153
形態的表現活動　282, 283
形態表現学　291
形態表現（形相の本質顕現）38
形態表現の労働論　285
形態―表現労働　385
継母　193, 194, 195, 272, 441
黥面　5, 7, 22, 35, 49, 56, 59, 73, 79, 80, 83, 89, 90, 91, 100, 118, 124, 140, 149, 150, 159, 170, 197, 198, 203, 208, 214, 215, 220, 221, 225, 242, 252, 328, 358, 413, 425, 426, 430, 486, 494, 499
黥面・首狩り・首祀り　5, 22, 35, 49, 56, 59, 73, 79, 80, 89, 140, 159, 197, 198, 358, 425, 426, 430, 486
黥面変相　215, 221
黥面―母子　252
激情型気質　80
劇的演出　126, 128
劇的態度　144
逆旅　351, 382
逆旅―表現説　351
ゲシュタルト心理学　251
ゲシュタルト理論　108
結合労働　193, 198, 199, 344, 355
結婚階級　428, 430

強制の侵入 105
競争と平和 412
凶的母性 192
協働 92, 224, 225, 344, 367, 426, 439, 441, 442, 445, 464, 470, 474
協同一致（co-ordination） 465
協一働概念 225
共同漁撈 430
共働自然状態説 445
共同食堂 193, 472
共同所有の森林 427
共同性 262, 307
協同生活体 472
協同生産主義 470
共同相続 100
共同体 68, 85, 132, 133, 134, 135, 202, 205, 256, 464
共同体（Gemeinde） 68
協働体（the collectivity of human labor） 465
共同的精神 134
共同体精神発達史 135
共同的労働力 422, 423
共同長屋（long house） 428
協働の結合作業（co-operative work） 467
協働の原形象 465
共同の表現労働一体説 205
協働の母性的表現世界 195
共同の労働表現 422
共同一母性論 194
共同猟区 427
共同労働 68, 92, 99, 193, 224, 233, 234, 446, 454, 471
協力（concurrence） 250, 276, 287, 334, 385, 386
局限的受難 230
虚体 416, 420
虚無 3, 57, 58, 60, 63, 73, 74, 209
虚無的情動原態 68
虚無的転移体 210
際 420, 421
禁忌 97
銀器 362
禁制 123
金属貨幣 50
近代一生産主義労働説 17
近代の細民史 348
近代の神秘主義 349
近代の精神主義 77
勤労と寡欲 412

く

クィエティズム 40, 56
偶然 146
偶然性 140, 178, 374, 376, 379
偶像 146, 264
空一無 250, 285
供犠 104, 179, 221
苦難 258
首 356, 414
首かご 157, 158, 357
首狩り 5, 8, 19, 22, 51, 55, 80, 88, 99, 100, 104, 105, 124, 142, 150, 159, 161, 170, 203, 306, 356, 357, 398, 414, 417, 429
首狩の原理説 86
首祀り 5, 22, 35, 49, 51, 55, 56, 59, 73, 79, 80, 89, 92, 100, 101, 140, 159, 168, 197, 198, 203, 306, 352, 358, 398, 406, 425, 426, 430, 486, 491
組合主義 472
暗い影をのちのちまで長くひく 140
くらしの認知（vitalnosia） 115, 116
くらしの非合理性 183
くらしの表現労働 176, 197, 204, 206, 326, 348, 373, 378, 410, 487
くらしの不確実さ 25
くらしの不完全さ 16
くらしのリアリズム 110
くらしのリズム 33
くらす 432
暗闇 15, 35, 43, 251, 276, 277, 285, 386, 387, 390, 391, 396, 401, 404, 405, 446, 450, 481
暗闇前兆の歴史観 396
暗闇の無 250
黒 21, 25, 104, 342
黒く考える 21
黒く一思考する（think black） 7, 181
黒の思考 6, 7, 23, 25, 70, 102, 206, 216, 423, 436, 437, 480

感能　76, 90, 122, 123, 124, 147, 173, 261
感能・心情圏　163, 164, 173, 294, 295
感能体得　20, 113, 124, 127, 129, 138, 142, 144, 145, 149, 175, 249, 310, 312, 323
感能的受動性　313
感能的想像力　251, 260
感能の体得様式　123
感能表現　147, 148, 307
感能様式　123
感能連合　262

き

記憶　309
記憶ないし経験の自我　115
幾何学　76
技巧衝動　410
基質　272
気質（temperament）　80, 148, 155, 171, 266, 466
基質的宗教説　49
記述心理学　3
気象　4, 121, 387, 403
気象的な力動状態（「魂」）　36
気象的発機力　418
気象的本性　29, 398, 406
気象の表現過程　35
犠牲　418
擬制人格（feigned person）　327, 328
季節的リズム労働　264
偽善　128, 328
偽善的人間　130
偽善の形象（幻想・仮象）　118
気息　282
基礎生理学　409
基礎的価値　14, 15, 24, 33, 34, 45, 381, 386, 404, 414
基礎的な生命の価値　28
基礎表現学　154
期待　259
擬態　149
北ツォウ族　87, 88
切っ掛け（Anlaß）　121, 123, 190, 212
基底（Basis）　390
気取り　262
杵（Keule）　360
技能（手ぎわ）　301
気品　415
擬娩（couvade）　272
客体　138, 208
客体形象化　134, 136, 223
客体の主体化　69, 181, 189, 190, 261, 265
客体の像　181, 182
客観　59
客観主義の「心―身」平行説　122
客観的精神　133, 135, 136
客観と主観の融即的リズム　240
弓琴　69
救済　334
窮迫状態　48, 55, 56, 58, 62, 73, 110, 117, 137, 140, 175, 184, 185, 186, 190, 227, 236, 241, 250, 252, 256, 270, 286, 288, 293, 294, 297, 331, 339
虚　417
協　225
行　400, 416
教育　416, 477
驚畏主義（teratism）　51, 263
驚畏の感得（Schauung）　59
驚畏の表現活動　51
境界期　22, 25, 27, 41, 48, 49, 50, 53, 58, 59, 67, 68, 76, 88, 90, 92, 94, 100, 107, 116, 118, 119, 125, 132, 139, 145, 149, 151, 153, 163, 165, 171, 172, 173, 175, 176, 184, 191, 196, 198, 206, 222, 223, 224, 225, 226, 233, 235, 236, 245, 252, 260, 265, 293, 294, 316, 317, 329, 331, 343, 344, 345, 351, 354, 355, 364, 365, 366, 421, 440, 446, 452, 461, 463, 465, 466, 467, 481
境界期獲得経済　118
境界期経済史　245
境界領域　343
共産主義社会　392
共産体　91, 92, 93, 94, 102, 494
共産的コミューン　427
共産的世帯　427
共産党宣言　75
強・弱の反価値　125
教条的マルクス主義　93, 97

神との交感　24
神との相対的実在的関係　330
神との対話　129
神に対する依存の実在的関係　271, 283
神―人間―自然　37, 271, 275, 277, 285, 290, 340, 363
神の愛の啓示　396
神の暗黒　398
神の・内なる自然　42, 44, 387
神の可能態　395
神の「気」象的な態度　31, 411
神の「気」象的本性　29, 406, 407
神の擬人説　419
神の技能的自然　302
神の協力　250, 284, 286, 287, 311, 315, 367
神の許容　22
神の国　372
神の形而上学の最少　348
神の顕現　268, 284
神の原理　374
神の声（vox Dei）136
神の言祝ぎ　351
神の根拠　396
神の自己啓示　399
神の自然　366
神の姿相　400
神の自体的転換　46
神の実在―観念　64
神の「受容　391
神の常在性　392
神の仕業　88
神の人格的生成説　400, 407
神の生命の閃光　411
神の摂理　253
神の特殊的属性　41
神の名のために悩む　57
神の人間化現相　295
神の光　14
神の微光　43
神の表象　381
神の本質　384, 385, 386
神の見えざる手　24
神のミクロコスモス　37
神の理性　320
神の業的思考法　418
神への協力　463
神への受容　29
仮面づくり　429
か弱き性（feminine delicacy）462
ガリア　188
仮仕事説　375
カレリア地方　262
環界　120, 143
感覚　107, 305
環境活動　141, 142, 193, 221, 423
環境世界（Ökumene）56
環境内在説　46
環境表現　161
感激　15
間隙の境域　105
還元主義（reductionism）209
感受性の歴史　135
観照　282
感情　47, 50, 97, 99, 115, 126, 177
感情移入　138
感情激動　478
感情喪失　198, 352
感情的体験　185
感情転移　137
感情のこうした非合理性　137
感情表出障害症　197
関心　466
完全な決定論　17
完全なる自然状態　308
観相　386
観相術　112, 287
観相的（physiognomisch）90
感知形象　138
姦通への途　278
感動　50
感得性能（consciousness, Schauen）82
感得態度　147
感得表現　158
観念　339, 350
観念性　166
観念的実在　351
観念的な受動　41
観念の可能態　73
観念連合　210, 236
観念論（心情・精神）377

家事働き（housekeepingman） 243
家事分業の必要 471, 472
仮象 109, 113, 122, 123, 215, 216, 242, 250, 293
過剰／過少の交換可能態 393
過剰欲求（inordinate demand） 461
家事─労働 57, 266, 343, 405, 445
家政 233
我性に「死に切る」(absterben) 態度 395
我性の無底 396
家族協働 96
家族共同労働 92
家族主義 473
家族の悪 110
家族倫理 440
形 275, 366, 371, 384
価値 4, 7, 18, 28, 103, 105, 119, 125, 251, 332, 333, 354, 401, 403, 405, 406
価値界 382
価値観 103, 412
価値関係 119
価値系列 80, 105, 231, 274, 402
価値志向性 387
価値自由 336
価値的感情 240
価値的志向 72, 401
価値的思考の有 430
価値的立体 402
価値的倫理の情動表現 212
価値転換 425
価値と反価値 45, 109, 419
価値と美学と宗教 411
価値の客観的存在 413
価値の形而上学 16
価値の系列表 397
価値の尺度 50
価値の自由 406
価値の世界内在 26, 43, 334, 349
価値の表現労働 420
価値の「補償」の心理 139
価値の保存 50
価値の有用性 415
価値の理念的自存 419, 425
価値の歴史観 399
価値判断 416
価値無記 103, 104, 109, 110, 111, 113, 385
家長権（pater familias） 226
価値倫理学 108, 386
価値論 28, 29, 41, 125, 252, 333, 334, 393, 398
可知論 159
楽器弓 94
学校の訓練 47
欠如的有 58
活動的目的 18, 28, 44, 103, 106, 127, 140, 250, 378, 389, 401, 402, 406, 413, 418, 419
活動と観照 412
活動の自己価値 404
活動力 126, 183, 201
家庭料理 464
家庭料理人（the house-cook） 464
カトリシズム 40
カトリック的信仰 414
哀しみのパトス 456
可能概念 146
可能性 339, 376, 379, 392, 399, 423, 431
可能世界 145, 179, 200, 237, 238, 356, 393, 429
可能存在 146
可能態 3, 17, 22, 24, 26, 27, 28, 30, 32, 54, 55, 56, 57, 60, 71, 72, 73, 74, 75, 79, 83, 92, 94, 114, 116, 117, 130, 140, 141, 142, 143, 144, 146, 147, 148, 159, 166, 170, 175, 182, 183, 184, 185, 208, 209, 210, 213, 214, 215, 221, 222, 223, 224, 225, 226, 232, 237, 238, 241, 256, 259, 265, 269, 270, 272, 273, 275, 276, 284, 288, 289, 339, 346, 351, 354, 355, 361, 368, 373, 374, 377, 379, 381, 393, 394, 395, 417, 423, 430, 432, 433, 436, 437, 441, 479, 483, 484
可能的自存 181
かのような演出的性格 99
家父長的組織 134
竈 238
神からの自由 395, 398
神と悪 377
神と自然 266, 345, 357
神と罪 421

演戯力 198
遠—近 78
演戯的心因性もうろう状態（dramatic psychogenic twilightstate） 179
演出 89, 102, 128, 130, 146, 149, 168, 170, 179, 209, 230, 235, 242, 243, 285, 301, 302, 319, 328, 330, 340, 359, 368, 431, 446
演出家 318
演出的価値 354
演出表現 101
「演出—遊戯—祀り」の空間 423
演出力 320
燕麦パン（Haferbrot, oatenbread） 269

お

「追いつめられた」時代背景 39
追いつめられた受難の民 6
黄金の世界時代 396, 397
オゥメン 114
オゥメン（omen, 予兆） 90, 100, 102, 114, 430
オゥメン—シャマン論 430
オゥメン的世界 90
大きな有 3, 30, 31, 33, 36, 363
オーストラリア人 21
掟 433
贈り物 422
襲われの先取り情態 150
オットフ神 23, 34, 104, 161, 429, 436, 487
男にたいする優越的差別 225
オペラント反応 232
オラーメン（祈り） 227
オルガニズム 233, 235
音響現象 290
女戸主 206
女シャマン 198, 226, 431
女呪術師 91, 100, 101, 110, 123, 125, 141, 143, 149, 161, 163, 164, 191, 197, 279, 295, 312, 336, 340, 426
女妖術師 430

か

快 432, 433, 438, 442, 445, 452, 454
外延過程 150
外延的権力型 226
外延的に投射 138
外延の自然的人間 177
外延力 46, 50, 73, 74, 77, 82, 89, 90, 99, 100, 116, 117, 118, 119, 120, 121, 138, 139, 142, 150, 175, 180, 197, 202, 226, 228, 477
外化の気遣い 403
快感原則 232
懐疑 263
快・苦の肉体内観 163
外向目的 104
外婚制（exogamy） 219
解釈の歴史学 78
精神 276
外的環境 72, 76, 79, 91, 119, 122, 149, 164, 200, 211, 212, 232, 235, 265, 306, 459, 467, 468
快的コミュテーション 434
外的自然 26, 32, 235, 277
快適情動説 186
快的な動態 433
外来の精神 73, 259
快楽 447
カイロス（kairos, 人間的時間） 256, 387, 389, 475
顔 216
顔・首 413, 425, 429
顔付き 118
かかあ天下（gynocracy） 197, 219
ガガァなる協議体 102
科学以前的「歴史」意識 78
科学的歴史意識 78, 380
学習過程 119
各人の各人に対する戦争の状態（condition which is called Warre, as is of every man, against every man.） 52
拡大家族 428
獲得経済 118, 163, 167, 168, 171, 234, 238, 240, 343, 426, 450
学問的な精神的感激 410
かくれた体験形式 115
かご 355, 356
過去感情 139, 140

異界 435
異化作用的力能（the katabolic force） 466
鋳型 272, 281
異化と同化 107, 147
生きた個人的精神 380, 414
生きた実在論 395
生きた情動表現 79
生きた精神 58, 133, 134, 192, 259, 332, 338, 339, 363, 364, 377, 410, 414
生きた中間的自然 410
閾値（threshold） 40, 343, 345
異教 366
生きられる可能態 24, 26, 92, 374, 479, 483
畏敬（awe） 119, 122, 407, 410, 447, 450
畏敬主義 409
生けるものの神 377
意識（consciousness） 318, 319, 321
意識志向性 32
意識野の独占 344
移住（非定住） 92
異常人格 80
異人 74, 103, 104, 366, 381
異人愛・遠人愛 351
異人歓待 32, 148, 351
依存性 386
いたみ 130, 285
一次的価値意識 417
一次的情動 416
一般形而上学 142, 163, 253, 348
一夫一婦制 459
一夫一婦の結婚制（monogamous marriage） 459
一夫多妻婚（polygyny） 279
偽りの魔術 397
イデア 370
移動性 426
祈り 103, 104, 203, 253, 294, 432, 433, 444, 474
祈りと労働（ora et labora） 432
祈りの表現労働 149
祈りの労働 7, 58, 70, 185, 206, 253, 268, 280, 284, 433, 442
祈りの労働原生説 185
イマジネイション（映像） 309, 310
忌む火 238
イロクォイ諸部族 426, 427
イロクォイ六部族連合 427
因果関係 309, 367
因果的規定による労働 419
因果連関 17, 18
印象（Eindruck） 89
イントルーダー 105, 106
淫奔 409
引力と斥力 147, 233, 337, 408, 421

う

ヴィレンドルフのヴィーナス石像 345
受け容れ型注意 111
内と外の環境 42, 152, 294
内と外の植民地主義 477
内なる神 88, 102, 112, 122
内なる暗闇 277
内なる個人的差異 462
内なる自然 19, 30, 33, 34, 42, 44, 46, 123, 327, 387
内なる対話 252, 293, 307, 311, 314, 317, 327, 330, 350, 364, 478
内なる母 276
内向きの受容 105
宇宙 35
内より現れた（er）姿相（Schein） 31
乳母 194, 272, 371, 441
海ダヤク人（sea Dyaks） 203
有—無 4, 7, 55, 370
有無 55, 62, 69, 84, 127, 175, 337
運動論 107, 137, 297, 298, 304, 305, 306, 310, 312, 315, 389
運搬具 430

え

Erscheinung 46
Ökumene（住環境）説 102
エジプト人 162
エスキモー 21
エロス 283, 391, 411
演戯 230, 431
演戯的表現 227

事項索引

あ

アート 302
愛─憎 402
アイヌ社会 426
アイヌ文化 130
愛の啓示 392
愛の情動交換 474
愛の悩み 405
空き地 14, 15, 427
悪 19, 26, 75, 109, 111, 130, 161, 287, 288, 296, 316, 317, 327, 334, 351, 352, 375, 376, 381, 382, 385, 386, 388, 390, 392, 398, 411, 420, 479
悪と善の相互浸透説 399
悪におちいる力 334
悪のオットフ神 101
悪の可能性 73, 382, 387, 390, 396
悪の現実性 384, 394, 421
悪の現実態 394, 395
悪の根拠 52
悪の受容可能性 105
悪の自立 383
悪の道徳的価値 414
悪の反価値 405
悪の表現行為 377
悪の表現労働 110
悪の本質 398
悪の倫理学 378
悪＝病気類比説 390
悪魔の到来 64
悪を容れうる力能 105
麻編み袋（タウカン） 161
麻織り 158
悪しき精神 397
アシャニンカ 69
あそび 284, 285, 356
遊び 236
あそぶ力 154
新しい大地 400
アナキズム生成の原理 218, 225, 475
アナログ的表現労働 422
アニマ 373
アニマティズム 51, 355, 358, 359, 360, 367, 368, 369, 373, 410, 420, 430
アニマ的 405
アニマ的原態 28
アニマル・セラピー 344
アニミズム 355
アミ人 157, 160, 179, 219, 469
アメリカの心理学 137
あやまった生物学的生存競争の思想 85
過てる神の擬人論 401
現人神 336, 397
アルケウス 36, 77, 114, 140, 145, 404, 412
アルケウス的生命力 102
アルケウス的内在 399
アルケウス的内面性 40
アルケウス的な内なる統一性 37
アルケウス的表現活動 342
アルケウス的霊魂 402
アルケー（始め・根源） 36
アルゲニ山脈 67
あるべき完全性の欠如 43, 44, 51, 209, 210
あるべき「有」の完全性の不在 429
暗影 342
暗─黒 210, 211
暗黒 231, 284, 285, 286, 287, 288, 292, 382, 384, 385, 390, 391, 392, 393, 394, 409, 411, 421
暗黒と明光 61
暗黒の王国説 319
暗黒の場所的辯証法 209
暗─黒の表現労働 208
安定・不安定 144
暗灯 351

い

意 88, 104, 121, 152
意（こころ） 38, 90
異化 102, 233

山本宣治 85, 471
ヤユツペリヤ 336
ユゴー 362
ユリネッツ 170
ライヒ 242
ラクタンティウス 406
ラスティゲ 428
ラファルグ 66, 419
ラマタセンセン 336
ラマルク 6, 477, 478
ランク 170
ランツマン 39, 227, 228, 229, 230, 485
リヴァース 428, 430
リップス 3, 39
リッペ 282, 283
李白 350, 351
ルカーチ 40
ルクセンブルク 203, 233, 426
ル＝ロワ 156
レヴィ＝ブリュル 21, 23, 177
レッシング 354
ロヨラ 373, 377
渡辺二郎 376, 377, 389, 396, 397, 401, 403, 406

127, 174, 246, 249, 251, 252, 253, 259, 261, 266, 267, 268, 269, 270, 271, 273, 274, 275, 276, 277, 278, 279, 280, 281, 282, 283, 284, 285, 286, 287, 288, 289, 290, 291, 292, 300, 302, 313, 323, 324, 335, 340, 342, 349, 350, 355, 358, 363, 371, 378, 382, 390, 391, 408
ハリソン 194
ハルトマン 61, 114, 365, 380, 387, 394, 433
バルブー 113, 127, 132, 133, 134, 135, 136, 137, 138, 139, 141, 142, 155
パレ 242
ピァジェ 344
ビーズリー 67
ビオン 233, 345
姫岡勤 167
ビュッヒャー 46, 94, 95, 143, 183
平井憲夫 478, 479
ファース 177, 196
フィヒテ 363, 365, 366, 369, 376, 390
フールマンス 390, 400, 401
フェーブル 135
福島靖祐 54
福田定良 83, 128, 129, 130
プラトン 272, 281, 302, 371, 375
プルチック 27, 47, 126, 173, 252
プレハーノフ 233
フロイト 99, 155, 169, 170, 242
ブロック 50, 51, 362
ブロッホ 40, 102, 104
ブロンデル 239, 240, 241, 242
ベーコン 107, 468
ヘーシオドス 16, 61, 191, 192, 193, 194, 195, 252, 440
ベーメ 291, 390, 394
ヘロデ 468
ベンサム 299
ホイト 148, 170, 422, 440, 466, 469, 471
ボードリヤール 393
ホッブズ 39, 44, 52, 53, 60, 77, 235, 244, 246, 249, 252, 278, 292, 293, 294, 295, 296, 297, 298, 301, 302, 303, 304, 305, 306, 307, 308, 309, 310, 311, 312, 313, 314, 315, 316, 317, 318, 319, 320, 323, 324, 325, 326, 327, 328, 329, 330, 331, 332, 333, 335, 340, 342, 347, 349, 350, 358, 363, 396, 399, 420, 454, 466, 478
ボナヴェントゥラ 374, 375, 376
ボルケナウ 304, 305, 332
ボルツァーノ 31
マーロー 107
マクガバン 6, 8, 21, 49, 51, 56, 60, 63, 64, 70, 87, 91, 95, 100, 125, 145, 146, 151, 155, 157, 158, 160, 171, 172, 179, 197, 198, 203, 204, 205, 214, 215, 218, 219, 227, 237, 264, 295, 306, 341, 344, 353, 357, 368, 377, 381, 397, 398, 418, 420, 428, 436, 443, 444, 445, 469
松雅各 8, 204, 487
マッハ 46, 185, 497
馬淵東一 205
マルクス 23, 32, 41, 43, 44, 48, 49, 51, 52, 53, 61, 62, 65, 66, 67, 68, 69, 71, 72, 75, 91, 101, 130, 131, 132, 137, 142, 144, 145, 152, 156, 159, 160, 169, 170, 175, 176, 181, 182, 183, 188, 195, 196, 200, 201, 203, 222, 227, 232, 235, 242, 264, 293, 298, 302, 328, 342, 344, 347, 361, 392, 416, 421, 422, 423, 436, 444, 458, 477, 478
マルクーゼ 53
マレット 8, 49, 51, 144, 147, 358, 369, 398, 420
ミード 148, 155
三宅剛一 272, 371
ミラー 18
ミルズ 48, 104
ミレー 43
松村高夫 231
目加田誠 262
モーナルダオ 336
モラン 221, 222
森丑之助 56
モロー 152
ヤコビ 37, 253, 266, 268, 269, 278, 281, 283, 332
ヤスパース 188
柳田謙十郎 71
山田仁史 21

小出貞子　457, 458, 471
コシーク　169, 237, 238, 242, 450
ゴッホ　188, 189
小林一茶　189, 190, 193
小山順子　457, 458, 465, 470
コラール　77, 258
ゴルトシュタイン　40, 47, 60, 175, 177, 179, 180, 181, 182, 183, 185, 186, 187, 240, 257, 289, 338, 343, 381, 382, 387, 388, 399, 400, 410, 421
コルナイ　170
サーヴィス　168
サーリンズ　168
佐藤文一　69
シェークスピア　107
シェーラー　75, 76, 114, 178, 386, 387, 414
シェパード　216, 222
シェリング　2, 8, 27, 37, 52, 61, 64, 114, 174, 218, 246, 292, 333, 335, 336, 338, 339, 349, 350, 357, 358, 359, 360, 363, 364, 365, 366, 367, 369, 371, 372, 374, 375, 376, 377, 378, 379, 380, 381, 383, 384, 387, 388, 389, 390, 391, 393, 394, 395, 396, 397, 398, 399, 400, 401, 403, 404, 405, 406, 407, 408, 409, 410, 411, 412, 413, 418, 420, 421, 478
シャガール　337
ジャネ　355
ジャンソン　344
シュナイデル　47, 80, 97, 99
シュペングラー　38, 93, 112, 232, 258
シラー　60
白川静　353
鈴木作太郎　160
スタインベック　434, 435
ステッツォン　38, 166, 422, 425, 438, 439, 443, 445, 446, 450, 453, 454, 455, 456, 457, 458, 459, 460, 461, 462, 463, 464, 465, 466, 467, 468, 469, 470, 471, 472, 473, 474, 475, 477
ストリンドベルク　188, 189
スピノザ　152, 156, 377, 413
スミス　234, 235
セイス　81, 82, 92, 94
セルデン　297
ソクラテス　178, 303
蘇軾　83, 86
ソレル　475
ダーウィン　146, 154, 482
高橋敬人　153, 154, 155, 488
高橋牧子　153, 154, 155
タキトゥス　188, 346
ダッラー　161
田中義久　244, 245
田中千佳　478
チュワス・ラワ　97, 336
辻村公一　395
ティエール　419
ティヤール・ド・シャルダン　156
ディルタイ　60, 84, 108, 199, 301
デカルト　60
デ・シーカ　110
デニカー　22
寺尾誠　79, 487
トゥールンヴァルト　86
トゥガリノフ　415, 416, 418
当麻近子　261, 266
ドゥムノリクス　219
トレルチ　77
永井邦明　127, 155
永井務　53
永井道雄　297, 298, 301, 304, 305
長倉久子　374, 375
中西洋　39, 40
中村平　204
中山みき　32
ニーチェ　200, 351
ニコライ　85, 470, 471
西周　416, 417, 419, 421
ノヴァーリス　188, 189
バーダー　387, 388, 389, 390, 409, 410, 412
ハートランド　21, 22, 423, 484
ハーン　97
バーンゼン　109, 110, 111, 119
ハイデガー　397, 401
バシュラール　355
パスカル　76
花崎皋平　40, 79, 130, 487
ハバーマス　53
パラケルスス　2, 7, 36, 37, 38, 46, 53, 107,

人名索引

アーノルト　106, 107, 109, 115
I氏　189, 190, 193, 213
アクターバーク　345, 346
アグノエル　430
浅井惠倫　205
アタリ　243
アッシュワース　105, 106
姉崎正治　205
アリエティ　251, 498
アリストテレス　22
有馬皇子　2, 147, 216, 217, 220
アレキサンドル二世　67
アレクセエフ　156, 163
アレント　231
イエス　468
池田浩士　337
池見酉次郎　3, 437
イザイラ　434, 435
伊坂清司　387, 388, 389
井筒俊彦　178, 179
井上伊之助　49, 56, 80, 83, 91, 93, 103, 123, 124, 140, 160, 198, 204, 205, 258, 295, 306, 344, 377, 381, 418, 420, 428, 445
岩井隆夫　79, 243, 351, 487, 488
岩崎武雄　233, 363, 364, 416
ヴァリーズ　69
ヴィーコ　346, 468, 495
ウィットロック　364
ウィニコット　284, 500
ウイランタイヤ　336
ヴェイユ　24, 25, 31, 44, 47, 50, 53, 57
宇江政勝　235
上山春平　23, 352
ヴェルト　97
ウォレス　218, 221
牛島厳　172
移川子之蔵　205
ウナムノ　28
宇野圓空　205
ヴルフ　292
エティンガー　400
エドワード一世　218
エリアーデ　430, 431
エリオット　469
エンゲルス　32, 188, 220, 299, 300, 347, 392, 416, 426, 427, 490, 495, 500
遠藤匡俊　426
エンペドクレス　125
及川真学　21, 22, 484
大沢正道　423
大多和たけ　457, 458, 459
岡田謙　86, 87, 88, 104, 160
小野千代　56
小野泰博　32, 129
折口信夫　431
オルムステッド　142
ガース　48, 104
カエサル　188, 219
掛川典子　439, 444, 445, 446, 457
加藤弘之　85
カフカ　83
茅野良男　365
カント　64, 339, 492, 494, 497, 499
キケロ　365, 406
北村サヨ　128, 129, 182, 193, 286
ギョーム，M.　243
ギョーム，P.　251, 258, 260, 261
ギルマン　38, 422, 438, 439, 440, 441, 442, 443, 444, 445, 446, 453
キングズリィ　21, 423
久野昭　188, 416
クラーゲス　32, 40, 60, 190
グリァスン　63
クリスティー　362
グリンベルグ　233, 345
クルマン　42
クローバー　292
クローン　43, 260, 261, 262, 490, 492
グロティウス　297
喰代驥　62, 177
ゲーテ　200
小泉鐵　5, 56, 101, 329, 406, 430

中村 勝（なかむら まさる）
1944年、東京都王子区（当時）生まれ。京大卒。
2005年、大学教員を辞し研究に潜心。専攻は歴史的人間学。

自然情動論 *die Naturemotion*
「悪」の自由と宗教・倫理・美的表現労働の探究

本体価格 4,200円

2016年12月25日 第1刷発行

©著 者 中村 勝
発行所 ハーベスト社
発行者 小 林 達 也
〒188-0013 東京都西東京市向台町 2-11-5
電話 042-467-6441／Fax 042-467-8661
振替 00170-6-68127

印刷：㈱平河工業社 製本：㈱新里製本所
落丁・乱丁本はお取りかえします．Printed in Japan
ISBN 978-4-86339-080-5 C3010